与共和国共成长

中国人民大学校友口述史（第二辑）

中国人民大学校友工作办公室／编写

中国人民大学出版社
· 北京 ·

与祖国共成长

晓华 题

编 委 会

　　七十年披荆斩棘，七十年砥砺奋进。七十年前，中华人民共和国成立，经历苦难斗争的中国人民，迎来中华民族浴火重生的曙光。七十载风雨兼程，七十载沧桑巨变。中国共产党带领人民开启筚路蓝缕的创业征程，掀起气壮山河的建设浪潮，闯出波澜壮阔的改革之路，张开拥抱世界的开放胸怀，创造了世所罕见的经济快速发展奇迹和社会长期稳定奇迹。正如习近平总书记所指出的："70 年在人类历史长河中只是弹指一挥间，但对中国人民和中华民族来讲，这是沧桑巨变、换了人间的 70 年。"

　　七十年前的 10 月 1 日，当第一面五星红旗冉冉升起，新生的中华人民共和国迎着朝阳出发，一路披荆斩棘，一路凯歌行进，把一个又一个胜利写在这片古老的土地上。有这样一群年轻人，他们跟随全国解放的脚步，从西柏坡一路走来，昂首行进在金水桥畔，在新中国高擎起一面高等教育的光辉旗帜。

　　时间是伟大的书写者，记录走过的足迹，写下历史的华章。作为中国共产党创办的第一所新型正规大学，从延安到北京，中国人民大学在抗战的烽火中诞生，在新中国的建设中成长。这所大学与党和国家始终同呼吸、共命运，凝结形成并不断发扬着"始终奋进在时代前列"的光荣传统。

　　在陕北公学的开学典礼上，毛泽东同志讲道："中国不会亡，因为有陕公。"革命战争年代，追求光明、追求真理、追求进步的思想从这里辐射全国。一大批有志青年，他们不远万里，穿越层层封锁线，到达陕北公学、华北联合大学；他们不怕牺牲，在战争的艰苦岁月中磨炼成长；他们不畏艰苦，天当教室地当椅，求知的热情和革命的理想却并没有丝毫减退。很多人在这里成为中国共产党的党员，并将这视作人生道路上的一个里程碑，一个崭新的起点。经历了战火的洗礼，许多学员将青春与热血甚至生命全部奉献给了祖国，为中国人民的解放和建设事业做出了重要贡献。他们把陕北公学和华北联合大学的印记深深刻在了民族解放和国家振兴的丰碑上。在他们身上，有一份延续至今的红色基因，它是星芒、是火种、是力量源泉。

七十载桃李芳菲，七十载星驰天下。在新中国成立后七十年的时光里，中国人民大学始终集聚着一批优秀分子，向社会传递一种思想、一种态度、一种价值、一种良知。从"为全民普法，领导先行"的邹瑜，到"为祖国找矿一生"的朱训；从被誉为"战士作家"的高玉宝，到"用歌声为人民服务，鼓舞人们前行"的孟于；从"实践是检验真理的唯一标准"的胡福明，到"东方风来满眼春"的陈锡添；从扎根边疆"不忘为人民服务"的黄宝璋，到坚信"只有奋斗才能有成就"的徐光春……他们不哗众取宠、不沽名钓誉，认真做人、踏实做事；他们不唯书、不唯上、不唯洋，只唯实；他们既坚持传统、善于守成，又解放思想、敢为人先。正是在这样一代代人大人的奋力拼搏下，中国人民大学为我国人文社会科学的发展和繁荣，为我国社会主义革命建设和改革开放做出了重要贡献。

中国人民大学校友的命运，也是中国知识分子命运的缩影，个体的命运不仅仅反映了时代背景下的社会发展，也提供了更多的最真实的细节。呈现在读者面前的这部《与共和国共成长——中国人民大学校友口述史（第二辑）》收录了40余位校友的口述访谈，其中有不少人已步入耄耋之年。回首往事，峥嵘岁月，我们用文字还原了这些新中国见证者的求学经历和奋斗故事，刻画了在五星红旗照耀下一个个爱国奉献、担当作为，把个人奋斗汇入逐梦复兴的时代洪流的人大校友奋斗者的形象。

七十年很短，只是历史的一瞬；七十年很长，记录着天翻地覆的变化。我们记录历史，不应该止于"诚心正意"的敬仰，而应该有起而行之、始于足下的行动。向前辈看齐，向他们学习，沉淀下的将是永不流失的精神钙质。历史照亮未来，征程未有穷期。对历史最好的致敬，是书写新的历史；对未来最好的把握，就是开创更美好的未来。我们将以中国人民大学的红色基因为底色，把老校友的宝贵精神财富发扬光大，扎根中国大地办大学，在接力奋斗中建设世界一流大学和一流学科，书写好无愧于党和国家、无愧于时代和人民的奋进之笔。

向中国人民大学所有为中国革命和建设奉献力量的老校友致敬，向所有为共和国改革和发展贡献力量的老校友致敬，向始终奋进在时代前列的所有人大人致敬！

中国人民大学校友会
2019 年 12 月

目/录
CONTENTS

石　磊

| 人物简介 |

　　石磊，1927年4月出生，山东寿光人。1947年3月参加革命。曾任外交学院副院长、国际关系研究所所长，教授、博士生导师。外交学院遴选博士生导师专家组成员，享受国务院颁发的政府特殊津贴的社会科学专家。主要著作：《现代国际关系史》（1960年版），《战后民族解放运动史》（1965年版），《现代国际关系史辞典》（1988年版，外交学院优秀著作奖），《现代国际关系史》（1995年版，北京社科优秀成果一等奖），《国际关系史》十卷本（任副主编及第6卷常务主编，1996年中国图书奖），等等。

三代人，两条路

我出身于书香门第，我这一门出了三代教育工作者。我的祖父从清朝末年到民国时代，做过师范学校教师、记者、乡农学校教育指挥，最后参加八路军，在一次战斗中奉命突围后因病去世。我的父亲毕业于北京大学英国文学系，也一直从事教育工作。我有两个弟弟一个妹妹，我是老大，但我比我弟弟大十几岁，所以在他们出生前我相当于是被当作独生子女养大的。在抗日战争初期，家乡沦陷，我祖父、父亲只能躲在家里。我大概十一二岁，他俩就教我读诗词、读政论、读小说、读《史记》，读了以后还得写评论。国际评论、抗战评论、文学评论等我都写，写得好的时候会受到表扬，奖品就是一本书。我爱读书的习惯就是这么培养出来的。

祖父对我的教育方式除了要求我读书之外，还有要劳动。我才十二三岁的时候，就开始干农活，祖父给我找了二分地，让我和小伙伴种地，播种、除草、收割农作物。他还带我学会了游泳。小时候我比较胆小，在中午休息时，他偷偷领着我去池塘。虽然我想游泳，但不敢下去，他就一掌把我推下去，过一会儿我自己就学会游泳了。祖父对我的影响很大，很多好习惯都是他教给我的。

我的家庭是小知识分子家庭，三代人走了两条道路。祖父最后成了八路军，父亲是个教育家，追寻三民主义。在抗战初期，他们父子争论，马列主义、三民主义，各讲各的。我从小就是听这些争论长大的。

我的祖父早先是不是地下党员我并不知情，但现在看来很大可能是。国共合作抗日的时候，我祖父秘密出走了，我母亲告诉我说："你祖父参加八路军打鬼子去了，可千万别讲。"再后来，我父亲加入了国民党的部队，当了教育科科长。干了一段时间他就发现国民党的黑暗，于是离职了。看到家乡的很多子弟都失学了，他就决定和一批爱国知识分子一起办中学。当时国民党教育厅也重视教育，在全山东办了十几个抗日联中，于是就让他办了十五联中。他成了校长，培养了很多人。

但是后来国民党把他撤职了，之后他就脱离了国民党，到了济南。济南解放的时候他还在济南，那时我21岁，成仿吾校长派我到济南出差，研究关于接管高等学校的情况和经验。我到济南前，父亲又自己去了青岛，把母亲和年幼的弟弟妹妹留在了济南。他到青岛后出任山东临中校长。济南组织跟我说："你父亲是个教育家，你让你母亲去动员他，他在那里当校长，让他保住学校不要南迁，就是对解放青岛立了大功。"组织还专门提出要送我母亲到青岛去，还通过地下关系找到我父亲，告诉他我已经在华北大学工作了。所以我父亲也就不走了，等着一家团聚。

但是国民党突然就停饷了，一千多学生没有饭吃，我父亲就交涉。交涉多次不成后，他对我母亲说，再交涉最后一次，如果再不行就辞职不干了。

但是他出去后就再也没回来了，不知是被人绑架还是出了其他状况，去了台湾。他到台湾之后寄来了一封信，说他在台湾的一个中学教书，还说咱们一生没做亏心事，不会这样妻离子散的。他让我把弟弟妹妹抚养成人，他相信将来我们会再见面的。这封信是通过香港转到家乡村支部的，支部看了觉得应回信给他让他回来，于是找到我母亲给他回信，但是在香港转信时那封回信被退了回来，说是查无此人。从此我们就断了联系。大概是20世纪60年代，父亲在五十多岁的时候就离开了人世，其实我们也不清楚，直到最后两岸开放了，我们才知道他去世了。

这一段是中国家庭、中国两岸历史的悲剧，我的家被两岸分隔着，我的父亲葬在台湾，而我的母亲葬在大陆，两个老人四十多岁时就被分离了。可惜的是，我从没去过台湾，没去给我父亲扫墓。

我们家的传统是，不干涉对方的政治方向。刚开始我是追随三民主义，投奔国民党后方的，后来参加学生运动受到迫害，慢慢就改变阵营了。我到山东大学参加地下活动，我父亲对我说："大学毕业后送你去美国留学，可你不愿意去。政治路径你有你的选择，政治方向咱们各走各的，我对你和你祖父对我是一样的，我们家就是这样，你祖父当时没限制我，我也不限制你。"后来国民党警告他说，你儿子是八路，还被学潮领导人点名了，你要么让他回家，要么就断绝关系。父亲不干涉我的政治方向，却被迫声明与我脱离父子关系。我母亲后来告诉我，父亲当时非常痛苦，接着去青岛找我，可我已秘密赴解放区了。

人生新起点

我上过两个大学，第一个是山东大学，第二个是华北联大，华北联大的毕业证书我至今还珍藏着。这两个大学在我不同的人生阶段都起了关键性的作用。

1946年，我考入青岛山东大学文学院。在山东大学的那一年多，有半年时间是在读书学习的。我就读于外文系，当时山大有很多名师，我就跟着他们读书写文章。1947年山东大学学生运动经历了以"六二"风暴为标志的高潮以后，一度遭到挫折，我们一批在学生运动中暴露身份、处境危险的学生被迫离开了青岛。这是我迈向革命的关键一步。

第二个大学就是华北联大。1948年1月，我与江农、胡岗、丁蔚四人乘船悄悄离开青岛，经塘沽、天津、北平，辗转于春节前过封锁线，经晋察冀解放区沧县，到冀中束鹿投奔久已憧憬的华北联大。我们去华北联大的时候，师生都去参加土改了，几乎没什么人在学校。当时站在我们面前的是一位中等身材身穿灰布旧军装的老兵，他用浓重的湖南口音自我介绍："欢迎你们，我是成仿吾。"他接着平静地说："你们一定会问，华北联大在哪里？"他用手指了指身后一家农舍的门洞和略显清冷的破旧村落，风趣地说："联大就在这里！"接着成老针对我们普遍存在的思想顾虑，阐述了新旧教育观和新旧教育制度对比；分析了联大的教育方针，并介绍了历届学生从国统区到解放区进入联大时的各种想法，并加以剖析。这对我们真是一个巨大的思想震动。而后我在学习和生活中展开了一个崭新的天地，树立了崭新的观念！

在联大半年多的学习，对我树立革命的世界观、人生观、价值观，坚定走革命道路是一个真正的转折点。联大在教育中一直坚持用马列主义联系中国革命和边区建设的实际，发挥学习主动性，教学相长，敞开思想，展开讨论，真正达成认识一致；允许保留意见，不打棍子、不抓辫子、不扣帽子，真正发扬民主。例如在联大学习生活中经常会有讨论，争论的问题有：为什么说劳动创造了人？国民党军队对抗日起了什么作用？谁是打败德意志法西斯的主力？等等。许多问题都是大家敞开思想、充分讨论，也允许同志保留自己的看法。这也从侧面反映了成老主持下联大教育的民主、开明和生动活泼，这种氛围至今令人怀念。1948 年 2—8 月，我在华北联大政治学院政治 11 班学习。毕业时由于革命形势迅速发展，晋察冀与晋冀鲁豫两大解放区合并为华北解放区，与之同时两所革命大学（晋察冀解放区的华北联合大学与晋冀鲁豫解放区的北方大学）也合并称为华北大学。华北大学成立时恰逢我所在的联大 11 班毕业，学校就承认我们是"华大第一班"。1949 年春，华北大学迁入北平。华北联大是我正式到解放区参加革命工作的开始，从这个意义上来说，人大是我的母校，是我一生的起点，是我的根。华北联大是我的娘家，我们根据地的都说，从北平到解放区就是"回娘家"。1950 年初，中央决定在华北大学基础上建立中国人民大学。此后数年间，我在成老领导的华北大学、人民大学工作，并在不同场合与成老有过直接接触。

1948 年 8 月，成老带我参加了华北临时人民代表大会。当时需从华北大学选两名代表：一名教师，一名学生。选举的教师代表是德高望重的吴玉章先生，成仿吾校长作为学术界特邀代表出席会议，而那个学生代表就是 21 岁的我。在成老的具体指示下，学校广泛发动同学，献言献策，提供了许多可贵的意见，经过分析研究，将意见综合成若干正式提案。

成老还告诉我，要利用好代表大会这个好机会，多了解解放区政治、军事、经济、文教各方面的实际情况。与会者大部分是各界代表人物，要利用会议间隙多向他们做些采访。遵照成老指示，我与国统区学生代表七人联合组成采访组，采访了彭真、萧克、赵树理、尚钺、子弟兵母亲李杏阁、妇女代表田秀娟、工人运动领袖凌必应等人。我写了访问记，散会后用壁报形式向全体师生做了介绍，产生了良好的效果。

给我印象最深的是，在我们提案中有一件《请大会转华北政府重申保护名胜古迹》案。记得当时华大位于正定古城，古城有雄伟的城墙，还有大佛寺、天主堂等众多建筑遍布城内，有些已经遭到战火的破坏，所以同学们才普遍提出保护古迹的建议。最后综合提案时，曾有不同意见。与会后，我恰与艾思奇、沙可夫两同志同住一室，经商量，艾思奇建议征求成校长意见后再定。为此我们专门找成老请示。他深思片刻后随即表态说："此议甚好，你们青年人很有历史远见。中国是个文明古国，战争结束后要建设国家，保护文物是关系国家民族的千秋大业。"这充分体现了老教育家的胆略和远见卓识，据此，我最后向会议提交了该案。

华北大学高等教育研究会是我参加革命后第一个工作岗位，成老是我的第一位直接上级。1948年解放战争飞快发展，为了培训大批干部的需要，平津地下党组织大批青年（主要是大专学校进步学生）到解放区，经华大短期学习后参加工作并准备接管平、津等大中城市。1948年夏，华大学生规模迅速扩大到数千人。考虑到即将接管国统区大学的需要，中央委托华北大学负责调查研究情况并就接管政策和改造建设方针提出建议。7月，成老奉命组建华北大学高等教育研究会，从华大政治学院应届毕业生中抽调了四个年轻人，由成老直接领导立刻开展工作。

这段时间（1948年7月—1949年3月），我们住在成老住处前院，近距离面对面地在他的直接领导下工作。表面看他不善言辞、作风稳重、态度严肃，湖南乡音浓重，令人有些敬畏，经过这段相处，我们才深切感受到成老确是一位对干部既严格要求又爱护备至的慈祥老者。成老直接向我们安排高教研究会的工作方针和具体计划，据我日记记载如下：

1. 工作任务：调研国统区高校情况，准备接收，吸取其优点，建立新民主主义大学制度。

2. 领导：由成仿吾校长直接领导。

3. 调查对象：华北大学学生。

4. 调查内容：（1）机构（校、院、系三级）。（2）工作制度（包括人事制度、薪金等）。（3）经费来源。（4）设备。（5）人物（负责人、教授等的政治面目、政治背景、派系、社会关系、群众关系等）。（6）学生组织。（7）学校地位（包括学生出路、校友会等）。特别要注意理、工、商学院的专业人才、仪器设备及器材。对人物的政治面目判断，不仅要反映从国统区到解放区来的进步学生的看法，也要反映中间学生的看法。

我们根据成老"实事求是、广泛调查研究"的方针，拟定了详尽的调查提纲，先后在数千名华大学生中进行了广泛群众性的调查研究（包括问卷调查、专门座谈、个别访问等方式）。然后经过归纳整理、分析研究，撰写了有关高等学校情况的综合介绍及专题报告。成老还亲自主持由吴晗、尚钺、何思敬、李何林、丁易、何干之、丁浩川等专家教授参加的专题座谈会，就未来高校接管、建设提出了许多宝贵建议，经成老审定后成文上报。成老手把着手教我们做调研，指出：不主观，不武断，一切从实际出发；开展群众性调研；对过去高校要敢于提出一分为二、吸取借鉴其有益经验，接管改造旧高校，建设新型大学的原则意见。

1948 年底，济南已经解放，解放军即将解放太原。考虑到该两市都有高等院校，成老敏锐地抓住这一时机，准备派我们亲赴接管第一线实地考察，了解第一手实际材料。为此先派杨犁赴太原前线待命，接着又派我去刚解放的济南。行前成老找我谈话提出：该市是我们解放较早的大城市，有数所大专院校（包括文理工医，还有教会学校），接管高校中的经验教训，对平津乃至全国都有重大参考价值；你原是山东大学学生，高校方面相当熟悉，这些是你的有利条件，所以决定派你尽快到济南去。接着成老交给了我一封致其老战友、时任济南市市长徐冰同志的亲笔信。信未封口，当即让我看了。此信兼具公私两方面内容：一方面介绍派我去济南的任务，希大力协助；另一方面表达友情思念，通报家人情况。最后成老郑重嘱托：你是单独执行重要任务，一定依靠济南组织和徐冰市长，相信会不辱使命。由于突接国民党骑兵欲袭击石家庄的情报，成老告知华大将紧急疏散至邢台，要求我办好手续，立即启程。当晚到达石家庄时，已是一派临战景象。街上广播号召军民紧急动员迎击进犯敌军，东去交通已军事管制，我辗转找到铁路局局长刘建章（我参加华代会时曾访问过他），获得军用通行证及免费车票，连夜乘车到达河北束鹿王家井站（铁路只修复至此），然后独自行走数日，到达济南市郊黄河渡口——洛口铁桥时已是傍晚。当时已届初冬，警卫战士都在河畔燃起篝火取暖，不料检查站突然扣押了我，原因是济南军管会主管后勤的处长携巨款外逃，正下令通缉，此人恰恰也叫石磊。经我再三解释，他们仍不放行，直到看了成老给徐冰市长的介绍信，在我坚持要求下给徐冰同志打通电话后才派车连夜把我送到市内住下，时间已是深夜，所幸总算有惊无险！次日，徐冰市长接见了我，并交代有关部门：石磊是华北解放区的客人，工作需要可参加文管会一切有关会议，可阅读有关材料，可到有关高校了解和访问……并告诉我，有任何问题和困难可直接找他。交谈中徐冰还深情回忆了与成老的长期战斗友谊。华东局宣传部部长夏征农也接见了我，文管会负责人李澄之还多次与我交谈。此后工作进行得非常顺利，搜集了大量第一手资料，向成老寄回了十余份调研汇报，这些报告成老都批给高教研究会并亲自审阅，做了圈点和批示。我在济南出差月余，成老几次写信，布置任务，指导工作，还亲自写信给徐冰市长，请他帮我母亲在山东农学院安排了工作，充分体现了老领导对一个普通干部家庭困难的关怀！

1949年春，华大迁往和平解放的北平。高教研究会部分人员及有关档案资料并入北平军事管制委员会的文管会。据说这是文管会成立后接收的首批有关接管高校的档案和建议方案，对工作起到了良好的参考作用。

我留在华大工作，在校长办公室短期任秘书。有一天成老突然找我，布置了一项新的任务。由于华大生源过多，校舍已容纳不下，领导决定要我去天津筹建华大分校，规模两千人左右。我急问哪位领导同志负责？成老笑答：就是你。这使我大吃一惊。我一个工作不到两年的 22 岁青年，哪能担此重任？成老见我犹豫，就和蔼地说：不要怕，依靠组织，大胆工作，相信你会胜任。见我仍有忧虑，成老又强调：吴老下月将由正定来京，专门过天津，要带你去见当地领导同志，请他们大力协助，有什么困难可直接找他们解决。成老还对具体工作及注意事项做了详尽指示。就这样，我带着既兴奋又紧张的忐忑心情，只身到了天津。

当时天津刚解放，战火破坏严重，社会秩序不稳，接管工作困难，社情复杂，百废待兴。市内尚存大批国民党军队的散兵游勇，敌特活动相当猖獗，夜间经常听到冷枪声，组织上给我配备了一支短枪防身，可我还不太会用……筹建之初，步履维艰毫无进展，当时华北革大也在天津筹建分校，负责人是曾任石家庄市委组织部部长的老干部毛铎，这与华大派出的我形成了强烈的对比。眼看人家工作顺利，我心急如焚。好不容易找到一处市南郊中学——特一中学，第一批百余新生陆续入学。幸亏华北联大教务处原处长林子明同志调任天津教育局局长，帮我们给新生上了第一堂课。下来就由我唱起了独角戏，把刚从华北联大学来的那一套全搬过来。没有干部就从学员中临时抽调了参加党外围组织的陈金藻、王顺保两位同志帮助工作，分校总算开张了。困难之际，4 月吴老过天津，带我见了副市长兼公安局局长许建国同志。他向许介绍说：别看石磊是个小青年，他是华北人民代表大会代表，在山东大学参加过爱国反蒋学生运动，现在作为我的全权代表来筹建天津分校，希望你们全力支持帮助他开展工作。吴老的嘱托，许当然满口答应，此后工作果然比较顺利，但校舍仍然难觅。市内遭战火破坏极大，找了多处，房屋均破损严重，其间还发生了一次意外。有一次我去找许，由于许正在开会，秘书让我在会客厅等待。谁知他竟无意间反锁了门，关了我大半天，引起了极大火气。加之看到接管工作中一些缺点，一时气盛，我向陈、王两人简单交代了工作，只身回到北京，要向成老汇报情况。成老简单问明情况后，不动声色地要我休息后找尹达同志详谈（尹达是著名历史学家、老党员，时任华大教务处处长）。晚上我敞开思想向尹畅谈。主要是根据在天津几个月所见所闻，认为当前首要任务是巩固新解放地区，甚至建议中央不要立即大军南下，待巩固后方后才能顺利解放全中国，等等。现在想起来，当时认识极其片面，而且真是"胆大包天"，但也反映了自己对革命事业的一片激情。尹达同志开始静静听我发言，继而与我展开讨论、交锋。我仍不服，继续争辩。两人平等地讨论了大半夜。尹一方面肯定我关心党的革命事业，敢于直言陈词，是有革命觉悟的表现；另一方面又严肃指出我思想认识上的片面性毛病，直到次日凌晨才使我茅塞顿开，心服口服。这时他才严厉批评我：未经组织允许，擅离职守，丢下工作和百余学员于不顾，是严重失职行为；天津情况那么复杂，出了问题怎么办，你想过没有？这一猛掌，使我猛然醒悟，深感愧疚，当即表示马上返津。尹见状又温和地说：重任在身，所以严格要求你，错误认识了就好；你也是出于好心，是关心革命事业；赶快到里屋打个盹，吃了早饭再走。

清晨，我轻松地回到天津，全身心地投入工作。5月觅到一处校址——前意租界意国兵营。近500名学员迁入新址，建立了华大天津分校9区队。不久配备了分校领导班子，宋涛任区队长，我任第一班（89队）班主任，至此我才算松了口气。经过半年，天津分校两个区队（9、10区队）2 000余名学员毕业，分赴平、津、西北、西南地区工作，这批学员后来都成了各条战线上的骨干。分校完成了历史任务，宣告结束，我又调回北平华大工作。

历史见证人，人民大学与外交学院的关系

外交学院和人民大学这两个地方我都工作过，所以我知道外交学院和人大中间是有血缘关系，是不能割断的，我就是最好的历史见证人。

1949年，中央决定成立中国人民大学。1950年3月，人民大学本科创办八个系，叫八大系，外交系就是其中之一。而这个外交系就是外交学院的前身，外交学院就是由人大外交系发展而来的。确切地讲，二者是学术合作关系，也是历史根源关系。

我是外交系最初的干部和教员之一，刚成立的外交系有四个干部：系主任、行政秘书、教务秘书和秘书干事。不久，教务秘书入朝作战，由我代替，我们四人一起筹办这个系。

外交系是八大系中一个特殊的系，其他七个系在别的高校也有，但是当时在其他学校并没有看到与外交系类似的系。它的特殊性还在于，它是人民大学和外交部共同筹办的一个系，其他学校都没有这样的情况。当时毛主席、周总理主张，外交部需要培养外交人才，部队和基层的干部也需要学习。于是就选中国人民大学，它是咱们党办的第一所大学，又以文科为主，十分合适。

后来人大外交系又独立出来成立了外交学院，外贸系、俄语系都是由这个分出来的。培养外交系的学生这个想法是外交部决定的，不是学校决定的。这个系的学生也不是人大招生招来的，而是外交部从全国、从部队里调来的。我记得第一批学生有很多长征干部，有老革命家，有上过战场的，还有一批地方学员。人大负责考察文化水平，外交部负责考察其他。学员毕业以后工作都是由外交部分配的。外交系实际上是外交部和人大共同开办的一个交叉的系：人大负责根据外交部的要求设计培养计划来教学，例如教外语，教外交专业知识，按照自己的师资力量，给外交系配备最好的教师。同时，外交部也参与教学，有些领导同志会来讲授国际问题，有些司长来讲地区的问题。这样一个特殊的交叉的系，在当时是很少有的。

我有幸参加过外交部建部初期的一些活动，听过一些外交方面的报告。50 年代初，有一次周总理在外交部小礼堂与全体干部见面，陪同的还有政务院郭沫若副总理。我坐前面第二排，近距离地面对两位仰慕已久的名人。当时他们风度翩翩、神采奕奕。特别是总理，面孔白里透红，两道浓眉下两目炯炯有神，顿时磁石般地把全场目光都吸引过去了。他面带笑容，首先恭恭敬敬地连称郭副总理，并把潇潇洒洒诗人气质的郭沫若介绍给大家，接着就纵论国际形势。他从第二次世界大战后国际形势的深刻变化和两大阵营的形成讲起，深刻阐述了中国革命胜利和中华人民共和国成立的重大历史意义。总理讲到干部问题，说道："我这个人一贯主张级别压得低一些，工作要求严一些好。一个干部职务待遇要低于自己承担的责任和个人的能力、贡献，这样晚上睡觉会睡得安稳、安心。同时我又主张对干部各方面要求严一些。"这段话博得了全场热烈的掌声。

当时，人大以其最大的优势、最大的力量来配备外交系的干部教师。人大配备教学资源的时候有两个重点：一个是重视四大理论课建设；另一个就是为外交系配备的教师都是最强的，无论是教经济学的，还是教哲学的。外交部和人大就是以共产主义协作的关系来创办这个系。成仿吾下定决心，凡是有关培养外交干部的事，一切都优先，就连在外交系开展的讲座都是最好的，它是人民大学的重点系，同时外交部也投入很大力量。从1950年到1955年，外交形势有了很大的发展，一个外交系已经远远不够了，所以中央决定独立成立外交学院。

1953年10月，中央开会协议这件事，1954年下达中央文件，准备成立外交学院。在中国人民大学外交系的基础上，成立了外交学院。所以说人大外交系是外交学院的前身，两个学校的关系确实非同一般，你中有我，我中有你。1955年外交学院正式成立，外交部、人民大学、教育部三方的领导都到场。

用咱们通俗的话讲，人大外交系是人大的养女，不是亲生的，为什么是养女？它还是外交部的，不同于其他的系。但是人大的养女胜似亲生，人大把最好的都给了养女。这个养女要出嫁了，独立门户去了，"娘家人"还是非常大度的。吴老和成老是人大的两位主要领导，给外交学院准备了最好的嫁妆。具体来说，就是允许外交学院把主要专业课和外语课（国际关系、国际法、英语、法语等）的大部分主要教员都带走，所以刚成立的外交学院的教师曾经都是人大的。办一个学校，还需要基础课。于是人大把理论课、基础课、俄语课、地理课、哲学课、经济学课等半个学校的基础知识课的教员也送来了，这陪嫁多丰盛啊，这不就是养女胜似亲女吗？娘家人这么重视，外交部也发扬风格，将一些主要外交业务课及英法语课骨干教师留在"娘家"——人大。

外交学院成立之后，跟人大一直互相协作。比如我到人大讲课，人大的老师也来外交学院讲学，所以这两个独立的学校，是具有亲密的亲情关系的。很多原属外交系的人大教师，也一直在外交学院教学直到退休。

1960年，国际形势有变化，时任外交部部长的陈毅给中央写报告说，只有一个外交学院，别的单位也都没有关于外事口的培养机构，关于国际问题的研究已经远远不够了，还需要扩大培养规模，加强两个措施：第一个措施是找几个综合的重点大学——人大、北大和复旦，成立国政系；第二个措施是建立一些研究国际问题的研究机构。

于是1960年人大成立国政系。但是后来产生了误区。有人认为人大国政系的历史应当从1950年外交系算起，这是一个误判，因为历史真相是：人大外交系是1950年成立的，1955年外交系独立出来成立了外交学院。而人大国政系是1960年建立的，二者相差十年之久。

可是那十年还是不容易解释，很多了解历史的老人慢慢走了，历史档案也没人查了。但是我们这些当事人很清楚，1950年成立的外交系，1955年独立出去了，1955年到1960年还有五年。

人民大学和外交部共同创办了外交系，就是这个特殊的系连接人大和外交学院血肉的感情，见证历史的传承。现在两个学校都是独立单位，但它们有同一个根。

就我本人来讲，外交学院是我大半生的学术研究各方面工作的一个舞台，但是这个舞台最初的起点还是人民大学，让我第一次登上舞台的是人民大学，是人大培养了我。这两个学校都是我的母校。

宋涛、张腾霄都曾是我的老师。我们复校的时候，张腾霄给了我很多经验，让我们给中央写信的时候写上所有的要求，最后中央都批准了，复校一路绿灯。宋涛同志也对外交学院复校进行了大力协助，为我们介绍了有成就的世界经济学教师。人大的精神就是实事求是，人大学习苏联经验，更学习苏联经验如何与中国经验相结合，在人大，我们上课就讲中国国情。外交学院在教学和科研上也继承了这个优秀传统。

人要有信仰

很多人问我长寿的秘诀是什么，我认为最重要的是心理平衡，调整好自己的七情六欲。保持健康也很重要，对自己、子女和国家都有好处。我觉得人离开世界最好是因为衰老，而不要因为疾病，一个人能够有尊严地离开世界，就是最大的幸福了。

我这一辈子，信仰从没变过。我坚定地相信共产主义，相信社会主义，从社会关系来说，我的信仰是"人人平等"。人总有智慧和能力达到"大同社会"。实现这个理想的路必然有很多挫折，但是人的信仰不能变。"文化大革命"时，我被审查了半年，那个时候我也会采取很多措施来保护自己，但是我的信仰没有变过。所幸我在这场风浪中，保持了革命气节和个人尊严，未作违心之言，我受到的冲击也较少。

回顾这一生，童年大部分时间是在军阀混战、民不聊生的农村度过的；少年时期又经历了日寇侵略的腥风血雨；青年时期颠沛流离，追求探索，经历坎坷，终于走上中国共产党领导的革命道路；到晋察冀解放区华北联大学习后，半个世纪都在高校从事教学工作，整整五十个春秋。风风雨雨度过大半生，得到领导、同事和团队的帮助和支持，对此衷心感谢，终生难忘，确是值得回忆的昨天。我自己平凡的一生，只是尽了自己一点菲薄之力，但无愧无悔。我自己总结：

杏坛耕耘、甘当园丁，欣闻桃李满天下；
学坛风雨、乐作人梯，喜看后起攀高峰。

人这一生，要急流勇进，不畏艰险，才能有所成就、有所创造、有所前进。但到了时候又要急流勇退，把担子交给年轻同志，才能后浪推前浪，不断前进。

石磊自述，本次采访时间为 2019 年 6 月 14 日，由中国人民大学校友工作办公室负责采访、录音整理及文字编辑。

采写 / 李宣谊　符洪铫

邹 瑜

| 人物简介 |

　　邹瑜，1920年生，广西博白人。1938年就读于陕北公学。曾任陕甘宁边区政府保安处科长、吉林市公安局副局长。中华人民共和国成立后，历任中共潮汕地委常委、汕头警备区副司令员、中共粤西区委副书记、广东省公安厅第一副厅长、中共汕头地委第一书记、湛江地委书记、广东省委常委、国家地震局局长、全国人大常委会法制委员会副主任、中共中央政法委员会副秘书长、司法部第一副部长、中华全国律师协会会长、司法部部长兼中国政法大学校长。

陕公的三个月，是人生的新起点

1920 年，我出生于广西博白县。我家在当地算是比较大的地主户，有三四百亩地。母亲是广东人，父亲是广西人，所以我是两广人。家族里有兄弟姐妹十余个，是一个很大的家族，整个家族我排行第十六。我家虽然是地主户，但是由于家里有两个人加入了共产党，将家里的土地都分给了游击队，所以土改的时候并没有被批斗。

我 15 岁考入广东省立廉州中学高中部。上学的时候很喜欢文学，所以高中时参加党的外围团体"星星读书会"，阅读了很多革命书刊，成为读书会的骨干。当时在星星读书会，我的任务主要是出墙报和参加抗日宣传队。同时我还参加了中国共产党领导下的抗日救亡运动，接受了共产主义的启蒙教育。

1938 年初，我和两位同学经广州八路军办事处介绍奔赴革命圣地延安。当时走一段路坐一段火车到的延安，在党组织的安排下，进入陕北公学学习。陕公是与抗大齐名的革命学校。抗大偏重于军事，陕公偏重于政治，当时陕北公学的校长是成仿吾，副校长是李维汉。

我所在的班级有三四十名学生，当时整个学校有很多班级。作为一名学生，我并没有自己的专业，大家都是学"统一战线""抗日战争"等时政问题。开设的课程倒是很丰富全面，有数学课、外语课、音乐美术课等。上学的时候除了读书，就是去乡下宣传抗日，跟乡亲们讲解抗战的事情，也会参加挖窑洞等劳动。我还记得晚会上的《黄河大合唱》，我们都去看，印象很深。

在陕公上学的时间虽然只有三个月，但还是发生了很多令我印象很深的事情。我第一次听毛主席讲话就是在陕公的开学典礼上，内容是关于张国焘叛变的问题。毛主席还讲了唯物辩证法，语言通俗幽默，内容丰富深刻。我甚至还记得，当时毛主席来了，每个人就搬一个小板凳，坐在地上听课，拿着笔和本子做笔记，天当教室地当椅，就连伙夫、马夫都参加听讲。那时生活艰苦，但大家情绪高昂，一心追求革命。我在这里成为一名中国共产党的党员，这是人生道路上的一个里程碑，也是一个崭新的起点。

在陕甘宁边区工作的那几年

1938 年 6 月，我被选入陕甘宁边区保安处七里铺第一期训练班。这是专门培训党的保卫、情报干部的机构。这期训练班被称为陕甘宁边区隐蔽战线的"黄埔一期"。党的保卫情报工作一向是党的高级机密，那期训练班一共挑选了 36 名学员，都是初中以上文化程度，其中还有 6 名女学员。邓小平的夫人卓琳也是那期的学员。

训练班的课程主要是两门，一门是政治课，一门是业务课。政治课主要讲党的建设，业务课主要讲保卫工作与情报工作。授课的人都是著名的政治家和隐蔽战线的主要领导人，其中有陈云、李富春、潘汉年、孔原、徐特立等。陈云讲的是怎样做一个共产党员，在讲到为共产主义奋斗到底时，他举起拳头对桌子重重一击，说："为共产主义奋斗到底就是为共产主义奋斗到死！"潘汉年讲的是沦陷区情报工作。大家从中了解到他历尽艰难险阻、不怕牺牲的高尚情操，了解到他机敏巧妙的斗争智慧。

1999 年，刚好是我们七里铺训练班第一期毕业 60 周年。当年的同学卓琳还特意邀请在京的几位同学到她家聚会。我们一同回顾了那段珍贵的时光，饭后又一起合影留念。

在 1938 年底训练班结束时，我被留在了陕甘宁边区保安处担任文书科科长，主要负责机关的文件起草工作，这一干就是八年。

在延安的时光里，我经常能听到毛主席的报告。1939 年，有一次我跟着大家去迎接毛主席的到来，主席还亲切地摸了摸我的脑袋。带领主席去领导人的屋子后，他说的第一句话就是，"世界大战爆发了"。当时我 18 岁，比较年轻，主席在屋里谈话我就在外面学他讲话，他出来后对我说："好哇，你这个小鬼竟然学我讲话。"

毛主席在保安处小礼堂做了报告，主题是一般工作的战略策略与特殊工作的战略策略的关系。他说："做特殊工作的人，必须懂得一般工作的战略策略，不懂一般工作的战略策略就不懂一般规律，就不能把握正确的政治方向，就会成为盲目的事务主义。不懂特殊工作的战略策略，就会成为空头政治家，不能做好本职工作。因此，一个合格的优秀的保卫工作者，必须懂得一般工作的战略策略，同时精通特殊工作的战略策略。"

当时毛主席就坐在保安处小礼堂台上的长方桌那儿，我就坐在毛主席旁边做记录。但是很可惜，这份讲话记录一直没有找到。

后来我在哈尔滨干了两年的抗日工作，就到吉林担任吉林市公安局副局长，一年后南下到汕头。1950年3月至1952年7月，我在汕头任汕头军事管制委员会公安接管部部长、汕头市公安局局长、潮汕专署公安处处长，主要是接管和改造国民党旧警察机关，组建新的人民公安机关，开展了清匪反霸、镇反、反特、防谍的重大斗争，巩固汕头市新生人民政权。

全国人大工作12年，只为祖国司法建设

"文革"结束之后，1977年中央党校恢复，我来到北京学习。副校长胡耀邦人很好，过年时，几个广东的同学没有回家，他就请我们到他的家里去吃年夜饭，对学生很是关爱。

我学成之后，胡耀邦把我留下来了，任职中国课税党组成员兼国家地震局局长。当时预测地震，我们的预测手段还不是很先进，在唐山地震的第二年，我去的地震局，当时的百姓还很恐慌。后来我进入司法部，也是先从地震局到的中央警报委员会，然后才转进司法。

1980年初，彭真任全国人大常委会副委员长兼法制委员会主任。他要组织一个"苦力"班子，就对刘复之说，最好能找几个做过政法工作，又有地方工作经验的人来。因为五届人大时，我曾在全国人大常委会机关工作两年，刘复之就推荐了我。1980年4月，我调到了

全国人大常委会法制委员会任副秘书长，到1981年全国人大常委会副委员长习仲勋兼任全国人大常委会法制委员会主任时，我又担任了全国人大常委会法制委员会副主任，一直工作到1982年4月调到司法部。

1980年我在全国人大工作期间，彭真提出要对人民公社法进行调研。当时派了三个组去几个省调研，段君毅、杜润生和我各带一个组，跑了三四个省的农村。调查结果一致认为，人民公社法不但不能立，人民公社的体制还应当撤销。在当时的调研过程中，不少的基层干部和老百姓提出了许多法律问题。例如：家里发生继承财产的纠纷怎么办？有人欠我的钱拖着不还怎么办？等等。

80年代初，立法机关虽开始了系统的立法进程，司法机关也恢复正常运转，但是由于受"文革"的影响，加上大多数的干部和群众不懂法，各种违法犯罪问题也困扰着人们。从那时候起，我就初步萌生了要普及法律常识的想法。

1988年，我被选为七届全国人大常委会委员、内务司法委员会副主任委员。那时，内务司法委员会的主任委员是习仲勋兼任，而我是主持工作的副主任委员，参与了妇女权益保障法，残疾人保障法，未成年人保护法，民事诉讼法，集会、游行示威法等十余部法律的起草、审议。

其实从1980年起，我就参与了妇女权益保障法的起草，但是这部法直到1992年才通过，前后用了12年。在全国人大工作期间，我参与的最重要的立法就是这几部权益保障法。到了八届人大，我成为内务司法委员会的顾问。五届人大2年，七届人大5年，八届人大5年，加起来我在人大先后工作了12年。

全民普法，领导先行

当时，我觉得很有必要搞全民普法。在一个人口众多、幅员辽阔、文化尚不发达的国家普及法律常识，是一条充满艰辛的路。当时，我国正处在十年动乱之后的拨乱反正时期，也是我国加强民主法制建设的重要历史时期。此时，立法步伐加快，一大批新制定的法律、法规需要及时向公民普及。同时社会治安形势非常严峻，亟须加强法制宣传。

之前，司法部也开展了法制宣传工作，但当时的法制宣传限于文字宣传，而且宣传的对象、目的不够明确，效果不明显。1984年，彭真提出把法律交给人民。为了实现这一任务，我开始注意发现各地法制宣传的好典型。这个时候，辽宁本溪钢铁公司的领导干部带头给职工上法制课，深受职工欢迎，给我留下了深刻的印象。

于是1984年春，我就带着一个工作组到本溪蹲点，和职工一起听法制课。课堂上，我发现多数职工认真做笔记，休息时我就与一位车间主任聊天。我问他："有兴趣学法吗？"他回答："不但有兴趣，而且挺管用。"我又问："你讲讲怎样管用？"他说："学法前，车间常常丢失工具和物品，学法后再没有丢失过东西，而且有的职工还悄悄地把东西送了回来。"后来，我又三次到了本溪，蹲点两个多月，总结了他们的经验，帮助他们制订了全面普及法律常识的规划。在那里，我们召开了有各省、市司法厅、局长参加的现场会。"争取用五年左右的时间，在全体公民中普及法律常识"就是在那一次会议上提出来的。

我国普法第一个五年规划诞生和实施的历程是很艰辛的，全民普法规划是一个大的系统工程，这项工作光靠司法行政机关、公检法机关的力量还远远不够，没有全党动员是不可能实现的。在六届全国人大常委会第十三次会议上，司法部提交了普法"一五规划"草案。全国人大常委会会议审议时，多数常委会组成人员表示赞成，但也有少数人认为难以实现。

有一天，彭真叫我去，他对我说，他看了常委会的简报，有些人认为普法规划难以实现。中国有80%的人口是农民，他们文化程度比较低，很多都是文盲，要在五年之内普及法律知识，的确不容易做到。全国人大一旦形成决议，如果实现不了，那便是违反决议。他想询问下我的看法。

我说，规划是能够实现的。因为群众有学法、用法的迫切要求；普法的标准不高，是普及法律常识而不是法律知识。另外，所谓基本普及是指 60% 的公民学懂了宪法、刑法、民法通则等十法和治安管理处罚条例的基本常识。彭真听了我的汇报后说，决议草案可以交大会表决通过。一旦通过了，你们就要努力工作，保证实现。

几天后，常委会会议通过了《关于在公民中基本普及法律常识的决议》。接着，中共中央、国务院转发了《关于向全体公民基本普及法律常识的五年规划》的通知。"一五普法规划"用法律形式加以肯定，这就有了权威性。党中央和国务院发了文件，号召力就更大了，可以动员全党来贯彻这个决议了。

就此，我们分头召开了会议。首先在北京召开第一次全国普法工作会议，全国各省省委宣传部部长、司法厅厅长都来参加了。当时中宣部部长邓力群十分支持。开会时，他正在外地，我给他打电话请他回来，我做工作报告，他做大会总结。这个会议开了以后，全国层层贯彻，一直到县到区到乡镇……这是一次关键的会议，普法工作形成了全党全民的行动。

当时我们还主张为中央领导干部举办法律知识讲座，普法让党政领导干部知道必须依法办事。其实从"一五"普法以来，领导干部就一直是普法的重点对象，而法制讲座则是在领导干部中普法的重要方式。通过对领导干部的普法来推进依法行政，是普法的一个硕果。

中央领导同志听法制课最早是从 1986 年开始的。那年，我给胡耀邦写了一个报告说，普法要领导带头，首先请中央领导同志带头。我建议中央政治局和书记处的同志带头听法制课，这样肯定对全国的普法工作是很大的推动。胡耀邦很支持我这个建议，就把我的报告批给了胡启立。胡启立马上就找我商量了一个计划。我们商定先开四讲，并确定了四讲的内容和主讲人。

1986 年 7 月 3 日，中央书记处在中南海怀仁堂为中央领导干部举办了法律知识讲座第一讲。主讲人是中国人民大学法律系副教授孙国华，讲《法的基础理论》。参加听课的有中共中央政治局和书记处成员胡耀邦、方毅、田纪云、乔石、李鹏等，以及中共中央纪律检查委员会、中央办公厅、中央政法部门、中央宣传部门和中共北京市委的主要负责人。当时由中共中央书记处书记胡启立主持。1986 年 8 月 28 日，进行了第二讲，由中国政法大学研究生院院长张晋藩讲《谈谈中国法制历史经验的借鉴问题》。中央政治局、中央书记处、全国人大常委会和国务院的领导同志，还有最高人民法院、最高人民检察院以及中央和国家机关各部委的主要负责同志 150 多人出席听课。第三讲由法学教授、外交部条法司司长王厚立讲《外交斗争与国际法》。在京的中央政治局、中央书记处、全国人大常委会和国务院的领导同志，还有中央和国家机关各部委的主要负责人出席听课。第四讲是由法学教授江平讲《经济建设与法制建设》。每一次讲座胡耀邦都参加了，听了第四讲后，胡耀邦做了重要讲话。

在那 20 多年的时间里，我倾尽全力推进普法，许多具体数字我都记得，我明白第一个普法五年规划实施的结果相当可观。全国 7.5 亿普法对象中，有近 7 亿公民参加了普法学习，接受了启蒙式的法律常识教育。在 1.2 亿国有企业职工中有 1 亿多人参加了普法学习，农民参加普法学习的达 4 亿多人。中国人民解放军和武警部队分别于 1988 年和 1987 年初步完成了"一五"普法的任务。

以上这些数字不只是显示普法量的成果，更重要的是我国公民的法律意识和依法办事的观念有了质的变化。

邹瑜自述，本次采访时间为 2019 年 4 月 25 日，由中国人民大学校友工作办公室负责采访，文学院 2017 级本科生符洪铫根据录音和相关素材进行文字整理。

采访 / 李宣谊　许泽来　文字 / 符洪铫

黄宝璋

| 人物简介 |

　　黄宝璋，1956—1960 年就读于中国人民大学贸易经济系。历任新疆维吾尔自治区计委副处长、处长、主任，中共新疆维吾尔自治区第三届委员会常委、党委政法委员会副书记，新疆维吾尔自治区人民政府副主席，海南省计划厅厅长兼海南机场股份公司董事局主席、省国际信托投资公司董事长。

大学四年里，老师教我们如何做人如何做事。我脑海里深深扎入了这个念头：我一定要好好学习，要为人民服务。我这一生，有坎坷。也许放在有些人身上不一定受得了，但我都挺过来了，因为我是人大人。

我出生在东北，兄弟姊妹七个，我排行老二。家里非常贫穷，分得的土地很少，父母一面种地一面起早贪黑摆小摊养活全家。在我记忆里，从很小的时候起，我就要每天一大清早去铁道上捡煤渣拿回家烧火，供全家吃饭和冬天取暖用。

我是个穷孩子，从中学到大学，全是靠国家助学金读的书。我真的是从心底感谢党，没有党我连中学都念不了。因为我是家里第一个上中学的，所以我就觉得我得好好地学习工作，要对得起党对得起父母。

一生难忘人大情

1956 年，中国人民大学首次招收应届高中生，一半是应届毕业生一半是调干生。那时的校长是吴玉章，是"延安五老"之一，我当时是怀着莫大的感恩和光荣来到人民大学的。系里一共有两个班，每个班里有 22 个同学。到人大，赵履宽老师是我们的启蒙老师，给我们讲的第一节课不是专业课，而是基础课。基础课实际就是教我们如何做人，毕业后怎么为人民服务。我脑海里深深扎入了这个念头：我一定要好好学习，要为人民服务。我这一生，有坎坷，也许放在有些人身上不一定受得了，但我都挺过来了，因为我是人大人。

我作为人大学生很骄傲。在课堂上，我发现老师称呼学生们"同志"，而不是"同学"。"黄宝璋同志"，有人叫我同志，我感觉到师生关系是平等的，感觉我们人大的老师与同学之间距离很近，顿时感到了莫大的尊重和荣耀。

学校每个月发 14.5 元钱，除了伙食费我还有 2 元零花钱，我感觉太幸福了，因为家里没有钱给我。我大学二年级以前都穿的是布鞋，从来没有穿过皮鞋。在1958年之前，人大的伙食是可以天天吃大米饭，竟然顿顿有荤有素，还有一大笼热腾腾的大包子摆在桌上，八个人围坐一桌一起吃。我有时候一天甚至吃过15～17个包子，来学校三个月长了20斤。有一次我父亲来学校看我，我给他打饭，老父亲看着饭菜，怔了半天问："你们吃这个？天天吃这个？天天过年？""对，爸爸，天天吃这个！天天过年！"那时候觉得可真是幸福上天了。所以我就发自内心地感谢学校，要说有什么不能做，那就是不能做对不起党的事情，不能做对不起人民的事情，要好好干活。

我一到人大，就被指定为学习班长。那时候还是5分制，结果俄语课我一学期竟然得了20多个2分。那时的俄语老师是戴着一副眼镜的曹真老师，觉得学习班长怎么学习这么差，就问我："黄宝璋同志，我讲课你听不懂吗？"我因为小时候跟着东北老家外语教师学的俄语，土话掺杂着洋话，发音口音太重，所以当时俄语成绩很差。我去找系主任说："您别让我当学习班长了，我学习不行。"他说："你考人大是考了第一名进来的。"那时我才知道，原来我是以全系第一名的成绩考入中国人民大学贸易经济系的（我没考俄语）。

那时候我就憋了一口气，一定要好好学习，什么都争第一。我还跑步锻炼身体，在1956年那一届运动会拿了两个第一，5 000米和10 000米，还被吸收进了校队。我就想，干什么都好好干，当然吃的包子也多。1958年，全社会开展农村人民公社化运动，一周的学校课程中，四天学习，一天干活，大家都比赛着做。我参加了大炼钢铁、扛大白菜、去花果山种树，在修建十三陵水库和四季青公社的劳动中，我都被评为劳动模范。

我是发自内心地感谢党，组织上花这么多钱培养我，我不能做对不起党、对不起人民的事情。

到边疆去，到祖国最需要的地方去

1960年，临近毕业，向党交心时，我想我毕业一定去最艰苦的地方。我要求到西藏和新疆工作，是真写的血书去的，因为从中学到大学都是党供养我。我要求去西藏、去新疆，去最边远、最艰苦的地方工作。最后，组织批准让我去新疆。这个选择是对的，我终生不悔。

到新疆我就到计划委员会，一直在计划委员会工作了23年。那时候，我坐了一个星期的火车和三天的汽车才到乌鲁木齐。我是1960年9月到的新疆，正赶上国家三年困难时期。新疆很困难，但荒地很多，所以就派我去挖土豆，又去割麦子，1961年又劳动了半年。机关种了一万亩地，补充大家生活。我先是当大田队队长，又留下来当农场场长。1961—1964年，我就一直在农场干活。那时候，国家提出向雷锋同志学习，我就更加拼命地劳动。那些年长期的基层工作，培养了我，锻炼了我，使我更加懂得了生活，了解了百姓的疾苦，锻炼了我处理实际工作中难题的能力。1964年冬天我才回到机关工作。在开展整风运动的这几年，党员队伍并没有发展，但1965年刚一恢复发展党员，我是第一批，整个机关就发展了我一个。

此后的十多年，我一直在自治区计划委员会工作，在财商处、物资处、人事处、基建处、综合处等都干了个遍。当时是计划经济时代，物资紧缺，重大经济问题研究都在计划委员会，研究完了之后报政府批。所以在计委开会就特别多，劳动力问题、资金问题、发展问题、农业项目、工业项目等都在计委研究，然后拿方案报政府批，但真正的方案都在计委处。计委是工业的问题请工业厅、农业的问题请农业厅、商业的问题请商贸厅来，大家都要求计委拿方案跟大家一块儿商量。当时的计划委员会里大部分职位都是年龄较大的老同志兼任的，我是最年轻的，所以每天都会有这样的声音："黄宝璋，拿个方案出来。""黄宝璋，这个项目行不行，拿个修改方案出来。""这个项目行不行？给大家介绍一下，你们拿个方案。"我说好好好，就认真筹备拿方案，每次计委开会讨论时，都是领导主持，我负责把研究的方案向大家汇报和讲解，汇报后再汇总大家的意见进行修改。在之后北京的多次会议中，组织上也让我承担了一部分具体汇报有关新疆经济工作的方案。每次都是这样，大家就认识我了。但我当时并没有意识到这一点。

1982年，邓小平同志在新的历史条件下提出了"四化干部"（指革命化、年轻化、知识化和专业化），是用人唯贤、德才兼备的干部路线在新形势下的发展。1983年，我正在中央党校学习，当时还是自治区计划委员会综合处处长，我原以为自己可能会当计委的副主任，因为我对计委其他各处的事都明白一点。结果，新疆组织上选举我当自治区副主席，一选完马上告诉中央党校了，中央党校就通知了我。我当时听到惊呆了，我说你们别说错了，我一个小处长，怎么当副主席？我这级别差得远着呢，我也没那水平。后来，中央工作组的同志说：你不知道，有200多个厅长都选你当副主席。我说200多，不可能，怎么会有200多个厅长见过我？他说："大家早就认识你了。"

后来，我更觉得自己要好好工作，不能忘记母校的教导，不能忘记人民的重托，我就更加勤奋。两年后，我做了新疆自治区常务副主席，当时的主席是铁木尔·达瓦买提。全疆87个县我跑了84个。我协助自治区主席走遍天山南北，深入农村牧区、工矿企业调查研究。为制定新疆经济和社会发展战略，我来回奔走于新疆与北京之间，向中央反映新疆的经济发展情况，要让世界认识新疆，要让新疆认识世界。我热爱新疆，热爱新疆的山山水水，热爱新疆的一草一木，热爱新疆的各族人民。我当时就希望把一生都献给新疆。

奉调海南十二年

1991年，组织给了我一项新的任务，奉调去祖国另外一边的热土——海南。1988年4月13日，七届全国人大一次会议正式通过了海南建省办经济特区，当时作为新疆推选的全国人大代表的我也举手衷心赞成，但我当时没想到，三年后自己就要去海南。

调动工作时，领导表示当时海南并没有同等级别的空位，我问：

"我要是还去做个处长呢？"这一回答，应该是超乎了其他人的意料。领导问我为什么愿意去海南，我讲了三个原因：第一，海南是特区，政策好。我是学经济的，可以再为海南人民干点活。第二，海南气候好。我在新疆患上气管炎，十六年来，吃药都不见效，到热的地方也许会好。第三，海南人好。人家讲海南人排外，我不相信。除非你想到海南来淘金，专门利己，不管百姓死活。只要你为官不忘为民，人民是会记得你的。这样，我在 55 岁的时候，来到了海南，当上省计划厅党组书记、厅长。

我记得我是 1991 年 9 月 15 日到的海南，16 日上班。上班第一天省委有关领导找我谈话，中心是抓好计划厅，抓好大项目。

我就马上着手布局，提出本厅在全国计划会议前抓好两件事：一是认真研究海南情况，认真准备向省委汇报 1992 年计划方案，准备参加全国计划会议；二是客观分析厅内情况，抓好廉政建设。这样，在大家的齐心努力之下，海南省上国家大计划的项目，从 1991 年只有两项，到 1992 年便增加到十一项。在全厅年终考评大会上，我代表党组，也以我自己的名义，要求全厅同志廉洁自律，希望大家监督我，如果发现我有问题，请大家举报。后来，计划厅的自身建设就加强了很多，工作也有了明显的进展。

当时给我的另一个重要任务是要抓大项目：跨海铁路建设（粤海铁路）、大化肥建设、飞机场建设以及年产量二十万吨的大纸厂的建设等。我说："铁路、机场、大化肥厂等都是重要项目，我一定努力抓好，但对于大纸厂项目，建议千万别上。我们可以利用海南的速生树种为原料，发展木浆纸厂。"我自己在新疆工作三十多年，觉得对不起新疆各族人民的一件事，就是上了一个污染严重的纸厂。新疆利用南疆博斯腾湖的丰富芦苇设计了一个年产量仅十万吨的纸厂，一期工程不过每年三万吨。投产以后，大量废水黑液排入湖内，鱼死了，水体全部被污染。海南是一个洁净的岛屿，有洁净的大海，这么好的地方，是全国人民的休闲度假胜地，如果上这么个大纸厂污染了海域，子孙后代都会骂我们。最后，领导们经过认真研究，采纳了我的意见，把这个项目给撤了。

不过，当初我这个海南造纸项目的反对派，后来却反而支持引进造纸项目，而且后来引进的项目规模更大。

1994年省委领导带团去印尼考察，受到了金光集团总裁黄志源先生的热情接待，并参观了金光集团的北干厂——亚洲最大的纸浆厂（年产纸浆一百八十万吨），及那里的生产和环保设施。考察团回来后，团领导给我讲："老黄，你的观点得改变了，现在造木浆环保已经过关了，你亲自带团去印尼北干厂看看，把我省合作厅、环资厅的厅长、总工，和国家计委、轻工总会、国际工程咨询公司等单位的同志都请上，一起去看看，然后咱们再下决心。"于是，1995年我和这一行十七人去印尼的北干厂考察，重点了解其废水、废渣的处理，以及人工造林的情况。我们看到工厂经处理排放的废水，比工厂生产用水还清，废水池中甚至养了许多大鱼。考察团连查了几天废水排放记录，其pH值仅7.1。工厂用于环保处理的投资，占工厂全部投资的四分之一。因此工厂的规模不能太小，否则摊销的成本太高。海南是座洁净的岛屿，我们要求金光集团在海南办厂一定要达到环保一级。金光集团负责人答复说完全可以做到，并表示每吨浆用水量只需要四十吨，远远低于国家规定，其他指标也都能达标。这样，我这个海南上马造纸项目的反对派也就服从了"真理"。省政府经慎重研究后，又向国家上报了六十万吨年产量的金海浆厂，规模是原来撤项的三倍。为此，我又去北京来回跑了十几趟，终于在1997年12月，国家计委批准了这个当时海南省最大的项目。先是主张撤项，后又支持立项，我认为：这一切，都源自实事求是。

从1991年到2003年，奉调海南十二年来，我主持过省计划厅的工作，亲历了海南许多重大项目的规划和建设，例如一分钱没拿地兼任海南机场股份公司董事局主席，主持修建了海南的两个飞机场。还有海南铁路通道，也就是后来的粤海铁路，在建设过程中遇到过诸多困难。我曾向省领导建议：一是把两省一部各出二亿资本金的"222"方案，改为"321"方案，即铁道部出三亿元，海南仍出二亿元，广东出一亿元；二是把路名从"海南铁路通道"改为"粤海铁路"，把"粤"字放在前面。这些建议提出后得到了采纳，解决了一些关键性难题，推动了项目的建设。1994、1995 年，全国编制"九五"发展规划，关于海南发展战略的讨论也到了高潮，省计划厅必须拿出一个供省委、省政府决策的方案。在这种情势下，我就和大家一起通过认真调研，总结建省几年来海南走过的路，提出了"一省两地"的发展战略，即建设"新兴工业省"、"热带高效农业基地"和"热带海岛休闲度假旅游胜地"。"一省两地"发展战略切合海南实际，得到历届省委、省政府的支持。后来我又当了海南省国际信投公司的董事长，专门负责给海南找钱。

我也为海南人民干了一点点事情。

我这个东北人，从毕业后就到大西北的新疆工作了 31 年，又于 1991 年奉调到祖国南疆的海南。从东北到新疆再到海南，在地图上画了个大三角。朋友开玩笑说："你溜着边走才能发展。"

我现在特别幸福。感谢我的父母，感谢我的母校，感谢党，感谢新疆人民。感谢王恩茂同志教我两袖清风地干活，使我完成了在新疆和海南的全部工作。

黄宝璋自述，本次采访时间为 2017 年 12 月 20 日，由中国人民大学校友工作办公室负责采访、录音整理及文字编辑。

采访 / 孟繁颖　文字 / 李宣谊

陈　韧

| 人物简介 |

　　陈韧，河北人，高级会计师。1948年就读于华北联合大学。解放后进入北京市第一区（现东城区）区政府工作，后任国家工商总局财务处处长，工作期间组织制定了全国工商行政管理系统财务管理办法和工商行政管理系统会计制度。

我小时候一没什么文化，二没什么社会经验，在不能吃饱饭、生活下去都相当难的条件下，到华北联大去就像进入了天堂一样。现在想想，时间过得真快，有时候一回忆起来 1948 年上联大的时候，那些事真的还是很清楚地留在脑海里，还挺有意思的。

战火纷飞中，坎坷求学路

1928 年，我出生于河北省的一个农村家庭，家里有两个哥哥和一个姐姐。我大哥与我同父异母，在我六七岁的时候，他就跟家里人分开了，后来也不太与家里联系；我的姐姐结婚后就离开了家。小时候家境贫穷，依靠父亲耕种家里仅有的五亩地根本不够维持生计，因此还要给别人打工补贴家用。

我上小学时，农忙时节都要停课下地干活。农事忙完回到学校，老师就在下课后把我留下来补课。我 13 岁时小学毕业，留在学校当了一年工友。后来由于农村缺少老师，小学毕业的人经过考试就可以当小学教师，我又在农村当了两年小学教员。

当时我就考虑到，自己文化程度那么低，将来该怎么办？恰好我的二哥此时已经在通县的一个粮店当了十几年学徒，挣了一点钱，就把我送到北京来考中学。那时候是日本投降前夕，好多私立学校都改成了公立，我后来所在的育英中学原本是个教会学校，这时改成北京市第八中学，学费按照市里的标准收取，于是我在 1944 年来到了育英中学学习。全面内战爆发后，我的家乡属于国民党管辖地区，村里的情况就由于战争的打响开始混乱起来，我二哥在这场混乱中被打死。这意味着，供给我上学的后台倒塌了，而我这时才刚上了一年半的中学。

所幸当时有一个跟我关系很好的同学，愿意让我住在他的家里，继续完成学业。此前我常去他家中，他的父母对我也很好，觉得我不能上学怪可惜的，又是他们家里独生子的好朋友，便也同意我留下来。留居同学家中时，老家的亲人也会弄点粮食和其他东西到北平来供给我，我就这样继续上学，直到初中毕业。

初中毕业以后，我没有钱继续上高中，便就又没有出路了。为了谋生，我在北平当过临时工，也曾在春节前后到三河县的集上贩卖过杂货，然而生活仍旧没有着落。

还与我保持联系的同学们，说我一直这样也不是办法，于是在1948年的4、5月份，我通过一个姓周的老同学，认识了北京大学一个叫谢渝生的人。谢渝生问了我的家庭情况和生活情况，过了几天后，他便介绍我认识了一个北大地质系的学生。这个地质系的学生给了我一卷报纸似的资料，让我5月底的时候拿着这卷资料去北大红楼四楼楼顶的平台，会有人在那里找我。5月底在北大红楼楼顶，我等来等去等来了一个人。这个人有点胡子拉碴，大概30岁以上，不像是个学生，看见我就问："是老先生让您来的吗？"我说："是，谢渝生。"然后他告诉了我一条从这里到解放区的路线，又说如果到了天津南边的陈关屯，会有一个火车旧通道，火车由那里向前不再通车，要从这个地方过一条很小的河，但是会有国民党的封锁线，国民党军队会拉着铁丝网，一个人一个人地轮流检查通过。

我和那个曾经留我住在他家的同学一起走，因为不能暴露目标，所以我们不能跟任何人说去了哪里，连家里人也不能说。过国民党军队闸口时，他们要全身搜查，身上有多少钱都要没收，不过那时候我们也没有钱。过了闸口有一辆农村的细轱辘大车在等着我们，这个车载着我们经过青县，到达沧州。沧州有一个地方叫红楼，当时都被国民党军队炸烂了，在这个破楼址边上有一个文教会，那是咱们共产党地下组织的专管文化、教育的机构。我们坐着大车到文教会，下车后还没有钱付给人家车费。

到文教会一敲门，出来两个20多岁的年轻小伙子，他们带着手枪，我们对了暗号后，他们招呼我们进去。我说："我们的车钱还没有给。我们坐车来的，没有钱给人车钱。""你们先进屋，进去休息，回头给你们包饺子吃。"后来我们吃了荞麦面的饺子。

我们在那里住了几天之后，他们把我们送上了往石家庄走的路线。白天因为有国民党军队轰炸，不能赶路，只能夜里走。走了几天我们到了石家庄，后来又从石家庄到了正定的华北联大。

终得入联大，艰苦而多彩

到了联大以后，十来个人编成一个班，我被编入第五班，跟狄丛是一个班；后来改成华北大学时，我们算第十五班。

班里的班主任和副班主任组织我们上课，进行政治思想教育，讲一些基础知识。我们听了不少政治课，艾思奇给我们讲过哲学，丁宁、李焕之给我们讲过文艺方面的课程，还有团委书记李欣也给我们上过课。那时候也没有什么正式的课本，上课的人也很多，老师就拿着大喇叭讲大课，做大报告，主要课程就是新民主主义论、论联合政府等。

当时的课外活动就是在农村进行政治宣传。有一次傅作义计划轰炸解放区，轰炸区域包括位于石家庄北的平山，所以我们在学校就待不住了，组织学生以工作宣传队的名义往南撤退，防止被国民党军队的轰炸机轰炸。我们这些学生组成的队伍，每到一个地方就开始进行宣传，讲共产党的政策和相关知识。我们宣传队还在邯郸、邢台附近的大邱庄和赵庄等地参观过地道战的地道。

我们还学过扭秧歌，秧歌有好几种，比如有以扭腰为主的，还有以甩动胳膊为主的。著名作曲家李焕之教我们扭秧歌，东北的秧歌怎么扭的，陕西的秧歌怎么扭的，他都挺懂。

当时联大分两部分：正定市内有一个比较大的天主教堂，好几个院部都在那边；我们是在天主教堂外面的一个村子里。当时我们住的是排房，东边的排房是六班，西边的排房是五班，我是住西边排房。屋里没有床，只有搭的土炕，一个班十来个人住在一个炕上，睡觉的时候你挨我、我挨你。

在学校里，大家一起吃食堂。当时饭可以吃饱，但是不能吃好，也没有条件吃好。小米都是储存了三四年以上的陈米，都变了颜色，灰色的也有，白色的也有。我们有时候吃小米饭，有时候吃小米磨成面做的馍馍，这馍馍一掰开，里头就有好多的小肉虫，虫子太多了没法挑，就只能连虫子一块儿吃。当时菜吃得比较少，主要是正定的一种"根德菜"（音），北京好像没有这种菜。这种菜的叶子长得挺长，收菜的时候不用拿刀割，直接用手掰，掰了以后还会接着长。煮菜的时候，把蒸锅笼屉一掀，热气一上来，屋顶上的好多苍蝇就掉锅里头了，只能尽量往外挑。灶分为大、中、小灶，大灶大概是一天 28 两米，中灶大概是一天 24 两米，都有规定的标准。

那时候我 20 岁，脑子很纯洁，思想也没有那么复杂，觉得学校的生活很不错，起码生活问题解决了，不用通过打工挣钱吃饭了。

我们不知道自己得到什么年头才能回家，不过没想到形势发展特别快，到 11 月份东北大部分就解放了。那时解放军快要进关了，天天有好消息，我们也高兴。我们的班主任也常常和我们说，我们得好好学习，不能整天只知道吃小米饭，听好消息。11 月以后，我们去了平山的华北干部训练所。来到训练所不久，解放军就把北平围城了，但人们还不知道北平能不能和平解放。学校当时对我们讲过，假如战争打起来了，北平被打得乱七八糟，我们得做好思想准备，负责把战争过后的伤员和牺牲的战士背回来。

之后我们从华北干部训练所转移到北平郊区的良乡住着，每天听着北平打炮的声音，就等着到北平解放的那一天我们进城去。学校分配不同学生到不同地方，有一小部分人被分到了东北，大部分人后来进了北平，进北平的这支队伍总领队的大队长叫柴泽民，他是后来中国第一任驻美大使。解放军进入北平城是 1949 年 1 月 31 日，学生欢欣鼓舞，人们纷纷迎接。我们是 4 月 5 日进的北平城，经过青龙桥进了西直门，一路走到东交民巷，住在了原来的日本兵营。进了北平城以后，我们就踏实多了。

入京历苦辛，不畏窘困时

北平刚解放时分为 20 个区，我被分到第一区工作。

刚开始的时候，我们第一区只有一个工作组，这个工作组包括了区委、区政府、工会、妇联和青年团，不久之后就分开了，我们有的被分到区委，有的被分到区政府，有的被分到公安局，我被分到了区政府。后来第一区改称东单区，东单区又并入了东城区。一直到这个时候，北京各个方面才步入正规发展道路。

解放初期我们生活还是挺艰苦的，没有休息日，没有上下班。比如我正在睡觉的时候，如果有人有事要办，来到区政府，我就得赶快起来，出门热情接待。后来才开始一个星期有半天假，慢慢地才分出来星期日，工作很多年了才有了星期六。

那个时候是供给制，就是发的粮食保证让你吃饱，到冬天发棉袄和被子。我记得第一次发的被子是国民党军用仓库里的绿被子，比较短，睡觉得用被子把脚包上再用绳子捆住，否则脚一伸就伸到被子外面冻着。但是一个被子还是太薄太冷，我就和当时在公安局工作的一个同事商量合作，铺一个被子盖一个被子，把两个被子一捆，俩人睡一个被窝。冬天到 9 月以后，天气已经很冷了，水井口都冒着白气，但我们只发了一个棉袄上衣，下边只能穿单裤，直到 12 月份才发了棉裤。棉裤、棉袄也都是大粗布的，不过倒是真厚，真顶用。

1952 年我由于传染得了肺结核，大口吐血，在地坛北边的北郊疗养院住院。这时候供给制改成了包干制，我一个月的包干费是 28 块，而疗养院的伙食费一个月要交 29 块，还差 1 块钱，领导就通过福利费给我补助 1 块钱，这样我吃饭就没问题了。但是像刷牙漱口洗脸用的生活用品，还得自己想办法。

这就是解放初期的情况。我从 1948 年开始工作，还有比我工作早的，一直都是供给制。1955 年开始改工资制，还有单位更晚才改的。现在经历过供给制的人待遇都会高点，就是因为确实经历过贫穷艰苦的一段日子。

从这之后工作才稳定下来，能正规地进行一些学习。我是初中的文化程度，刚工作的时候让我写封介绍信，我都不知道介绍信是什么，也不会写。我的觉悟、知识都是后来通过学习慢慢成长和积累起来的。那时候区政府规定，如果每天八点上班，七点半以前就必须到，到了之后学习半小时，学习完了再上班工作。那时候学的东西就多了，中共党史、马克思主义基本知识，就是那时候一篇一篇地慢慢学的。

为党肯奉献，磨砺自甘心

当时曾经有人问过我："不少人都申请加入共产党，你怎么不加入？"我说，就凭我这点水平、这点觉悟够条件吗？我现在不能申请，起码得等我干出点工作或者有点成绩才行。要不然申请加入共产党，第一是组织上不一定会批，再者说批了的话，我这样的就能当共产党员？

那时候玩命工作，不怕苦，不怕累，再加上解放初期有一些运动，比如"三反""五反"，还有后来棉布和粮食的通货通销，这几个运动我都赶上了，在运动当中承担办公室开会时找材料、做记录的工作。1952年底，组织上批准我入党。

但是高强度工作把我的身体搞坏了。我原来身体挺好的，但是营养不够，工作又累，再加上传染，就得了肺结核，住了两次肺结核医院。我的肺部有一个空洞，有这个空洞就老吐血，那时候没什么太好的药，进口的链霉素又很贵，用什么药、怎么治也不愈合，所以1959年我干脆把右肺下叶整个切除了。手术之后，我的身体情况才稳定了，才又能正常地工作。

那个时候是"党需要你干什么就干什么"，我没有专业，在办公室工作过一段时间，后来又到民政科、工商科工作，最后去了税务局。我这样转来转去，最后也懂了一点财务方面专业知识，到 1980 年就来到国家工商总局。国家工商总局那时候刚刚成立，我去财务处负责财务工作。

当时工商总局有一个副局长，好像对华北联大比较有感情，知道我是从联大来的，就说："你负责组织财务处。第一，你得想办法搞一个全国工商行政管理系统财务管理办法；第二，工商行政管理系统要搞一套会计制度。先把这俩弄出来，然后你的工作就好开展了。"我从税务部门来，一下子就给我出了这么大个题。但是给我什么工作，我就得干什么工作。为了制定这两个文件，我就去请教财政部的领导。司长给我找了建设部、教育部等几个部门的会计制度进行参考。我又从省市级工商局找了六七个有经验的财务管理人员和教过财务会计的老师开了一个会，商量制定这两个文件。我起组织作用，召集大家一起研究，最后形成了工商系统的管理办法和会计制度。作为组织制定这两个文件的负责人，我被评为高级会计师。等我离休以后，有会计师事务所来请我，财政部就又给我批了一个注册会计师，我就又干了十来年。

回首来时路，幸运且感激

国民党统治时期要想找个工作，能吃饱饭，生活下去，如果没有人际关系的话就相当难。我从 1947 年暑假初中毕业到 1948 年 6 月来到解放区的这一年时间，在北平可是体会到了生活困难。那时候大家或许还没看到共产党多么先进，但对国民党特别腐败这点都看得非常清楚。所以我进大学之后就等于翻了身啊！要不是我的同学给我介绍了去往华北联大这条路，我还在北平靠打零工、做买卖生活呢。

那个时候有一个很突出的特点是，组织什么都管，什么事都跟组织上说。我家里头经济困难，就跟组织上说。还有我当时做手术，医生说这是个大手术，有 5% 的死亡率，很有可能不成功，如果出现意外签字者要负责任，但组织上依然让我们办公室主任给我签了字，都没有找我的家属。

你有困难组织上真的会管，但是你有问题也必须要负责任。解放初期我们单位有个领导同志特别拧，对待下属就像对待自己孩子一样，如果有人不听话，他就给人一大耳刮子。按理领导同志怎么说也不能打下属，但这位领导对下属是真的亲，打是打，可是你有困难他也真的会帮你解决。那个时候上下级就是这种感情。

现在看来，一切都在变化，社会在前进，党和国家的政策在进步，学校现在的教学方法也跟从前不同。咱们国家最初很多方面在学习苏联，包括国家政策、计划经济等，后来发现苏联有好多缺点，咱们就避开了。国家现在走过七十年，比解放初期进步了很多，未来会比现在更好。

陈韧自述，本次采访时间为 2019 年 5 月 15 日，由中国人民大学校友工作办公室负责采访，由新闻学院 2017 级本科生许文心负责录音整理及文字编辑。

　　采访 / 李宣谊　文字 / 许文心

邬善康

| 人物简介 |

　　邬善康，1946 年生，浙江奉化人。1965—1970 年就读于中国人民大学新闻系。广西壮族自治区宣传部原副部长，自治区政协常委、文史学习委员会副主任。

初入名校　相遇名师

我祖籍是浙江奉化，大概是七八岁的时候去了上海，在上海一直待到高中毕业。1965 年我考大学，人民大学是我的第一志愿；加之我非常喜欢新闻专业，当时年轻的我很憧憬记者这个职业，于是就来到了人民大学学习新闻专业。

入学之初，我的第一感觉就是整个学校的风气非常好，学校抓教育，抓德智体全面发展，包括我们会下乡去和农民接触，这些基本的东西当年都非常好。

学校里的领导班子也率先垂范。吴玉章校长那么大年纪了，亲自到我们劳动的工地去看望我们，至今我回忆起这一幕，都非常有感触。老师们也起到了非常好的表率作用，我们系里面几个著名的教授，像甘惜分、张如东，都起到了很好的表率作用。还有方汉奇、何梓华老师等，虽然没有直接教过我，但是他们的一言一行，他们的为人师表，他们的学识和修养也是影响了我们的。每个班有政治辅导员，政治辅导员除了督促我们的学习之外，还要做我们的思想工作，帮助我们解决问题。我至今对我们的两个政治辅导员——郑超然老师和张新老师记忆犹新。郑老师已经过世了，张新老师也好久没见面了。

同窗深情　历历在目

当时人大已经搬到了西郊，学校有一定的规模，但是没有现在这么气派堂皇。当时学校有一栋教学楼，对面是图书馆，宿舍是一排二层楼的房子，分别叫南一楼、南二楼、南三楼，我们住的是南一楼。男女生住在一栋楼里，男生住一层，女生住一层，宿舍相互之间分得很清楚，大家彼此之间都很融洽。伙食也非常好，一个月交 15 块钱的伙食费，每天有肉、有鱼、有青菜，搭配得很好，而且每个星期加一次菜。那个时候虽然我们国家形势不是很好，但是大学生的伙食经费是有保证的，特别是农村去的学生，他们享受的补助就更多一点，基本对家庭没有负担。

当时我家里每个月给我 20 块钱，我交 15 块钱伙食费，还有 5 块钱零用，也差不多够用，所以日子过得还是比较好。对我这个南方人来说，唯一不习惯的就是吃粗粮，但是我们同学之间互相调剂，北方的同学可以吃粗粮，他们把细粮票换给我，我把粗粮票换给他们，互相帮助，这样就解决了这个问题。

同学之间关系都非常好，那时每个人每个月粮食有 30 斤定量，有些食量比较大的男同学，一天三顿饭大概能吃一斤半左右，30 斤定量哪里够吃？女同学就会把自己的定量匀给他们，保证他们基本上能够吃得饱。那时候虽然物质条件不是那么充裕，但同学之间互帮互学，风气非常好。在我们系里面，有几个学生是高干子弟，他们住在北京，条件相对好一点，平时骑单车到学校来，当时单车非常稀有，他们的单车就成为我们同学之间经常借用的交通工具，大家有谁上街去玩都会找他们借。他们穿得也很普通，跟我们一样，不把自己当成高干家庭子弟。

我们课余的生活也很丰富，去八达岭、香山、颐和园，三五成群地结队去玩，有条件的同学就做东，星期天改善改善生活、照照相，至今我们还留有一些当年学生时代的照片。最近我们组织了一个群，是 1965 年入学时我们班的，叫作"65 南一楼"。大家在网上交流，非常感慨当年青春的生活。

在学习方面，应该说能够进入人大新闻系学习，大家的基本功都非常好，之后在学术上，或者其他方面有成就的同学还不少。我们新闻系比较让人佩服的两个人，一个是我们班的杨毅，他是广东人，在学校的时候非常刻苦，经常看书，毕业以后考上了社会科学院研究生，之后留在社会科学院做研究员。后来他写了一套中国现代文学史，三卷本，填补了这一领域的空白，这套书还做了高校的文科教程；之后他又陆陆续续写了很多书，成为一个著名的现代文学史专家。

第二个是陈锡添，《东方风来满眼春》的作者。大概在 2017 年，我去深圳的时候，还见过他。为什么他能够有这样的成就？这得益于学校的教育，他读书比我们多一点，因为我们搞了四年"文化大革命"，而他则基本上念完了课程。所以他能够写出这样的文章，也不是偶然的。机会是留给有准备的人的，在他身上就体现出来了。

所以我觉得在学校这段日子对我们来说意义是很大的，我们虽然经历了"文化大革命"动乱，但是学校给我们留下的正面的能量、正面的教育，特别是对人生观、价值观的塑造，在我们以后人生的旅途中起到了很重要的作用。当然，我们这届人有一个特殊之处就是经历了动乱，后来大家分派，闹得很不愉快，也曾经有见了面都不说话，甚至是很敌视的时期。经过反思，过去那些有激进言行的人，他们也认识到错误了。所以现在我们在群里面，都觉得这么大的年纪还纠缠过去的事情干什么，大家互相之间也能冰释前嫌，非常友好地交往。

走出校园　人生启航

1970 年毕业后我被分配到了广西，这不是我主动选择的，是分配过来的，那么为什么分配到广西呢？这里面有点偶然。当时学校还比较开明，在毕业前夕征求了一下我的意见。当时跟我谈话的是陈昌本老师，他当时是教语文的老师，没教过我，但人比较好。后来他走上了领导岗位，还担任了文化部的副部长。

当时在那个情况下，我知道提过多的要求没有必要，也不可能实现。比如我是上海人，要回上海，哪有那种可能。于是我非常现实和真心地说，我想到南方去，因为我是南方人，习惯南方的生活。这样等到分配结果出来以后，我就被分配到了南方，去了广西钦州。这样从某种意义上来说我也是如愿以偿了。

　　起初我对这个地方是非常陌生的，仅有的了解来自作家李六如的《六十年的变迁》一书。这本书里有钦州起义这么一个故事情节，给我留下了一些印象，仅此而已。

　　我在钦州地区一干就是27年。最开始分到那里时是去农村锻炼，叫作接受再教育。我在农村干了差不多一年时间，并没有什么职务，每天就是跟着农民一起劳动；一年之后又分配到建筑公司。为什么会这样分配？因为知识分子不能留机关，要到基层去，到一线去。我服从分配，到了建筑公司，在那里做共青团工作，经常跟工人在一起，接触实际工作，并且担任了团支部书记。

　　这样干了两年，组织部就把我调到机关去了。1973年我被调到钦州地委工作，自此之后就开始了我的宣传工作的生涯，一直到退休之前，我都是从事宣传工作。

　　在钦州地委，我从一般干部干起。1978年改革开放以后，开始逐步起用知识分子，我也得到了提拔，首先是讲师团团长，副处级；然后是宣传部副部长；再然后是行政公署的副秘书长，协助行政公署的副专员，分管教育、文化、广播电视等这些方面的工作；之后又担任地委秘书长。一直到1994年，钦州地区改为地级钦州市，我就进了领导班子，成为钦州市委常委兼宣传部部长。我在钦州一干就是27年，一直到1997年，自治区党委把我从钦州调到自治区任广西区党委讲师团团长。

　　为什么是讲师团团长？因为我在钦州虽然是部长，但我也当过讲师团团长。实际上我的工作一半是理论武装工作，还有一半是新闻宣传工作。理论武装工作包括宣讲党的政策，宣讲马列主义基本理论，这些工作我都很熟悉，所以我到了讲师团的岗位上。

　　一年之后我出任区宣传部副部长，一直干到退休。在这期间，我也当过一年的区党委巡视组组长，当了第九届自治区政协常委。2008年退休，到现在也差不多十年了。

　　退休之后开始几年还有一些事情要做，做新闻阅评员、宣讲员，有时候需要讲课，还做了十五大、十六大、十七大精神自治区宣讲团的成员，这些事情在职时和退休以后都在做。

之后几年就比较轻松，基本上就是随着自己兴趣，做自己喜欢的事情。比如说我学了几年的国画，写意花鸟；到老年大学参加合唱团和其他一些团体活动；这两年又开始学弹钢琴。

我的退休生活还是非常充实的，用我爱人的话说就是一天也闲不住。她也爱好唱歌跳舞，我就陪她去跳交谊舞。这些都可以锻炼身体，对身体有很大的好处。所以这么一晃，今年也已经 72 岁了。

校风校训　人生导向

我在人民大学待了五年，第二年就开始搞"文化大革命"，1970年毕业。严格地讲，这届由于情况特殊，在学校里读书不多；但是我觉得虽有失亦有得，就是在这场动乱当中，我们学会了分辨真善美、假恶丑，也在风浪当中考验了自己，就是说不能走极端，不能做违背人性的事情。

所以我们在学校里的这批人，基本都是可以保持理智的，所谓理智就是反对激进的做法，比如斗学校领导、斗教授这些，我们不做对不起领导、老师的事情。

人民大学给我最大影响的就是实事求是精神，这个理念是毛主席提出来的，也是人民大学的校训，它可以说一直是我人生的座右铭。之后我虽然毕业了，参加工作了，却一直都还铭记着这条校训。不管我到什么地方工作，包括从政，始终都坚持着这个理念，用实事求是的精神来工作。打个比方来说，在宣传部门工作，管新闻宣传，管理论教育，最需要的就是实事求是，不能胡编乱造，不能夸大，也不能缩小。

所以在我分管的那几年，我自己认为新闻宣传工作是比较平稳的，始终能够坚持正确的舆论导向。有一件事情我现在还是觉得做得比较好。那是 2001 年，有一个轰动全国的南丹事件，南丹是广西的一个县，当时那里发生了矿井透水事故，八十几个矿工遇难。当时老板也好，县的领导也好，就想掩盖这个事件，企图瞒报。但是纸终究包不住火，真相永远是瞒不住的。我们的新闻媒体很敏感，它们第一时间就知道这个情况了，于是反映到我这里。

其实我比区领导还要早知道这个事情，因为地方的党委政府瞒着不报，区党委不知道这个事。我得知这个事情之后，及时给有关领导反映，引起了党委重视，党委很快就派了工作组下去处理。我觉得媒体在这方面做了很好的工作。

在新闻宣传方面，我们坚持以实事求是为原则宣传广西的成就，经常组织一些重大的宣传活动和宣传报道，这样的宣传工作对推动广西的社会发展起到了很好的作用。

邬善康自述，本次采访时间为 2018 年 11 月，由中国人民大学校友工作办公室负责采访，由国际关系学院 2018 级本科生宋晨瑜负责录音整理及文字编辑工作。

采访 / 孟繁颖　编辑 / 宋晨瑜

赵映桃

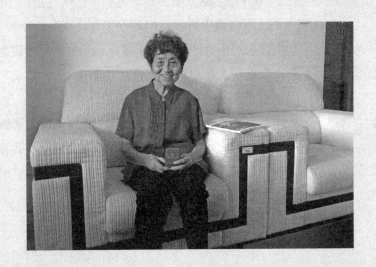

| 人物简介 |

　　赵映桃，1953—1957 年就读于中国人民大学财政系，曾任教于扬州师范学院。1956 年 9 月 30 日，在印尼总统苏加诺来华访问期间，代表中国人民大学向苏加诺总统献花。

走上革命道路

在我很小的时候父亲就去世了，母亲开始守寡，于是我被安顿在外婆家长大。3岁时，母亲给我和姑爹的儿子订了娃娃亲，所以我上中学的学费就是姑爹出的。1949年下半年，我读高二的时候，姑爹让我结了婚再学习，我不愿意先休学，姑爹也就不再给我提供学费了，我就无法继续念书。那时候正好我党的地下工作者在我们学校活动，对我们学校的学生产生了很大的影响，于是我就头也不回地跟着地下工作者走上了革命道路。

1950年，我到了武昌的一所革命大学学习，并参加了革命工作。半年以后分配工作，我被分到了中国人民银行一个区行的附属银行学校。由于我从小爱好文艺喜欢体育，便成了一名文体老师。我在学校工作得很出色，被评为先进工作者，在1952年的时候，团组织把我作为优秀团员推荐入党。

无悔芳华　进入人大

在50年代，中国人民大学每年分给每个单位一定名额，我们银行区行有两个名额，由于我的突出表现，在1953年我被区行推荐并通过考试，得以进入中国人民大学就读财政系。我当时高兴得不得了，一心就想上大学，就想念书。我由于高二时交不起学费，所以不得不走上了革命道路，没能上大学。没想到竟然在工作以后有机会到中国人民大学学习，我真是高兴得不得了。当时的财政系是在海运仓，我在海运仓校区读了三年书，在西郊校区读了一年，一共四年。

到人大的时候，我也才20岁左右，在中国人民大学当时的学生中算年轻的，学生中有结过婚的，也有年纪比较大的。到了学校以后，我真是如鱼得水，在知识的海洋里面尽情地吸收养分，当时我的学习成绩非常好，我非常高兴，人大对我也很好。

那个时候学校里没有高楼大厦，只有很多平房，但是整个学校的学习氛围很浓，课程设置也很多。当时我们财政系有四个专业，被分为四个班。我学习的专业是基建拨款与贷款，在长贷班读书。我记得我们班那时好像有二三十个同学，女同学要少一点。当时我们的课程有财政、预算、会计、工业经济、农业经济等，我印象中课程的学习是非常紧张的，上午基本排得满满的，所以每天下午、晚上就复习。当时海运仓图书馆阅览室比较小，大家都先拿本书早早把位子占上，学习气氛非常浓。

我们那个时候没有教材，就是拼命地记笔记，当时有一个顺口溜：上课记笔记，课后对笔记，考试背笔记。由于我笔记写得快，所以大家都愿意跟我对笔记。同学之间非常友爱，大家听课都很认真。当时因为中国人民大学向苏联学习，考试分数是五分制，考试面试就是抽签现场作答，老师们一起会审面试。

我当时最喜欢并影响我一生的书是《钢铁是怎样炼成的》，很多人都读过。"人最宝贵的是生命。生命每个人只有一次。人的一生应当这样度过：当回忆往事的时候，他不会因为虚度年华而悔恨，也不会因为碌碌无为而羞愧；在临死的时候，他能够说：'我的整个生命和全部精力，都已经献给了世界上最壮丽的事业——为人类的解放而斗争。'"这段话特别经典，但我不仅仅单纯地读，还向保尔·柯察金学习，努力以保尔·柯察金为榜样。还有那本《卓娅和舒拉的故事》，卓娅的妈妈还来学校做过报告，她报告的最后几句话我至今还记得，她说："嘿，孩子们，你们尽管去爱你们的男朋友和女朋友，但是你们也一定要很好地学习和工作。"当时她在给我们做报告时，我们激动得不得了。这两本书一直对我影响很大。

当时学习气氛非常浓，但生活也挺活泼的，例如每个星期六晚上都有舞会，我是跳舞跳到最后的那个。但是我有一个原则，一定要把当天的功课复习完，所以我去得不早，但是跳到最后。另外每年元旦有一个化装舞会，会跳一个通宵，过了元旦就大考，很紧张，所以大家痛痛快快跳一夜，然后迎接紧张的考试。当时的生活是既严肃紧张，但又活泼和谐，非常难忘。我在参加学校舞蹈队的时候演过《花儿与少年》《十大姐》等节目，《十大姐》就是十个女孩子跳舞，我演的是八姐，这个演出很受师生欢迎，当时轰动了全校。我当时还参加了北京市高等学校学生慰问团。因为我会跳舞，所以当时被派到了北线，去内蒙古边境慰问铁路工人。我们到蒙古包去看过，喝奶茶、看套马，还看到了蒙古人民共和国的国境线。当时国境线很简单，就是一堆一堆的土，隔一段距离一堆，千万不能跨过一步，你跨过就叫出境了，当时司机就跟我们交代，你只能看。

那时候人大有越野赛项目，越野赛就是在树林里面跑步，跑1 200米。我中学时怕上体育课，但为了保证好学习，每天自己锻炼，每天早晨跑步。因此后来我参加越野赛，在100多人中得了第四名，于是被学校田径队老师看中了，参加了校田径队。结果没有想到，在校运动会上竟然破了800米跑步的纪录，我自己都感到惊讶。我每天跑步的初衷只是为了锻炼身体，因为我　紧张身体就不好，所以不锻炼不行，但为了保证紧张的学习，所以我还必须合理安排时间。当时我们的吴玉章校长还亲自给我颁发奖品，并送给我一套白底的运动服。这就说明任何事情只要认真，天天坚持，就会出成绩。

有一年，北京市曾在北京饭店召开三好学生代表大会，我在台上做报告，我记得有一个记者问我一个问题："你是三好生，那你哪一方面最突出呢？"我说："我三方面都突出。"因为我觉得我学习方法科学，不打疲劳战，而且有好的身体，另外当时我在社团任团组织副书记，所以我学习好、身体好、工作好，三个方面都突出。但我当时已经飘飘然了，因为我把自己看成一个英雄了，实际上那个时候我已经骄傲了。领导及时发现了，马上回头找我谈话，给我敲警钟，要我冷静。我现在想起来还脸红，当时太幼稚了。

终生难忘　母校恩情

　　我想念我的母校。我对母校很有感情，读了四年大学，母校对我是太好了，不仅给予了我很多的知识，还培养了我、关心了我。我特别难忘的事情是母校让我去献花，所以我零距离见到了毛主席。1956年9月30日，我永远不会忘记这个日子，当时印尼总统苏加诺到中国来访问，毛主席和周总理要到飞机场去接，当时一定要可靠的人献花，中国人民大学派了三个学生献花，我是第一个献花的。我向苏加诺总统献花的时候，毛主席就在旁边，我看得清清楚楚，特别幸福，当时激动得无法用语言来表达，这是我最难忘的。我们三人献花的照片被新华社拍摄下来，登在《人民日报》上，三个献花的人每个人一张，我爱人把它放大，摆在了家里。

1956年9月30日，赵映桃献花后站在苏加诺总统身边。
图中与总统握手者右侧为赵映桃

　　还有一个事情我也非常感激。记得是在1955年，有一位国际友人来华访问，带了五枚有特殊意义的金字奖牌，他说一定要奖励中国的三好学生中出类拔萃的佼佼者，当时北京市团委决定在北大选一个，清华选一个，人大选一个，北师大选一个，北航选一个。中国人民大学这一枚金字奖牌领导决定给我，我深深地感动，那是祖国母亲对我最好的奖赏，我当时也是感到非常荣耀。

铭记信念　认真耕耘

我是在 1957 年毕业的，那一年人大的学生一个都不许留京，全分到边疆。当时有一个名额在杭州，我们领导对我很关心，因为我已经结婚了，我爱人是比我高一年级的同学，他分在了扬州。当时领导找我谈话说江苏没有名额，浙江杭州有一个名额，他问我愿不愿意去。我说："我不需要照顾。"我的意思是无论教学还是搞实际工作、搞科研，我都能胜任，所以后来我被分配到了最艰苦的地方——青海。因为当时青海的情况比较混乱，所以把我们四个党员都分到了青海。当时我们财政系是最大的一个系，一千多人，团组织书记是一位老师，副书记是我，还有两个党员和我们一起分到青海。

我非常愉快地去，而且还把我母亲一起带到青海。当时很单纯，就是想在大西北最艰苦的地方轰轰烈烈干一番事业，这样就到了青海财经学院，工作了两年。青海那时候风沙很大，也没有大米吃，就吃青稞。每到下午上街的时候风沙很大，而且还买不到东西，生活蛮艰苦的。但这个时候，我也没有怨言，我还是想到保尔·柯察金的情况，保尔更加艰苦，比我更加困难。精神上我还是很愉快的，我从来没有忘记我是一个党员，我想到我要向那些英雄学习。

我怀孕后，领导关心我，让我和我爱人团聚，把我分配到了扬州师范学院。我和我爱人在扬州师范学院工作了 25 年，后来我们调到了南京。我一直做老师，教了 40 多年的书，主要教政治经济学和人口经济学。人大对我鼓励非常多，我自己很惭愧，没有什么东西能够给我的母校。所以，工作以后我没有给母校丢脸，我自己都是认认真真地教学，每一年都被评为优秀教师。我是一个党员，什么事情都要吃苦在前，享乐在后，要把工作做好。我认真了一辈子，不管政治经济学讲了多少遍了，但我还是认真讲，还是经常要备课。这个也是党的教育，什么事情都要认真地把它做好。

保尔的那段话也是我的座右铭，我到现在还珍惜时间，每天一定要看报纸，要学习，学到知识就觉得特别充实。

祝福祖国与母校

我现在 88 岁了，1949 年中华人民共和国成立的时候才 18 岁，那时候还是一个中学生，现在是老太婆了。这 70 年对我影响很大，我在党的培养下成为光荣的共产党员；我作为中国人民大学的一分子，圆了读大学的梦；我现在已经是副教授，生活上越来越好，成了当初所谓的"万元户"。70 年来祖国越来越强盛，从一穷二白到现在取得了举世瞩目的辉煌成就，我也从各个方面，无论是政治上、学习上还是生活上都受到了很大的影响，也是过得越来越好，所以我非常感谢祖国母亲。

我爱人也是中国人民大学毕业的，我在人大谈恋爱，毕业前结了婚。我在人大学到了知识，获得了爱情，又建立了家庭，在这里得到了一切，特别是组织对我的关怀，我真是非常感谢。我希望我的母校越办越好，做出辉煌的成就。

赵映桃自述，本次采访时间为 2019 年 7 月 8 日，由中国人民大学校友工作办公室负责采访，由新闻学院 2017 级本科生高铢整理录音和进行文字编辑。

采写 / 李宣谊　高铢

许元英

| 人物简介 |

　　许元英，男，汉族，出生于福建莆田，1965—1970年就读于中国人民大学党史系。1995年中央党校地厅级进修班结业。曾任航空工业部108厂党委书记、中国航空技术进出口厦门公司党委书记兼副总经理（正厅级）；中国航空工业第三届美协主席、中国佛学书画家协会副会长、中国书画艺术家协会理事、中国美术家协会福建省分会会员、福建省花鸟画学会会员、福建省人大书画院书画师、厦门市政协书画室成员、厦门市美协会员、厦门市书协会员。

饮冰十年，难凉热血

小时候我的生活真实写照就是出身贫苦，生活清苦，学习困苦。父亲被人暗杀后我出生，母亲27岁守寡，家里主要靠她下地干活、上山砍柴维持生计。小学保送到初中，就读于福建省重点中学莆田第二中学，我常常光着脚丫子，步行十几里路到县城求学。因无力负担学校食堂的伙食费用，从初中到高中，永远吃着自己挑的、自己蒸的米饭、地瓜和咸菜。所以我现在有高血压，也是因为那个时候吃了太多的盐巴。

在学校学习、生活，我很节约，极少上街花钱买东西，穿的几乎都是带补丁的衣服；住寄宿学校，从初中到高中，都是和同寝室舍友俩人睡一张床，合盖一床被子，所以，现在大家都戏称我们为"一被子"同学。

清苦的生活反而培养了我刻苦学习的品性，初中时我被评为莆田县"三好学生"，成绩优秀，升入高中。高中时期我当过班级干部、学校学生会的委员和团委副书记，因与书画结缘，主要负责宣传工作。那时候，我经常牺牲午休和晚饭后休息的时间，参加会议，研究工作；在日常组织和开展宣传教育活动中受到了锻炼，得到了提高，增强了才干，积累了经验，受益匪浅。这为我以后走上领导工作岗位打下了坚实的基础。

1965年高中毕业时，在班主任的建议下，我报考了中国人民大学。8月29日，怀着对未来的美好憧憬，热血沸腾的我第一次跨入了中国人民大学的校门，开启了我的大学时代。

同窗情深，实践学习

我上学的时候是在西郊校区，当时历史系是在南五楼。记得8月

31 日开学典礼那天，由系主任、全国一级党史教授（唯一的）何干之做报告，欢迎新生的到来。当时我们党史专业全国只招收一个班，42 名同学中（全校新生共 587 名）34 名男同学，8 名女同学，来自北京、上海、福建、江苏、浙江、广东等 19 个省份。我们的大学生活还是比较艰苦的，六个人住一个房间，冬天烧蜂窝煤取暖，每个房间里都有一个铁炉子，每天轮流值日。冬天天气寒冷，手脚很冻，我们南方来的同学还光着脚丫子在操场上打球。当时上大学国家大概每年补助四五块钱和一套棉衣棉裤，用来在北方过冬。学校的伙食还是很不错的，每月从十七元五角钱的助学金中交十五元五角钱伙食费，天天有肉吃，顿顿吃得香，我感觉每天都像在过年一样。食堂做的窝窝头、苞米糙粥配芝麻萝卜丝咸菜，我喜欢。印象最深的就是大师傅烹调的圆茄子红烧肉末，非常非常好吃。所以，一个月下来，我的个子长高了，体重增加了，人也胖了好多。

考上大学，非常开心，考入全国四大重点大学——清华、北大、人大、北师大之一，更加开心。我入学后就读于人大四大重点系之一——历史系（后变更为党史系）党史专业，倍感自豪。班级政治辅导员董玉麟老师是当年刚毕业留校的一位新教员，与同学年龄只差几岁。他平易近人，没有架子，吃住和我们在一起，上课时陪听，课余时间约班干部开会，找同学谈心。第一学期，我们开的课程有哲学、政治经济学、辩证唯物主义和历史唯物主义、中国近代史、语文、俄语等，任课老师沙莲香、刘美珍等都是教学有方、和蔼可亲、引导学生进步、关心学生生活的优秀教师。我们系的师资力量十分雄厚，有全国极其著名的何干之、尚钺、孙家镶、胡华、戴逸等一批老教授、老学者、老专家，还有李焕昌、李文海、刘惠、何沁、杨德福等一批懂得教学、擅长业务的优秀行政领导。他们为我们系以及人大的教学、研究和发展事业做出了卓越的贡献，我们非常敬重他们，爱戴他们。

第二学期，遵照毛主席关于文科大学要把社会当作工厂深入下去的指示，学校开门办学，从西郊搬到京郊苏家坨龙泉寺。这期间，白天，我们一边上课，一边脱土坯，计划建设新校舍。工地上，大家忘我劳动，干劲十足，弯着身腰，争先恐后脱土坯。干完一天活，还要统计、公布每人的脱坯数量，很具竞争性。记得我们班上的曲文章同学，人很瘦小，但他一天下来脱土坯达 1 600 多块，创全班最高纪录，大家都向他投去敬佩的眼光。晚上，我们轮流到四里外的聂各庄农民家串门，拉家常，了解情况，进行社会调查，接受贫下中农的再教育。

"文化大革命"开始后，1966 年 10 月我们从郊外回到了学校。1969 年 11 月，学校接到北京市的通知，我们全系师生转战八宝山砂石厂劳动，接受工人阶级再教育。砂石厂工人"敢与天地比高低，敢教日月换新天"的革命气概，艰苦奋斗、自力更生的革命精神，对工作高度负责的主人翁态度，给我留下了至今非常深刻的印象。在工人师傅的革命精神鼓舞下，我们坚持白天干活，挖抬砂石，夜间采访、调查、编写劳动模范王承德的先进事迹，进行全厂广泛宣传，在砂石厂产生了极大的反响，取得了良好的效果。劳动中，我们迎着风沙，冒着寒冷，在先进人物的精神感召下，忘记劳累，埋头苦干，身体受到了锤炼，思想得到了升华。

1970 年 5 月，我光荣地当选为人大"首届学习毛主席著作积极分子"代表，并和其他 10 名代表一起离京赴赣，参加在江西余江举办的中国人民大学"首届学习毛主席著作积极分子代表大会"，进行大会心得交流，受到学校组织表彰。

7 月 18 日，历史系党总支在人大东风楼三楼召开全系党员大会，按照党章规定，民主表决通过了吸收我为中国共产党党员的决议，这是我一生中最最难忘的一天；7 月 21 日，学校党组织批准我为中国共产党正式党员。时至今日，我已是有 49 年党龄的老党员了。在此，我要感谢伟大的党，感谢亲爱的母校，感谢人大抚育之情，感谢老师教诲之恩，感谢同学纯真情谊。

在母校五年的学习、生活，尽管受到"文革"的影响，只学了基础课本，专业知识缺失，但是，大学毕业后我在不同的岗位上努力学习、勤奋工作、认真总结，在实践中不断历练自己的人生，增加自己的经验才干，丰富自己的各种文化知识。

深入大山，奉献青春

1970 年大学毕业，我被分配到大三线的贵州省修文县航空工业部 108 厂工作，在那里整整干了十七年，为我国的国防事业和航空事业奉献了自己美好的青春。毛主席讲，为了三线建设，他连觉都睡不好，就是骑着毛驴也要到那边去。所以，毕业分配的时候，大家革命热情非常高涨，积极要求上三线去锻炼。当时那个地方的生活环境十分艰苦，交通非常不便，工作条件较差，但我们新来的 23 名大学生都满怀信心，积极地投身到工厂的建设之中。

入厂后，我们"老九"首先要接受再教育，分配到工程连，搞基建，盖幼儿园。虽然劳动很累，但还很开心。在那里，我烧过锅炉，当过泥瓦工、木工、车工和压铸工，和工人打成一片，虚心向师傅学习，掌握操作技能，体悟三线疾苦。后来因为我在中学、大学搞过宣传、编辑工作，厂领导发现后就把我调到厂部办公室当行政秘书，后任党委秘书，四年之后又调到宣传部、政治部当领导，1984 年任工厂党委书记，就这么大概三四年一个台阶，压担子、受锻炼、增才干。

当上工厂的主要领导，除了要集中精力抓好军品生产，保质保量交付外，还要重点关心全厂员工、家属的生活。工厂地处山沟，交通不便，通信落后，除了火葬场以外，从医院、幼儿园、小学、中学，直至粮店、汽车库、邮局、法庭、冷冻库、杀猪场等，都要投入资金，保障福利，服务员工。工厂半社会化，生活半军事化，吃喝拉撒睡，什么都要管，负担很重。除了白天工作外，晚上还要进行学习、开会：党委会、厂务会、中层干部会、党委中心组学习。平时还要经常下车间，深入基层，了解生产，调查研究，掌握情况。这样紧张有序的日子一天天地过，毫无怨言，勤奋拼搏，一干就是十七个春秋，度过了人生最宝贵的青春岁月。

历经沧桑，游子归来

1986年10月，因为调整领导班子的需要，我被"闪电式"地调到中国航空技术进出口厦门公司（正厅级）工作。从大三线的贵州到沿海特区城市厦门，从军工厂转战进出口外贸公司，业务发生了根本的变化，但我仍然主抓党务、思想政治工作和行政工作。在贵州时因工作卓有成效，我被航空工业部职工思想政治工作研究会授予"思想政治工作研究先进个人"的称号。调到厦门后，我将贵州做思想政治工作的一些经验移植过来，并加以改进、创新，结合特区和外贸公司的实际情况和特点，集思广益，提出了厦门公司"艰苦奋斗，开拓创新，不断进取"的企业精神和理念，教育和倡导广大员工在特区仍要保持艰苦奋斗、艰苦创业的精神，团结协作，勇于拼搏，为航空工业和特区做出更大的贡献。

在新的历史条件下，就外贸公司如何适应改革开放的需要，紧紧围绕生产、经营中心，结合实际，有效地开展企业思想政治工作，我们进行了不断的尝试和探索。在认真总结经验的基础上，我先后撰写了15篇论文，分别在全国性、福建省、航空工业、厦门市、中航技系统刊物上发表。其中1998年撰写的论文《立足特区　艰苦奋斗》一文，入选中国社会出版社出版的庆祝中华人民共和国成立50周年大型文集《光辉的历程》，并获得二等奖。

从1986年到2006年退休，我在厦门整整工作了二十年。二十年艰苦奋斗，二十年风雨兼程，二十年勤奋努力，二十年硕果累累。中航技厦门公司与厦门经济特区同龄，1980年开办初期既要做生意，又要盖厂房、办企业、创外汇。盖厂房有地没有钱，怎么办？公司领导集思广益，提出战略对策——"借鸡下蛋""借船下海"，借资融资，建设厂房；并采取"筑巢引凤凰"的方针，兴办了二十多家中外合资、中外合作和内联企业，投资"短平快"的项目，生产脸上抹的化妆品、手上戴的电子表、脚上穿的旅游鞋、家里用的节能灯和空调器等，出口创汇，取得成效。当然，这些工厂生产的不是高科技的产品，后来也都陆续转型、结业了。由于采取"工贸结合""两条腿走路"的创汇方针和措施，公司进出口总额多年来在厦门市一直排在前列，到1994年突破了一亿美元大关。

公司坚持两个文明建设一起抓，成效卓著，先后分别被厦门市、福建省、航空工业总公司、中国一航集团授予"出口创汇大户""先进单位""文明单位""思想政治工作先进单位""思想政治工作优秀企业"等十多个荣誉称号。我本人先后被航空工业部、航空工业总公司、中国一航集团、中航技总公司、厦门市、福建省授予"思想政治工作研究先进个人""政研会工作奖""先进工会工作者""思想政治工作优秀工作者""优秀党务工作者""十佳优秀党务工作者"等二十多个光荣称号。

艺术人生，梅香阵阵

正因为出身贫苦、生活清苦、学习困苦、工作艰苦，在人生"四苦"中亲历了艰难跋涉过程的我，对梅花坚强不屈、百折不挠、清新高洁、凌然怒放的品质内涵有着深深的体悟和理解，对中国传统文化艺术、对梅花精神产生了崇敬之心、传承之意、弘扬之愿。我从40岁开始业余创作梅画，总结出梅花有三种主要精神：一是梅花凌寒傲骨，象征中华民族坚韧不拔、不屈不挠的精神；二是作为百花之首，先众木而发，先天下而春，象征着敢为人先、奋勇当先的精神；三是"俏也不争春，只把春来报""只留清气满乾坤"的无私奉献精神。我对梅花情有独钟，将生活情趣、人生感悟、艺术创造与梅花精神融入书画的创作之中，贯穿于一生。我认为我经历了两个人生：第一个是退休前的"自然人生"；第二个是退休后的"艺术人生"。

凭着从小对绘画的浓厚兴趣、对梅花的独特悟性与深厚情愫，退休后我又把画画捡了起来。小时候我爱好书法，喜欢画画，不知道从哪儿弄来一本字帖，一有空就在阁楼上习练，后来遇到春节，还给左邻右舍写春联、送春福，书法水平得到不断提高；开始在地上、墙上涂鸦，上小学后参加学校板报出版，设计版面、抄写插图，慢慢地提升了书画功力。工作后事务忙碌，没有时间绘画，到了厦门，白天工作，晚上没有那么多烦心事，就有时间看书学习，进行书画创作。

原先我是画古典人物的，没有拜过老师，靠自学成才。人物画要求造型精准、神态生动，技艺要求严格。来厦门后我改画花鸟画，从"四君子"梅兰竹菊入手，突出画梅花。白梅、红梅、紫梅、绿梅、蜡梅，五种梅花，开始都画，画到最后，主攻雪梅。经过几十年的历练，创作的梅画有我自己的语言、自己的符号、自己的风格和自己的特点。

敢于突破传统梅画清瘦、孤傲、冷艳、零落的情调，我创作热烈、奔放、挺拔、向上的梅花，不但从内容、题材、立意、造型与构图上追求变化，而且在创作技法、笔墨上刻意创新。创作雪梅图，过去曾用"甩白""掸白"表现雪景，我在出差北方观赏拍摄雪景中得到启示，又经写生提炼后，探索出寒风习习、风雪交加的新意境和新方法，将隔墨性强的材料用毛笔掸在宣纸上，待其干后再画梅的干、梗、枝与花，最后渲染，将要表现的积雪留好留足，使雪景显得十分厚重。

2006年国庆节，我在厦门举办书画首展，共展出佳作110幅，梅画唱主角：红梅灿烂奔放，白梅高雅清幽，蜡梅幽香飘逸，绿梅清新洒脱，与众不同的是还配以鸟雀、飞瀑、村落、岩石、明月、溪水，使梅花显得灵动，意境深远，极富韵味。其中丈二的雪梅图格外引人注目，一尺多粗的梅干，是难以用笔墨勾线的，我以中西结合的手法将梅花树干表现得既丰富又有质感，不少名家赞扬"让我们专业书画家都自叹不如"！丈二的雪梅图还入选进京，在最高艺术殿堂——中国美术馆展览，受到中央领导人的青睐和赞赏。年届94岁的中国著名书画家朱鸣冈老先生评价："学无常师，以真为常，这是元英同志创作的指导思想。近年来，元英同志笔下梅花已臻成熟，他擅长作大幅雪梅，章法舒展大方，构图细致严密，时常'出新意于法度之中'，善于把传统技法和时代精神完美结合起来，形成画家自己的风格和韵味，真是可喜可贺。"中国国画研究院院长黄衍老先生赞誉："学养支持，线为画魂，书画俱佳，悟性超群，缜密参悟，更有大进。"

几十年勤奋拼搏的"自然人生"凝练了我的"艺术人生"。我与梅花结下了不解的情缘，梅花是我的希望，梅花是我的生命。画梅花是一种中国文化传承的载体，可以喻人，也能说己，更象征中华民族的精神。画梅花也是一种责任和使命，要不断探索，坚持创作，为传承和弘扬梅花精神、中华民族优秀文化做出不懈的努力！近期我更加注重修为，静思梳理，回顾总结出由"四苦"凝聚、绽放出的"四香"，即"墨香"、"梅香"、"票香"及"泥香"，于字画、邮票、陶瓷之中歌颂与延续梅之生命。

"童悟墨香"——少时自学书法，拜识柳体，学写春联，打下基础，书画同源，助我画力，题写款识，注重章法；

"倾研梅香"——转战鹭洲，得益空余，喜画花鸟，梅兰竹菊，主攻国花，绘制数千，英心梅境，墨润飞香；

"方寸票香"——中美建交，三十又六，作品入邮，纽约票香，首发展览，诸网报道，配合访美，受益匪浅；

"瓷玉泥香"——尝试绘陶，德化名瓷，国韵玉白，锦上添花，耕云种月，技艺提升，剔透玲珑，深受喜欢。

墨香、梅香、票香、泥香，书心画境，丹青问道，艺醉人生。

梅画创作，首先是让人们感到赏心悦目，感到唯美，产生喜爱；再者，深层次追索，赏梅并非自己欣赏，而是将梅之高尚品格流传人间。梅花不惧雪欺霜侮，不惧风餐冰虐，幽香铁骨铸国魂，敢为人先挺乾坤。它象征我们伟大国家、伟大民族的精神和气质，它像春天一样，把希望和美好传递给人间。

梅花亦我我亦梅。我坚信：值得耗尽一生的时间和精力与梅"相处"，与梅"对话"，与梅"共芳"，与梅"同乐"，创作出更多更美的梅画精品奉献给世界和广大观众！

我坚持业余书画创作，刻苦钻研梅画，几十年如一日从不放弃，铸就了今日的辉煌。仅 1986 年以来，我的国画作品在全国、省、市 40 多次大赛和大展中入选、获奖并入集，如入选中国文联、中国美协和中国书协等举办的"纪念改革开放 20 周年全国产业系统美术、书法、摄影艺术大展"并入集，荣获中国书画家协会等举办的"春天的故事"全国书画大赛一等奖，还在《人民日报》、香港《大公报》、《华商》等报刊多次发表。已出版《许元英书画集》《许元英写意花鸟》，入编《中华翰墨名家作品博览》《中国专家大辞典》《走向世界的中国》《新中国国礼艺术大师——国画卷》等。我的作品作为国礼被美国、日本、新加坡、泰国的政要收藏，如六尺立式红梅图《凌寒舒铁骨，一笑暖万家》被泰王国国王所珍藏，并获荣誉证书。作品图片被中国邮政等部门收入《中国邮册》。2015 年中美建交 36 周年，美国集邮集团出版发行系列邮票《中美杰出华人许元英邮票纪念珍藏册》，在纽约大都会艺术博物馆首发并展览，并授予我"中美文化交流大使"荣誉称号。2016 年获得"中美华人书画艺术家影响力 100 强"金质奖牌。2018 年作品入选国际集邮文化中心出版的《墨缘巴黎——荣耀法国艺术殿堂》纪念珍藏册，同年作品被收入中国国际集邮网出版的《启航新时代——庆祝改革开放 40 周年》大型文献珍藏邮册。

遇上国家发生灾害，我主动为灾区捐款、捐画，行善弘德，奉献一片爱心。厦门电视台、莆田电视台、福建电视台分别对我进行了采访，先后播送了《许元英——痴画梅花几十载》《许元英——梅有风骨画有情》《梅花亦我我亦梅》等人物专题片，香港凤凰卫视进行了转播。

这样一来，就提高了我的知名度。厦门一位老画家在十多年前就对我说，你擅长画梅花，就叫你"许梅花"。中国美术家协会副主席徐里曾评价说，许元英是正厅级领导，一位多才多艺的书画家，人品好，作品好！

以梅联谊，爱校爱乡

在人才济济的厦门特区，1989 年我被推选为莆田二中厦门校友分会理事长。对这项画梅之外的又一业余工作，我一上任就倡议增选年轻校友任副理事长等领导职务，实行"老中青"三结合及理事长轮值制度，设立宣传组，办简报、出通讯录等，使这个松散型的团体产生长盛不衰的凝聚力，活动丰富多彩，成效硕果累累！

莆田二中厦门校友分会作为莆田市开发湄洲湾协会厦门分会成员，坚持向在厦乡亲和校友介绍家乡的成就与发展，激励大家爱乡爱校。我积极联络全国书画界高朋创作 30 多幅书画佳作，为莆田东岩山文化公园增添风采；积极为《妈祖阁海内外征联：莆籍书法家作品集》出版创作书法作品；主动作画捐赠，并大力协助家乡在厦举办"喜迎新世纪书画展"；联系媒体报道，并大力支持成立莆田南少林画院；发动校友为闽中革命烈士陵园捐款；为家乡的一些项目做可行性认证；精心组织、输送 300 多位毕业生回乡任职，至今他们成为骨干力量，为家乡发展做贡献。

我倡议并坚持每年召开厦门校友分会迎新联谊会，并热情邀请母校领导光临，介绍情况，交流信息，建言献策，联欢娱乐，增进情谊。每当母校逢五、逢十校庆，我就创作梅画祝贺、精心组队返校共祝、捐款捐书捐画、组织著名校友向母校师生做报告。

校友会工作是母校文化建设的组成部分，校友文化是一所学校在长期发展活动中形成的母校和校友、校友与校友之间的情感维系、价值取向、沟通交流、合作服务等内容的总和。在很大程度上，社会对校友的认可和赞誉度越高，母校的知名度也越高。母校的声誉越好，校友在社会上的声誉也越好，对当地贡献也越大。校友会与母校心相连，与老师情相牵，关系密切，相互促进。厦门校友会工作取得的成绩在莆田二中的各地校友分会中，与北京、上海分会不相上下、旗鼓相当。母校对厦门校友会的工作给予了充分的肯定，特地送来了一面

"树高恋土，鹭岛为芳"的锦旗。这是我为中学母校做了应该做的事情，宣传了母校，扩大了影响。过去我们为母校感到骄傲，现在母校为校友感到骄傲！

我觉得我们人大培养出来的学生都是挺优秀的、正能量的，在全国各条战线上表现突出，都是好样的。这是因为我们的母校是从陕北公学演变过来的，人大的教育、校风、校训都保持和发扬了革命的优良传统，在继承革命伟业的基础上不断创新。母校的改革、发展事业蒸蒸日上，硕果累累，我们为母校感到骄傲，感到光荣！我感恩母校的栽培，感恩老师的教诲！

最后祝愿母校越办越红火，教育事业更上一层楼！

许元英自述，本次采访时间为 2019 年 8 月 13 日，由中国人民大学校友工作办公室负责采访，由马克思主义学院 2018 级本科生尹丹娜负责录音整理及文字编辑。

采写 / 孟繁颖　编辑 / 尹丹娜

孟 于

| 人物简介 |

孟于，女，生于1922年。四川成都人，歌唱家。1941年加入中国共产党。1942年毕业于延安鲁艺音乐系。曾任华北联合大学文工团演员。1945年后演出《白毛女》《血泪仇》等歌剧。新中国成立后，历任中央音乐学院音乐团歌唱队队长、独唱演员。后任中央歌舞团独唱演员、艺术处副处长、副团长、党委副书记。演唱的歌曲有《平汉路小唱》《慰问志愿军小唱》等。

年少有担当，一心向延安

我出生于 1922 年，家里算是一个小康家庭。我祖父在县政府当文书，后来我父亲也是在那里工作。之后华阳县、成都县合并为成都市，父亲就在红十字会当会长，每年给穷人发米票，做一些慈善工作。我还有个哥哥，比我大五岁。那时候人们的思想都有些封建，我父亲觉得家里的男孩子应该培养，女孩子上完高中就已经很不错了，能写信、能算账就够了，不需要上大学。我哥哥就上了大学，学的中国文学，因此我小时候老是跟我父亲吵，说他重男轻女，问他为什么我哥哥可以上大学，我就不能上。

1937 年抗日战争全面爆发，社会一下子就发生了很大的变化，国家需要进行宣传工作，把全国人民动员起来。我当时正在中华女中上中学，学校马上就组织宣传队，出去唱歌和讲演宣传。我从很小就爱唱歌，从幼稚园就唱，于是我就加入了宣传队。这段时期我跟着宣传队唱了很多歌，茶馆、农村、街道上、公园里都去过，没有伴奏乐队，就自己拉着手风琴唱。

我们家里每个月都交十块钱或者几块钱的抗战款支持抗战，但是我父亲就是不太喜欢我去参加宣传活动。他知道我在茶馆里唱歌之后特别生气，说他还没有死，我这么小就跑到茶馆里又哭又唱，不成体统。

这个时候，学校已经开始建立读书会，学生们组成小组，一起读抗战的作品、鲁迅的小说等，共同讨论。有一次我们小组就请来了一位从延安回来的男同志，请他介绍延安的情况。他说在延安生活虽然很艰苦，但是精神上非常充实，还教我们唱《延安颂》。我们一听就特别向往，很想到延安去，但是对共产党并不了解。

我对战争的第一个印象就是轰炸。1939 年我在上高中，当时四川遭受了很多次轰炸，我哥哥带着我跑到现场去看。从他的一个朋友家的后门正好能看到被炸毁的街道，倒塌、着火的房屋，还有许多被炸死的人，四肢散落，很惨。看到这个景象，我第一次感受到战争的恐怖。第二次轰炸中，我们这里的发电厂被摧毁，没法点电灯，整个城市一片黑暗，家家户户只能点炉灯。

在那个时代，也不是说有多高的觉悟，我就觉得作为一个中国青年，应该为抗战出一分力量。1939 年，山西民族革命大学在成都招生。这所学校是阎锡山在 1937 年底建立的，地点在宜川，距离延安非常近。我想先去宜川，再想办法从宜川去延安。于是，在 1939 年 7 月，我和我的好朋友相约，一起从家里偷跑出来，踏上了前往革命圣地的行程。我们只知道到延安很危险，有特务，有军警，很多青年都被抓了，但并没有多想。临走之前，我写了一封信给我父亲："请不要找我，我到我向往的地方去了，你们二老注意身体健康。"后来 50 年代我回到家，我父母跟我说，当时他们也找了个汽车追了我几十里地，都不知道我从哪儿走，没找到。当时家里很担心，就怕我跟什么人跑了，后来收到我给他们写的信，才知道我是去干革命了。到了延安我又写信，后来父亲还给我寄了十块钱。

刚到民族革命大学，学校剧团的团长就问我们来的这批人里有没有会唱歌跳舞的人，大家都说我唱歌唱得好，还会跳舞，团长就让我到剧团去。我说我要到延安去，不想在这里进剧团。团长告诉我，到延安去是秘密的，我不能在这儿明着讲这个话，不然很可能被抓起来；他还说，剧团也是抗日的，我们要在这里等待机会，日后才能到延安去。于是我就留在剧团里参加演戏、唱歌和训练。

到 1939 年 9 月，很多人都去了延安，我有两个在剧团的朋友也都被接走了，而我却得了病，发着 42 摄氏度高烧，躺在床上不能动。到了 10 月份，我的病稍微好了一点，就和剧团其他两个同志商量着去延安。我们听说有一个同志曾是北京市杂技协会的会长，他介绍过人到延安去，我们就去问他有什么路可以走。他告诉我们："后山上有一条小路，经过两个黄土山就到了那边，看你们敢不敢走。"我说："当然敢走。"

第二天，我们拿着一个锅盔，买了一块咸菜，带着一个小的洗脸盆、一盒火柴和一个指南针，大清早就爬到山上去。沿着一条小路走了一个多小时，我们碰见了一个出来打柴的老乡。

我们问老乡山上有没有特务、有没有国民党、有没有警察，他说没有，因为山上有狼。他说："不要紧，我每个礼拜都要上来打柴，你们要小心。当你感觉身后有东西扒着你的背的时候，千万不要回头。我给你们两根棍子，就使劲地向后打到它头上。"我们当时很紧张。跟我们一起走的有位姓冯的同志，他说我们参加革命死都不怕，还怕狼吗？既然参加革命就要有牺牲的决心，要勇敢地去闯。

本来一天可以走完，可爬了一个山以后我就走不动了。那时候是冬天，还在下雪，天快黑了，不能再走了。我们找到两口破窑洞，拿洗脸盆装了一些雪，把雪烧开了，把大锅盔掰一块，就着咸菜吃，晚上靠着墙就睡了一夜。

第二天一大早我们继续走，到了大概下午三四点钟，我们已经走到了安塞，来到了一个村里。村长看我们都是革命娃，十分欢迎我们，让我们住在老乡家里。老乡家里虽然能吃上饭，可生活并不好，被子都是破破烂烂的，但他还是给我们吃了小米饭。临走的时候，我们几个只在衬衣和短裤外面套一个棉袄，把其他的衣服都脱下来，连同剩下的锅盔和咸菜都送给了老乡。一位大娘跟我说："你不能走，往前还要翻过一座大山，你眼睛这么大，脖子这么细，怎么爬得过。"我跟大娘说我能爬过，这座山我一定能过去。解放区的人民给我的第一个印象就是感动，当时我都哭了，觉得解放区的人怎么这么好，我们才来了一天，他们待我们就像一家人一样。

再次上路的时候，我们骑着毛驴走。送我们的老乡一边走一边给我们唱歌，唱了好几个，他说这是陕北的民歌，我高兴得不得了，他唱一句，我就跟着唱一句。后来我们在路上还碰到了几拨从西北来的人，大家一起高高兴兴地往前走。

歌声励壮志，踏上音乐路

到了延安以后，我们到西北旅社去登记，一到那儿就看见几个我们剧团的同志也在那里，还没被分配出去。第二天早上主任来了，让我们到各个窑洞去看看，那里各个单位、各个学校的介绍都有，他说我们到延安来是自由的，愿意考哪儿就去哪儿。我没有上过大学，就报了中国女子大学。

自 1940 年起，我先后在中国女子大学和鲁迅艺术学院音乐系（华北联合大学文艺部）学习。中国女子大学在延安的一个半山腰上，我们每天早上到延河边上漱口洗脸。在那个时候，延安的早晨是歌声的海洋，所有单位洗完脸都在那儿唱歌，漫山遍野都是歌声。早晨要唱 40 分钟，然后再去吃早饭，吃完早饭八点多就上课了。我们有很多老师，都是比较有名的老师。

当时我们参加的第一个大的活动就是由冼星海同志亲自来排练的有 500 人参加的《黄河大合唱》，那时候组织了各个学校歌咏队都来唱，由冼星海同志的学生分散到各个文娱队去教。《黄河大合唱》一共是八首歌，两首独唱，一首朗诵，其他群众集体唱的有五首歌。要唱会，要背下来，天天吃过晚饭所有人全都在背，天天背："风在吼，马在啸……"后来到了 1940 年的 1 月份，冼星海同志亲自来合排，就在我们女大的校门口。500 人分成四个声部站好，那时候也是很雄壮的。我记得排练当中对我触动最深的就是《黄河大合唱》第四乐章《黄水谣》。唱到"自从鬼子来，百姓遭了殃，奸淫烧杀，一片凄凉"这四句时，有一个女同志笑着来唱，冼星海同志讲："小同志，你唱这几句怎么笑着唱呢，这四句歌的主题是日本帝国主义占领我们领土，有很大的仇恨。作为文艺工作者，你在唱歌的时候要有内心世界和情感，你所想的要融汇到歌声里。"我恍然大悟，很受启发，自己以前唱歌时没有想过这些，原来作为一个文艺工作者唱歌时唱的是什么内容、反映怎样的时代特点，都应该边唱边思考，用心体会作品内涵。后来排了几次，排得很好，我再唱这歌的时候就在想：一个人应该把民族的苦难与祖国人民联系在一起，投身革命应该是无私的。我唱的时候很投入，唱完以后半天缓不过劲来，所以这也是那个时代给予我的影响。

2月16日，一个西北剧组经过延安，去内蒙古拍一个电影叫《塞上风云》，当时中央知道他们经过延安，而且国民党也同意他们经过延安走，所以当时就讲，要把延安最好的艺术给他们看，他们才能去替我们宣传。因为我们已经被14万军队包围住了，粮食很少，所以要开这个欢迎会，那时候没有电灯、没有音响、没有服装，500人在一个小房间里，台上站满了人，台下也站满了人，把窗户全部打开，窗户外面还站了合唱的人，分成四个声部：男高音、女高音、男低音、女低音。当时的场面是很感人的。这一场《黄河大合唱》让我很受启发，音乐的力量与祖国的威望、人民的苦难是联系在一起的，唱歌不只是为了好听，而是要动员全国人民一起来参加抗日，这让我感受到了音乐力量的伟大。

冼星海同志身为伟大的音乐家，给我们上了三次课，我都参加了。第一次他给我们讲了音乐简谱，讲了什么是音阶，什么是音符，什么是节奏。星海老师还让我们试着指挥一下，但是大家都不会指挥，重拍打得不对。星海老师举起手，一下一下打给我们看："第一是重的，第二是轻的，第三是次重的，就这样连续打拍。"他说我们要打对节奏，这样回去教班里的同学们唱歌的时候才是对的。

冼星海同志来我们学校上课都是从大路上走，要经过一个飞机场，比较远。最后一次来上课的时候，他在山上迷路了，直到第二天天亮碰到其他老师，才知道自己走错了方向。他到学校的时候已经很晚了，有些同学还在等着他来讲课，但是这一天已经上不了课了，大家就让他讲一讲他是怎么在法国学音乐的。他就讲了他学音乐的经历。他的经历也很艰苦，他的父母好像很早就去世了，是他哥哥抚养他。他小时候在餐馆里洗碗端盘子，挣的钱给老师交学费，后来去留学也是依靠很多音乐界朋友的帮助。

他讲完之后，让同学们唱个歌，我就给他唱了《黄水谣》，他给我拉小提琴伴奏。唱完了之后，冼星海同志对我说："你的声音音色很好听，这样好的嗓子不容易，你应该学音乐。"我说我高中都没毕业，怎么能学。他说，你有这个才能，你的声音也很好，我是音乐系的系主任，你去吧。

后来我就到了延安鲁迅艺术学院音乐系（华北联合大学文艺部）学习。这时抗日战争正处在一个比较稳定的阶段，大学的学制改成了三年，不再像以前那样是三个月、五个月、八个月，1941年到1943年都是这样的学制。我们学习的课程也是很正规的，有固定的课程表。延安的教学方案比上海音乐学院要丰富得多，我们还学了很多别的东西。我们每天都要在一个教堂里练声，练两个钟头，早上一钟头，晚上一钟头，教堂里的声音效果很好，唱出来的歌声特别好听。当时学校有音乐、美术、戏剧、文学四个系，音乐系有40多个学生。

1941年，庆祝建党20周年，同时也庆祝郭沫若同志50寿辰，所以选了郭沫若的那首诗《凤凰涅槃》唱了合唱。我们练了两个月，自认为排得很好，学校的同学们也都认为水平很高，可是一到群众中去演出就出现问题了。因为我们都是在广场上唱的，群众坐了一大片，那时候没有音响，什么都没有。群众第一个反映，说你们这么多人在台上唱歌，有时候唱得很好听，有时候有人不张嘴，在台上偷懒。后来一想可不是嘛，四个声部，男低音都停着不张嘴。群众又说你们那些同志啃骨头啃得可带劲了，后来一想，有一位口琴专家，他在那儿吹口琴，没有扩大，没有音响，所以远处看起来就是在啃骨头。我们晚会是强调了艺术水平，但有很多是不适合演出的，是脱离群众的。后来，我们学习了毛主席文艺座谈讲话，也感觉群众对我们的批评是很对的。要深入群众，要了解群众，要反映群众的生活，所以文艺创作要来源于生活，来源于人民的生活，群众生活、斗争生活、生产生活，都是可以反映的。毛主席讲得真好，要重视群众黑板报，要收集群众的语言，要了解陕北民歌，要学民歌。所以从毛主席延安文艺座谈讲话以后，学校课程从西洋音乐向民间音乐调整，向民间学习，教我们学扭秧歌、打腰鼓、唱民歌。开始学校给我们请唱秦腔的老师，老师唱得脸红脖子粗，我说这方法是错误的，怎么听啊。老师说，你学他的歌曲，学他的风格，学他的戏剧唱腔就行，后来还学过青衣的唱法。我们有一个小组，他们到外面收集了民歌都交给我们，从此以后方向开始走对了。到 1943 年，我们创作出许多民间形式的新内容，演出非常受群众欢迎。

到 1944 年的西北战地服务团，丁毅同志教我们唱河北的民歌，还讲了白毛女的故事，后来说正好要给七次代表大会献礼，没有找出好的作品来，听了白毛女的故事他觉得很好，这应该是很好的题材，旧社会把人逼成鬼，新社会把鬼变成人，于是我们就组织创作者开始写。写完之后，把作品公布在食堂里的黑板上，大家看完觉得词写得太旧，作为新歌不合适，又对作品重新进行修改。后来是由系主任带领了一个小队伍创作的。第一个演白毛女的是林柏同志，她的声音很亮，唱法很自然。《白毛女》一场一场地排，在延安演了好几十场，大家都去看，都觉得很好。

1945 年 8 月 15 日，日本投降的喜讯传来，整个延安城都沸腾了。大家把自己的棉袄和被子的棉花抽出来捆在棍子上，蘸上蓖麻油做成火把，敲锣打鼓，没有锣鼓的就敲打着脸盆，兴高采烈地打着火把出去游行庆贺，延安城的夜空都被火把映红了。

日本投降以后，鲁艺成立了两个团，一个叫东北文艺工作团，是由田方带队去东北哈尔滨、长春这些地方演出的；还有一个是华北文工团，团长是艾青同志。我们这些学生和工作人员，再加上一些老教员，总共五六十个人参加了华北文艺工作团。到了张家口后就改成华北联大文工团。一两年以后，华北联合大学与北方大学合并为华北大学，我们也就随着改成华北大学文工团，简称华大文工团。

我加入华北文艺工作团之后，从 1945 年 12 月份开始参加《白毛女》的演出，一直演到 1949 年的 5 月份，演了好几十场。我不是学表演的，所以刚开始演《白毛女》的时候，我哭不出来，但是唱高音什么的没有问题。高音的技巧，是身体上一定要有一个很科学的方法，口腔要打开，在声乐的技巧上、声乐的基础上要对。它用这种力量让你的气息慢慢出来了，唱完之后，要有共鸣，要从胸腔到喉腔到口腔到鼻腔，这个技术要有，这就是唱法。1947年郭兰英同志、我和林柏三个人一起参加《白毛女》的演出，我们一直演到北平解放。当初演得最多的是在农村，城市里也演。1948年底，有一次演出很特殊，台底下的人都戴着帽子，戴着口罩，头上没戴毛巾，全是地下工作者，他们互相不讲话，都保密的，怕回去出什么问题。我记得演出以后有一个同志出来，拉着我们的手说你们演得太好了，我们太受教育了，太感恩了，你们给我们北平地下工作者很大的力量。这场演出给我的印象最深。

辗转海内外，艺术兴中华

1949年在匈牙利举办了世界民主青年第二次代表大会、世界青年及学生联欢大会与第35届国际青年节。在国民党统治时期主办方已经邀请过中国代表团一次，只去了一个人，没有获奖，所以在第二次邀请的时候，中央就决定要宣传中华人民共和国，组成"中国青年代表团"参加大会。这是即将成立的中华人民共和国的第一个青年代表团，第一次参加国际青年的盛会。进到会场的时候，报幕员说中国代表团入场了，台上的各国的人全都站起来为我们鼓掌，那时候是很感动的，中国人民站起来了。那次我们演出了一个秧歌集体舞，女同志打大鼓，男同志打小鼓。外国人没有见过这样的舞蹈，所以这个舞蹈得了一等奖，还获得了其他两个大奖。更重要的是，这次出国之旅让我们看到了世界各地的歌舞艺术。我们第一次出国看到了很多歌剧、舞剧、芭蕾舞等世界各民族歌舞表演，开了眼界，才想到中国应该建一个民间的歌舞团。1949年9月30日，我们从匈牙利回来到达北京，没有旅馆可以住，120多个人就住在东单的一个澡堂里，澡堂有很多床。到夜里12点的时候，我们团长跑来告诉我们，现在中央批准我们第二天参加开国大典。

开国大典上，我们组成了中国民族青年代表团，女同志穿着西装和裙子，男同志穿着中山装和皮鞋，我们120多个人，打着旗帜，排着队从街上走。人们都奇怪是什么人穿得这么整齐，后来听说是青年文工团。我们站在中山公园那边，当毛主席一讲中华人民共和国中央人民政府成立，五星红旗一升起来的时候，我们的眼泪哗哗哗直流。经过这么多艰苦，经过抗日战争和解放战争，今天能够看到中华人民共和国成立，我们都非常高兴。

再往后，从1950年开始，中央音乐学院、中央戏剧学院、中央美术学院纷纷成立，我就去了中央音乐学院音工团。也有同学去了中央戏剧学院，但是我觉得我还是搞音乐比较好，因为我个子比较矮，演的角色只能是小姑娘之类的，面太窄了，没有什么发展空间；但是我声音是很清脆、很亮的，我就上了音乐学院。

1951年我参加了电影《白毛女》的配唱。电影《白毛女》原来是王昆同志去配唱的，后来许巍同志突然给我打电话说，让我去长春一趟，需要我唱《白毛女》后半部的曲子。我就马上去了长春，唱了《白毛女》中的四段歌。电影《白毛女》是我和王昆配唱的，她唱的前半部，我唱的后半部，前半部有一首歌，后面有四首歌。

刚刚从长春录完音回来没多久，就有人告诉我，音工团要出15个人参加第一届赴朝文工团，让我加入。我们赴朝文工团有侯宝林、高元钧等很多老演员一起去，陈毅同志是党委书记。有演员提出早晨要喝茶，说不喝茶就唱不出来。后来组织上答应了，给我们发了一包茶叶、一包辣椒面和一包盐，每个人再发一件军大衣，不准背行李，大约200人就这样奔赴了朝鲜。

我们刚准备晚上从丹东出发，美国飞机就把鸭绿江桥炸了，走不了了。当时通知我们准备好行李，随时待命，大家一二百人就在旅馆里待着，到了晚上1点多钟收到通知马上出发。我们上了车，一个卡车装40多个人，没有座位，大家都站在里头。到了朝鲜一看，地上净是炸弹坑，因此挑选的汽车司机都是技术最好的。曲艺团同志之前没有参加过战争，第一次去，紧张得要命。离平壤不到一百里地，我们走了两夜才到，到了之后用黑布搭了一个棚，里面什么也没有，铺点稻草就住下了。

到了朝鲜，第二天4月30日就要给金日成演出，我们在联排的时候，乐队的同志看我们合唱只有手风琴而没有乐队伴奏，就主动提出要给我们伴奏。给金日成演出的时候唱的是《慰问志愿军小唱》，这首曲单直到出发才给我，我天天背这个歌，这个歌演出也是很紧张的。

在朝鲜演出的时候局势很紧张，汽灯都没有，因为如果有灯光，飞机就可能过来轰炸，所以根本不能太亮。我们就点四个电池灯，照着舞台上人的脸，但是观众根本看不见，只有黑黑的一大片。有一次我唱到一半，防空警报就响了，警报结束我就从头再唱，快唱完的时候又有防空警报，我又要从头唱，就这样唱了三遍才把歌唱完。侯宝林的相声也是说一半就停了的，之后又接着再说。

我们给战士们演出，最感人的是到飞机场去演出。当时朝鲜没有飞机场，我们志愿军去建飞机场，当时条件太艰苦了，没有机器，没有汽车，都是靠人。美国在这时候扔了很多定时炸弹，有人去看大概是几点爆炸，然后来了几个人告诉我们，飞机炸弹爆炸的时候有一个斜角，在某个地方是正好可以避免被炸伤的，但是注意一定要张开嘴，把耳朵捂好。当我们演出完回来的时候，我们的空军已经出动了，飞机已经可以出来了，所以我们过鸭绿江桥往回走的时候都高高兴兴的。我去朝鲜回来以后，又回到青年文工团，到四川去宣传人民志愿军抗美援朝的成绩和战况。

我去过印度、印尼，苏联去了四次，匈牙利去过两次，罗马也去了两次。有一次在德国，要演《董存瑞》的时候，我不太舒服，在大街上走着走着，没有力气了，被人抬了回去。回去之后医生给我打了一针，说先不要动，再坐半个小时。我就坐着叫别人给我化妆，别人也担心我身体状态不好，可是这个戏没有别的演员可以补充，我要是不去演的话，就演不成了。那场戏我演得还挺好，唱得也挺好，我用了一百二十分的精力，就怕自己摔在台上。最后还是决定把我调回国，说我太累了，得回去休息。青年文工团后来继续去其他国家演出，效果很好，可是我没去成，很遗憾，但是我也为他们高兴。回到北京是 1952 年 7 月份，回来以后文化部决定组建中央歌舞团。12 月

3 日中央歌舞团正式成立，我就一直在这个团工作，一直到离休，待
了 32 年。

离休心未老，歌声遍四方

我 1984 年离休，当时我们这些退下来的老同志都有一个愿望，
希望趁我们身体还好的时候继续唱歌，于是我们 12 个团队就发起组
织了合唱团，当时部长、副部长都非常支持，给我们取的名字叫老干
部合唱团。我们这个老艺术家合唱团去 30 个城市演出了 480 多场，
没有要一分钱。

我们在演出途中，突然收到了一封信，是山西的祁县写给我
们的，他们说知道我们在演出，演得很好，祁县的老百姓也很想
听我们的歌，希望我们去演出，但是他们那里很穷，是个穷困山
区，没有钱给我们路费。后来我们开会讨论决定，我们要去，自费
去。我们就把春晚演出所得的每个人 250 块钱的劳务费存起来，买
火车票去祁县演出。在祁县演出的效果很好，那里的老百姓听过
很多抗日战争时期的歌曲，但是不会唱，我们能去演出，他们很
高兴。

后来到了壶口，我们还在黄河边唱了《黄河大合唱》。黄河水
在流，我们在唱，大家唱得非常整齐。县委书记是一个女同志，站
出来讲她这次非常感动，当地老百姓知道有一个写黄河的歌，但
是没听过，今天听到《黄河大合唱》，大家都感动得落泪，她说
我们的歌声为他们脱贫致富增添了力量。我们能在这里唱，能在
这里为人民服务，用歌声带给他们力量，对我们来说也是一次
教育。

我觉得作为一个艺术工作者，名和利不重要，只要好的作品感
动了观众，使观众受到了启发，感受到了力量，这就很好。为人民服
务用歌声告诉人民就行，人民一高兴就不觉得那么苦了，这样就能鼓

舞人们前行。一个艺术工作者，他的生命需要在作品里面唱出来，这是最主要的。有些同志虽然唱得好但是拿不到舞台里，不是声音的问题，是感情的问题，没有感情群众就不欢迎你。也许我就是以这样的心态，才能活到现在的岁数。

孟于自述，本次采访时间为 2019 年 4 月 24 日，由中国人民大学校友工作办公室负责采访，由 2017 级新闻学院本科生许文心负责录音整理及文字编辑。

采写/李宣谊　许文心　许泽来

徐光春

| 人物简介 |

　　徐光春，浙江绍兴人。1964—1969年就读于中国人民大学新闻学院。曾任新华社安徽分社党组书记、副社长，新华社上海分社社长、党组书记，新华社北京分社社长、党组书记，光明日报社副总编辑、总编辑，中央宣传部副部长，国家广播电影电视总局局长、党组书记，河南省委书记、省人大常委会主任、省军区党委第一书记，十五届中纪委委员，十六届、十七届中央委员会委员，十一届全国人大财经委员会副主任委员，中央巡视组组长。现任中央马克思主义理论研究和建设工程咨询委员会主任。

我的信念就是要奋斗，只有奋斗才能有成就，只有奋斗才能有
幸福。

逐梦——一念执着为新闻

我是在绍兴出生在杭州长大的。杭州民间有个说法，叫作"杭州
萝卜绍兴种"，意思是很多杭州人的根都在绍兴。我就是比较典型的
"杭州萝卜绍兴种"。按照现在的说法，我的家庭是典型的农民工家
庭。我父亲长期在绍兴农村务农，实实在在是种田的。我三岁时，父
亲到杭州去打工，从此我就在杭州学习和生活，我的家也就落户在杭
州了。

家里四口人，父母还有我们两兄弟。到了杭州以后，父亲做的
是搬运工，把货物搬运来搬运去，母亲是一个丝绸厂的工人。所以尽
管只养兄弟俩，家庭还是很贫困的，上学也很困难。在我印象里，我
经常被学校催交学费，于是我就到父亲单位里面去找父亲要，而父亲
就四处向工友借，有时等几天也拿不到钱交学费，回校后还挨老师训
斥。有件小事我记得很清楚，我上小学的时候贪玩，小学前面有条
河，有一次在河里玩，不小心把书掉到河里面了，河水把书冲走了。
一般家庭会花钱再买一本书，但我家因为比较困难，没有钱再买一
本。于是我父亲借来我同学的书，用毛笔把整本书抄了一遍给我，我
就用这本书上了一学期。

出生在这么一个贫困家庭，又不甘于这样的贫困，正因为如此，
我自身一直很努力，学习和其他各方面都很努力。尽管我小学、初中
上的都是很一般的学校，但是我高中考上了杭州一中。杭州一中原来
是浙江两级师范学堂，是浙江很有名的学校之一，也是一个百年老
校，鲁迅等人都在那里教过书。在杭州一中学习期间，我担任了学生
会的副主席兼宣传部部长，负责学生的宣传工作。学校有一个板报叫
《一中青年》，还有一个广播站叫"一中青年广播站"，当时都由我负
责。因为对文艺、文学非常爱好，我还担任了杭州一中鲁迅文学兴趣

小组的组长，也写了不少文章。说起来，一段特别的缘分使然：我出生于绍兴，鲁迅也是绍兴人。

我和新闻事业的渊源，也是从杭州一中开始的：中学期间就是我"梦新闻"的阶段。高二的时候我成了《杭州日报》的特约记者，给《杭州日报》写稿子。虽然稿件内容只是反映学生的一些情况，但也算是从事最初级的新闻宣传工作了。有了这个基础，1964年我高中毕业的时候，填志愿就决定要上新闻系。当时填的第一志愿就是中国人民大学新闻系，第二志愿是复旦大学新闻系。最后如愿以偿，被人大新闻系录取。

能够进入人民大学是一种幸运，当然也和我个人的努力分不开。当时人大新闻系有两个招生条件：一方面是要有从事新闻工作方面的浓厚兴趣，要有一定的文学和新闻方面的基础；另外一方面尤为重要，从事新闻工作必须要有一定的社会工作经验。具体到我个人，怀揣新闻理想已久，在高中时又有学生会、《杭州日报》等工作实践的历练，正好符合这两个招生条件，所以一下子就被录取了。

正式进入人大新闻系是在1964年夏天，入学的时候条件很艰苦。当时学校西边的校区刚刚建设不久，我们新闻系、中文系还有档案系，三个系都在铁狮子胡同1号上课。这里没有正式的教室和图书馆，是当年段祺瑞执政府所在地，十分拥挤。这样的拥挤，大约持续了一年。之后我们转到了新校区，这边也就腾了出来，一部分作为教师宿舍，一部分作为办公区。

包括我在内的那一届学生，都经历了极为特殊的大学学习过程：在学校待了六年。因为1964年入校，之后就赶上了1966年"文化大革命"，到1969年毕业，又没有分配，直到1970年才离开学校。

这六年时间，体验很丰富。首先是学习了一些新闻学的基本知识，比如新闻概论、报刊史、新闻摄影、国际新闻，还有新闻写作这些基本课程。另外也经历了"文化大革命"这样一场风暴。还有就是参加了不少农村和工厂的社会实践。

说到学习，得说说与众不同的转专业。我入学的时候读的是新闻专业，第二年遇到了一个重要的节点，根据国家新闻工作的需要，经过教育部批准，人民大学新闻系成立了当时我国唯一一个新闻摄影专业。于是，我们五十个学生里头大概有二十几个要分配到新成立的新闻摄影专业去。

然而，新闻摄影专业在当时是被人瞧不起的。因为当时的摄影记者大都是从体育运动员转过来的，人高马大，就是为了方便照相抢镜头。于是在当时的新闻界，大家对摄影记者形成了"四肢发达、头脑简单"的印象。也是基于这个背景，国家认为摄影记者不能仅仅停留于此，也要有高文化层次和比较高的新闻方面的素质，所以决定开设唯一的一个新闻摄影专业。我们五十个学生里不少人都争相报名，我报名后就转到新闻摄影专业去了。这样做，我当时只有一个想法，就是觉得国家的需要就是自己的前进目标和工作方向。

在学习期间，我对两位老师印象深刻。一位是讲新闻概论的甘惜分老师。他参加革命比较早，是从根据地过来的，后来在新华社西南总分社工作，最后又转到新闻教学岗位上。甘老师给我们的印象是对马克思主义的新闻理论有丰富的涵养，而且他能够结合我们党领导的革命斗争和建设的实际，来讲述新闻的基本理论问题，所以大家很喜欢听他的课。还有一位是方汉奇老师，为我们讲授报刊史。方老师是我们国家比较权威的报刊史专家，在专业领域，他的知识渊博，资历也深厚，所以能够在讲授课程的过程中，穿插着为我们讲一些他所了解的，甚至他所经历的与报刊史发展有关的人物和故事。

当时很注重书本知识和实践知识的结合。在课堂教学的同时，我们每年的寒假和暑假，都要到新华社、人民日报社或者其他新闻单位去实习，所以课堂教育和实践锻炼能很好地结合起来。还有很多实践是在专业以外、深入社会的。我们曾经到苏家坨公社搞社会主义教育，还去过东方炼油厂工地劳动，那劳动时间不短，有几个月。还到过北京特殊钢厂劳动几个月，干的都是最基础、最艰苦、最笨重的一些活。因为技术活我们这些学生都不会干，所以主要也就是搬水泥、拌水泥、拉水泥、灌浆、运砖头，就像现在建筑工地的小工一样。这些活使我们更好地接触了广大的劳动群众，也知道了社会生活很重要的一部分就是生产劳动。这些经历不仅在思想上是锻炼，而且在知识和人生的经历上也是非常好的锻炼。

当年的课余时间，其实没有什么娱乐活动，既没电视又没手机，最多是一些爱好文艺的同学唱歌、拉二胡或是拉手风琴之类。我的空闲时间主要奉献给了体育运动：打篮球、投标枪、扔铅球。我当时兼任人民大学篮球队队长和田径集训队队长。田径集训队把全校各个系里面有田径方面特长的学生按照不同的项目分成各个组。基本的日程是每天早晨六点半开始锻炼，各个项目各自锻炼。然后上课，到了下午大概四点钟以后再集训。我觉得学校里当时文体等方面的活动的开展，对我们的成长大有裨益。

总结起来说，我们那一代大学生，大概主要有三个特点：

第一个特点是个人的理想和国家的前途命运紧密结合在一起，自己并不好高骛远，想干什么都是依据国家的需要。

第二个特点是当时很注重书本知识和实践知识的结合，课堂教育和实践锻炼能很好地结合起来。相对来说，我们这批学生在学校期间既有一定的文化专业知识，同时也能够随时进行工作实践。所以从大学毕业到工作岗位以后没有太大的鸿沟。

第三个特点是与广大群众相结合。我们那个时间吃住都在公社、工地，又到公社搞社教，又到工厂劳动，而且干的都不是技术活，都是跟工人、农民一起劳动，所以培养了这方面的吃苦精神和群众感情。

担当——风云变幻传天下

"新闻人"是我整个人生中最重要的标签。概括起来，我的新闻人生涯有四个阶段：梦新闻、学新闻、干新闻、管新闻。从大学开始，算是真正投身了新闻事业。1964 年到 2004 年，总共 40 年。

踏出大学校园是在 1970 年，我被分配到安徽一个部队农场。那个时候没有不想去的念头，都是统一分配，让你到哪里就到哪里。

部队农场在安徽的北部，淮河边上。我在那待了一年半，种豆子、种麦子、种玉米。因是在部队农场劳动，我担任排长，还被省军区政治部找去搞了一段时间的军区新闻报道员工作。之后就是再分配。我因为从中学起就有从事新闻工作的强烈志向，所以当时也没有别的要求，就是希望能够做新闻工作。当时去不了《安徽日报》、安徽电台、安徽电视台这样的地方，最好的新闻工作是去安徽生产建设兵团《兵团战士报》，我说我就到那去。于是我就在安徽生产建设兵团的一个铸管厂当新闻干事兼《兵团战士报》记者，也就是驻厂的记者。在那里工作了大概四年，再之后我就被调到省里工作了，正式踏上新闻工作这条路。

从事新闻工作，应该说拥有像我这样经历的人是不多的。我干过地方新闻工作，也干过中央新闻工作。论平面媒体领域，我做过最高的职位是《光明日报》总编辑。论通信传播领域，在新华社我担任过安徽分社、上海分社、北京分社三个分社的社长。论广播电视领域，我曾经做过国家广播电影电视总局的局长。论对外宣传领域，我曾是中央对外宣传领导小组成员。论新闻管理领域，我担任过主管新闻宣传工作的中央宣传部副部长。简单说，就是我从事过的新闻工作领域很多很全。

几十年从事新闻工作，确实见识了很多时代与社会的风云变幻，在不同的时期，也有不同的经历令我记忆犹新。

印象最深刻的有：我在新华社安徽分社当记者时，曾与同伴骑车千里调查安徽农村改革发展的新气象；曾冒着风雪，顶着舆论压力，报道了率先雇工发展私营经济的"傻子瓜子"年广久，引起广泛反应。我任新华社北京分社社长的时候经历了1989年春夏之交的政治风波。当时，天安门广场的报道都是由北京分社负责。事件其实持续得不长，4、5月份开始6月结束，总共五六十天的时间。但这的确是极其尖锐和复杂的斗争。那些日子，我整天在天安门广场，和记者们讨论、研究，商量当天的报道怎么处理，播发什么样的稿件，怎么样能够真实客观地向社会报道，正确引导舆论。一方面要考虑如何面向学生群众，另一方面也要向中央及时反映，这在当时真的是极端严峻的考验。所幸，在我们的努力下，分社经受住了这样的考验。

后来我调任去了《光明日报》，从副总编辑到总编辑，也是不断地遇到困难、克服困难。困难有政治上的，也有经济上的。政治上的困难就是《光明日报》有个别编辑记者卷入到了政治风波中，怎么样能够把这些人的思想扭转过来，重回到中央的精神上，这是一项严肃而重要的工作。经济方面的困难主要是欠账。报纸的发行量下降，于是报社开始尝试经营。大家没经验，政策也不明确，都在探索过程中。当时报社办了很多家公司，这些公司在外面欠了很多债务，最后都让光明日报社来还。我当时到光明日报社工作后是法人代表，经常收到法院传票。

面对如此窘迫的现实，只有一条出路——改革。通过改革来解决《光明日报》的困难，通过改革来发展《光明日报》的事业，把大家的心凝聚起来。我提出报纸宣传要"十二变"，要变得生动新鲜、尖锐泼辣、切中时弊、引人入胜、独具特色。随后，全国第一个电子采编平台在我的推动下在报社诞生了。把所有的编辑记者都从办公室里请到电子屏幕前，在电子采编平台工作，这也是新闻报道方式上的一次重要变革。一手革故，另一手也要鼎新。我当时给《光明日报》设立的目标是，要把《光明日报》办成一张有特色的报纸，绝不能办成第二张《人民日报》。客观现实摆在眼前，发行量下降，重要新闻肯定是《人民日报》首发，尽管《光明日报》是第二张中央党报，但毕竟不是机关报，《人民日报》的影响力比《光明日报》更强。当时采取的策略是，紧紧围绕以知识分子为主要对象的宣传方式发展《光明日报》，我们叫作两重开路：靠重要文章、重要报道这两重开路来扩大《光明日报》的影响。当时出了一批在社会上有相当影响的报道和文章，《光明日报》重现光明。现在回头看，大家都觉得那段时间是《光明日报》发展比较好的时期，走出了困境，也办出了特色。

我担任中宣部副部长分管新闻宣传工作的时候，可以说国家正值多事之秋。在那段工作期间遇到了很多大事，譬如南斯拉夫大使馆被炸事件，譬如1998年抗洪，譬如1999年"法轮功"练习者围攻中南海，譬如小平同志去世，譬如1997年的香港回归、1999年的澳门回归等，不一而足。我当时主管全国的新闻工作，在中央的坚强领导下，我组织和指挥具体的新闻报道。比如1997年邓小平同志去世，就是非常重大的政治事件。当时天天晚上全国各地的电话不断，都是在问舆论把握的问题。怎么样既表达出广大干部群众对邓小平同志的深切怀念，同时也体现出对新一代领导人充满信任，对中国的前途命运充满信心，对我们中国特色社会主义的发展充满信念，这个"度"媒体一定要把握好。当时，我在中南海日夜工作了十二天，直到随同中央领导同志坐专机把小平同志的骨灰撒向大海，在飞机上签发了最后一篇重要稿件，我对这个印象是非常深刻的。

再比如2001年的中美南海撞机事件。在南海，我们的飞机被美国的飞机撞下来了，一名叫王伟的飞行员牺牲。当时我们要求美国道歉，但美国只说了一个"sorry"，拒不道歉。在这样的情况下，把握好斗争的方式和程度尤其重要，为此我们费尽了脑子。又比如我南斯拉夫大使馆被炸，三名中国记者牺牲，国内群情激愤。新闻报道如何把握好？一方面允许学生上街游行，到美国大使馆门口抗议，可以扔汽水瓶、西红柿之类的东西，但是不能采取点火、打砸等过火行为。另一方面又不能让工人上街，工人一上街局面就控制不住。其中分寸的把握，确实很难。

我在国家广播电影电视总局当局长的时候，也有一段经历让我印象深刻。当时是主抓广播电影电视的改革发展问题，推进媒体融合。其中一个重点就是抓我们边疆民族地区广播电视的覆盖问题。因为当时这方面做得还很不够，像西藏、新疆一些地方只能听到外台，听不到我们自己的广播，看不到我们自己的电视。那个时候中央专门搞了一个"西新工程"，就是西部地区西藏、新疆广播电视覆盖工程，我当时任领导小组组长，就负责这个工作。我们去西藏、新疆边远地区调查研究，天天一身灰一身汗，做了整整两年工作。这项工程有效地改善了西藏和新疆等民族边疆地区的广播电视覆盖率，扭转了原来广播电视覆盖能力弱的问题，对于正确地引导民众舆论也发挥了重要作用。

做新闻工作，难免会遇到压力巨大的时候。国家发生了一些重大的事件，应该说的的确确各方面的压力都是很大的，尤其是新闻工作。这个时候怎么解压？我的想法主要有三点：第一是要坚决听中央的指挥，中央会做出正确的决策。第二是要相信我们广大新闻舆论工作者是心向党、心向祖国、心向人民的，尽管也会不可避免地出现一些噪音和杂音，但总体上我们把道理讲清楚、讲明白以后，正能量就能发挥出来。第三是要靠自己，怎么样把中央的精神和当时的情况研究透、掌控好。在发生重大事件的时候，中央都要决策，因为我是管理舆论工作的，所以决策过程都会请我参加。我既要给中央决策提供参考意见，同时又要很好地领会中央的精神并且贯彻落实，这的确是相当难的一件事情，上头和下头，这两头都要吃透，对管新闻工作的人来说，的确是一个硬功夫。

总之一句话：相信党，相信群众，没有克服不了的困难。

转变——吾将上下而求索

我人生中的重要转折，出现在 2004 年。在那一年，我离开了宣传和新闻岗位，去河南当省委书记。做新闻 40 年，有这样的转变，是我始料未及的。我当时已经 60 岁了。中央领导同志跟我说要我去河南，我说去河南干什么，领导回答说去河南当省委书记。我感到非常突然，我说我一点精神准备都没有，而且我也没当过县委书记、市委书记，一下子让我去当省委书记，我恐怕干不了。而且河南这个地方太特殊，它在全国是一个人口大省，有一亿人口，还是一个农业大省。简单说就是：人口多、底子薄，改革、发展、稳定难度大。

我任河南省委书记，既是我人生中的重大转折，也是对我的重要考验。我在河南当了整整五年的省委书记，在前后这些年任省委书记的领导同志中，我是干的时间最长的，其他人一般都是干两三年就走了。

现在回想，在这五年里我还是做了一些事情的。当时我提出要实现河南省的两大跨越：由经济大省向经济强省跨越，由文化大省向文化强省跨越。

当时的河南是第一农业大省、第一粮食生产大省。现在第一粮食生产大省是黑龙江，河南是第二。在中央的坚强领导下，我们把发展放在第一位，经过全省人民的共同奋斗，不久河南的 GDP 就在全国处于第五位，前四位都是沿海地区——广东、江苏、山东、浙江，唯独河南是一个内陆省份。而且河南不只是农业大省，也成了全国新兴的工业大省，工业的总产值也在全国排到第五位。

文化对于河南至关重要。河南是我们中华文化的重要发祥地之一。五千年文明里，有三千多年的时间河南是全国的政治、经济、文化中心，八大古都里有四个在河南。所以说河南是在全国有重要影响的文化大省。凭借历史文化的厚重，同时又发展了一些新兴的文化产业，河南文化有了新气象。我当时到河南后就提出来文化必须要与旅游相结合，要串联起来。所以河南在文化和旅游的结合方面做得比较好，中宣部、文化部和国家旅游局当时专门在河南开了一个文化和旅游结合的现场会。如果以现在的眼光看，我们的文化部和国家旅游局合并，也是文化和旅游结合的思路。

还有一个工作重点，就是改变河南的形象。河南在外地的形象一直都不太好，而且有很多糟蹋河南人形象的段子流传，使很多企业家和外商也都不愿意到河南投资。在这样的情况下，改变河南的形象势在必行。因为形象也是生产力的表现，这直接影响到河南的发展。

改变形象，靠两条腿走路。一个是内强素质，要把河南人的素质进一步提高。另一个是外塑形象，提升塑造河南人的外部形象。每年我都会请《人民日报》、新华社、中央人民广播电台、中央电视台、《光明日报》等媒体帮助宣传河南，讲述河南正面的故事。在整个河南内外兼修的不懈努力下，"感动中国十大人物"评选，在我任省委书记的五年里，每年至少有一个甚至两个是河南人，这样就树立了河南的正面形象。通过宣传努力把河南的真实情况告诉大家，让大家相信河南有那么好，慢慢地河南的形象就改变过来了。

当了五年省委书记，这是我人生中的第二件大事情。我也收获了一些成果，河南人都觉得我还是做了一些事情，对河南的发展有一些贡献。

我人生中的第三件大事情，就是我现在正在参与的中央马克思主义理论研究和建设工程。从 2010 年初不当省委书记后到现在，作为我党意识形态领域的老领导、马克思主义理论研究者，已经有将近十年时间，我一直是中央马克思主义理论研究和建设工程咨询委员会的主任。我负责工程研究和建设的咨询工作，还有教材书稿的审订工作，大概每年都要看一千万字左右的书稿。现在全国高校的哲学社会科学的所有教材都列入中央马克思主义理论研究和建设工程，其中重要的教材大概有四五十种，都由中央马克思主义理论研究和建设工程咨询委员会来审订。这几年，我基本上都在做这件事情。应该说我在后半生为新时代中国的马克思主义理论研究和建设工作，为习近平新时代中国特色社会主义思想的贯彻落实、宣传传播也尽到了自己的力量。其间，我还负责主编了我国、也是世界上第一本《马克思主义大辞典》。

我觉得我这一生做了三件大事情，一个是新闻宣传工作，一个是当省委书记，再一个就是从事马克思主义理论研究和建设工程，应该说这些是我人生中的三个亮点。

如果说这三件大事外还做了一件大事，就是从 2010 年初开始到 2014 年底，我担任了五年中央巡视组组长，按照中央部署，先后对北京、天津、重庆、山西、江苏、云南、西藏等省、区、市进行了巡视。

我没有什么座右铭，我的信念就是人生靠奋斗，只有奋斗才能有成就，只有奋斗才能有幸福，成就和幸福是靠奋斗耕耘出来的。回过头来看走过的这几十年，我的家境很贫困，我没有任何的后台、没有任何的背景，唯有在学校、在组织的关怀下努力奋斗，一步步地实现自己的人生目标。凡事都要认真，干什么事我都是很认真地对待，从不马虎。

心怀——投身时代塑自我

人民大学是我的母校，也是我人生道路上非常重要的一站。我对人民大学充满了感情，这里是培养我成才的地方，我也在这里收获了爱情。

我爱人叫韩舞凤，是人大 1963 级的学生，比我早一届，她是她所在班 25 个学生里唯一的女生。她的父亲韩北屏是著名的作家、诗人、社会活动家。我跟她是在学校里面认识的。当时正是"文化大革命"时期，学生们策划建立了一个新闻联络站，做点联络和新闻理论方面的研究。我们当时编了几本书，我还记得一本是《马恩列斯论报刊》，一本是《毛泽东论宣传》。当时系里派我负责联络站的工作，我爱人也在联络站，慢慢我们就认识、熟悉，之后相知相恋，走到了一起。

当时也有很多说法。因为她父亲在"文革"中被造反派打成了"黑帮""走资派"，她则是所谓的"黑七类"；我是工人家庭出身，是"红五类"，根红苗正。于是就有人说你怎么跟"黑帮子女"谈恋爱，那时候系里一些同学都反对。当然这些都是过去的事了。我们的爱是建立在心心相印的基础上的，互相没有什么利益诉求的关系，是完全真诚地相爱相知相恋相伴。从那时起，我们就始终没有分开过了，我到哪里她到哪里。她一辈子都在出版系统工作，先后担任北京几个出版社的领导。今年正好是我们结婚五十周年，是金婚了。五十年能够走下来还是不容易的，我们很珍惜我们的生活，我们也很珍惜我们共同走过的路。

对于母校，我也想过很多。对人民大学的进步，我感到非常自豪。在新的时代，人民大学怎样在新形势下有更新的发展，我想这是所有人民大学现在的还有过去的师生员工们共同的期盼和愿望。

现在中国在国际上的地位越来越重要，但是中国的教育在国际上影响相对还不够，实力还不强，所以人民大学在这个过程中，特别是在国家推行"双一流"建设的过程中，要脚踏实地进一步往前走。

人民大学有它自己的特点，它是偏向社会科学领域的院校，跟北大、清华不一样，不是一个完全能够相提并论的学校。在这样的情况下，人民大学怎样在我们哲学社会科学的发展过程中有更高的地位、更大的影响、更强的实力，我觉得这是需要努力做的一件事情。这是我们的专长，而且是我们的传统，在国际、国内的一些重大的理论问题和实践问题上，应该听到人民大学的声音，人民大学应该有这方面的人才和这方面的成就。目前来说，我觉得这方面还不够，要进一步加强，要经常能够听到人民大学的声音，这样人民大学在"双一流"的建设中地位才能不断提高，影响才能不断扩大。人民大学，应该真正发挥出我们中国共产党自己办的第一所大学在人文社会科学方面的优势。

现在我们在校的学生，是很有希望的一代。能够生活和学习在这样一个伟大的时代，是非常幸运的。我觉得我们新一代的人大人应该有更大的抱负，应该跳出自我，投身到国家和社会主义发展的大事业中来，在这样的大事业中造就自己。凡是有点贡献、有点作为的人，应该都有这样的感觉：要投身时代塑造自我，在投身国家伟大事业的过程中成就自己。只有这样，我们在成才道路上才能够有出色的成绩，有光明的未来。

徐光春自述，本次采访时间为 2019 年 7 月 13 日，由中国人民大学校友工作办公室负责采访、录音整理及文字编辑。

采写 / 孟繁颖　李宣谊

张常海

| 人物简介 |

张常海，1930年生，河北唐山人。1944年参加革命，1945年加入中国共产党，1946年毕业于华北联合大学新闻系。1955年调入光明日报社工作，历任文艺部主任、报社革命领导小组成员、总编室主任、编委、总编辑等。

我从一个初中生变成一个能给国家、给党做点贡献的人，变成一个称得上是知识分子的人，除了自己的奋斗以外，主要是依靠党和群众。没有党、没有群众，我将一事无成。同时，也离不开华北联大的培养。在华北联大学习的时光对我来说非常重要，还有当时在联大的丁玲、艾青、沙可夫等学者，让我非常怀念。

年少历战火，二度入联大

1930 年我出生在河北滦县张营村的一个还算富裕的农民家庭，在李大钊故乡的乐亭县进修中学上的初中。那时在学校能听到延安的广播，暑假回家又常有游击队工作人员来村里，受到这些影响，我在1944 年的秋天与同学们一同加入了冀东路南抗日游击队，在北宁铁路以南的几个县参加游击斗争。当时我 14 岁，由于我读过几年初中，为了培养我，游击队负责人送我去晋察冀边区腹地阜平的华北联大学习。得知这个消息，我特别高兴，就踏上了前往阜平的路途。

我们游击队员装扮成农夫、农妇模样，跟随地下交通员，三五成群地慢慢向北宁铁路移动，从古冶附近越过铁路和公路两边的交通壕封锁线，直奔冀东军区驻地——遵化县马兰峪，与当地的青年学生、地方干部还有朝鲜、日本的反战联盟组成了一个 100 多人的队伍。停留了一段时间后，我们在冀东军区一个连队的护送下前往华北联大。大概走了一个多月，我们来到平北军分区驻地，在这里一边休息，一边等待时机跨过京张铁路和永定河。我们秋天出发，第二年的春天才到了阜平，在路上总共走了三四个月，才到达华北联合大学。

这一路条件艰苦，敌人有着严密的封锁线：我们闯敌人炮楼，爬山沟、下壕沟，公路上有封锁沟，铁路上有巡逻道，还遭遇过敌人的突然袭击。有一天晚上，我们宿营在地主家的大院里，半夜时分，睡得正香，突然一阵激烈的枪声把我惊醒，紧接着就听到战友们急促的喊声："快起来，鬼子来了，快撤！"我知道是遭到伪日军的偷袭了，一骨碌爬起来，跟着战友们飞快地朝地主家的后院跑去。谁知这地主家的院墙太高，我个子太小爬不上去，就在这时，不知是哪个战友从后面托了我一把，我一使劲翻过了院墙。就在翻过墙头的那一刹那，我听见墙下一阵"噼里啪啦"的枪声，那个战士就再没能爬上来。我只记得这位战士个子很高，但不知道他叫什么名字，他竟为救我牺牲了。他本来有机会先逃，是为帮助我牺牲的。以后我多方打听，都没能打听出这个战士的名字来，这是我终生的遗憾。

我刚在阜平的联大上了半年的学，日本就投降了，我就从华北联大转到涞源冀察中学。1945年5月，我在涞源县城内一座大庙里，由戴连山、张纪恒介绍加入了中国共产党。入党时，我还不到15岁。后来分配工作，我被分配到新华社察哈尔分社当文书，做给编辑部抄稿子这类工作。社长看我还年轻，于是又送我到张家口华北联大的新闻系学习。就这样，1946年，我再次进入了联大。

在张家口华北联大的那段生活给我留下了非常深刻的印象。当时华北联大在张家口东山坡一处日伪时期的兵营里，由成仿吾任校长，周扬任副校长。1946年春天，我与三十几个二十多岁的男女青年来到这里，读的是新闻专业。华北联大新闻系附属在文艺学院，文艺学院的院长是沙可夫，副院长是艾青。对于这些学校领导，我们都很敬佩。

艾青教大众哲学，张如心教新民主主义论，还有成仿吾、周扬等老师给我们上大课，我们都是搬个小板凳在下面听课，那段记忆非常深刻。特别是我们这些学生跟艾青相处得尤其好，他和大家在一起时比较随和，我们都叫他艾大哥。当时联大校址临近清水河，艾青经常到市内去买葡萄。他一买回来，我们就一拥而上，一下就抢光了。艾青说："你们这群土匪！"我们就说："谢谢艾大哥。"那种生活现在回想起来非常开心。同学们除了上课，还到《晋察冀日报》《新张家口报》和工厂、农村、部队实习，这是解放区新闻工作的优良传统。记得全系同学在7月到天镇县参加新区土改，首先听取了县委宣传部部长魏明的情况介绍，学习中央"五四"指示精神，然后就分散到各村去发动群众，与汉奸、恶霸、地主进行清算斗争。这给我们上了一堂生动深刻的阶级教育课。我根据了解到的情况，写了一篇报道投寄到

《晋察冀日报》，不久就被刊登出来，标题是《没有骨头不长肉　没有土地不发家》，这是我从事新闻工作的又一篇习作。我和白沉等几个同学被分到沈重主持的《新张家口报》实习。这家报社的编辑大多是从延安过来的老同志，在他们影响下我进步很快。在华北联大时是我看书最多的时期，凡是学生们当时能够搜集到的书，无论中国的还是外国的，我都看了。

由于张家口离国民党华北地区的军事中心北平很近，"卧榻之侧，岂容他人鼾睡"，国民党军必欲占领之而后快。1946 年 6 月，国民党政府撕毁停战协议，大举向解放区进攻，张家口是他们进攻的重点，解放大街、长青路一带经常遭受国民党军飞机的轰炸。有一次，我骑自行车外出采访，正碰上敌机扔炸弹，连人带车被气浪掀翻在马路边，身上却一点没受伤。同志们半开玩笑地安慰我："看来你适合当军队记者，敌人的炸弹不炸你。"

与国共浮沉，辗转新闻路

1946 年 10 月，晋察冀军区得到情报，国民党军傅作义部队即将偷袭张家口。在当时敌强我弱的情况下，为避免有生力量的损失，我军决定主动撤离张家口。在敌人偷袭的前两三天即 10 月 8 日、9 日，我们联大的同学开始分散撤离，随军机关从张家口、宣化南撤到涞水县李家庄。撤离张家口时，我心中充满着难舍和惋惜之情，但激荡在胸口的却是强烈的悲壮之感。踏着苍茫夜色，我们这支排列整齐的队伍不紧不慢地向东南方向行进。远处，隆隆的爆炸声，冲天的火光，牵动着人们不时地回头张望，那是我军在撤退前爆破市内的重要设施。

我待了不久，11 月便随部队强渡永定河，挺进平绥路以北的三角地区，冀察东龙关、赤城一带。这个地区是新解放区，我们来到这里的任务是与时来进犯、袭扰的国民党军打游击，发动群众，开展土改运动。

后来我们又从涞水跨过永定河和京张路，来到四海县一带，我在这里参加了《冀热察导报》的工作。报社迁到了怀柔县北湾村。我被分配到县委宣传部当干事，一直到 1949 年中华人民共和国成立。

当时的县委机关精兵简政，书记、县长各一位，再加上组织部部长、宣传部部长，就组成了全县的领导核心，下设一个秘书、两个干事以及文书、收发员、通讯员、炊事员，全部人马不过 10 人左右。当时四海县委书记是个叫黄代芳（即蹇先任）的女同志，是参加过南昌起义、参加过长征的老红军，精明能干，是贺龙元帅的妻子。剿匪反霸、土地改革、发展生产、支援前线、建立民兵和地方武装、与国民党军还乡团进行殊死搏斗……一桩桩、一件件事都是在她和县委领导下开展起来的。黄代芳虽然是女性，但是威信很高，又兼县大队的政委，军区司令都是她的学生。在四海县的日子里，我作为和黄政委以及县委同志们并肩战斗的一员，也参加了紧张危险的战斗，白天、夜晚和敌人在山上"捉迷藏"；有两次敌人的炮弹片把我穿的老羊皮袄和棉裤炸开了口子，幸好没有伤及皮肉。充满惊险的斗争生活激励我情不自禁地奋笔疾书。尽管夏日蚊虫叮咬、日晒雨淋，冬天顶风冒雪、挨冷受饿，白天啃几口凉白薯，晚上吃两个柴灰烧土豆，条件十分艰苦，行踪忽东忽西，但我仍然充满着革命的激情，自觉地抓紧一切机会采写：或在豆油灯下，或在山坡树旁，两条膝盖一并就是我写东西的桌子，就这样写着一篇篇报道……在艰苦的环境中，我经受了多方面的锻炼。后来在土改中黄代芳因为抵制"左"倾路线被撤职，我就来到了怀柔县。1948 年，我在怀柔县委驻地沙峪搞土改，工作开展得如火如荼的时候，我突然得了一种奇怪的重病，当地叫"热病"，头发全脱了，病情久久不见好转，好多天高烧不退，昏迷不醒，吃不下饭，身体极度虚弱。正在此时，国民党傅作义的部队，北平石觉的13 军从承德南北两个方向突袭我平北根据地，形势十分紧急。为了防止根据地失陷后我落入敌手，县委副书记兼宣传部部长朱峥同志安排沙峪村的四个民兵老乡抬着我朝箭扣长城下的旧水坑、西栅子一带转移。那天，我躺在担架上，迷迷糊糊之中，听到一个抬担架的老乡说："他看上去已经死了，咱也别费力气，就把他放在这算了。"说真的，在那个年代，死人是经常的事情，更不要说我得了这么长时间的重病，奄奄一息，何况当时还处在紧张的"跑路"情况中。不过，一同抬担架的另外几位老乡没同意，他们觉得我是土改工作的干部，还有口气，不能扔，坚持着把我抬到了西栅子村一位老太太家里。我在那住了大概有半个多月，一直昏迷不醒，在这个老太太的照顾下，才慢慢活下来了。回沙峪以后，我们宣传部部长带着我去拜访第六纵队政委胡耀邦，他一看我很瘦，就让医生给我开了药，彻底把我的病治好了。后来我去寻找那个老太太，得知她孤家寡人，无儿无女，已然去世。我一直特别感激她，特别感激怀柔。

中华人民共和国成立以后没多久，我被调到南口地委，担任南口地委宣传干事兼新华社南口支社副社长，在那里工作了半年多。后来《察哈尔日报》指名要调我过去工作，我就又回到张家口，在《察哈尔日报》干了两三年。随着察哈尔省的撤销，日报也不办了，报社人员都被分配到北京工作。我被分到文化部下属的一个正在筹建的新闻纪录片制片厂做编辑。1953 年 7 月 7 日，新影厂正式挂牌成立，成为新中国新闻纪录电影的生产基地。我因参加成立大会，成为新影厂的首批工作人员而倍感荣幸。

新影厂的工作，不仅是我工作的一次变动，也是我人生的又一次大转折。我被安排做纪录片编辑工作。做这项工作，除了对文字水平要求很高以外，还要善于根据当时国家的形势和政治、经济、文化、社会等各方面的工作需要，组织和策划选题。经过厂里生产部门批准选题后，再进行采访和脚本写作，之后投入拍摄。我接受的第一个任务就是到辽宁阜新露天煤矿采访，这个煤矿是新中国第一座大型露天煤矿。1953 年冬天，我和摄影师郑光泽等人到阜新煤矿采访，到影片拍成，用了三个多月。1954 年 4 月底完成编辑工作，于当年的五一国际劳动节在全国公映。紧接着，我又被派往宝成铁路工地采访，为的是完成一部真实记录十多万筑路大军在秦岭深处开山辟路、奋战宝成线的英雄壮举的纪录片。"蜀道之难，难于上青天"，在到达宝成铁路工地之前，李白的这句诗对我而言并没有什么直观的概念。可是，当1955 年 1 月，我来到以阳平关为中心、从川北广元至陕西略阳这段

140 多公里的路段工地时，才真正理解了李白诗句的传神。《宝成铁路在建设中》于 1955 年 4 月在全国公映后，反响非常热烈。全国的观众通过这部纪录片了解到正在建设中的宝成铁路工地的沸腾景象，从而激发了人们建设社会主义祖国的激情。

在我离开新影厂 37 年后，即 1992 年，我任《光明日报》总编辑时，曾拍板投资 15 万元，与新影厂合作，拍摄了一部反映改革开放的纪录片《历史的抉择》，获得了邓小平同志的赞扬，他说"我看很好嘛"，并指示在党的十四大期间给与会代表放映，受到一致好评。这也算是我离开新影厂之后，为纪录片电影所做的一点小小贡献吧。

1955 年 5 月，我离开了工作两年多的新影厂，被组织调到了《光明日报》。

从此我就在这家与共和国历史紧密相连、历经波澜的报社工作了 50 多个春秋，再也没有离开过，我一辈子的起落沉浮、悲欢离合都和这家报纸的命运联系在一起。

当时《光明日报》的总编辑是常芝青。他第一次找我谈话的情景我至今记忆犹新。那时的常芝青，看上去白白净净，宽宽的额头，精瘦的脸颊，挺拔的鼻梁上戴着一副深度近视眼镜，显得年富力强，沉稳睿智。虽然才四十出头，但已经有二十多年党龄，在党的新闻战线战斗了快二十年了。第一次见，我还是有些拘谨的。常芝青大概看出了我的窘态，他热情地说："欢迎你到《光明日报》来工作。我看过你的简历，你很年轻，但参加革命时间已经不短，当过小八路，参加过根据地的战斗，上过大学，当过县委通讯干事，办过省级报纸，还当过新闻纪录片的编导，你的经历很丰富哇，称得上是年轻的革命知识分子，《光明日报》需要你这样的干部。"没想到常芝青对我的情况如此了解，他的话让我感到很温暖，原来的不安和拘谨顿时烟消云散。那时《光明日报》的党员很少，我已经是老党员，又是从解放区来的，比较受重视，所以，在文艺部当编辑没多久，我便被任命为文艺部副主任兼编辑部党支部书记。

1956 年夏天，我提出先到当时农村合作化运动搞得好的山东沂蒙山区去采访，领导很快就批准了。于是，我踏上了这片当年陈粟大军"南征北战"的红色土地。老区的巨大变化、人民群众对新生活的向往和喜气洋洋的精神面貌，让我深受感染和启发，我深入采访、观察，干部、农民、共青团员、学生、记账员、小业主和妇女、儿童都是我的采访对象。经过对采访素材的筛选、提炼，我一口气写了四篇散记体的文章，起了一个题目叫《沂蒙山区行》，于1956年10月下旬开始在《光明日报》连载。这年9月，也就是一个月前，中共八大刚刚在北京闭幕，全国人民意气风发、斗志昂扬投身社会主义革命和建设，我这组反映沂蒙山区新面貌、新气象的通讯在读者中引起了热烈反响和评价。

磨炼中的劳动本心

1958年初，我被下放到江苏六合县劳动改造。到村子里后，我就和社员一起挖泥塘、插秧、车水，干得很卖力。特别是车水，当地民谣说"宁在阴间做鬼，不在阳间车水"，可见这个活多么艰苦！但我很快得到了农民朋友的认可，说我表现好，还选我为六合县竹镇乡人大代表。在文化部下放的一百多个干部中，我是唯一一个当上乡人大代表的。

1963年底，我因小说《刘志丹》事件被无端戴上了"反党分子"的帽子并参加"四清"工作队，去农村接受监督改造，"戴罪立功"。我参加"四清"工作队，到了河北香河县郎庄大队搞"四清"，白天劳动，晚上开会，我都很卖力气，从不落后。说实话，我也不是故意表现，更不是认为自己真的有什么"罪"需要功来补，而是劳动人民的本性使然。我想，让我当个农民，我也要当个好农民。后来，乡亲们就夸我："这个工作队里老张表现最好。"听到老乡们的反映，也知道我是报社的"笔杆子"，县委书记就把我弄到"四清"工作团香河县分团当秘书，让我专门给他起草讲话稿和工作报告。后来，他拿着这个讲稿在全县司局级干部大会上做报告，很受欢迎。当时，报社国际部的两位老编辑经常到县里分团我的办公处聊天，了解到我为县委书记写讲稿的事，当他们向"四清"工作队员告以真相时，大家都不禁哈哈大笑。

难忘的"办报小组"时光

在"文革"时期我首当其冲，因为我是《光明日报》的文艺部主任，文艺部办了一个《东风副刊》，经常登邓拓、吴晗这些人的文章。这时候《光明日报》的负责人穆欣由于开罪江青被从"中央文革小组"赶了出来，投入了监狱。《光明日报》没人管了，大家就推举我当"办报小组"的组长。

"办报小组"虽然人手不多，但大家团结协作、互相配合，工作效率很高。尤其是办公室同志和夜班编辑同志，人少事杂，异常辛苦。每天补助二两粮票，两角五分钱夜餐费，但只要在办报，大家都安之若素，毫无怨言。夜班晚八时上班，第二天凌晨四五点下班，几乎天天如此。夜班宿舍设在六楼，刚刚躺下，白班上班了，人声嘈杂，根本无法睡。全社人员还要敲锣打鼓上街游行，夜班同志照样也得睡眼蒙眬地爬起来上街游行。为了锻炼体力以适应工作需要，夜班编辑下班后便结伴去游泳，陶然亭、龙潭湖、什刹海、玉渊潭……北京的天然水域几乎游了个遍。那时公园不要门票，骑上自行车自由进出，优哉游哉，会暂时忘了一夜的疲劳。这样由夏天游到秋天，又游到冬天，顺其自然，自得其乐。我和宋良赞、罗盛美等人竟渐渐游成了北京市冬泳俱乐部成员，一直游到"四人帮"垮台。

除去游泳，大家还就地取材，在夜班室水泥地上练习俯卧撑，在两把木椅子上练双杠，或在长沙发上打个盹……五年时光，不长也不算短，同志们就这样一天一天地走了过来。由此可见，人对环境的适应有多么大的潜力呀！

当时，夜班编辑除了编审稿件、制作标题、谋划版面以外，还有一项特殊任务，就是"对版面"，与《人民日报》对版面，核对重要消息和照片如何安排。版面一日数变，每次都要重新核对，直至新华社关机不再发稿才算完事。接下来，又要接听各省市报纸同行们"对版面"的电话……第二天打开报纸，全国报纸一个面孔，像一个模子刻出来的一般。那时候的报纸实在太简单，只有四个版，字号很大，一个版也发不了几篇稿子。这些还都比较好办，当时最大的风险就是不能在一版刊登毛泽东照片位置的背面，即二版的同样位置出现贬义的字眼。为此，报社夜班专门设置了一个岗位，等报纸大样打印出来后，由这位编辑负责将大样对着灯光，以透视的方式细细察看毛泽东照片的背面位置有没有贬义的字眼。此外，还有一个禁忌，就是凡是涉及"毛主席""毛泽东思想""伟大领袖毛主席"等，统统不准折行，必须连在一起。报纸能够在这样艰难条件下顺利出报，与印刷厂工人的热情支持、参与也是分不开的。排字工人为解决这个问题，把这些常用字用铅水浇铸到一起，这样就无法折行了。如今看来，难以想象，却是那个特殊年代的现实。

就这样，我在《光明日报》"办报小组"夜班岗位上小心翼翼、战战兢兢地工作了四五年，直到1973年9月莫艾来报社上任，组建《光明日报》临时革命领导小组时，存在了五年的《光明日报》"办报小组"的使命才宣告结束。在这段难忘的岁月里，我小心谨慎，总算没惹大的麻烦。这与周总理对《光明日报》的亲切关怀，和我正确地理解并执行他对《光明日报》的许多重要指示有很大关系。当时总理非常关心《光明日报》，不断指示《光明日报》登文章，我们有事就请示总理，他会亲自批示。总理为国家操劳，又跟"四人帮"斗争，还特别关心《光明日报》，令人非常感动。

"破冰之旅"的缘起

20世纪70年代初期，国际政治形势出现深刻变化，发生了一系列重大国际历史事件，其中1972年2月时任美国总统尼克松首次访问中国，成为当时世界上最引人瞩目的头条新闻。

1972 年 10 月 7 日，周恩来在人民大会堂东大厅会见美国新闻代表团，作为《光明日报》编辑部负责人，我也参加了这次会见。会见中，应美国客人的请求，周恩来畅谈了中国国内形势和对重大国际问题的看法，阐述了中国的对外政策特别是对美政策。在会谈快结束时，周恩来向美方代表团团长默里表示，为促进中美两国人民之间和两国新闻工作者之间的友谊不断发展，希望中美两国新闻工作者加强联系，以后可以经常进行互访。

会见结束送走客人后，周恩来让陪同会见的新华社社长朱穆之、《人民日报》负责人鲁瑛，以及包括我在内的有关人员留下来，他语重心长地对我们说，中美关系改善之后，世界的战略格局也将随之发生重大而深刻的变化，你们要了解、熟悉世界，特别要了解世界，主要是西方世界的变化。由于中美之间长达 20 多年的隔绝，我们对美国和美国社会的情况是不了解的，甚至可以说是很陌生的。这次美国新闻代表团访问了中国，我们也要组织中国新闻代表团回访，这对我们了解和掌握美国的情况、增进两国和两国人民的交往，是一个很好的机会。短短的一席话，让我们看到了周恩来宽广的胸怀和宏大的国际视野，他总是善于从战略和全局上考虑问题，高屋建瓴、深谋远虑。根据周恩来的指示精神，回来之后，我们便在朱穆之的牵头负责下，紧锣密鼓地开始组团访美的准备工作。

1973 年 5 月至 7 月，在周恩来的亲自关心和指导下，我随中国新闻代表团完成了首次访美的划时代"破冰之旅"。因为是在毛主席的授意下，周总理亲自决策和指挥的，主管意识形态工作的姚文元奈何不得，但他对这件事的态度始终不冷不热。我作为记者，访问回国后，为《光明日报》总共写了 5 篇访美、访加见闻和散记，一下子就被他"枪毙"了 3 篇。至于其他访问成果，也石沉大海。我们这次本来应该是轰轰烈烈配合国家外交工作大局、大做改善中美关系文章的访问活动，却因此变得冷冷清清、"鲜为人知"，使得我们的访问成果在国内宣传和促进外交工作方面大打折扣。

《实践是检验真理的唯一标准》背后的故事

1977 年 5 月中旬，《光明日报》哲学专刊组组长王强华到南京参加一个以"政治与经济、革命与生产关系"为主题的理论研讨会。在研讨会上，南京大学哲学系副主任、中年教师胡福明的发言给王强华留下了很深的印象。当时"文化大革命"刚刚结束，国内从事哲学教学研究的人不是很多，所以胡福明敏锐的思维和见解，以及扎实的理论功底让王强华很是欣赏，由于本身就带着约稿任务而来，于是他便请胡福明以坚持马克思主义辩证唯物论基本原理、倡导拨乱反正为主题写一篇理论文章。

经过反复研究思考，胡福明确定以"实践是检验真理的标准"为基本论点来写。几乎在《哲学和宗教》一文发表的同时，1978 年 4 月初，经过胡福明和《光明日报》理论部反复修改，《实践是检验真理的标准》一文被拼上了《光明日报》哲学专刊第 77 期大样，按照工作流程，这个专刊经由社领导审定后将于 4 月 11 日见报。可是，当大样被送到新任总编辑杨西光的案头时，这位上任才一个多月的总编细细审看了这篇文章，认为该文"提出的问题很重要，放在哲学版可惜了，要放到第一版，作为重要文章发表，能发挥更大的作用"，但同时，杨西光也感到胡福明的文章偏重于学术范畴，为了使文章更加紧密联系实际，论述更加严谨，特别是进一步"减少学术性、强化政治性"，他跟王强华谈了自己的看法，建议作者按照他的意见修改该文。

4 月中旬，胡福明到北京朝阳区党校参加全国部分高校政治理论课教师研讨会。会后，他根据杨西光提出的建议对文章进行修改。其间，杨西光几次将胡福明和《光明日报》理论部主任马沛文、哲学专刊组组长王强华召集到一起，研究修改方案，杨西光的秘书陶铠、李准等人也都参加了修改。与此同时，杨西光获悉，中央党校哲学教研室理论组组长孙长江也在酝酿同样主题的文章，为了提高稿件质量，博采众长，杨西光决定邀请孙长江参加修改。之后经过杨西光等人反复修改的文章，交给了中央党校哲学教研室主任兼理论研究室主任吴江，请他转送给胡耀邦审看。

吴江看了稿后认为，胡福明"写得还是有勇气的，但学术气较重，理论和逻辑性也显不足"。他嘱咐孙长江继续修改，孙长江又对稿件做了较大幅度的修改，汲取了他们已经成型的同主题文章中的部分内容。在签发付印稿上，吴江又修改、补充了三十多处，他主要是找了毛泽东说的一些话加了进去，使文章内容更加丰富了，逻辑性更强了，也更有说服力了。事后统计，经吴江改过的稿子，增加文字23处，删改6处，调整文字结构5处。4月27日，吴江签发定稿，他认为"胡福明原稿拟刊发在《光明日报》哲学专刊，主要还是在理论学术层面，而经党校理论研究室修改合成的稿子，已经升华到政治高度"。吴江责成《理论动态》组组长孟凡先行排印15份清样，送上级审阅。最后定稿，孙长江和吴江起了很大作用，他们的增删使文章更具有战斗力和说服力。

我当时是总编室主任，主要负责安排版面。按照预定计划，《理论动态》发表后的第二天，也就是1978年5月11日《光明日报》要全文刊发，而且要发在头版头条位置，但当天晚上上夜班时，看到新华社发了白天中共中央主席、国务院总理华国锋出席重要活动的新闻，必须上头条，只好把《实践是检验真理的唯一标准》一文放在一版的下面，用了半个版。又过了一天，即5月12日，《人民日报》《解放军报》全文转载了该文，新华社也发了通稿。

拍板转载《东方风来满眼春》

我是1989年7月，由中共中央任命为《光明日报》总编辑的。当时政治风波刚刚过去，然而余波未息，国际、国内形势错综复杂，各种错误甚至反动言论甚嚣尘上，浊浪排空，大有"山雨欲来风满楼"之势。而处在风口浪尖上的《光明日报》更是内部思想混乱，外部各种势力都想在此表演一番。此时担任报社的一把手，可谓困难重重。有的老朋友甚至劝我找借口推掉算了，以保平安。而我并没有听从这些"好心"的规劝，还是义无反顾地走马上任了。因为在党和国家危难之际，见困难就退却，而不是迎难而上，这不是一个20世纪40年代就入党的老共产党员应有的态度。特别是在当时那种极其特殊的时期，如果从个人利益考虑打退堂鼓，这是违背入党初衷和辜负党组织多年的培养教育的。什么叫"为党分忧"，平时话好说，态度好表，但一到了关键时候，这句话就不那么简单了，这才是真正考验一个共产党员党性强不强的时候。我就是以这样的心态，去迎接新的斗争考验的。

1992年1月，88岁的邓小平又一次来到中国改革开放的前沿深圳、珠海。他结合中国改革开放的伟大实践，特别是实行经济特区政策的成功经验，以伟大的政治家、战略家的气魄和深邃的历史视野，就中国改革开放的一系列重大理论和实践问题，发表了著名的南方谈话。

那年春节刚过，我就从不同渠道听到邓小平南方谈话的一些内容，虽然还没有看到正式的文件，但听到这些讲话要点，我的心情很振奋，也充满期待，心想在南方谈话精神的指引下，中国的改革发展必将迎来新的更大的浪潮。

3月28日早晨，我来到办公室，习惯性地浏览摆放在桌上的一摞当天送来的新报纸。当看到3月26日的《深圳特区报》头版时，《东方风来满眼春——邓小平同志在深圳纪实》（以下简称《东方风来满眼春》）的醒目大标题映入我的眼帘，我一口气读完了这篇一万多字的长篇通讯，非常激动，又细看了一遍。首先我觉得这篇通讯写得很全面、很深刻，不仅文笔酣畅、清新大气，有很强的可读性，更重要的是传递了一个强烈的信号，就是向全社会公开了邓小平南方谈话的主要精神，生动记录了邓小平在深圳的活动情况，栩栩如生地反映了他的音容笑貌。我认为要让更多的读者看到这篇文章，要在更大范围传播南方谈话精神，当即决定《光明日报》转载这篇文章。现在回想起来，当时拍板的动机非常简单，就是觉得党报宣传邓小平的最新讲话精神是天经地义、顺理成章的事，所以很快就定了，之后就告诉总编室去落实。

总编室编辑与《光明日报》驻深圳记者站站长易运文联系，请他去了解一下这篇通讯发表的背景情况，《深圳特区报》的同志答复说，没有听说此文是中央或北京方面授意写的，但发表是经过省市领导同意的。在听了反馈的情况后，我召集编委会成员又专门讨论了一下，大家都认为转载没有问题，符合中央对南方谈话的态度，一致同意转载。

28日当天，易运文从《深圳特区报》拿到了《东方风来满眼春》的报样，并传真到了报社。如果按照正常的时间表，文章29日就能见报，但时任报社总编室副主任的何东平看了传真报样后，认为传来的照片清晰度不够，他对我说："照片效果不大好。要登，就大大方方漂漂亮亮地登，不必为赶时间而影响效果。"我同意他的意见，于是，通知易运文再次去《深圳特区报》选照片，共选了两张，一张是邓小平的大幅半身照，一张是邓小平视察的全景图。正好有深圳同行要来北京出差，便托这位同志乘坐29日的航班将照片带到了报社。

3月30日，《光明日报》在头版头条全文转载了《东方风来满眼春》一文。报纸版面处理得很有气势，标题字很厚重、大气。版面一共八栏，此文就占了五栏。照片也放得很大，邓小平与特区干部群众在一起的神采跃然纸上。特别是对标题做了美化，用图画做了装饰，这在当时是很少见的，可见夜班编辑在处理这篇报道时的别具匠心。

后来有人告诉我，邓小平同志的办公桌上每天会按时摆放3份报纸：《人民日报》、《解放军报》和《光明日报》。3月30日早上，邓小平在浏览报纸时，刚好看见当天《光明日报》转载的《东方风来满眼春》一文，阅读后他非常高兴，当即叫来秘书，通知新华社马上发通稿。

当晚，新华社全文转发长篇通讯《东方风来满眼春》，中央人民广播电台也全文播发。3月31日，全国几乎所有报纸都在头版刊发了这篇长篇通讯。我认为，这是我在担任《光明日报》总编辑期间做得非常正确的一件事。

犹忆联大时，信念伴终生

我担任总编辑的这段日子，是中国改革开放的又一个春天。既然是春天，就会有明媚的阳光，也会有春寒料峭；既有和煦的春风，也会有连绵的阴雨。但无论什么样的天气，我都会气定神安，坦然应对，坚定地按照党性原则来办，坚定地按照邓小平的讲话精神来办，坚定地按照中央的指示和决策来办，毫不动摇地为改革开放摇旗呐喊，使《光明日报》始终保持正确的政治方向和舆论导向。

弹指一挥间，几十年过去了。回首往事，我感慨万千。作为一个老新闻工作者，曾经为党和人民做了自己应该做的一点工作，受到党组织的好评，而没有给党和人民带来负面影响，这使我感到很自豪、很欣慰。这也跟学校，特别是华北联大的培养有关系。在华北联大学习的两段时间对我来说非常重要，我非常怀念。

我始终相信群众，相信党；依靠群众，依靠党。只要做到这两条，就什么困难都能克服。

张常海自述，本次采访时间为 2019 年 4 月 26 日，由中国人民大学校友工作办公室负责采访、录音整理，根据书籍《往事如烟忆沧桑》完成资料整理及文字编辑。

采写 / 李宣谊　许文心

朱　训

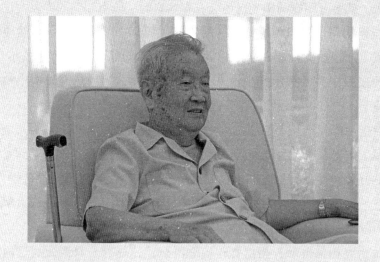

| 人物简介 |

　　朱训，1930 年出生于江苏阜宁。1946 年加入中国共产党。俄罗斯自然科学院荣誉院士、国际矿产资源科学院院士、国际欧亚科学院院士。原中国地质大学校长、河南理工大学名誉校长。1950—1952 年就读于中国人民大学工厂管理系。1952—1957 年先后就读于诺沃切尔卡斯克工业大学、苏联第涅伯罗彼得罗夫斯克矿业学院地质勘探系。毕业后分配到江西省地质局赣东北地质大队工作。1982 年任地质矿产部副部长、党组副书记、政治部主任。1985 年任地质矿产部部长、党组书记兼全国矿产储量委员会主任。1994 年调任全国政协第八届全国委员会秘书长、机关党组书记。中国共产党第十二届中央候补委员、中央委员，第十三、十四届中央委员。1992 年秋，被扎伊尔（今刚果（金））总统蒙博托授予国家豹子勋章，1999 年 12 月被俄罗斯总统叶利钦授予"友谊勋章"，2002 年被乌克兰总统库奇马授予国家勋章。

风风雨雨，一晃就是 70 年了，70 年前新中国的成立对我来说梦幻般地改变了我的人生轨迹。没有新中国我不可能到人民大学，不能到人民大学就不能到苏联学习，不能到苏联学习后来就不能从事地质工作，所以没有新中国成立，没有共产党的培养，就没有我的今天。

少年时光　引上光明路

我兄弟姐妹七个，六个共产党员，五个大学生，都是国家培养的，我排行第四。我哥哥参加革命比较早，1940 年抗日根据地建立，新四军来了，建立了地下党的组织，他很快就加入了共产党，他入了党以后就把我们引上了这条光明大道。在我十一二岁时，每年夏天他利用假期时间教书当教员，也利用假期回家给我讲革命道理，讲共产党为什么好、讲怎样为人民服务。那个时候我当了两年的抗日儿童团团长，除了上学，课余就帮助家里做一些农务，放牛、割草、拾粪作肥料。1940 年新四军来之前，土匪横行，老百姓晚上不敢外出，把门关得紧紧的，不时听到有土匪抢劫的枪声。新四军来了以后，一年就把土匪肃清了，做到夜不闭户。事实就是这样，共产党就是好，新四军就是好。1941 年，在刘少奇同志的倡议下，我的家乡建起了第一所中学——盐城阜宁联立中学，哥哥就动员我去考。

1942 年，我开始在盐阜联中初中部读书，并且参加了徐以达老师领导的化工研究小组。当时的苏北抗日根据地被敌人封锁，即使是国民党统治地区的商品也进不来，可根据地的老百姓和军队都需要用肥皂。为了解决这一问题，徐以达老师开始带着同学们做生产肥皂的实验。从 1942 年到 1944 年，经过二三百次的实验，终于成功了。至 1944 年，肥皂生产已初具规模，并基本解决了根据地军民对肥皂的需要。1945 年初，抗战即将胜利，为了培养抗战胜利后国家建设所需的各种专业人才，盐阜联中被改建成了苏北工业专科学校，我随之被分到了化工科。在解放战争整个阶段中，我就在这个工专学校的附属化工厂工作，任技师车间主任，负责肥皂的制造，稍后又开始制造牙粉和酒精，供苏北解放区军民使用。1949年新中国成立后，化工厂从农村搬到了淮阴，也就是今天的江苏淮安。我在这个工厂的工作从普通的车间技术员，到车间主任，再到后来的工厂团支部书记、党支部副书记，后来还代理书记职务，在这期间我还立过一等功。去人民大学之前我是一直生长、生活、工作、学习在江苏北部沿海地区的农村人。

人大岁月　不负韶华

　　1950年人民大学建立，当年人大的招生组到全国各个地区招生，到华东地区招生的是黄达老师。人大的招生要求条件是高中文化、年轻干部、劳动模范，这几个条件我都具备，所以当时的工厂党组织就推荐我到南京去报考人民大学。很幸运考上了，所以我就成了1950年第一批入学的学员之一，当年还不满20岁。

　　2月我到了北京，去人民大学报到。因为我是工厂的劳动模范，所以就报了工厂管理系。当年工厂管理系分很多不同类型的班，按专业我又进了冶金班。人民大学的生活是全新的，铁狮子胡同对于我来说也是值得铭记的。我记得自己刚到北京时，学校还在筹备阶段，真正开学是在10月份。开学典礼就在铁狮子胡同的大操场。出席开学典礼时，刘少奇同志身穿灰军装，步子很快，紧跟在他身后的就是朱德总司令，走得稍微慢一点。领导鼓励我们："新中国成立了，需要高级管理人才，所以中央决定办一所大学，把你们从四面八方调来，你们要好好学习，不要辜负党的期望，不要辜负人民的期望。"

　　我在人民大学读书期间，结交了很多良师益友。当时我们的校长是吴玉章，教我们的老师都是一些非常有名有学问的人，有的讲企业，有的讲哲学，有的讲社会发展史，有的讲新民主主义革命史。当时，我们向苏联学习，学校还有苏联专家给我们讲工厂管理、企业组织与计划等方面的课程。在人民大学学习到很多东西，最主要的收获是辩证唯物主义、历史唯物主义。戴卓老师讲的马克思主义理论课，我印象非常深刻，这个对我后来的人生观、世界观，观察问题、处理问题的方法有很大的帮助。我后来一系列的研究成果都与当年在人民大学戴老师给我们讲的马克思主义课程有关系，这些课为我的研究打下了好的基础。

在人民大学两年半的时间，留下很多深刻的印象。当年我们是过半军事化生活，哨子一吹起床，哨子一吹开饭，哨子一吹熄灯、睡觉。当时我们的宿舍房间很大，双层铺。由于都是集体行动，所以这两年半的时间对我们的组织性、纪律性的养成有很大的帮助。同学之间的感情都非常深，大家来自四面八方，有人民军队的团长、县长、劳动模范等，大家在一起相处得非常融洽，同学们就像兄弟姐妹，几十个人从未吵过架，校园里也不会有打架斗殴的事情。老师们对待同学也是非常好的，不仅关心大家的学习，还很关心生活上的情况。那时真是一派欣欣向荣的景象。

由于大家的学业基础都不很牢固，面对数理化基础课程、政治课和俄语课等课程，大家的学习都很紧张。为了学好功课，大家白天听课，晚上自修。在学习书本知识的同时，学校还很重视与实际相结合，大家还会到工厂去实习。我所在的冶金班的实习地点是石景山钢铁厂，即后来的首钢，我们去参加劳动，去看钢铁是怎么炼成的。

在人民大学的业余活动中我还学会了跳舞，每个周六或周日晚上就在校舍门口跳舞。当时人民大学的同学成分是多样的，有一批干部，还有大量的年轻学生。我们是从农村来的，思想比较守旧，但还有好多人是从城市来的，比较开放，所以他们就喜欢跳舞。我们被叫老古板、封建保守。最开始我们也看不惯，觉得跳舞不像话，男的女的搂在一起。但每一个星期都有，都放音乐跳舞，怎么办呢？后来我就说咱们去看看热闹，从开始看不惯，到后来旁边站，再站了一段时间之后说咱们试一试吧，然后就试试看，结果学会了以后就拼命地转。学跳舞有四个阶段：看不惯、旁边站、试试看、拼命转。当时我们同学里有一个年龄大的县长，40多岁了，后来也学会了跳舞，我们这些农村来的思想保守的都学会了跳舞。那时候的生活也是比较丰富多彩的。

选派留学　结缘地质

　　根据当时的情况，按照规定本科是三年，我是 1950 年、1951 年、1952 年在人民大学念的书，快毕业了又派我到苏联去留学。由于当年学习成绩比较好，评了优秀生，当人民大学校团委的委员，1952 年 3 月、4 月，学校通知我到北京俄语专科学校留苏预备班学习。当年从人大选派了八个同学，我是其中之一，4 月份到留苏预备班学习，进一步审核考查合格后，9 月份去苏联留学。

　　这一次出国学习的经历，又一次改变了我的人生轨迹。在去苏联的前一晚，刘少奇同志把出国的几百个同学叫到了中南海怀仁堂，给同学们做了两个小时的谈话。按照学校的要求，我和苏红同学负责在主席台上做记录。在这两个小时的谈话里，刘少奇同志鼓励大家好好学习，跟苏联人民友好相处。刘少奇同志以"有理无理三扁担"要求大家，如果跟苏联同志发生纠纷，不管有理没理，都要打你们三扁担。他告诉我们，出国一年的学习费用可以抵得过几百个农民一年的收成，所以一定要好好学，要争取拿 5 分（满分）。刘少奇同志提到了新中国建设对人才的需要：石景山钢铁厂要炼钢，必定需要煤矿和铁矿，要找煤矿和铁矿，就需要有人做地质工作。刘少奇同志还说，有一个机械厂的厂房没盖完就塌了，就是因为事前没有做工程地质工作。刘少奇同志还讲，苏联社会主义虽然好，但是你们要有思想准备，并不是完美无缺的，不要看到一些醉汉、小偷或者不好的现象就看不惯，就说苏联不好，社会主义不好，否定社会主义制度，不能这么看，要全面地看问题。

　　到了苏联以后，学习了五年。本来派我去的时候组织上给我说的是去学计划经济，因为我是工厂管理系。1952 年 9 月，我们从北京出发，坐火车坐了 12 个日夜到了莫斯科，一下车正忙着从火车上搬行李，就看见一个人拿了一个纸牌呼叫"谁是朱训，谁是朱训啊"，我闻声就跑了过去，向来人询问发生了何事。那人告诉我："我是中国驻苏联大使馆的工作人员，我们接到国内的通知，你不要学经济了，改学地质。"就这样，我被送进了地质大门。

在当时，苏联的高等教育比中国要发达得多、普及得多，但是跟人民大学一样都很注重理论联系实际。苏联的大学从一年级开始就组织学生边上课边做专题研究，学生可以自由选择专业课题研究小组。于是每周总有两三个小时，在没课的下午，同学们就在专门教师的指导下开展研究活动，培养研究能力和思考能力。除此之外，大家还要参加生产实习，到工厂、地质队去。学习地质的我们去过野外观察，去过煤矿，去过高加索的钨钼矿，还到过阿尔泰。在苏联的生活就这样在紧张的学习和苏联人民的关心下度过了。起初在南俄理工大学（诺沃切尔卡斯克工业大学）学习，后来因为南部地区闹灾荒，在大学三年级的时候转到了乌克兰国立矿业大学（第涅伯彼得罗夫斯克矿业学院）继续学习，并最终在乌克兰国立矿业大学完成了学业，获得了"优秀生"的毕业证书和工程师称号。

在苏联学习了五年，收获是很多的，应该说专业知识方面打下了基础，马列主义学习提升了理论水平，也对苏联的社会有了进一步了解。当年我出国之前想苏联是社会主义国家老大哥，社会主义是天堂，是非常美好的，通过五年的亲身体验发现，苏联社会主义建设的确取得很大的成就，他们的社会很好。当年苏联的社会水平、经济状况比我们好多了，但是我们学习期间在街道、在公园、在其他场所也遇到过小偷，所以这个社会并不是完美无缺的。

负重前行　为祖国找矿

1957 年毕业后回到国内，地质部的领导找我谈了话，说把你分到江西去工作，他说江西省地质局的总工程师到北京来了，专门请你去江西。我二话没说就去了江西省地质局赣东北地质大队，开始了自己为祖国找矿的职业生涯。

当时在江西发现了一种与镍矿、铬铁矿有关的岩石，江西地质局的领导听说有一个姓朱的留苏学生在苏联乌拉尔地区的镍矿、铬矿矿区实习过，所以向地质部申请，希望此人回来以后能把他分到江西。然而我自己是摸不着头脑，因为我并未在乌拉尔地区的镍矿、铬矿矿区实习过。直到后来我才知道，原来有另外一个留苏学生也姓朱，而他在乌拉尔地区的镍矿、铬矿矿区实习过。因为这一张冠李戴的巧合使我到了江西，既然定了我就去，没有干过那就边学边干。江西这边也通过地质部申请把我爱人从云南调到江西，使我们团聚了。我到江西干了25年，从技术员、工程师、地质队的队长到地质局的副工程师、副局长，一直到1982年调到地矿部当副部长，1985年当部长。

在江西待了25年，在地矿部12年多。因为我是学地质的，从学地质这个角度来说，感到有点成就的那就是找矿产资源。我参与和主持编制了江西上饶地区地质矿产图件，成功组织了德兴铜矿和东乡铜矿等几个大铜矿的地质勘探。江西有五大铜矿，是铜矿的"五朵金花"，其中最大的一个德兴铜矿我组织过勘探。德兴铜矿50年代就发现了，囿于当时的技术条件没办法开采。70年代与国际交流，发现有新的技术可以开采这个铜矿了，所以国家就决定重新进行勘探，当时我是江西省地质局的副总工程师，就派我去。1975—1978年政治气氛非常不好，但是我们顶着这个风浪接着干，结果这个铜矿资源量增加了，相当于又新增了四个大铜矿，使这个铜矿从国内的大铜矿变成世界级的大铜矿，这是我这一生中最骄傲的一个事情。

我在地矿部任职期间，首要工作是实施"探宝计划"，其中重要的是开展以"四新"（新地区、新领域、新类型、新深度）为目标的全国新一轮油气普查和全国第二轮固体矿产普查，以及实施全国金矿勘查工程。通过两轮矿产勘查，在全国新发现大中型矿产地1 000多处，为中国矿业的发展和国家建设提供了充裕的矿物原料基地。

其中有两件事比较重要。一个是通过我们的勘探，在新疆的塔里木盆地发现了油气田，在上海东海盆地发现了油气田。1984年在塔里木盆地发现油气田之后，地矿部调集了很大的力量去那里会战，石油部也调集了队伍参加找油工作，后来又发现了一批油气田、天然气田。新疆塔里木盆地油气的发现为后来"西气东输"建设工程提供了资源支持，这是我在地矿部的一个大事情。另一件事是找金矿。黄金是很重要的一个宝贝，是国家实力的一个象征。1949 年新中国成立后，黄金生产有了发展，但到 1985 年只实现了年产 39 吨黄金。当时国务院领导很着急，找我去研究办法，后来国务院领导就采纳了建议，成立一个全国金矿地质工作领导小组，并决策我是组长，冶金部的副部长当副组长。领导嘱咐我们：一定要在"九五"计划期间找到能够年产 100 吨黄金的金矿资源。要实现 100 吨，这是很大的一个任务，后来我们地矿以及煤炭、冶金、有色、建材、化工等各个部都抽调一部分人来搞金矿，改革搞储量承包，给奖励措施。到 1995 年，我们提前完成了计划，当年国家生产黄金就达到 115 吨。这两件是我找矿生涯中感到非常骄傲的事情。

实施"减灾计划"是我任期内又一重点工作。中国是具有多种类型地质灾害和地质灾害多发的国家，针对这种情况，地矿部从战略上推进地质工作从资源型向资源环境型转变，把环境地质与矿产地质工作放在同等重要的位置来抓，制定了十年减灾计划，建立了环境地质监测网络，完善了环境地质工作管理机构，从而将环境地质工作推向一个新的发展阶段。

陈云同志有一句名言，"学好哲学终身受用"，这是绝对的真理，我亲身感受到哲学对我的影响是很大的。这 70 年来，除了地质找矿这些工作以外，我在哲学研究方面出了一系列的成果，把马克思主义哲学和矿产勘探学结合起来形成了新的找矿哲学，出版了一本书叫《找矿哲学概论》。1991 年，我用马克思主义哲学总结矿产勘探经验，发现矿产勘察工作是一个阶段一个阶段地走，一个阶段工作一个台阶地向前进。这不同于马克思主义典型学术所说的螺旋式上升，也不同于波浪式前进，于是我们便起了一个名字叫"阶梯式发展"，写了一些文章。当年《找矿哲学概论》出版之后，很多领导都给予了很高的评价，认为我是把马克思主义和实际工作结合起来，应用起来指导工作，建议所有从事实际工作的人都要学习运用马克思主义指导实践。

回顾这 70 年，不知道是不是干得很好，但可以满意地说我没有辜负党和人民的培养，在每一个岗位都尽到自己应尽的责任。我这些年的成就是与当年在人民大学学习辩证唯物主义、历史唯物主义分不开的，有事业上的成就，也有研究上的成就，先后出版了《找矿哲学概论》《就矿找矿论》《阶梯式发展论》，这都离不开人民大学的培养，所以我对人民大学有深刻的感恩之情。为了回报人民大学的培养，前几年我和另外一个校友常鹏一起给学校捐了个"训勉鹏程校友互助基金"。希望人民大学今后在发展当中，能够办得更好，更上一层楼，为我们国家建设培养更多的人才，特别是用马克思主义武装起来的人才。

朱训自述，本次采访时间为 2019 年 7 月 18 日，由中国人民大学校友工作办公室负责采访、录音整理及文字编辑。

采写 / 李宣谊　杨秋明

温 强

| 人物简介 |

　　温强，1938年生，天津人。1956—1960年就读于中国人民大学档案系档案学专业。1961年分配至广西档案局，1970年调至农业部门，1984年调任广西档案局副局长，1992年升任局长。

我与人大的羁绊

我是天津人，是天津市第七中学的高中毕业生。我读书比较早，6岁读书，18岁高中毕业。我上大学那一年是中国人民大学第一次招中学生。当时我不想考人大，但是，人民大学提前单独招生，既然有这个机会，我就报名了。其实我对档案并不是太了解，但历史档案系的档案专业有"历史"两个字，我从小比较喜欢历史，所以我就报考了。

其实我考大学的时候，高中还没有完全毕业。我也没怎么很好准备，因为历史这东西都是相通的。考的科目有政治、历史、语文，数学好像没有，因为是文科嘛。我们都提前考试，提前发榜，提前在《天津日报》登出来。据说当时考上也不容易，大概十几个人取一个人。

我父亲是一个小学校长、中学语文教师，我哥哥读的是北京师范大学历史系。我哥哥叫温刚，我叫温强，刚强嘛，我们是一头一尾，但我们相差22岁。我本来想到南开大学读历史系的，但是这个档案系既然考上了，家里包括我父亲都很高兴，因为我哥哥是大学生，父亲就希望我也能上大学。就这样，我从天津到了北京。

铁狮子胡同里的时光

我是1956年读的大学，当时进校的时候人大还在铁狮子胡同里，铁1号，专业大概有马列主义研究班、新闻系、档案系这几个。我很怀念那个地方，留了不少照片，后来的日子里也经常梦见。后来我虽然经常去北京开会，却没有机会再去。

我上大学时赶上了困难时期，吃饭都是定量，不过问题不是很大。我们当时吃的是食堂，有大食堂，还有中食堂。冬天大家就在食堂门前泼上水之后溜冰。人大的同学里名人很多，新闻系有好多有名的人物，档案系不多，像高玉宝夫妇，和我们在一个食堂吃饭，高玉宝天天穿着一身军装，扎个皮带，蛮精神的，他后来成了一个作家，人很好。

还有一个党史系在的地方叫海运仓，那边有一个可以跑步的运动场，我们开运动会的时候就在那儿。党史系后来也搬到西郊去了，但是我们一直在那儿开运动会。那是段祺瑞执政府的地方，是一片老房子，都是二层楼。里面很好，也有很多趣味，有很多树，乌鸦也特别多，所以我们曾经给学校提意见要赶乌鸦。还有个钟楼，我在学校刚一开始早晨绕着它跑圈。有时候办舞会也在海运仓，他们有些调干生会跳舞，但我不会。开会也在那儿，一般大会都在外面院子里。

我印象比较深刻的是每年我们都集中听一次校长的报告，当时的校长是吴玉章先生，他亲自在城内给我们做报告。一个人一个学校发的马扎，就坐在一个篮球场上听吴校长的报告，每年就这么一次机会。

那时候大家都很努力，因为考上大学都不容易，特别是调干生。高中生毕业以后上大学问题不是太大，年纪轻，脑子好，外语也学过。但那些调干生不行，就只能努力学习。除了上课以外就是去图书馆学习，星期六、星期天基本上也去图书馆，没有一个学生不努力的，除了个别的以外，大部分学生成绩都很好。

1960 年毕业以后我选择留校，因为那时据说国务院已经批准成立中国人民大学档案学院。我们差不多一百人的毕业生，留下四十多人，我是其中一个。

初到广西

1960 年，我毕业那一年，年初我父亲去世，我母亲一个人过，有一个姐姐照顾她。因为我离天津很近，想要回家看看，所以我是

1961 年元月份和一个同学回天津过了元旦才到的广西。那时我已经分配了,所以我来到广西是拿着学校给开的介绍信,直接到广西档案局报到,直接调入,因为一般分配的来到这里还要纪委分类、当地分配。

来了广西以后,变化很大,在单位里包括生活、饮食都非常不习惯。一个是生活条件变化很大。北京在当时算大城市,但南宁就像农村一样。我记得我调到广西的时候,晚上大概八九点钟火车到站,街上一个人也没有。因为太晚了,不能直接从火车站到档案局,我就在共和路找了个旅店,在那儿住了一个晚上。结果第二天早上天还没亮,我就听到街上响起木板敲击马路的声音,打开窗户一看,是有人穿着木板鞋走路。南宁市民当时都穿木板鞋,这是给我最深的印象。后来我也穿木板鞋,老实说夏天穿了还真是凉快,比拖鞋凉快得多。来了之后的第二天,我得了一块自留地、一个锄头、一顶草帽,种点木薯,天天来搞一搞。我那时候 22 岁,正是能吃饭的时候,早上的稀饭没有咸菜,就用生盐下饭,但是生盐泡在稀饭里化不开。我们中午就是吃南瓜,也是有限的。我们在学校的时候定量是 30 斤,到这里变成 23 斤,学校的工资也比这里高一点,有地区差价。

另一个是南北的差异很大,真是不习惯。但作为那个时候的学生,坚决服从党的分配到祖国边疆去,没有一个人说不去。因为我们等于是下放,第二次分配去的全部是边疆,东北、广西、新疆、西藏、青海的都有,应该说广西还算可以。后来他们传我们是顶着国家档案局的名义来下放的,下放也好,再分配也好,反正是北京很多干部都来了。

我爱人也是下放到这里的,后来我们认识的北京很多机关的干部也下放。来到这里以后,我就在档案局工作,一直到"文革"。

角色转变之间

"文革"开始以后,全国都撤销了档案局,所以 1970 年元月份我调到农业系统，在经营管理处工作，一直到 1984 年，干了 15 年农业经济管理。我也从档案系的毕业生摇身一变，成为农业经营管理专家、经济管理专家。这个中间跨度很大，我得重新学习，所以我在农业部、在河北省党校学了一年农业经营管理，又学了一年经济管理。我认为学经济管理对我来说很好，经济管理比档案活，涉及很多东西。我是人大出来的人，干什么都行，转行照样是尖子，照样是可以干的。

我不仅在农业系统成为一个业务骨干，还到各个大学去讲经济管理。正好那时候大包干，我对这个问题也很感兴趣，就到处去做报告，到各个大学讲，和那些农业干部讲。我曾经是中国农业经济学会第一届委员会成员，那时候经常到北京去开会，那个会很有意义，因为大包干是改革开放的起点。我们的改革开放是从农业开始，我们的农业骨干就讨论可不可以联产承包，可不可以大包干。我们在密云开会，大家讨论完以后就专门写报告给党中央、国务院，说从理论上是可行的，但好多省份都害怕，包括广西，区委书记都害怕，认为这是个禁区。

这 15 年对我以后的成长来说还是很有帮助的。假如我一直在档案部门，当然也可以成长，但对自己的锻炼就很少。后来我一直搞农村工作，正好学过那时需要的经济管理，所以我发挥得应该算很好。

重回档案原岗位

1984 年 6 月份，原来的档案局恢复了，我被调回来任副局长，对我来说是叫专业归队，我也是愿意归队的，所以又重新搞我的专业了。1992 年，经过八年的时间我提到局长。我回到档案局以后确实做了不少工作，我做这个工作以后有一个好处，就是又和人大，和我一些同学有一些联系了，以前隔行如隔山，没有什么联系。

这里我谈谈我的兼职情况。我第一个就想解决我的职称问题。其实我在农业系统也可以搞职称，但是我这个职称属于专业领域了。我是1992年被国家档案局高级评委会评为研究员，这是最高职称，相当于教授级别。这之后整个职称工作由我来抓，我是局长又是研究员，这方面对我来说还不难。但是有一点亏了，因为档案和农业不一样，隔了15年以后，我论文等各个方面都比别人少了。但是我后来很快就写了一些东西，这个补起来还是容易。

我兼职比较多的就是大学。广西最有名的就是广西大学、广西民族学院，当时这两个学校都有档案专业，请我做兼职教授或者客座教授，特别是广西民族大学，原来的广西民族学院，请我做客座教授。我当时也给他们做一些报告，作为一个局长，给他们讲这个问题不大。

2001年，广西民族学院管理学院搞一个硕士研究生点，当时没有教授，我是相当于教授级的，所以他们就把我请去给他们带研究生。我从2001年一直带到2008年，70岁才作为教授退休，也算是特殊照顾。行政职务不能做那么久，局长和党组书记是1998年就免掉了，正好60岁。馆长还可以干，2000年才把馆长免了，但是馆长退了以后没给我办手续。硕士研究生点的这个导师是要负责讲课、讨论、答辩、论文的，不是个名义上的，是真正带研究生。

另外我还有一个兼职是在中国档案学会，从1999年到2009年任副会长。那一段时间我应该是跑了全国不少地方，每年开会换一个省，我去了很多地方，也帮助国家档案局做一些调查，解决问题。

我在广西社科联也当了十来年常务委员，每年社科联评奖的时候我都参加，也尽可能参加他们的活动，反正尽我所能，帮助他们做一些社会活动。

1964年我到广东去参加一项编写工作，我们档案局和通志馆、文史馆等四个单位编的《明实录·广西史料摘录》，据说全国只有两部《明实录》，中山大学有一部，好像从国外搞回来的。为了查阅《明实录·广西史料摘录》的有关史料，我去了一下广州，在那儿住了两个月。广西和广东的差别是改革开放以后才有的，原来广东也很穷的，翻身是靠改革开放，商品都是通过广东出口，全国的物资、信息都通过香港进行传递，广东是占了这个地利，现在和广西已经不一样了。

独属老北京的记忆

我刚去北京的时候，北京门楼底下还有电车，现在没了。有个同学毕业的时候，背着一包馒头围着城墙蹓了一圈，我认为他蹓得太好了。后来城墙全部拆了，就留了几个城门楼。我对梁思成很佩服，如果北京能够留住城墙多好。现在新不新，旧不旧，就是些老胡同被保护起来不让拆，但和过去那些城墙的价值相比就小很多了，因为现在保留的是过去的老居民区，建筑风格要差很多。我去过国外几次，德国、荷兰，16 世纪的那些东西全留着。美国的华尔街，那么小的地方照样留着，咱们中国这么古老的文化，这么好的东西都没了。但是我们说后悔话也没有办法。

那时候我们在城内，我和一些同学喜欢看电影，经常出去看，学生票也不贵。不过那时候电影也不多，一个星期才有一次，另外我们学校也经常放电影。后来我利用毕业前后看了很多，当时最有名的北京人艺的话剧我都看了。说到看剧，有一次，星期六没什么事，我自己买票到北京人民艺术剧院看一场话剧，苏联的《决裂》，看到舞台空了两排，演出没有多久周总理来了，是给他留的座位，我和他离得很近。中间有个休息，周总理到后台去了，走的时候他提前一点走的，这是我看周总理最清楚的一次。

另外一次我比较幸运，正好是 1959 年第一届全运会，北京体育场建成，不是体育馆，是老的工人体育场。因为我姐姐在北京饭店工作，北京饭店在解放初期是宴会的主办地，她是负责国宴的一个检验师，50 年代初就到了北京。她得了两张全运会的贵宾票，都给我了，说你去看看，我就去看。我去到全运会的看台，一看全部是外国人，毕竟是贵宾。后来我在主席台的隔壁看毛主席看得特清楚，以前讲毛主席红光满面，确实如此。其他人，像陈毅，经常做报告，所以都能看到。

温强自述，由中国人民大学校友工作办公室负责采访，由公共管理学院 2018 级本科生缪佳攀负责录音整理及文字编辑工作。

采访 / 孟繁颖　编辑 / 缪佳攀

杨友吾

| 人物简介 |

　　杨友吾，1922 年生，1940 年被保送到华北联合大学师范部学习，半年后毕业留校。此后，他先后前往华北大学、南方大学、华南师范学院、广东教育学院、中国社会科学院研究生院等单位，从事马克思主义哲学教学工作。1982 年离开中国社会科学院研究生院的工作岗位后，参加创办中国社会科学院研究生院职工大学并任副校长。后任首都联合职工大学校长兼校委会主任，被推举任中国老教授协会创办的中华研修大学校长，并致力于研究和推广老年哲学。

　　2020 年 12 月 18 日因病于北京逝世，享年 98 岁。

联大的岁月：艰苦却充实

我们家是贫农出身，但是家里人会木工，可以接些木匠活，所以家里除了务农还有另外的收入来源，因此我 6 岁以前的生活条件还是不错的。我印象最深的是，小时候我们家有两个罐子，一罐是白糖，一罐是红糖，吃饭的时候可以夹上一点放在饭上，那个时候能吃上糖就算是很幸福的了。

我 6 岁以后生活条件就慢慢变得艰难了，因为清朝的时候我们家住的地方离北京很近，后来清朝被推翻了，国民党政府就把满洲人的地变成官地，要向老百姓拿钱，那时候对于大部分人来说拿几百块钱出来是很困难的。

村里的老师是我们本家，是他带着我进了小学。上完四年级，五六年级就算高年级了，我们家交不起学费上不了学，但又还太小不能干活，结果我就读了四个四年级。读完之后我就帮老师教课了，当小先生教低年级学生的课。再后来实在没有办法了，我就去当学徒了。那时候也只有 12 岁，农村里的农活我都能干，但一般的老板嫌我干得少吃得多，所以每次都没干长，一共换了三个地方。

到了 1937 年，商店、工厂也都不好办了，我们就回家了。县政府要成立农会、工会，我跟他们比较熟，也受过一些教育，于是就帮助他们干一些事。1938 年我 16 岁，当上了村里农会的副主任，县级、区级农会打游击的时候经常住在我们家里，这就算是正式参加工作了，跟着县政府一起工作。参加工作以后就是当秘书，那个时候也没有什么待遇、级别，大家都是一样的。到后来我这个农会秘书还是有一定地位的。

1939 年农会把我带出去跟着他们一起活动，1939 年 5 月我就参加县政府的工作了。到了 1940 年的 4 月，华北联合大学从延安搬到阜平招生，名义上是需要考进去的，实际上是保送，我们一个专区十多个县，一共大概保送了 11 个人，我是其中之一，于是我在 1940 年 4 月进了华北联大。

联大原来有一个青年部，后来变成了师范部，是培养教员的地方，文化高一点的人教中学，我是小学教员，就进了师范部第一队。当学徒的经历让我有了三个长处，第一我会记账，第二我珠算算得好，第三我毛笔字写得好。那儿从事总务工作的人都是从红军转过来的，没有太多文化，所以需要我帮助他们记账什么的。

打开我的履历有这样一栏：当伙食委员帮助司务长记账。司务长每天领粮食、买东西开收据都需要我记账，月底我就来工部，报上这个月一共收支多少，还剩多少钱。这样一来学校认为我还挺有用处的，毕业的时候同学们都走了，就剩下我一个人留校工作了，去了供给处的会计科。

这里面还有个小插曲。我们杨家我这一辈名字都带"友"字，我本名其实叫杨友武，"文武"的"武"，我大哥叫杨友文。去工作地报到的时候要带封介绍信去，给我写介绍信的这个队长，他叫霍友吾，他把我的"武"字写成"吾"了，于是从那一天起我就改成了现在这个名字。

我毛笔字写得好，算盘打得快，记账的工作做得驾轻就熟，所以在供给处干了三年。这三年我的业务能力当然是大大提高了，但更重要的是供给处的这些领导、处长、科长都是从红军转过来的，我深受这些老红军的影响教育，这一段经历对我来讲意义是相当大的。

以前听说红军出身的人都是以身作则、无私奉献，接触他们之后发现真是这样的。生活条件最困难的时候，我们的老科长吃饭就只吃一小碗，那时候他们都还是三四十岁的壮年，我们都还是小孩呢，人家只吃一点，把饭都留给我们吃。这件事我印象相当深刻，一辈子忘不了，这种精神可以说影响了我的一生。

联大在 1942 年进行缩编，只保留了一个教育学院。我算是个业务骨干，学校就把我留在教育学院工作，于是我开始在教育学院当会计，后来当总务科副科长、科长，一直到抗战胜利。我虽然当科长，但仍然兼职会计，向军区供给部的领导报账。联大后来继续缩编，到最后就只剩了我这一个会计。后面我就当上了总务科科长，抗战胜利后成立了总务处，我就成了总务长的秘书兼会计科科长。

再后面我们转到正定办学，学校说你是师范班毕业的，我们成立了一个乡村干部文化班，你就去当班主任吧。1949年我就当上这个班主任了。班主任的工作就是把小学文化程度的地方干部聚到一起来，提高他们的文化水平，我这个班主任也跟着一起学，所以在这期间我的文化水平也有些提高，就由文化班班主任慢慢转到政治班班主任。解放以后正定大招生，一下招几千人进来，一百人一个班，我就又去当那个大班的班主任了。

北平解放后学校就搬到了北平，联大是1949年2月份进的北平，我是1949年5月才到北平，我们一下招了上万名学生，我就到部机关去工作，在一部当秘书，管着一部机关的工作。8月党中央就要求叶剑英到广州去办南方大学培养干部，和北方的华北大学性质是一样的。当时调了华北大学的七个干部跟着专家陈唯实到了广州，广州是10月14日解放的，解放之后我们就挂起南方大学的招牌，我就当上了南方大学秘书室的副主任兼教育科科长。之后因为学校里的教员不足，我就又讲起课当起教员了，我们三部里有合作系和会计系，我是讲会计科合作课程的。

老年的哲学：须老有所为

退休之后，我们老干局的局长把各个所退下来的研究人员组织起来学习，学政治、政策。那时候中央提出老龄化的问题，出台了一个《老年人权益保障法》，讲如何保障老年人权益，提出来要保证老年人老有所养、老有所医、老有所为、老有所学，于是我们就决定搞老年学研究。

我们搞老年学研究，遵循哪个所来的就研究哪个方面的原则，所以经济所来的人就研究老年经济学，社会所来的就是老年社会学，我是哲学所来的，于是就研究老年哲学。各个学科研究有个共同点，不管你是哪个所来的，最终都是为"老有所为"服务，为老年人服务的。

我开始专门研究老年哲学，老年哲学是个很新鲜的东西。1999年中共中央党校出版社出版了我的《老年哲学简论》，出了书以后我开始到各个单位去讲学。

对于我的《老年哲学简论》，大家的意见是觉得我写得太啰唆了，十万字的书在学术上只能算是个小册子，但是印出来是小字，看起来得用几天的时间，大部分看过的老同志都说这不行，你这不能推广，想要推广你得写个简本。所以我又写了一本《老年哲学讲话》，这本书字数就比较少了，说得更简练一些了。从2012年首印到现在已经印了四次了，这四次总共印了八千本，最近这两年往各个省的大学、图书馆、老年大学、老干部休干所发放了不少。

我还参与了老教授协会的工作，当老教授协会创办的中华研修大学的校长，那时候各个单位都变成协会的分会，社科院也有一个老年协会的分会。再往后我们自己成立了独立的老年研究会，到现在变成老专家协会，这儿只有研究人员，没有行政人员，我在这儿挂了个名做顾问。

2014年社科院给我评了先进个人，一共评了有11个人。2015年《社科院专刊》来访问，发表了一篇我的访问记，主要就讲我对老年哲学的研究历程，题目是《为研究、推广老年哲学奉献余生》。

我这一辈子说白了就是打杂的，什么都干过，对于研究所我是没有什么贡献的，也就带了一期研究生。我的经历网上都有，记者他们本领很大，把我做过什么工作、参与过什么活动、写过什么书、带过什么研究生全都放到网上了，最多的有三十页，简化版本的有十多页。

除了先前提到的老红军对我的影响让我印象深刻之外，搞哲学研究也是我生命中不可或缺的一部分。

我是《毛泽东思想概论》的授课教师，所以对毛主席思想的研究花的功夫多一些。说来有幸，中国搞哲学通俗化的，除了毛主席之外，还有两个人，一个是艾思奇，一个是陈唯实。可巧的是，我跟毛主席照过两次相，在党校跟艾思奇学了六年哲学，又跟陈唯实一起工作了八年。

艾思奇原来是华北大学哲学教研室的主任，我去了以后他就当了副校长，但还在教哲学的课，我们的哲学专业课就是他给讲的。艾思奇是主张哲学大众化，所以写了《大众哲学》。陈唯实是穷人出身，自学成才，他是哲学通俗化坚定的执行者，主张用大白话来讲哲学。我跟艾思奇学了六年哲学，但他不一定熟悉我，因为我们学生有好几百人。纪念艾思奇同志逝世二十周年的文集就是我主编的。

至于陈唯实，我有幸和他一块儿工作了八年。华大成立后我在华大当班主任，归一部领导，陈唯实是一部的副主任，他是讲课的。他讲课，我作为班主任带着学生一起听课，这个过程中我学到了许多知识，因为他讲课没有条条框框，全是大白话。他是中国哲学通俗化的一员大将，毛主席排第一位，艾思奇第二，第三就是陈唯实。

后来我不当班主任了，给陈唯实当秘书，他是一部的副主任，我就当一部的秘书。他南下的时候我也跟着他过去，他当南大的校长我当秘书主任，后来我们都转到华南师范学院，他当院长我当政治系主任。

我受陈唯实的影响是最大的，因为我跟着他学习的时间是最长的，他讲课我整理讲稿，他写东西我帮他发表。毛主席、艾思奇、陈唯实是我一生中获取哲学通俗化知识的三个来源，所以我也是一直致力于这一块的研究，但我的水平还远远不够，达不到他们的高度。

得益于这三位的影响，我决心把"哲学通俗化"这件事情干到底。我现在身体也还挺好的，经历过两次大手术，出院以后也没受影响。活到这个岁数就没什么顾虑了，哪天走了都没有关系，也不想考虑这个问题。眼睛视力也挺好，还能够写东西。现在在家也还看书，看报纸，我们单位给我订了五六份报纸。写主要就是写日记，再写新东西就比较困难，也没有这个必要了。

人大的根基：为人民奉献

在身体健康的情况下，每年的校友会我都会参加，联大过去组织的纪念会我也都参加了，我是《联合大学校友名录》的编委之一。

我后来慢慢体会出搞校友会的重要性。当初我们组织搞校友通讯录的时候，还觉得那是一般的活动，只是因为我们也有这个精力才搞的；现在看来发扬革命大学的传统是很重要的一件事，人大确实继承了革命大学的一切荣誉和做法。

我们人民大学的核心在于"人民"这两个字。人民大学是怎么产生的呢？那时候毛主席倡导为人民服务，从1948年起许多单位都挂上"人民"两个字，政府叫人民政府，像华北人民政府、霸州人民政府，银行就叫人民银行，邮政就叫人民邮政，一切都挂靠人民，最后说能不能办个人民的大学，毛主席指定说办中国人民大学。

"人民"两个字是不能辜负的，人民大学的传统是要为人民服务。你进了人大当学生，就要为人民服务，得先把这个观念树立起来，少考虑个人的得失。说到这里我又回想到党校，党校原来是培养高级干部的地方，自从毛主席在八大说我们无产阶级必须有自己的秀才，要培养无产阶级秀才之后，党校响应这个号召，就摆脱了培训高级干部的任务，除了在新疆班还有些保留之外，其他的轮训都不要了，集中为无产阶级服务。党校的党委会做了一个决议，全心全意为培养秀才服务，所以我们都变成秀才了。

学校的培养对象，学校上上下下都要明确，党委对此是要进行动员的。还有伙食，要给秀才班办好伙食，这些都是党校党委做的决议。另外人大的党组织、人大的领导也应该是这样的，要有培养人才、培养人民的干部的觉悟。我很注重大学的排名，但不跟别人比较网上的各种大学排名，我们比的是为人民服务的多少，这是人民大学的根基。

上至党委、校长，下至底下的干部，经常教育我们说人大的工作任务是要培养为人民服务的大学生，要保持优良的革命传统，这一点是最重要的。我们不希望人大办好吗？当然希望，但是不希望争那些无意义的大学排名。网络上今天把人大排在第三位，明天变成第五位了，后天变成十一位了，这有什么意义呢？中国的大学应该是比谁完成国家交给的任务多，谁培养的人才多。

人大过去是和党校保持一致，我们没有教授，只有教员。艾思奇最早就是教员，教书的人就是教员嘛。后来因为院系合并把别的大学并到人大来了，人家是有教授、副教授这种职称的，中央就考虑到进来的人反而是教授，我们反倒是教员，这有点说不过去。所以那一年学校对职称进行了改革，但改革把一些坏的东西带进来了，大家开始争名誉、争地位。都叫教员不是很好嘛，艾思奇那么高的地位也是教员，没有人叫他"艾教授"。但我不是说要改回去，这个问题走回头路是不必要的，但是往前走一定要记住"人民"两个字，咱们是人民大学。

我在社科院研究生院职工大学任教的时候挣的讲课费有的我没要，有的捐给学校了；我当了校长之后，老师们一个钟点两块钱的课时费都没要，都给了学校做经费。后来我们办首都联合职工大学的时候，从来没有人要过什么钱，领导干部跟教师都没要过。后来到中华研修大学培养研究生，学生来了之后都没有钱，交不起学费，所以老师把他们请到家里，在家里教课，最后还得管人家吃饭。

无私奉献是老年哲学的灵魂，老有所为是老年哲学的核心问题，很多人包括老年人都在干着有意义的事，他们并不是完全冲着钱去的。

我在联大、在人大就是个普通人，那会儿也没什么别的想法，你让我干什么我就干什么。我本来是个会计科科长，学校让我当班主任，我背起背包就去，让我到政治班当班主任我也去，让我当一部的秘书我也去。学生越招越多，需要的干部也越来越多，所以干部教育、人事教育也是非常重要的。在这里给校领导干部们道一声辛苦，对他们表示敬意，最后祝愿人民大学越办越好。

杨友吾自述，本次采访时间为 2019 年 4 月 25 日，由中国人民大学校友工作办公室负责采访，由经济学院 2016 级能源经济系本科生陈奕灼整理录音和进行文字编辑。

采写 / 杨秋明　陈奕灼

李 淳

| 人物简介 |

　　李淳，山西省代县人，中国人民大学新闻系新闻专业毕业。历任中共山西省委常务副秘书长、省委政策研究室主任。中共山西省委第五、六、七届省委委员，第五、六、七届省党代会代表。山西省第十届人大代表、人大常委会委员、城乡建设环境保护工作委员会主任。教授级研究员，中国社科院、中央党校特聘教授。曾服务省委八任书记近四十年，从事政策咨询、决策参谋、文稿起草、文化及理论研究、新闻与理论宣传工作。著有《李淳自选集》四卷、《忠烈武勇杨家将和杨门历代贤宦》；主编《全心全意依靠工人阶级》、《代州冯氏群贤谱》、《健康是福》及续篇《生命无价》（共十卷600万字）、《工合今昔》等。

　　我生于1943年，字仲颢，山西代县枣林乡（今改镇）蒙家庄村人。我的远祖是明朝初年从陕西省华阴县迁来山西省代州的。远祖中出过进士、举人，官至道台、县令。从五世祖光业到我的父亲李斡卿，都是耕读传家的。

　　我们这一代人，是跨世纪的一代，是幼年经历了抗日战争、解放战争，学习、成长于新中国的一代，是经历了社会主义革命和建设，见证了改革开放四十多年，祖国发生翻天覆地的历史巨变，各项事业取得伟大成就的一代，是参与了中国人民站起来、富起来、强起来并为之奉献的一代。说我们这一代人与共和国共成长、共患难、同欢欣，恰如其分。

幼经乱世　命途多艰

　　1944年，我不到1岁时，就几遭危难。日寇、伪军进村烧杀抢掠，得知消息的乡亲逃往山沟之中，母亲抱上我随大队人马逃命。走出约2里地时，发现敌人在追，母亲因为裹小脚，走不动了，又怕连累大伙，就不得不把我藏在梯田的"圪塄"底下，自己一步一回头地逃往山沟。待敌人走后，母亲急忙返回，从圪塄下把我捡回，中间已隔了几个小时。在旷野之中，七八个月的幼子，能活着回到母亲怀抱，也是命不该绝。

　　我一生没靠人的命，家父一身病，家兄、小弟都早亡，全家生计多年由我主要承担。上学时得利用假期劳动，连星期日都在为家计辛苦奔忙。家中大事，关键时总得由我拿大主意，并出面处理。我赶上抗日战争、解放战争和国家困难时期，在27岁前，几乎没吃过几顿饱饭。但这种遭际，也证明了我父亲常说的"艰难困苦，玉汝于成"的真理。

　　我在兄弟中行二。哥哥李湛比我大两岁，两个弟弟分别比我小9岁、12岁。因家贫，我没上过小学，从三四岁起就跟父亲认字读书，坚持不懈。五六岁就开始拾粪打柴，七八岁就用小锄头学锄地，以后学会一应农活。从农村"单干"、互助组、合作社，直到人民公社化，十几年中，我都在村里劳动，同时抽空读书。我父名之为"边学边劳"，由此体现"耕读传家"的家风。我利用三国时董遇说的"三余"时间（"冬者岁之余，夜者日之余，阴雨者时之余也"）读书。这些书中，有些经典著作需要精读，有些则是博览群书式的"涉猎"。从小我就能背很多诗词古文，包括四书五经的不少篇章。这为我以后立志以文史报国打下了较深厚的功底，同时我也养成了学习习惯，培养了学习兴趣，掌握了以自学为主、自己解决问题的学习能力和方法。

苦读中学　成绩优异

三年初中生活是艰难的。学校初建，连教室都没有，借用一个旧庙，既没课桌，也没凳子，就盘腿坐在刚锯开的湿木板上，以膝盖当课桌；同时开始建校劳动，到处找石头，搬回来做墙基、屋基，搬木料盖房……待到学校有个模样，三年初中也毕业了，赶上国家三年困难时期，枣林中学解散了，前后一共培养了一个年级两个班，不到100名学生。

我上初中时，国家农业生产已是十分困难，粮食不够吃，学生每人每月30斤粮食，因为没有蔬菜等副食，饿得很厉害。家里给我带一些红薯干（是国家给我当教师的父亲供应的）磨的粉与野菜混合做成的蛋形食品，冬天学校宿舍冷（无火炉），这蛋形食品冻得石头般硬。吃时先用开水泡，一下泡不开，等不及，就用筷子戳；戳不动，就下狠力，结果把搪瓷碗底都戳了一个洞。同学们都吃不饱，就在秋天杏叶落地时，把发黄的枯叶扫回来，放在锅里煮，加一把盐，大家舀上一碗吃。黄杏叶嚼都嚼不烂，很难吃，但又饿得不能不吃。学校被公社分派公益劳动，有几次是让学生帮助粮站搬粮，同学们饿得急，搬玉米棒就啃玉米棒，装黄豆就生吃黄豆。

生活苦，学习也苦。我没上过小学，除中文程度很好外，数学只懂点皮毛，连小数、分数也没认真学过。初中数理化课全开，基础是数学。我只好借别人学过的数学课本，边上中学课，边自学补小学数学。两三个月后就都补上了，到一年级第一学期期末考试，我的数理化成绩也一下子名列前茅。我这是得了从小学文的好处，文史哲使我理解数理化比较快。

我珍惜来之不易的学习机会，所以学习刻苦认真。学习语文，如果课本里有十篇古文，我就一定要课外自学一百多篇古文。这是在厉行古人"人一能之己百之，人十能之己千之"（《中庸》）的箴言。

一到星期天，我就赶15里路，回家割草、刨、采中药材，干各种农活，挣钱供家用。我在初高中时代，星期天从来无暇看书。暑假、秋假时，每日天不亮就出门，到天黑看不见时才回来，常常一天干十三四个小时，饥渴难耐，累死累活。这使我养成了自力更生、吃大苦耐大劳的好习惯。

高中阶段，我各科成绩依然名列第一。我认为中学不宜偏科，因为所学的数理化生、语史地以及音体美等全是人生应知的常识。到毕业时，我因为热爱文史哲，坚持要报中国人民大学新闻系。班主任、教导主任、语文老师商量后，同意了我的报考志愿。

大学六年　博览群书

到人大新闻系报到后，我被系主任罗列指定为班主席。因为新同学从全国各地来，都互不认识，不能选举，只好先临时指定。系主任找我谈话时说：我们系全国招生总共才50人，第一志愿报人大新闻系的都是各重点中学想学文科的拔尖生，而今年我系录取成绩最高的就是你，所以指定你任班主席。

我当时穿母亲缝制的土布衣服、"砍山鞋"（土语，鞋帮、鞋底都是千针万衲的），土里土气的，真是"穿得烂，走得慢"，一点也不打眼。刚开始任班主席时，我在西装革履的全班同学的队列前讲话，有些同学还不服气，因为同学中不乏官员、教授、作家的儿女，又多是来自有名中学的拔尖学生，他们大多比较自负，有点傲气。新闻系入学教育的首要内容，就是克服"相机肩上挎，足迹遍天下；今日名记者，明日大作家"的骄傲自负情绪。有人看不起我的土气、半家乡土话，是很自然的。但两三个月后，大家服气了。全班学生正式投票选举，我仍当选为班主席。

开学后的第一件大事是评助学金。当时助学金按家庭经济情况评等级，烈士子弟为特等，每月 19.5 元，家庭经济最困难的评一等，为 18.5 元，困难的评二等，为 17.5 元，其他类推。不困难就不评。我召开班会主持助学金评级，先由各人介绍情况，出示老家组织上出具的家庭经济情况证明，再报自己的申请等级，而后由全班同学评定。按当时家庭实际情况，我家没有劳动力，父亲年过 60 而多病，母亲是小脚女人，又操持家务，哥哥在上学，两个弟弟年幼（一个 12 岁，一个 9 岁），应属最困难的。但我主动申请二等助学金。同学们要给我评一等，我坚持不允，最后评了二等。全班评完后，报系里批准时，系里才把我的评定等级提高到一等 18.5 元。

在整个大学期间，我生活很艰苦。哥哥在我上大学后两个月就意外去世，并没有像预想的能在一年后参加工作，挣钱资助弟弟、补贴家用；我的生活费全靠这 18.5 元，包括吃饭、买书、放假回家的路费、置办必要的衣服（当然是最廉价的）；至于零花钱，基本谈不上。在六年大学期间，我没买过一颗糖，没进过一次电影院，没上街吃过一顿饭。食堂饭菜是用饭票买的，别人每月吃 15 元、20 元，我每月只敢吃十一二元，剩下点钱还得作他用。因为不吃肉蛋，肚里没油水，一天一斤粮根本不够吃。尽管从小不爱吃玉米窝头，我还是把细粮饭票跟同学换成可买玉米窝头的粗粮票，因为窝头耐消化点。因为吃不饱，缺乏营养，当时我体重不足 100 斤。尽管这样，我还硬是自己"口中夺粮"，用一年多时间节省下 60 斤细粮票，在放假时往家背细粮，因为家里的父母弟弟吃不饱，更吃不上细粮（当时生产队每人一年只分一二斤小麦，而大米一斤也没有）。我背着这些粮食上火车，又在太原、原平两次换乘，下火车后再倒乘汽车，下汽车后再步行 20 里才到家。千里迢迢，着实不易。同学们得知后十分感动，有的同学甚至节约下一点粮票送我。

除在食堂吃饭外，大学期间我只在外边买过西红柿吃，那是宿舍的几个家境不好的同学商定的：星期天轮流买西红柿大家一起吃。那时一出人大西门就是郊区菜地，一斤西红柿农民只卖五六分钱，宿舍同学轮到谁，就由谁买上一脸盆，这就是我们几个同学的水果大餐，算是"奢侈品"了。

一次班里开讨论会贯彻人大领导的办学精神时，我主持班会，学校派校长办公室的干部来旁听。讨论会开完后，校长办公室的同志就问我："你是调干生吧？主持会议、讲明主旨、引导发言、及时点评、总结发言，都显得这么成熟。"我答以"我是应届高中毕业生"。这使校长办公室的同志颇感意外。我还就当时学校的教学改革谈了自己的看法，并写成一封给校领导的信寄出，得到郭影秋书记的好评，他派专人来同我谈话，并批给校报发表了这封信。

当时考试实行5分制，大学一、二学年结束时，部分课先后结业考试，我的成绩常是5分。

大学后期赶上"文化大革命"，学校停课了。我不参加造反和派别活动，于是成了哪派也不参加的"逍遥派"，在城里铁狮子胡同附近的东四十条巷找了一处空院，住在那里看书。每周我都去校图书馆借上一摞子书，还到学校的报刊资料室借上一叠资料，用一周时间看完，还了再借。我不仅看、念（我有朗诵、吟诵的习惯），还记笔记、写心得，重要的内容还要摘抄。既读新闻理论、新闻写作、报刊史等专业类书籍，也读文史哲，包括重新研究小时读过的经史子集，还广泛浏览其他各科知识。在那三四年中，我读了大量的书，加上幼年以来养成的自学能力，学到了比正常上课还要多得多的东西。

我特别注重对马列主义、毛泽东思想的学习。高中和大学期间读了大量的有关著作，如马克思的《资本论》《哥达纲领批判》《共产党宣言》《马克思论费尔巴哈》《黑格尔法哲学批判》《政治经济学批判》等；列宁的《国家与革命》《共产主义运动中的"左派"幼稚病》《唯物主义和经验批判主义》《马克思主义和修正主义》等；《毛泽东选集》一至四卷（后来第五卷出版后我也读了），未出全的《毛泽东全集》，以及《人的正确思想是从哪里来的？》，等等。我把马列主义、毛泽东思想作为指导思想的理论基础，把建设社会主义和最终实现共产主义作为理想，并将其同中国传统文化提倡的"天下为公""大同世界"和"小康"社会结合起来，坚持以马克思主义的辩证唯物主义和历史唯物主义看问题、处理问题，把马列主义、毛泽东思想和中华优秀传统文化紧密结合起来，学到立身行道、履职尽责、为人民服务的大智慧。

人大新闻系当时学制为五年，但因"文革"，我这一届上了六年才毕业离校。但我很怀念这段读书岁月。"师傅领进门，修行在个人"，学习是要靠主动和自觉的，只有充分发挥主观能动性，创造性地去学，学以致用地去学，才能多学、快学，并真正学有成效。靠别人填鸭式的灌输是学不到真正的知识的。

我非常感谢人民大学领导和老师给予的谆谆教育。我坚持尊师重道、虚心向学，力求有得、有成、有用；一生牢记人大"实事求是"的校训和"立学为民、治学报国"的宗旨，坚持"人民、人本、人文"的出发点，坚持艰苦奋斗、积极探索、调查研究、求真务实的思想作风和工作作风，努力做到"行为精英，心为平民"，与党和国家同呼吸共命运，争做国民表率、社会栋梁。我的人生目标是，一定要对得起祖国和人民的养育之恩，给社会留下点什么。

就业天镇　基层锻炼

我们1969届学生毕业比预定时间延迟了一年，一直到1970年7月才毕业离校。当时大学毕业生分配讲"四个面向"：面向基层、面向边疆、面向农村、面向工矿。大家有的到军队农场去锻炼，有的去边疆如东北"北大荒"、新疆、西藏、内蒙古、云南、贵州……我被分配到山西省雁北地区的天镇县。

到县革委会组织组（后来改为县委组织部和政府人事局）报到时得知，我被分配到逯家湾乡当小学老师。同时分配到天镇县的还有北京大学生物系等院系，以及北京、山西其他大学的学生，共20多个，分配方案都是农村小学教师。在我准备过两天去小学报到时，县革委主任杨爱云找我谈话，说："我看档案了，你是人民大学新闻系毕业的高材生，县里需要写材料的，准备留你在县机关。但把你分配到下面当教师的方案不能变，以免影响其他学生的分配到职。你先在战备办公室帮忙吧。"

战备办公室是在"备战、备荒、为人民"的年代设立的，是管全县的战备工作，而不是专管武装部内部事务。它设在县人武部。我的工作是帮助起草、整理有关材料。过了两个月，县革委党的核心小组副组长杨炳武又让我去公社下乡，去农村整顿村领导班子，搞路线教育，到工厂指导工作，做这些事，总有机关老同志带着。

大约一年后，县里正式调我到县革委宣传办公室（即后来的县委宣传部），我正式承担起为县领导写材料的工作。县革委主任、副主任的讲话、署名文章，革委会发的文件，以至一些先进代表人物到地区和省里参加"学习毛泽东思想讲用会"的讲稿、全县逮田鼠能手的经验介绍稿等，都让我写。写的材料县领导很满意，送到地区里或省里，有不少被批转，被领导表扬，被报纸登载。

后来省里机关工作开始走向正规，但在几年前大量下放机关干部后，机关严重缺乏干部，尤其缺乏写作人才，省里组织组（即后来的省委组织部）就让雁北地区推荐一两个有写作专长的人才。有人推荐了我，省里了解了我的情况，看了我写过的文章，很满意，先打电话问县里：李淳是不是党员？回答说：已填入党志愿书，正在解决入党问题。于是，省里正式下了调令。

调省工作　直言敢谏

1973年3月初，我带干部调动介绍信去省革委会办事组（即后来的省委办公厅）报到。办事组长是由部队的王姓师政委兼的，他一看我的材料，是团员，不是党员，就直接拿起电话问天镇县："原来说好的，为什么不解决？"对方难堪，就说："开了支部大会，没有通过。"我解释说："这不是事实。"王政委立即派两个管人事的干部去天镇调查，那边支部的党员们都承认我表现很好，接到过开支部大会讨论我入党的通知，但后来支部大会确实没开，而不是开了会没通过。省里去调查的同志批评了县里说假话的错误行为。

听了调查情况汇报，王政委对我说："你到襄汾县搞路线教育吧。只要你表现好，回来就解决党籍问题。"我就去襄汾县关村大队（一个 2 000 多人的大村，很乱；后来成了全县的先进村）搞路线教育，整顿村领导班子，成绩显著，当年底回机关就解决了入党问题。这样，我就成了正式党员。

1973 年还是"文革"时期。山西主政的是谢振华。我是谢振华主持山西党政军工作时调到省委工作的，开始在办事组下设的宣传人事保卫组工作，后因机构变化，到人事保卫处工作，其间搞过宣传，也搞过人事。因为我擅长写作，省委、省革委就经常抽我参加省里的大型会议，参加会议文稿的起草。我曾随谢振华下过乡，经历过谢主持的地市行政区划调整（如增设吕梁地区，增设或重新划定全省的一些县区）等工作。

1975 年 5 月，王谦接任中共山西省委第一书记，直到 1980 年 10 月。我参与了给王谦起草报告讲话的工作，还参加省委的不少重要会议，为其他省委领导如王大任、赵雨亭、朱卫华等起草文稿。王大任、赵雨亭、朱卫华以文字方面要求严格出名，能得到他们三人的肯定和称赞，殊实不易。赵雨亭晚年自己写的回忆录，第一篇文章就是《给李淳同志的一封信》，主要表示了对我的思想、文字水平的充分肯定和感谢。

1976 年底，我被委任为当时省委办公室下属的材料组副组长，组里有四五个科员。任务是负责给省委书记等领导起草文稿。

1980 年 10 月，霍士廉由农业部长调任中共山西省委第一书记兼省军区第一政委。其时罗贵波任省委第二书记、省长。1981 年，李立功任省委常务书记。我除了参与省委主要文稿的起草，也随霍士廉等省委领导下乡调研。有一次，霍士廉在地市厅局领导会上讲话，没有稿子，但讲得很好，有很多重要言论。会上我准备了录音机，也做了笔记。会后，我把录音稿整成书面材料，并做了大幅度的改动和加工，有前后调整，有文意的补充和发挥。分管领导很惊讶："你对书记讲话还能这么大改呀？"我说："反正要送书记本人审定的，他说不行再说。"结果霍本人看后说："整理得好！就这样印发。"

我还给罗贵波、李立功等起草或整理讲话，都能很好地完成任务。罗贵波工作认真，又当过外交部副部长、中国驻越南大使，外交官的经历使他养成了字斟句酌的习惯，我给他起草文稿，体会尤深。比如1982年，在党的十二大期间，我作为工作人员与会，罗让我起草一份报告，内容是请中央批准山西搞引黄入晋工程。对起草的文稿，罗整体满意，但为一句话就与我讨论了一个小时。1983年3月，霍士廉从省委第一书记岗位上退下来，由李立功接任书记。我为李立功服务十一年，他的调研报告、新闻报道、署名文章，几乎都经我手，或亲自起草或主持起草。

我从谢振华起，经王谦、霍士廉、李立功、王茂林、胡富国、田成平到张宝顺，连续服务八任省委书记近四十年。八任书记任期最长的八年，最短的两年多。

在近四十年中，我跟随省领导下乡、外出调研、考察；随省领导参加中央的各种大型会议，如党代会、中央委员会全体会议、中央工作会议。作为材料工作人员，这些大型会议我是要全程参加的，这也是了解中央精神和国家大局的机会。机关工作不太紧张时，我就带部下深入基层搞调研，有时把车停在村外，一两个人进村搞"私访"，看最贫困的人家。我的调研报告，坚持既报喜更报忧，反映下边的真实情况，给省委提出决策参考意见，并把重要的调研成果写入省委的报告、讲话、文件中。

八任省委书记除全面抓好党的各项工作，如党的建设特别是各级领导班子建设，确定大政方针，结合实际贯彻中央的路线、方针、政策，抓经济、搞建设，改善人民生活这些共同性的工作外，随着时势的变化，他们也承担了各自不同的历史使命和重点任务，也体现出各具特点的领导风格。我作为参谋服务人员，见证了四十年内山西工作的决策和执行过程，也从省委领导同志身上和人民的创造中学到了不少东西，并参与了一些决策参谋工作。

这里只举几个例子。1980—1981 年，山西推行农村联产承包责任制时，我发现临汾秦村大队在平川区、先进队搞土地承包，突破了当时中央 31 号文件"深山孤门独户可以搞"、75 号文件"三靠地区可以搞"联产承包的规定。我认为这是符合农村改革方向的创新举措，应予肯定，就总结了秦村的经验，建议省委推广并报送了中央。这为中央出台 1982 年一号文件（即转发《全国农村工作会议纪要》）提供了依据。一号文件彻底解除了对"包产到户"的最后一道关卡，不再分山区和平川、穷村和富村，肯定了"全国农村实行的各种责任制，都是社会主义集体经济的生产责任制"，正式把农村这项改革由民间创造上升为党和政府的政策，使山西和全国形成了包产到户的燎原之势，同时也改变了山西联产承包发展在全国滞后的状况。

1985 年山西省召开第五次党代会。在大会报告起草过程中，省委常委会讨论经济发展战略，对建设"山西能源重化工基地"发生了争议。有人认为"重化工"就是煤炭化工，整个提法就是建设煤炭及煤化工基地。有人则认为，"重化工"，在"重"与"化"之间应有顿号，是重工业与化学工业之意。我查阅历史资料，确认过去中央对山西的要求和当时省委省政府报送的都是"建设山西能源基地"。我认为，不管中央怎么提，山西要抓好煤炭能源，但不能只抓煤炭能源，不能在一棵树上吊死；要充分利用山西煤炭化工、机械工业基础好的优势发展重工业，同时大力发展农业、轻工业；必须调整产业结构，这样才能把对全国负责同对山西人民负责结合起来。这个意见得到了领导同志的认可，并写入了报告。这是山西正式提出调整产业结构，决心改变"一煤独大"局面的开始，以后历任省委都提经济结构调整，进一步端正、明确了发展的战略方针。这对山西经济社会发展有重要意义。

1996 年 2 月，在山西省第七次党代表大会的报告中有这样一段话："特别令人忧虑的是，还有 380 万人，即占全省人口八分之一的农民群众处于贫困状态，年收入在 500 元甚至 400 元、300 元以下。这 380 万贫困人口，生活相当困难，有的有病无钱医治，孩子上不起学。面对群众的这种境遇,我们能心安理得吗?全国解放快半个世纪了,我们有什么理由还让群众过这么苦的日子?山西资源条件得天独厚,人民又是这样的勤劳善良,我们有什么理由长期贫穷落后?山西人民在革命战争年代和社会主义建设时期,都对全国做出了巨大的奉献和牺牲,我们有什么理由让他们得不到应有的报偿?难道还能让我们的人民带着贫穷的枷锁进入21世纪?我们的党员领导干部,吃人民的饭,穿人民的衣,手里掌握着人民赋予的权力,……能对我们的群众至今还过这么苦的日子无动于衷,不感到自责和愧疚吗?"这段话是我亲自起草的,字里行间带着对群众深厚的感情,省领导在大会上讲这段话时,下面掌声雷动,有些代表流下了感动的眼泪。

在同一报告中,有较大篇幅讲反对腐败、反对卖官鬻爵等问题。在党代会报告中讲反对、严惩卖官鬻爵,山西是全国之首,一年半后中央领导用了"卖官鬻爵"这个词。报告说:"我们讲忧患意识,首先要忧党,忧党就要下决心、下功夫解决腐败问题。""纵观历史,吏治腐败是最大的腐败。只有吏治清明,才能从严治吏。""对确属弄权渎职甚至卖官鬻爵的责任者,要加以追究,严惩不贷。""要冲破关系网,打掉保护伞,把那些上下勾连、隐藏较深的腐败分子挖出来,以振民心、舒民气。""要正确评价干部的功过是非,使那些脚踏实地、埋头苦干的干部,得到应有的肯定和激励。""端正党风,反对腐败,从根本上说,就是要使党和政府走出历代王朝兴亡周期率的支配,保持和巩固党的执政地位,担负起领导改革开放和社会主义现代化的历史重任。"这些话是我起草的,到今天二十多年过去了,大概也没有过时。

这里还有个小插曲,就是在讨论这个报告稿时,有的领导提出:"谁卖官了?谁鬻爵了?省委报告还能给自己脸上抹黑?"后来七八次讨论中,有人一直反对写"卖官鬻爵",有人甚至说:"这是谁的报告?是省委的报告,还是起草组的报告、李淳同志的报告?"我回答:"当然是省委的报告。""既是省委的报告,我们提出不要提卖官鬻爵,你为什么不删?!"我说:"这个问题,会后还可以研究。"会后我用摆事实、讲道理的方式给省委主要领导提出诚恳建议，请他认可这一段话并出面支持，在下次讨论时表了态："这段话不改了。"提意见的人这才作罢。在大会报告讲到这段话时，台下掌声如雷，经久不息，说明这段话反映了绝大多数党代会代表和与会干部群众的心声。后来山西查出的官员严重腐败情况，也从反面证明了这段话的现实基础。

在国有企业"抓大放小"的改革中，省委省政府派出多个调查组，对全省改革工作的进度和情况进行调查。我奉命调查当时全省国企最多的两个市：太原、大同。在省委扩大会议听取调查结果的汇报时，各组多有报喜多、报忧少，甚至只报喜不报忧的现象。我被安排在最后做汇报，在汇报了成绩和经验之后，着重讲了十二个方面的问题，主要有：有些地方在没有搞清债权债务、没有做资产评估的情况下，就把小国企卖了，有些资产值一千万的公司只卖了一二百万，造成了国有资产的严重流失；有的县确定出卖国有小企业的时限为两个月，而且把倒计时牌挂在政府大门口，造成了"半卖半送""一卖了之"的严重问题；等等。省主要领导很重视我的汇报，一直做着笔记，当听到下边"刮风"，造成国有资产流失时，他就问："下边为什么会刮风？"我答："您在动员报告时说：'谁不放小，就把谁放倒；谁当顶门棍，就把谁搬掉。'地市县领导想尽快提拔，谁愿意被放倒、搬掉？"我直率地把领导动员时在讲稿外强调的话端了出来。领导脸红了。但他不仅没有生气，还把我的大部分建议和意见在总结讲话中吸取了，并在省委机关报上突出发表了他的这个讲话，受到了中央领导的肯定。

在起草《山西省委贯彻〈中共中央关于加强和改进党的作风建设的决定〉的实施意见》时，我就《意见》稿给省委常委扩大会做汇报。汇报中提到：群众、干部意见较大的，有用人问题上的不正之风。其中包括一些领导过度、过快提拔自己身边的工作人员和子女亲属，重用跑官买官者；有的领导有讲排场、摆阔气的不良作风，下乡不是轻车简从，而是前呼后拥，前边警车开道（甚至省地市县都派警车开道），后边车队很长，还让当地的领导到本地边界处迎接，让群众夹道欢迎，手舞鲜花，呼喊口号；有的领导到处题词立碑；等等。

我列举事实，讲明理由，义正词严，不留情面。可以想见我会得罪多少领导。听完汇报，主要领导说："今天唱的是'李淳骂殿'。"我立即回答："我没有攻击谁，我是为了省委，为了党的事业。我没有哪一句讲的不是事实，不符合中央规定。"最后，会议还是通过了这个《意见》稿。散会后，省主要领导拍了一下我的肩膀："我刚才的话是开玩笑，你不要当真。"一年多后，他还对我说："那次听你的汇报，我印象太深了。今后你这样的意见还要提，我身边需要有这种说真话的人。"我回答说："我对历任省领导都这样提意见，讲看法。我当然会提，但提不提在我，听不听由您。"

人大工作　城建环保

我于 2003 年 1 月被山西省第十届人民代表大会选为省人大常委会委员，并被常委会选为省人大常委会城乡建设环境保护工作委员会（简称城建环保委）主任。山西经历改革开放二十五年后，经济社会发展颇快，人民生活改善幅度很大，在这种情况下，关系人民生活质量的两大因素——城乡建设和环境保护成为紧迫需要，也成为各级党和政府的工作重点之一。城建环保委联系的是建设厅、环保局（后改环保厅）、国土测绘局等单位。我主持该委员会工作，参加了有关城建环保的不少法规的制定工作，并对执法情况进行检查，同时很注意城建环保工作的宣传，发表过不少文章，还多次接受新闻媒体的采访，推动了这项工作的开展。

在十届人大常委会任职期间，我参与了几项重大工作：

一是起草《山西省人民代表大会常务委员会关于依法防治疾病保护公共卫生和环境安全夺取抗击非典全胜的决定》。该《决定》经人大常委会通过后，于 2003 年 5 月 22 日颁布并实施，对抗击"非典"发挥了重要作用。

二是负责起草省人大常委会《关于加强五台山风景名胜区保护的决定》，提出了二十条有针对性的保护措施，以后逐年落实，成效显著。《决定》于 2006 年 9 月 28 日颁布并实施。

三是负责起草省人大常委会《关于加强汾河、沁河、桑干河源区保护的决定》。《决定》对"三河"在我省经济社会发展中的作用、解决三河源区生态日益恶化的问题的重要性、三河源区保护的基本要求，对科学划定三河源保护区，加快推进生态移民工程，全面加强生态建设，严禁各类破坏三河源区生态环境的活动，加强三河源区环境保护力度，依法适度开发旅游资源、发展旅游产业，不断深化三河源区经济结构调整，逐步建立三河源区保护补偿机制，以及保证这一机制贯彻落实的各项规定和制度等都做了阐明，并使之成为地方法律。《决定》于 2006 年 9 月 28 日颁布并实施。

四是参与山西省人大常委会对副省长及所分管的一个重要厅的厅长履职情况的评议工作。评议前要由山西省人大常委会组成调查组对被评议人做调查，调查情况要向人大常委会做报告。我参加了几次调查和其中一些领导述职报告的修改，在任职期间发挥了比较重要的监督作用。

退而不休　弘扬国学

我于 2008 年 7 月退休时已经 65 岁。但我退而不休，仍旧关心国事，关心全省工作，每年都要坚持搞调查研究，写出有分量的调查报告。如针对农村土地三权（所有权、承包权、经营权）分开的调查报告，省委主要领导对此做了批示，中央政策研究室主办刊物《学习与研究》予以刊用，其中一些观点和建议为次年中央一号文件所采纳。针对忻州市移民扶贫的调查报告《搬出大山天地宽》被省委主要领导批转，省扶贫办参照贯彻执行，《山西日报》头条登载。

2018 年，我又搞了偏关县扶贫工作调查，汾西县发展玉露香梨调查，忻州农业综合开发调查，万家寨引黄工程引水、发电情况调查，等等。我的所有调查都是情况真实，对问题分析透彻，提出的对策建议切实可行，真正做到了"实事求是"，有益于决策。

退休后，我应邀举办过近百次弘扬传统文化的讲座，讲《弟子规》、"四书"、《孝经》，讲发扬优良家训家风，结合新时代的形势和任务，讲中华传统文化如何在继承中创新，在发展中弘扬，从而引导受众确立社会主义核心价值观，更好地弘扬时代精神。

除了讲国学，我更坚持读国学、写国学。我夜以继日，查阅和分析大量史料，以独到的观点和风格，写出了弘扬优秀家教家训家风的《代州冯氏群贤谱》，全书 52 万多字，阐述了代州冯氏一族自明朝至民国前后百数十人的勋名著作。该书实事求是，严谨考证，史论结合，以论带史，激浊扬清，导人以德，引领读者学习古代清官贤吏、正人君子的高尚情怀，同时也指出他们的历史局限性，使人有所镜鉴。这部著作，收到了"读史使人明智"的效果，对立德树人乃至治国理政有较重要的参考意义。

我旁搜远绍，严密考证，在大量翻阅历史著作、历史档案、地方志等资料的基础上撰写了《忠烈武勇杨家将和杨门历代贤宦》，旨在继承和弘扬杨门子弟忠勇爱国的家国情怀和牺牲报国的高尚精神，以及杨门优秀家风。

与此同时，我还挤时间读纪实文学，并撰写了文学评论《观乎人文，以化成天下——评〈大湄公河〉》。

在四十多年工作中，我曾被评为省直机关优秀党员；连续三年被评为省级优秀干部，奖励一级工资；多次获省"优秀论文""优秀调查报告"特等奖、一等奖；属于个人署名的著作共 20 多本、1 200 多万字。"铁肩担道义，妙手著文章"，对于这种精神境界，我是"虽不能至，而心向往之"的。

读书调研　终身不倦

我一生酷爱读书，精读博览，孜孜不倦。以读书为进德修业的最重要的途径，为修身而学，为理政而学，为弘扬传统文化和革命文化而学，并坚持学以致用，躬行实践。践行孔子"学而时习之，不亦说乎？有朋自远方来，不亦乐乎？人不知而不愠，不亦君子乎？"的箴言，以学道行道、知行合一为快乐，以"友直友谅友多闻"，与朋友深入研究讨论、共同追求真理为快乐，以埋头苦学、不求名利为快乐。这是我的学习实践观、社会伦理观和人生观的重要组成部分。为了做到"精读"与"博览"，既做"专家"又做"杂家"，适应"立德、立功、立言"的需要，我把一切工作和生活的空余时间，包括忙里抽闲挤出的时间，都用在读书、思考、研究上，对衣食日用则尽量俭省，"不耻恶衣恶食"，只求学习知识和研究思考的深度、高度和广度不为人后。

总括我的一生，自幼耕读惟勤，躬行孝悌，上初中、高中、大学都靠国家和人民资助，我永远不忘党和人民对我的关怀和培养，坚持不忘初心，矢志文史报国。为人履职，坚持说真话，办实事，不迎合领导，不畏惧权势，不忌惮小人；既继承和发扬中华优秀文化和革命传统，又敢于解放思想和努力创新，弘扬时代精神。数十年为省委做参谋咨询服务工作，恪尽职守，坚持真理，无私奉献。努力做到"仰不愧于天，俯不怍于人"，对得起党的培养，对得起人民的养育，无愧于伟大的祖国，无愧于这个伟大的时代。

"犟张既超然，老潜亦绝伦。李子冰玉姿，文行两清淳。"人生何求？努力做一个大写的"人"足矣！

在世界面临百年未有之大变局的今天，我热切希望人民大学的校友能够乘势而上，奋发进取，在党中央的正确领导下，为中华振兴做出更大贡献。

李淳自述，由中国人民大学校友工作办公室根据相关文章重新整理。

采写 / 李茂盛　整理 / 李宣谊

叶 周

| 人物简介 |

　　叶周，1948 年就读于华北联合大学政治学院政治 16 班。曾任新华社对外新闻编辑部高级编辑。

为同学办实事

1926年1月23日我出生于上海，我的父亲叫周尚，母亲叫叶华，他们都参加过"五四"学生运动，都是教育工作者。1944年9月我从重庆到昆明进西南联合大学学习。1946年4月西南联大停课，开始遣送学生和教职员工离开昆明。我乘坐第一批卡车经广州、香港到上海，9月从上海乘船经秦皇岛、天津到北平，进北京大学继续学习。

我在北大的时候参加学生会运动，反对国民党、反对蒋介石、反对四大家族，做了很多工作，并因此当选为学生会理事。我做了两件事，从而赢得了同学们的信任。第一件事是当时冬天需要烧煤，但每个宿舍的煤都不够用，甚至还不到1月份煤就都烧完了，同学们就推荐我来监督煤的使用，我就每个房间挨个查，终于发现是管理宿舍的舍监把煤给贪污了，所以那一年冬天大家都没有挨冻。另一件事是我们学生觉得食堂伙食太差，可食材的供应就是我们学生自己组织的，我就起疑心了。食堂组织要换届的时候我就查账，发现发票是假的，我就知道是负责人贪污了。后来我把他们贪污的事情宣布了，被贪污的钱补进来后，我们就常常有肉吃、有鱼吃。

这两件事情影响很大，而且因为被抓的舍监是国民党员、食材的负责人是三民主义青年团团员，所以咱们的党组织很信任我，每次游行都是安排我带队，我也因此顺利加入了共产主义青年团。

因为我做的这些事，1948年，我上了北平国民党宣布的第一批被通缉的北大学生"黑名单"，组织为了保护我，就安排我来解放区。当时的中共华北局组织部副部长、城工部部长，也就是后来的北京市委副书记刘仁觉得我再用原名很危险，他说：你母亲姓叶，你原来姓周，你就叫叶周吧。从此我这一辈子都用叶周这个名字。我辗转多地后，终于来到了正定——当时华北联合大学的所在地。

联大时光

到联大后，我属于学校的第十六届学生，当时我们这一届大概有一百多人，只有四人之前上过大学，大部分学生还都只是读过中学，年龄比较小。在学校时我负责做墙报，就是把大家讨论的过程和讨论的问题做成墙报。大家讨论的时候都很积极，并且很勇敢。同学们入学时年纪比较轻，讨论的水平还不是很高，大家就经常一起坐卡车去听报告。

我在联大的时候也建立了阶级观念和树立了"为人民服务"的理念。我的父亲很优秀，后来被冤枉，但我没和组织提任何意见；后来我的父亲被平反，我真的特别高兴。还有就是因为我会一点按摩，有人不舒服了我就给他揉揉。有的时候我自己都很累，但我秉持着"为人民服务"的理念，还是坚持服务大家。

璀璨的工作生涯

我在联大待的时间不太长，入学不久，新华社的记者彭迪就来联大考察人才，因为我是英文专业的，英文读得很流利，还是共青团员，我就在 1948 年 11 月被调到劳动大学文化供应社。劳大是中共中央机关当时的代号，文供社是新华社的代号。

由于傅作义部队从保定出发突袭石家庄，华北局机关都已转移，我背着背包，沿着滹沱河从一个村子到另一个村子走了两天，才在一个小村子里找到了华北局组织部的留守处。华北局派了一辆马车送我和华北人民日报社一对带着他们不满周岁的女儿的中年夫妇去平山县。

到达西柏坡村附近的韩家峪（当时属建屏县）山坡下已是黄昏，马车回去了。经人指点，我在韩家峪与陈家峪之间的半山腰一间不大的老乡房间里找到总社干部科。进屋一看，一个土炕占了大半间房，中央放了一张八仙桌和四把凳子后，空间就很小。两位科长丁拓和张纪明热情地接待了我。他们从门口的灶里盛了一碗热气腾腾的金黄色小米饭和一碗胡萝卜丝炒白萝卜丝。我饿了，吃得很香。

我被分配到对外部工作。对外部当时叫三部，部主任沈建图到西柏坡村去了，参加胡乔木同志直接领导下的总社小编辑部工作。副主任陈龙坐在土炕上，一张小炕桌上放了一架手提打字机，他向我介绍了对外部的工作任务。他穿着一套灰色棉军服，领子敞开着，盘着腿坐在炕上，令人难以想到他是一名出色的英语干部。开始，我在对外部什么都干，取稿、抄稿、打字、作资料、编写战报或简单的解放区消息。我还兼任行政干事，协助行政秘书彭迪做一些具体事务，如领煤、发津贴（每人每月 15 斤小米）、发烟（有时是几包飞马牌香烟，有时是烟叶）。我还有项特殊任务：为夜班准备夜宵。1948 年 12 月初，三部已搬到通江口村，因为这里有电灯，并紧挨着西柏坡村和东柏坡村。从 12 月中旬开始，对外部安排了夜班。当时，三大战役进入决战阶段，每天有重要战报，几乎天天有重要的评论、文章和声明要对外发表，我们上夜班的人经常是通宵工作。廖承志社长每晚亲自来审发英文稿。我每隔三天去赶集一次，买回一点肉、青菜、鸡蛋和挂面。没有切肉刀，就用剪子剪，没有锅就用吃完了的解放区救济总署发的装五磅奶粉的罐头盒，把肉放在空罐头盒里用炕头取暖用的小火煮上一天。到半夜，才将挂面放进去，这时肉已全烂在汤里，味道好极了。每次打开罐头盖时，同志们都会连声啧啧地说："好香啊！"廖公本来是吃特灶专门为他准备的夜宵，有一次他喝了我煮的"烂糊面"，就要通讯员把钱领出来交给我，同我们一起吃。

教育科的蓝芸夫要我在业余时间教初中文化课，我答应了。每周两次，我下了夜班，天刚蒙蒙亮，拿了根棍子爬过两三个小山包去印厂教初中化学和代数。听课的人不少，好几十个，有电务处的、印厂的、二科的、校对科的。有一次我在下坡时，看到黑暗中有两只绿色的、像小灯笼似的眼睛在望着我。我心想不好，一面用手中的棍子画圆圈（这是老乡教我的对付狼的办法），一面加快步子前进。后来，听说附近出现豹子，拖走了羊和猪。

没有想到一个月后给我发了70斤小米的钱，作为教课的津贴，我成了对外部的财主了。在赶集时我买了猪脚、猪肝等好吃的请大家打牙祭。那时候大灶一个月才难得打一次牙祭，吃的是红烧肉加粉条。

每天晚饭后，沈建图率领我们沿着小河散步。有一次，廖公有急事亲自到对外部找老沈，我们散步回来时，看到廖公留下的一张便条，写道："三部，散步也，见条速来见我。"廖公是一个很幽默的人。胡小为常常"咯咯"地笑个不停，她一笑，廖公就说："母鸡要生蛋了。"他还喜欢画漫画，一有空就在纸上画。据说，进北平后，在中央领导同志集体办公时，他还抽空画"公仔"（广东话，意思是卡通人物）。廖公非常孝顺母亲。进城后，我与廖公一家同住西城麻花胡同宿舍。因为我会讲广东话，廖公有时在周末找我去陪何香凝老太太打麻将。何老太太还是一位艺术家，爱好收藏艺术品。有一次我随廖公去锡兰（现斯里兰卡）参加世界和平理事会议，他把所有的生活费都花在买一个根雕艺术品上，他对我说，这是送给母亲的。

北平快要和平解放了，彭迪、钱行夫妇和英国《工人日报》记者阿兰·魏宁顿及向立等同志随先遣队去北平。向立是山西人，发音不标准，在电话里传稿时难免让人听错。在传解放军入城式的报道中，他说群众手拿"小旗"（pennant）欢迎，我听成"花生米"（peanut）。我反复问了几次，他都回答说不错。就这样，英语广播变成了：北平人民手捧"花生米"欢迎解放军。口语广播编辑部当时叫二部，同我们紧挨着，梅益、温济泽、左漠野、胡若木等同志常过来聊天。但是，广播台离我们有80多里，设在井陉煤矿附近的大山里。敌人的飞机时常在附近上空盘旋，但一直没有找到我们的广播台的确切位置。

有一天，我接到紧急命令，要我一天内赶到广播台，准备当临时播音员，因为两位英语播音员魏琳、王禹都感冒了，嗓子哑了，而当过播音员的钱行又去了北平。马班长派了一位饲养员跟着我骑马前去。这是我第一次骑马，心里有点紧张，好在老马识途，过河上坡都很平稳。谁知道，近黄昏时，翻过一座山头后前面是一马平川，这匹老马不听指挥，拔腿狂奔起来，把饲养员远远地甩在后面有好几里地。我只好夹紧两腿，抱着马颈，听天由命。那马奔驰了半个小时，在另一座大山脚下的窑洞口停了下来，原来那是它熟悉的广播台的马棚。我下马后，两腿酸痛，站不直，只能半蹲着走，好久以后才恢复。电台的播音员们，齐越、丁一岚、孟启予、杨兆麟等看见我狼狈不堪的样子都哈哈大笑。

提起齐越，有一件关于他寻找爱人的事，我要不写一笔，恐怕没有人记得了。齐越去解放区后，他的爱人杨沙林留在北戴河老家。齐越进城后发现她不在老家，不知去向。经领导批准，齐越在中央人民广播电台破天荒地播了一则寻人启事。还真起作用！原来杨沙林已到冀东解放区工作，她听到广播后就找到北平来了。夫妻团圆，不必多说。杨沙林先在对外部工作，后调到图书馆。

还有一件我经手的事，应该提一下。美国人李敦白在对外部改稿已有多年了，1949年初北平和平解放前的一天，廖公叫我去，要我通知李敦白收拾行李，准备出发。廖公的表情比较严肃，我感到事情有点蹊跷。李敦白一面收拾东西，一面问是否要他参加进城先遣队，我没有吭声。过了一会儿，来了中央社会部的一名干部和两名战士带走了李敦白。我心中的一团疑问，直到晚上看《参考消息》时才得解开。原来，塔斯社发了一个公报，声称著名美国作家斯特朗女士是间谍，被驱逐出境。李敦白是通过斯特朗的介绍到解放区的，因此受牵连，受到审查。

斯特朗的案子在1955年得到平反，对李敦白的审查也就结束，李敦白被调到中国国际电台英文部担任专家。"文革"中他再次被捕，"四人帮"垮台后才被释放。

我在1984年从西安回北京的飞机上遇到过李敦白及其夫人，从名片中得知，他当时担任一家美国电脑公司的经理。

1949年初，从国民党统治区来了一批民主人士，其中有吴晗教授。我走了十几里路去统战部看望过他。在回来的当晚，接到通知要我为一位刚从国民党统治区来的大知识分子安排住处。他叫陈翰伯，可能到对外部工作，当时我不认识他，以为他也是民主人士。他在我的隔壁房间住，半夜里，我听到他忽然走出房门，到外面散步。同我共居一室的邓光担心附近有小河又有山坡，怕他有闪失，要我跟着他。可能他初到解放区，比较兴奋，先沿着河边走，后来又折向北边。我心想不好，再往前走就是西柏坡村了，那里有警卫站岗，夜里戒严，不让走的。我赶忙回办公室，向保卫科打电话通报此事。这场误会成了同志们取笑我的话柄。第二天我才知道，他就是我久仰其名、经常在上海的《世界知识》杂志上写国际形势分析文章的梅碧华（其笔名）。进城后，他担任新闻学校（原为新华社新闻训练班）的副校长（校长是范长江），后来他调中宣部任理论处处长，后又任商务印书馆总编辑。

1949年4月初，新华社大队人马由廖公率领，乘着十几辆卡车经过石家庄向北平进发。我们在石家庄住了一夜，廖公带着对外部的几个人去拜访市长柯庆施。去前，廖公笑嘻嘻地对我们小声说："去敲他竹杠，要他请客。"果然，柯庆施买了冰激凌招待我们。在解放区能吃到带有冰碴的冰激凌，是非常难得的。在去北平的旅途中发生了一次险情。公路上挤满了南下的四野部队，步兵、骑兵、野战军车队不断地浩浩荡荡向南前进。我们的卡车开得很慢，有时公路太挤，卡车从小路迂回。由于司机不认识路，我们乘的一辆卡车离开了大路，走上了一条干涸的河床。"嘎"的一声急刹车，卡车突然停在一座小桥的洞口，车头已卡在桥洞里。黎枚和我高高地坐在最前面，紧靠着车头。我反应还算快，一下把黎枚拖住往后仰。她的嘴唇擦破，两颗门牙断了，脸上满是血迹。真险，卡车如果再往前开一点，她的鼻子就可能保不住了。我们只好折回石家庄对她进行急救。经医院诊断，没有其他伤处，她留在石家庄养伤，我们继续往北开拔。由于公路拥挤，车速快不起来，我们在保定又住了一夜，第三天才到北平。

在进城之初的几个月里，我不时被抽调或借调去干一些与新闻采编无关的工作。不过，我从中取得了不少办事经验，还认识了不少重要人物，在我以后的采访活动中，他们给了我不少帮助。

搞发行

进城之初，外交部（当时为中央外事小组）、军委等单位都来要新华社的英文电讯稿。当时在西单六部口的中央人民广播电台小型印刷厂里印刷出版八开四版的铅印《新华每日电讯》。英文排字用的是从上海《大陆报》接收来的老式英文铸造排字机。1949 年 4 月 22 日出版创刊号，刊登的是毛泽东主席和朱德总司令发布的渡江命令，即"向全国进军命令"。

英播部（即现在的对外部）主任沈建图通知我去搞电讯稿的发行。发行怎么搞法，发行对象是谁，一系列问题都得自己动脑筋去解决。我和当时担任英文电讯稿校对工作的周立方商量后，找到北平军管会外事处长柯伯年，他批了一个条子给公安局外事科，把北平的全部外侨名单和地址给了我们。我们俩就按图索骥，骑着自行车满城穿行，一家一户送去电讯稿和订单。第二天就有人来订阅了。

在分送订单的过程中，我们在沙滩附近遇到北京大学的英国教授安普森（Emperson）夫妇，我们曾听过安普森教授讲授莎士比亚作品课。他们请我们喝茶，并分别拿出英国共产党和南非共产党的党员证，表示愿意帮助人民政府工作。另一次，在王府井大甜水井胡同遇到美国《北美妇女》杂志记者琴·莱昂丝，几年前，我在北大学生会工作时就认识了她。她提出了一系列关于留在北平的外国记者进行工作的问题，还谈到她所认识的其他留在北平的西方记者的情况。我们当即把这些情况向军管会外事处做了汇报，柯伯年表示这些情况很有用处。柯老是新华社李伍的哥哥，在北伐战争期间，他们一家人有十多口惨遭敌人杀害。柯老后来担任过外交部美澳司司长和驻罗马尼亚、丹麦等国大使。

接着，我专程赶赴天津，找到了天津外事处处长章文晋，经他批准，我又拿到了天津的外侨名单。我向他们寄去了订单，这样，我们有了天津的订户。

上海解放了，华东总分社设有英文部，由杨承芳担任主任。我本想同英文部联系，打算由他们代为发行。没想到，信还未发出，杨承芳已要调北京工作了。我偶然找到了由一家三口人办的光明派报社，经过批准，我委托他们通过上海的发行网，在上海开展订阅。一个多月后，我已另有任务，发行工作就此移交出去了。

早期的专家工作

新华社在 50 年代末才成立外事部（后改称外事局），而总务处设专家科是在 60 年代初了。在此之前，对外部的专家工作由本部门负责，好在当时只有对外部有专家。

1948 年，英国《工人日报》记者阿兰·魏宁顿参加了在哈尔滨召开的第六届全国劳大后随同总工会领导人刘宁一来到河北省建屏县。他在总社英播部工作了一个时期后，随同新华社的先遣队进入北平，报道了北平和平解放的入城式。

阿兰在北平的采访活动常常由我陪同。1949 年 6 月，我送他去天津，乘船经香港回英国，随身带去毛主席写给英共总书记波立特的一封信，邀请英共派专家来华工作。英共派出了四人小组来华，史平浩和夫人史珍妮，阿兰和夏庇若。史平浩是一位有地位的英共党员，曾当选为英共政治局委员，他在外文图书出版社工作，1953 年患癌症去世。史珍妮在人民画报社工作。阿兰和夏庇若在对外部工作，同时他们还为英共机关报和刊物撰稿。夏庇若曾担任过英共伦敦的区委书记和英共地方议员竞选委员会负责人，他生在俄国基辅，第一次世界大战期间，俄国反犹太活动掀起高潮，他全家迁居伦敦。四位英国专家在 1950 年 1 月初经莫斯科来中国，我赶到满洲里去迎接。后来我搬到国会街 37 号宿舍，同英国专家住在一起。先后同住一院的有美国专家艾琳（她从波兰来）·和马尼亚（原名罗斯，曾任美共主席福斯特的秘书），还有张报等。

我负责定期向夏庇若、阿兰传达总编室汇报会上的一些重要内部情况。当时四名英共专家加上马海德（卫生部专家）组成学习小组，中联部的专家索尔·阿德勒有时也来参加。我不定期地参加他们的小组讨论会，介绍有关我国政策和情况的背景材料。夏庇若每次都作笔记，准备作为日后写书的资料。没有想到，这些笔记在"文革"中成为他的"罪证"，而我也受到牵连。阿兰花了不少精力培训对外部的干部，在抗美援朝期间，为了捍卫朝中方的立场、揭露美方的阴谋诡计，他写了大量的报道。夏庇若也在朝鲜后方做被俘英美士兵的工作，为此，他们的护照被英国政府吊销。

阿兰在 1957 年提出了改进新闻，特别提出对外报道不能完全跟着对内宣传走，他对我们当时的一些政策有不同意见，而这些意见当时是难以被接受的，我们与他展开争论，甚至变相批判。阿兰终于离开中国去民主德国，担任外交部远东问题顾问。1979 年，阿兰应中联部邀请到北京访问，新华社举行了招待会欢迎他。我奉命向他表示，当年他的不少意见是正确的。他听后显得很激动，可惜，他回柏林后不久就与世长辞了。

筹建国际新闻局

1949 年 7 月初的一天，我随新华社副秘书长徐迈进去中南海开会，会议讨论的主要问题之一是国际新闻局的筹备工作。胡乔木同志传达了中央指示，出席会议的人中有范长江、陈克寒、萨空了、韦明、马健民和刘尊棋等人。这时我才知道，我暂时被借调出来是为了协助刘尊棋筹备国际新闻局。此后几个月我就一直跑东奔西，干我从未干过的工作：调干部，寻找房子，购置桌椅书架和办公用品，起草电报等。

当时，新政治协商会议筹备会议刚开过。党中央同民主党派领导人就新中国成立后中央人民政府机构的组成初步交换了意见。根据这项计划，政务院将设立新闻总署，下辖新华社、中央广播局、国际新闻局和新闻摄影局。新华社的英播部划归国际新闻局，成为新闻处，但对外发稿仍沿用新华社电头；对外英语口播稿的编辑工作仍留在新闻处，直到中国国际广播电台成立才回到广播局。廖承志同志在进城后就不再担任中宣部副部长和新华社社长的职务，改任统战部副部长（筹建中央联络部），同时兼任中央广播事业处处长和团中央的领导工作。筹建国际新闻局的工作是由中央广播事业处负责，所以有些重要问题要由廖公来决定。

我的第一项任务是找房子。新闻总署和国际新闻局的办公室都设在宣武门国会街 26 号原北京大学四院的口字楼一层内。新中国成立前，四院是北大一年级新生的大本营。口字楼建于 30 年代，比四院的其他建筑都要新。除了新华社的总编室外，口字楼二层其余的房间都是总社领导同志的宿舍，三楼原本只有一间大屋，用作小会议室。国际新闻局还没有宿舍，最早来报到的干部只好暂时住在旅馆里。我骑车到处找房子，首先在国会街找到两处房子，一处是国会街 5 号的小院子，另一处是国会街 37 号四合院。5 号院是用了 500 袋面粉买下的；37 号院的房主是投诚的国民党师长的儿子，他开价 1 500 袋面粉，后来以 1 200 袋成交。我的运气还算不错，偶然获悉南河沿有几栋空房子出租。我去一看，有四栋中西合璧的房子，建筑质量较高，有的里面还有小游泳池。房主是一对美国老夫妇，他们的儿子在国民党的中航公司当飞机驾驶员。房租高得惊人，每月要几千斤小米，所以一直没有租出去。我向廖公报告了这个情况，他立即决定签约租下来。这些房子后来移交给外交部，有的曾作为外国驻华使馆的馆址和外国通讯社驻京办事处。

南河沿的这些房子还同破获国民党特务联络站一案有关。我偶然发现沿大街的一栋房子里时有不三不四的人进进出出，怀疑那是地下赌场或是倒卖外汇、银元的地下交易所。廖公听了我的汇报后，要我立即去见北平市军管会公安局局长谭政文，向他当面报告。谭局长下令派七处处长冯基平带领便衣前去侦查。若干天后，我遇见廖公，他笑嘻嘻地对我说："小鬼，你算立了一功，公安局破获了一个敌特联络站。"军管会据此接管了这一批房子，我们当然也就无须再付房租了。

　　我一面找房子、买办公用具，一面接待、安置陆续到来的干部。局长乔冠华从香港来，他一家住在台基厂外交部招待所，中央外事小组的负责人王炳南也住在那里。随同他一起来的有香港《中国文摘》社的干部。从香港和上海来的一批知名文人学子中不少是我舅父叶灵凤和父亲的故友或同事，也是我的长辈。

　　廖公给了我一个任务，去找一批懂外文的大学生参加对外宣传工作。不少北大、清华和其他大学的学生已参加了南下工作团。我去东四原"美国学校"里南下工作团驻地（后为外交部所在地）看望他们，经动员后不少人愿意来。我开了一张长长的名单，共二十多人，其中有周立方、张璧华、赵少伟和郑葵等。没有想到廖公把这张名单分成两半，一半调给国际新闻局，另一半调给他主管的团中央联络部。

　　有一天下午，我听说汪仁霖刚从香港到北平。我知道他喜欢吃广东菜，于是赶到东安市场，在一家广东酒家里找到他，说服了他参加新闻处的工作。

　　1949 年 10 月国际新闻局正式成立，我仍回到新闻处，继续当记者。1952 年，国际新闻局撤销，改组为外文出版社，第一任社长为吴文焘。新闻处又回到新华社，成为对外新闻编辑部。陈龙一度留在外文出版社担任副总编辑，1955 年克什米尔公主号事件沈建图牺牲后，他调回新华社。

陪同《真理报》记者和苏联代办去广州

　　在我参加的外事活动中有一件事是很特殊的。1949 年 12 月底，我奉命陪同第一个来新中国采访的苏联《真理报》记者去广州。她叫奥尔嘉·契乔特金娜，是《真理报》国际部副主任，曾被派往印尼、马来亚等东南亚国家采访。她四十开外，精力充沛，英语讲得很流利。在前门火车站上车时，我才知道同行的有苏联临时代办齐赫文斯基和他的警卫员。外交部交际科科长韩叙来送行，他交给我一封信带给广州市人民政府，并悄悄地对我说，请照顾一下苏联代办。这样，我成为一名接待外交官的记者。齐赫文斯基原是驻北平总领事，讲一口标准的普通话。苏联任命的新中国第一任大使罗申还没有到任，因此由原中国最高级别的外交官任临时代办。他此次去广州是奉命将苏联广州总领事馆的财产移交给我国政府。我们乘的是铁道部副部长吕正操的公务车，此车是用来送中南铁道兵司令员兼衡阳铁路局局长郭维城回衡阳的，我们搭乘他的车子。郭司令员曾是地下党员，担任过张学良的秘书，也是张的亲信，在四野进关南下前是四野铁道兵司令。他很风趣、幽默，一路上，他讲了不少解放东北和有关张学良的逸事。

我们沿津浦线南下，经上海时停留了一个白天，上海市军管会外事处有人来迎接我们，送我们去拜会宋庆龄。我很高兴在思南路宋公馆认识了金仲华、刘思慕等新闻界老前辈。

火车在沿刚恢复通车的浙赣线行进时，车子颠簸得很厉害。到衡阳后，公务车要调回北京，我们换乘武昌去广州的普通客车。在离北京时，公安部派了两名警卫随行，郭司令员又加派了两名警卫。

广州是在 10 月 14 日解放的，我们到达时才解放了两个多月。被炸毁的珠江桥虽未修复，但整个局面已相当稳定，市场呈现繁荣景象。海关刚恢复工作，我们去参观时，看到仓库里堆积如山的被没收的走私洋烟和洋酒。可是，大街小巷还满地是出售洋货的小摊。一辆全新的英国菲利普自行车才卖 70 万元，合后来的人民币 70 元，一只瑞士表的售价合后来的人民币 20 元。中共南方分局第一书记叶剑英对我们说，非但走私一时很难杜绝，防止敌特越境也很困难。他风趣地说："广九铁路一直在通车，国民党可以一火车、一火车地派进来呀！"

我们住在广州最高的爱群旅馆顶层的套房里，一停电就要爬 13 层楼梯，真是难为了这几位苏联客人。

我们在广州的采访、参观活动安排得很紧。在移交苏联总领事馆财产的正式会谈和仪式上还由我担任翻译。由广州青年团组织的几千人参加的欢迎会上，我为苏联客人当翻译。我已好多年不讲广东话了，因此我用广东话翻译时，身不由己地就讲起普通话来了，这时人群就一片骚动，纷纷递上纸条要求我讲广东话，我还听到有人用广东话骂我。可想而知，当时广州的青年人能听到普通话的实在太少了。

叶剑英同志正在开中共华南分局第一届代表会议，他在百忙中抽出了两天时间接受《真理报》记者的采访，还在家中设丰盛的宴席招待我们。齐赫文斯基后来任苏联驻华使馆政务参赞、苏中友协中央理事会主席和中国问题专家。

在广州，我认识了不少华南分局的领导人，其中方方、朱光、曹未铭等后来都调到北京，我在工作中与他们常有接触。

在回京途中，我们在衡阳下车，由郭维城安排去韶山毛主席故乡采访，苏联代办直接回北京了。

我们那次去韶山，可能是第一次有外国记者访问毛主席故居。当时，湖南的土匪还很猖獗，我们从衡阳去湘潭，郭司令员派了六名全副武装的战士分乘两辆吉普车护送。从湘潭去韶山是骑马，地委派了一个排的骑兵护送，前面还有一个骑兵班开道。我们在韶山冲参观了完全保持原样的毛主席故居的三间茅屋。在采访老乡时，我遇到困难了，他们讲的话我一句也听不懂，只好先由地委的同志译成普通话，我再译成英语。

我们在 1950 年元旦乘火车到达武昌，新华社中南总分社的陈笑雨、戴邦等负责人从汉口乘摩托艇到江边来接我们过江。我们住在汉口的德明饭店。

在汉口，最重要的活动是采访中南局第一书记林彪。采访活动进行了一整天，林彪设便宴招待我们。我见到林彪只喝了一碗鸡汤，吃了两片烤面包。林彪说，他是在几个月前主持长沙入城式时犯的病，不能见太阳，胃也有毛病。

我们在石家庄还停留了一天，参观了束鹿附近的一个村子，收集抗日战争中在平原开展游击战争的材料。我在 1948 年深秋，傅作义部突袭石家庄时正好疏散到这个村子，住过几天。旧地重游，不少村干部和老乡还认得我。

契乔特金娜在北京采访了几天，最后由我送她到满洲里出境。

在 50 年代我一直承担着同外国驻华记者的联络任务，其中包括西方通讯社第一批派来驻中国的记者：路透社的漆德卫和法新社的罗庚。遗憾的是我的全部笔记本和不少珍贵的照片在"文革"中都遗失或销毁了。

有一件事值得提一笔。1950年初冬，我志愿军进入朝鲜抗击美国侵略军之后，法共《人道报》高级记者马尼安访问北京。在一次欢迎他的酒会上，马尼安在祝酒词中说，朝鲜战争"揭开了第三次世界大战的序幕"，这代表了相当一部分欧洲国家共产党人的悲观看法。乔冠华出席了这次欢迎会，我听到他小声地对身旁的外交部情报司司长龚澎说，一定要澄清这种错误观点。他当即起身祝酒，指出，在朝鲜进行的这场反侵略战争"如果不是阻止了第三次世界大战的爆发，至少也大大推迟了大战的爆发"。可惜，这样鲜明的立场在当时不可能公开见报。

50年代初，我采访印度文化代表团的访华活动。周恩来总理在观看完首场印度艺术家表演后，表示要加强中印两国文化交流，促进两国人民友谊。当时，新华社学习塔斯社，外事新闻一般都是干巴巴的几句话，我国领导人和对方谈话的内容是不发表的。我鼓足勇气，向周恩来总理请示：总理讲的这番话很好，能否用在新闻报道中？周总理当即表示同意。我就把这段话写进稿中发了。第二天，朱穆之同志在总编室的汇报会上表扬了这篇对外稿，认为是一个突破。从此以后，中央领导的讲话内容在外事报道中多了起来，领导人对国际重大问题的表态也写进了新闻导语中。

"文革"结束后不久，我再次分管外事采访工作。当时，中央办公厅只允许新华社的外事记者和中央人民广播电台中央时事新闻组的记者列席旁听中央领导人会见外宾的活动和讲话。这样，我有不少机会见到邓小平同志，于是就做了一个贡献。这件事我终生难忘，也使我备受鼓舞。1982年9月，英国首相撒切尔夫人同我国政府就香港问题举行正式会谈。会谈后，双方同意发表一个简短公报，表明双方有分歧，但认为会谈是有益的，会后将"通过外交途径就香港问题继续保持接触"。

但是，在会谈前英方私下大肆散布流言蜚语，说中方在香港主权问题上做了让步。尽管我方已向香港来京的记者宣布，中方的立场没有改变，但这条消息只供香港记者发表，新华社不发。所以，外国通讯社仍继续造谣，并认为新华社保持缄默是一种默认。当时，总编室通过内部电话两次指示我，要力争在公报新闻中以某种方式重申我方立场，否则这场宣传战对我不利。

我同新华社另一名记者柴世宽商量后向领导提出建议，在新闻公报之后加一句阐明我政府立场的背景文字，这样既不违背中英双方关于不透露会谈内容的协议，又可以起到辟谣的作用。领导表示倾向同意我们的意见，而外交部不同意。这时，小平同志刚刚陪同金日成主席访问四川回到北京，他已预定第二天同撒切尔夫人会晤，所以立即赶到人民大会堂的一间小会议室，准备了解双方正式会谈的情况。我随同国务院领导人一起到小会议室。小平同志听完汇报后正在沉思，我拿出写好的稿件送上去给他看。小平同志看后说："我看可以。"就这样，小平同志一锤定音。新华社加上的那一句背景文字是：众所周知，中国要收回香港的立场是一贯的，坚定的。

1988 年，我从新华社中东总分社编辑部主任的岗位上办了离休。同年 7 月，对外部聘请我担任《经济世界》杂志副总编辑兼主编。1989 年 6 月，经合作单位南方出版社推荐、总部设在伦敦的国际期刊联合会邀请，我代表《经济世界》杂志社出席在伦敦召开的第 27 届大会，成为该组织成立 70 年来第一个来自中国的代表。会上，我做了专题发言，介绍新中国成立 40 年来期刊出版事业的发展，并强调我国的开放政策不会改变。那种情况下我的发言其实就是中国政府的声音，英国的报纸把我的话刊登了出来，我的发言也受到与会的400 多名世界各国代表的重视。

叶周自述，本次采访时间为 2019 年 9 月 19 日，由中国人民大学校友工作办公室负责采访，由新闻学院 2017 级本科生高铢负责录音整理及文字编辑，并根据叶周校友本人提供的《口述新华·叶周》等文章中有关内容整理而成。

采写 / 李宣谊　高铢

李墨祖

| 人物简介 |

　　李墨祖，1922年2月生于山东德州，原名盖士贞，曾用名李元。1943年入华北联大学习。1947年入鲁艺美术系学习，并在北平延庆县委宣传部创办《延庆画报》。1950年入中央美术学院进修班学习。1952年调文化部，历任周扬同志秘书、中国摄影家协会办公室主任等。

　　自幼酷爱绘画，初中时期学习国画、木刻，多幅作品刊登于北平《吾友》杂志。解放战争时期，创办木刻版《延庆画报》，作品有连环画《兄妹开荒》，中国画《鹤香》《巍巍太行》等。出版有《墨祖集》《墨祖山水》等，作品中国画《桥沟风光——平型关战役故址》参加纪念世界反法西斯战争暨中国人民抗日战争胜利50周年全国书画大展获金奖，多幅作品被大陆及港台地区，日本、美国、菲律宾、韩国等地的收藏家收藏。

与共产党结缘，踏上革命路

1922 年我出生于山东德州城南，我家在当地算个小地主户，家里有一个哥哥、一个姐姐，我是最小的孩子。上小学的时候，卢沟桥事变爆发，全国抗战打响，学校也因此关门了。后来国民党撤退，日本人占领了德州，我就逃难到一个偏僻农村。

1938 年，我考入德州一中。那时候，我认识了在燕京大学读书的老乡张大中，他是一名共产党员。每到寒暑假的时候，他就回到德州宣传和组织青年抗日。1939 年，他介绍我加入了党的外围组织——中华民族抗日先锋队。1941 年，我考入济南师范学校，第二年冬季，我加入中国共产党，从此走上革命的道路。

济南师范学校也被日本人统治着。当时日本的特务机关叫新民会，有一次新民会写了几个剧本，让学生们去表演。其中有一个剧本叫《镜重圆》，大概故事是：有一对青年的恋人，男方是参加了武装斗争的地下党员，而女孩的父亲是伪县长，二人的情感也因此而破裂。男方成为八路军的连长，在一次战斗中负伤，被日本人俘虏关在监狱里。女孩去监狱里劝他投降，他没有动摇，第二次女孩跟他的母亲再次劝降，他还是没有动摇，但最后第三次伪县长去劝降，他动摇了。

我扮演的正是这个连长。在正式演出的时候，本该投降的我改动了台词，反而发表了抗日演讲。在我大声演讲的时候，台下掌声雷动，观众们很是震撼。

但我也因此遇到了麻烦。演出后的第二天，学校的特务就找我约谈。虽然我并不太愿意搭理他，但我还是做出一个毫无畏惧的状态，随他去到大明湖边谈话。他质疑我具有八路思想，我回应他说："我并没有八路思想，你说话是要有根据的。"他说："依据就是你昨天演的剧。"但由于他对剧本不是很了解，我就回答："我是按照剧本演的，剧本那么写，我就一字不差地说，责任不在我。"他对我无可奈何，但还是拽着不让我走。后来他带我到一个满是伪警察的派出所式的地方，不让我走，我以准备考试为由，不管他的阻拦回到了学校。

一回到学校，我就把这件事向主任报告。主任第二天早上找到我，让我不要害怕，他已经跟校长报告了。校长把那个特务训了一顿，并告诉他没有介绍信，就不能随便判断别人是不是八路，不能胡作非为，不然会被开除。

从那以后，他再也没敢找过我，我就这样安稳地待了几个月。后来我把这件事报告给党组织，1943年，在济南师范的第三年，联系人张大中经过党组织批准，把我接到了解放区。那年学期末，我没参加考试就离开了学校，去了晋察冀边区。我和家里要了路费，谎称到保定去考师专，实则来到晋察冀抗日根据地河北阜平县城南庄镇城工部所在地。从那里开始，我由盖士贞化名李元，就这样来到了华北联大的政治班。

这个班的学生大部分都是来自北京、天津等地方的学生。我们政治班人数不定，学习时间也不定，随时可能被调走。我们主要学习党的政策、新民主主义论等，还有一些哲学课程。那个时候同学们经常在一起批判式讨论。一般情况下，我们毕业后会回到城市做地下工作，但由于我已经暴露了身份，毕业后就没有回去。

在华北联大，令我印象深刻的事是1943年的整风运动。当时有几个同学组织成立了整风班，立志要为党整风。整风班认为我们的支部风气不对，所以当时大家斗争得都很厉害。老师们没有直接参与，大多是同学自发组织的。1943年底，敌人进行大"扫荡"，很多学生就转移到了延安。当时我也希望能够去延安鲁艺学画，但组织把我一个人留下了，让我接待后来的学生，就这样我没去延安，而是留在晋察冀解放区。1944年，我被分到张家口崇礼县县委城工部担任委员，在边区做城市工作。再后来我被派到张家口宣化四区打游击，获取敌人的情报，置办一些解放区必需的药品等。

长城边，与死神擦肩而过的一次采访

1945 年，日本投降了。其实日本投降的时候，我们都感到非常意外，因为战争的年代，信息不方便，本来之前还在和日本人打仗，突然接到县里的通知说"日本投降了"，当时听了以后，我就疯了一样，把我的书包一扔，跑到街上大喊："日本投降了！"我跑过一村又一村地大喊着，非常激动。村里人都还以为我在胡说。

第二天，我就被通知去接任张家口崇礼县四区的区长，后来又跟傅作义打了一段时间的游击战。那段时间战争频繁，崇礼县原来三百多名干部，只剩七十多个，损失惨重。我就担任了崇礼县二三四联合区的区长。

1947 年是国民党大举进犯解放区的第二年，平北解放区包括延庆在内的所有县城都被国民党军侵占了。8 月下旬，我被调到延庆县委宣传部做通讯干事，报道县里的新闻。延庆县城及周边都沦陷于国民党之手，延庆县委县政府撤到了白河堡后山的几个小山庄里坚持工作，称北山。另外，八达岭一线东西走向的这条山区称为南山区，都在我方控制之下。我一到延庆，就听说南山地区有一个"游击合作社"，边打游击边为老百姓提供生活用品，赚了钱又给村民兵、游击队提供枪支弹药……这个典型经验，如果能推广开来，对广大游击区群众缺油少盐生活状况的改善和支援游击队打击敌人很有意义，我想前去采访。

一日，正巧有南山永宁区来县里办事的两个民夫和几个民兵要回南山，我便跟随他们出发了。由于走得过早，摸黑翻过了两座大山之后，太阳才出山，就在这时，迎面出现了一个村庄。远望去村中情况异常，没有鸡鸣狗叫，也没有炊烟和人影。我们疑虑地停下来观察动静，这时，从山坡上走下一个农民，告诉我们："敌人在这里折腾了一夜，这会儿刚刚离开村子。"我们顺着他指的方向看去，尘土飞扬，清晰可见正在撤离的大队国民党兵。

一个民兵戳了毛驴一枪托子说："赶快走！"大家飞跑着穿村而过，村无人影，到处残留有燃尽的火堆，青烟徐徐，尚未熄灭，黑魆魆的，有的地方房倒屋塌，清楚地表明这里刚发生过的不幸与劫难。穿过村子之后，走出不远，右前方山头上的消息树突然倒下。"有敌情！"民夫扬手抽了毛驴一鞭子，赶着牲口加速奔跑，想甩开敌人……一气又跑了四五个小时，直到中午时分，才遇到了一个村庄。进村后，正想打尖休息，却"咣！咣！"传来两颗手榴弹的爆炸声。同时，山顶上的消息树倒了。村里立刻炸了窝，村民们扶老携幼、抱鸡牵羊，争先恐后地向村外涌去，我们未能站脚，也随着人流奔出村外，继续赶路。一直走到太阳偏西，迎面一道东西走向的大山，拦住了南进的通道，山上覆盖着郁郁葱葱的灌木林，这就是南山了。路的尽头有两户人家，我们停下来喝了点水，休息了片刻，就开始登山。一上山就钻进了密不通风的林荫洞里，犹如捉迷藏般地进入迷宫，我们左旋右转拨动着拦路的枝叶，虽然前呼后应，却谁也看不见谁，就这样只闻其声、不见其人地钻行了两个小时。到达山顶，走出洞穴，眼前豁然开朗：这里是一望无际起伏的山峦林莽。大家不约而同停下来，有坐有躺地歇息，饥饿劳累之感随即袭来。就在这时，左方有个赶着四五只绵羊的人一瘸一拐地走过来，凑到民夫老汉身边对火抽烟，搭起话来。

忽听民夫老汉高喊："快走吧，雨来了！"我这才如梦方醒，转身跟随着大家向山下走去。那个人若有所思地望着我们走后，才高声吆喝着，赶着绵羊，顺山岗向另一个方向走了。

我们下行不到半里的崎岖小路，走进山坳，林木掩映一个小山庄——太平庄，使我联想到杜甫草堂的迷人景致。进村后，民夫、民兵和我话别离去。我在村头的一户人家放下挎包，走出院门，顺手帮着一个抱着碾棍磨面的大嫂推起碾子来。大嫂认准我是"八路"，便亲切地询问我："同志，我们这里山高林密，敌人不会来吧？"敌人不来是民众的愿望，我也认为敌人不会到这样偏僻的山庄来，但为了不使群众丧失警惕性，我迟疑了片刻回应说："高山密林是挡不住敌人的。"大嫂听后沉闷无语，继续推碾磨面。

山区里气候多变，顷刻之间，后山压顶的乌云，胜似决口的洪水滚滚而下，顷刻间，充斥沟壑，变为黑夜，云流滚滚，翻江倒海，左浮右漂，如风暴似流水，上下翻腾，旋转了片刻，突然，拔地升空，沟壑中顿时恢复光亮，接着铜钱大的雨点打了下来。大嫂端起簸箕跑回家去，我大步流星地进院回屋。

房东大娘随即送来一盏油灯，还带进一个人来。这人中等身材，穿着一身黑色中山装，胸前交叉地绑着文件包和一支手枪，标准干部装束，显得十分精干。在这样偏僻的深山里能遇到个干部，倍感亲切，我俩见面就热情地攀谈开来。交谈中得知他是永宁区区长王树彦，年龄和我差不多，二十四五岁，也是来自华北联大的校友。当时联大在晋察冀边区河北省阜平县，我是华北联大政治班的学员，他是师范班的学员。我俩先谈联大在校的情况，又谈到在北平的师生同学，然后就把话题转到游击合作社上。他兴致勃勃地向我做着介绍，我铺开稿纸记录着，直谈到深夜。

临睡前他告诉我："平常不能住这个庄，地形不好，如果敌人压住山头，很难冲得出去。"我听了深感不安，他却语气一转说："不过今天没事，这么大的雨，估计敌人是不会出来的。"我听后就和他躺倒睡下了。

破晓时分，我睡得正香，他突然捅了我一下，说："这里敌人经常拂晓包围村庄，捕杀我们的干部。为预防敌人突袭，天亮以前要出村去躲避一会儿。"我起身跟随他出了村去躲敌情，这时天还没亮。由于下雨，出村没走多远，我们便躲在一棵大松树底下避雨，等到村民下地了，我俩才转身回来。刚进屋，一个四十多岁的壮汉十分惊慌地闯进来，脚未站稳便说道："王区长，快，像是有情况（指敌情），后山上的人慌张地奔跑。"话未了便转身而去。王树彦立即背起挎包和撸子枪，告诉我说"这个人是村长"，便急切地向门口走去，临出门转回头来对我说"李，你准备一下……"，就出门去了。我应声忙把稿纸塞进挎包，就赶紧打绑带，左腿打完，右腿刚打了半截，"啪"的一声枪响，同时听到一片喧叫声，我忙把那半截绑带打上，提起挎包跳出房门，急问院里站着的一个十二三岁的男孩："向哪里走？"

他带我绕到房后，指着对面小山沟说："向那边走！"我趴在墙头一看，惊呆了，墙外满布敌兵，把村子包围了。怎么办？交给敌人一个死的吧！不能被活捉！

我决心一下，勇气倍增，将挎包向男孩怀里一扔说了一声："帮我抬（当地话"抬"为收藏的意思）起来！"转身一按墙头，纵身跳出墙外，脚还未着地，就听"八路！""八路军！"，紧接着"啪啪"，枪弹打了过来，打得我脚下的石头爆火星。"抓活的、抓活的！"未等敌人过来，我迎头冲了过去，敌人只顾打枪，我却擦身而过，跑进了小山沟里。"站住！站住！跑……不……了……啦！捉活的！"敌人叫喊着调转枪口向我射击。"啪！啪！"枪声、叫声、脚踏石子声……"捉活的""捉活的"，敌人紧追过来。我设想让敌人的子弹结束生命，不被活捉。"嗖！嗖！嗖！"任凭敌人的子弹打得多紧，任凭他们怎么狂叫，我的脚步未放松，拼命奔跑，准备在奔跑中结束生命。突然，我左胸一热，这使我心中一震，早听伤员说过，在战场上挂了花，只觉发热，不觉痛，我中弹了？我不敢用手去摸，怕看到鲜血跑不动了。呀，右胸部也发热了，上面、下面几处发热。多处中弹了！不管中了多少枪弹，只要两条腿没被打折，就不停步……接着，胸中一股血腥的热流冲上喉咙，心底的鲜血要冲出口腔……腿还没被打折！

子弹"嗖嗖嗖"地仍伴着我一起飞奔，但喊叫声已远，我意识到和敌人有了距离，猛回头看了一眼，三个追敌已被我甩在后面。我一阵兴奋，想大叫一声，你们捉不到我了，感到两条腿的劲更足了。

此刻，成为我和敌人的子弹赛跑了。腿再快，也快不过敌人的子弹。甩开它，我想着，看右边是沙山，上不去，左边是土山，长满了灌木。在一个拐弯处，我登上山，弯腰钻进了灌木林，几步到达了山头，顺着一条通向大山的路冲了上去。跑了不到百米，忽见对面有点点的闪光，我定睛一看，是大队敌人并列两排、端着刺刀迎面压了下来。不容思索，我转身回跑，猛听"呀"的一声惊叫，一个荷枪实弹的哨兵险些被我撞个满怀，倒吓得他叫喊着后退了一步。我又陷入三面受敌的包围之中，可衣兜里党组织关系的介绍信不能落入敌手，来不及掏，我把上衣使劲一扯脱下，揉成一团，塞到一棵小树底下。

我向左转身一个箭步蹿下去，是悬崖——"唰……"，我坠崖而下。跳下去之后才知道那是一个悬崖，要知道是悬崖也许我就不敢跳了。

悬崖很高，我下落的地方也很陡，幸好悬崖上石缝中密集丛生的小树托住了我，我才没有受一点伤。我仰面向上看去，悬崖峭壁高耸入云，令人不寒而栗。我顺手把烂树叶子、腐殖土向身上一划拉，遮掩起来，同时，敌人的枪弹暴雨般地扫了过来，劈劈啪啪响成一片。接着，此起彼伏的枪声响彻了满山，敌人在搜山。过了一个时辰，枪声渐稀。为防敌人发现我，我撅了两根树枝挡在上方，遮掩头部。雨一直在下，灌得人喘不上气来，随着水流的急缓，我时紧时松地承受着漫长的煎熬……很长时间以后，雨小了，我就合眼迷迷糊糊地睡，睡梦中感到脖子上压了个凉东西，我下意识地伸手要摸，见是一条绿色的草蛇擦颈而过，激起了一身鸡皮疙瘩。又熬了一段时间，山谷静了下来。

有两只小松鼠唧唧地叫着跳到我的胸脯上嬉戏，这时我才意识到，奔跑时胸部发热疑是中弹，实为超常奔跑时血液突发性的急流所致，并未受伤，这使我感到一丝轻松。我伸手抓住了一只小松鼠，它急叫着、挣扎着，我联想到自己还在危机中，对这个小精灵的怜悯之情油然而生，便松手放开。秋雨下个不停，淋得我冷得发抖。雨又像一张巨大的幔帐，遮掩了山川大地，也给我增加了几分安全感。连绵的秋雨把一道道山岗分为由深到浅五颜六色的一幅图画，犹如一幅层次分明的山水画展现在我眼前，一道长城出现在壮丽的画面中！我远远望着这幅多彩的美景，幻想着，如能活下来，定要拿起画笔，把这大好的河山、幽静的山庄和这道象征民族脊梁的长城描绘出来！这是一个梦，是一个美丽的梦！

在山中悬崖下的泥土里仰卧了近一天之后，对面山坡上一棵被剥去皮的枯树映入我的眼帘。树冠像遭雷击般烧成了炭黑色，那分明是一棵惨遭劫难的老树。我看着它，逐渐产生了幻觉。那棵古树晃动起来，顶端的黑色像是头发，树干变为身躯，逐渐地向我靠近过来，越来越清晰，像是一个妇女——那似乎是我的母亲，自我参加革命离家之后日夜思念着的母亲，我深知母亲更加怀念她那无音讯的儿子。我呆呆地望着她，不知所措。梦幻中的母亲瞬间不见了，枯树依然伫立在对面斜坡上。我目不转睛地看着它，看着看着，它又动了，又向我靠近，是一个少女，披着长发，是她——我的未婚妻，她却逐渐地模糊起来，少女不见了，未婚妻不见了……我遥望着那棵枯树，想找回消失的情景，它依然孤零零地立在那里。我看着它，它又晃动了，再次靠近我，出现在我眼前的是县委书记姜国亭，百姓称赞他是山区打游击的能人、好汉。姜国亭的出现使我精神一振，他给了我力量，我要去战斗。我调到延庆县的几天里，也只见过姜国亭一两次面，但他出色的战绩、传奇的故事深深鼓舞着我。在我最危急的时刻，他出现在我的眼前，说明他在我心中的分量。

他一出现，我从梦幻中清醒过来，渐渐挺身站起来，抖了抖身上的泥土，走向沟掌。此时，已近黄昏，景色模糊，沟掌陡峭，没有路，又被长满荆棘的巨石堵塞着，我手脚并用，摸索着，沿一块又一块巨石向上攀登。爬到山顶，冷风迎面扑来，缠身的湿衣犹如针毡般刺骨寒。

回望，村内村外满沟尽是燃起的篝火，敌人住下来了。为躲开敌人，我走进一条树林密布的沟壑，林中阴森黑暗，风呼啸，雨淅沥，树枝沙沙作响，令人胆寒。一进到这里我就不由自主地加快脚步，想迅速地穿过这条可怕的深谷，但越走越深越黑暗，恐惧的心情使我望而却步，两腿却机械地似无知觉地迈动着奔走。就在这时，右前方又传来几声"嗷嗷"的狼嚎，使得我更加紧张，心里一慌，被一条树根绊了一下，摔倒了，头和右肩撞在长满树根的石头上，一阵剧痛，卧倒在地上站不起来了。

"嗷……嗷……"的狼嚎声更近，躺在这里只有等着喂狼！我咬紧牙关，忍着剧痛爬起来。要想躲开狼群，就得往回走。就在此时，

"咣！咣！"背后传来了两声炮响，这是敌人放的定时炮，是夜里十二点了。面前是狼群，身后是敌兵，向哪里去？我想到，人们常说，虎怕杆儿，狼怕圈儿，我把手中的绑带举过头顶，绕起来不就是个圆圈吗？我举着手绕着圈，顶着狼群，狂奔而去。夜漆黑路漫漫，任凭狼群嗥叫，我还是迎声而上。坎坷的路，恐怖的狼嗥，每迈进一步，都增加几分危机。就在这举步难行的时刻，左前方突然出现一片灯光，这使我心中一振，从这片灯光判断，不是群众聚会就是喜事的夜宴。见到救星，我向灯光猛扑过去，步子急，地不平，又栽倒在水坑里。我挣扎着爬起来，抬头前望，眼前是一片空旷的山坡，灯光、人家，什么也没有。顿时，我被这异常的情景惊呆了，身子一软如泥一般瘫倒在水坑里，周身冰冷！真活见鬼了，房子、灯光都到哪里去了？我环视着周围，寻找答案。

原来，我奔跑在阴森黑暗的雨林里，林外却已雨过天晴，月光明亮，林木边沿露出了一条狭长的月光照亮的山坡，被我误认为是灯光。疑惑解开了，但内心的恐惧感还是不能释然，卧在泥坑里不能动弹。嗷嗷狼嗥声迫使我艰难地爬出泥坑，拖着沉重的双腿继续向前挪动。

在山口处有一个小庄，我摸进一家小院，叫开房门，一个老大娘让我进屋，点上了油灯，观察着我，不安地询问我的身份。一听我是八路，她一口吹灭了油灯，低声地告诉我："上午来了三个敌兵，说是追一个八路，在挨家搜查。折腾了一天，晚上还在东头财主家喝酒，这里不能停留。"大娘引我登上一段山坡，顺着她指的一条小路，我走了二三百米，是一片果树林，林边有三间南房，我想弄清里面的虚实，先到右边窗前，手伸进窗内，感到空气清凉，判断没人，又到左边的窗前，手刚一按窗棂，窗户开了，里面一人吃惊地问："谁？"

"我。"

"干什么的？"

"八路军，开门啊！"

"没关着。"

我推门进去，靠窗户睡的一个男人坐起来，擦着火，点上了油灯，从窗口到后墙一条通炕，睡了四个人。点灯的人对着火吸了口烟，我一愣，好熟悉的一张脸，好像在哪儿见过。

他盘问我："你是从哪里来的？"

"太平庄。"我说。

"不对吧！"他斜眼瞧着我说，"那边去了队伍（指敌人）。"

"你怎么知道的？"我反问他。

他显出很得意的姿态说："我带的路！我当然知道了。"

他像是对我示威。

啊！我心里一惊，又进了敌人的帮凶窝。

他接着问我："你是哪一部分的？"

"区里的。"我回答。

"不对，区里人从没来过这里。"

"今天就来了，敌人过去了，我们就过来啦。"

"你们要来多少人？"

"十三个人，我打前站，他们……"说着我把话一转，"我去撒泡尿。"我退出房门，到院里找到了一把二齿镐作为护身武器，左手贴身握着进来。上了炕把那个人一推，紧贴着他躺了下来，想着只要他有不轨之举就给他一下子。由于极度的疲劳，我身子一贴炕席就睡着了，但不敢沉睡，迷糊了片刻，警觉地醒来。我用膀子蹭了那小子一下，说："起来！给我带路。"他却胆怯地把头缩进被窝里说："我带不了路，我是个瘸子。"啊！我想起日前在山上遇到的那个与民夫老汉对火吸烟、赶羊的人来了！就是他。后来得知，那几只羊是他给敌人送去的，他还出卖了我们当晚住太平庄的情报，并亲自带领着敌人来包抄我们的住地，想把我们斩尽杀绝。

我气愤地斥责他说："你能给敌人带路，不能给我带路？""让那老汉去吧。"说着他胆怯地把脑袋缩进被窝里去。

此时，我不能与他过分纠缠，便转向老汉，老汉顺从地下了炕，要给我带路了。那个人又伸出脑袋来问我："你去哪儿啊？"他还想再次出卖我！"等着吧，"我说，"我去了哪里，老汉回来会告诉你的。"说完我就与老汉走了出去。

出了屋门，我告知老汉要去三岔，但必须绕过太平庄。老汉带着我登上了右侧的一条山路，我两攀登而上。走了大约两个小时，东方天空露出鱼肚白。就要到达山顶之际，上方却传来不少人的低声细语。此时此刻是什么人能在这里窃窃私语呢？我闻声而惊，上前一把抓住老汉的胳膊问："上面有没有人家？"他说："没有！"我二话没说，拉着他一溜烟地跑了下来。我断定那是敌人的军事哨，从声音判断至少也有一个排的兵力。跑下山，天色大亮，老汉带我绕到他屋后山谷的树林里，然后离去。我又忍饥挨渴地隐藏了一天，直到日头偏西，才找到一个农民带路。

翻越一道岭，又走了六七里路，来到一座城堡，城门上石匾刻有"二道关"三个大字。二道关是长城的一个重要关隘，在我方控制下。城门口站岗的民兵拦住我问："你从哪里来？"我答："太平庄。"民兵听了，吃惊地对我喊了一声："你别动！"伸手把我一按，转身跑进堡子里去。我顺势坐在一块石头上，向后一仰，靠墙就睡着了……"起来！起来！"我被叫醒，一睁眼，有十七八个持枪民兵包围着我，气势汹汹地问："你到底是从哪里来的？""太平庄。"我的话刚一出口，一个民兵一颗子弹顶上枪膛，枪口堵在我的胸口上，狠狠地说："你知不知道那里去了敌人？""知道！知道！就因为去了敌人，我才从那里出来的。"说着，我把顶着我胸口的枪向旁边一拨说，"枪口别对着人，免得走火！我好不容易突围出来，没被敌人打死，死在自己人手里怪冤的，你说是不是？"

"那么多敌人，你怎么能突出来？你是不是敌人的探子？"

"敌人的探子？当然不是！我是个干部！"

我从在太平庄听到的第一声枪响讲起，将怎样突出重围辗转来到二道关的详细经过讲了一遍。这一讲，迅速传开。村里很多人都赶来听，这个人是怎么从敌人窝里钻出来的，这简直是太神奇了！老乡们议论着，聚集到城门洞里来，还想挤到前面看看我是个什么样的怪物，竟能从几百敌人的包围圈里跳出来。原来，这次敌人得到那个赶羊的人出卖我革命干部的确切情报，如获至宝，当即出动了一个整营五百余人的兵力，来"包剿"我们二人……听故事的人把城门洞子堵了个严实，后面的人一拨拨地向前挤，我一遍遍地讲述，直讲得口干舌燥，说不出话来。天黑后我被引进了城内，安排在一座古庙里。我走进庙堂时，已是明月高悬了，在月光照耀下，这座庙宇好生气派，红墙绿窗琉璃瓦，一进进的院落，一座座的宫殿，庄严肃穆。后侧还屹立着美丽独特的双塔，塔后城堡连接着蜿蜒到后山的万里长城。城脚下，古树参天，流水潺潺。古城古庙使人肃然起敬。这座古堡是长城的一个重要关隘。

我被安置在大殿一侧民校用的两间平房里，房内靠窗有一条通炕，炕上横排着一条条简易板桌，村民们在这里学文化。一进屋，乡亲们就给我送来了吃的，并开火用铁壶烧水。我狼吞虎咽，一气吃了六个饽饽、两碗饭，又喝了两壶开水，顿时一种饥汉吃饱了肚子的美感油然而生。又因为我是在根据地，精神一放松，困劲儿就来了，也顾不得群众问这问那，躺在课桌间，枕着窗台就进入梦乡了。

睡得正香，却被一人急乎乎地叫醒了，我扫了他一眼，是个三十岁左右的胖干部，隔桌坐在我的对面。我合眼想接着睡，来者却盘问起我来：

"你是哪里的？"

"延庆县的。"我没睁眼，半醒半睡地回答他。

"在延庆工作多长时间了？"

"刚来了四五天。"

"县委书记是谁？县长是谁？"

我不情愿地顺口回答着，背过身去，想继续睡我的觉，他却耐心地又转到了我的对面，从一个部门问到另一个部门，问了个底儿朝天，最后问道："你在哪个部门工作？""宣传部。""你们部长是谁？""王志宏。""部里还有谁？""原来就林荫培，加上刚来的我。"我对他的提问一一作答，没有任何破绽。他没得问了，可又不甘心，就转问："你们部长是单身汉吗？"

"不，他有爱人。"

"叫什么名字？"

"叫什么来着？"我回忆着她模样，自言自语地说，"叫什么名字来着？脸上有几个麻子。"

问到这里，胖干部断定我是"自己人"。民兵执意说我可疑，并带了绳子，要捆绑了我送上级去请功，胖干部解释说我是自己人："要不然，他能连部长爱人脸上有几个麻子也知道吗！"民兵没有反驳的理由，这就被他说服了，免了我一场被捆绑之苦。

后来得知胖干部是延庆县政府财粮科的一位同志，但他们对我的到来还是半信半疑，晚上派了六个持枪民兵看着我度过一夜。第二天早饭后，派了民兵护送着我一村转一村地向三岔行进。每到一村，护送我的民兵要向村口站岗的民兵交代我的来历，只要一提到我是太平庄出来的，就会被大伙围住问个究竟。就这样，我突围的故事，一村一村地讲了一路。在一个村有位大娘听我讲述之后，激动得两眼迸出泪花，紧握住我的手说："孩子，你没做过坏事呀，老天爷保佑你！"我感激地说："大娘，以后我就更不敢做坏事啦。"告别了乡亲们，我又走向下一个村庄。"孩子，你没做过坏事……"大娘的话在我脑海久久回荡，以后我就更不敢做坏事了，这句话成了我终生的座右铭。我可以坦诚地说：我信守不做坏事的诺言，承传终生，坚守"说真话、做好事"。

日头偏西，我赶到了坐落在深山密林里的小山庄——三岔。这地方，村里村外都是沙果树。县委副书记郑英年就在这里蹲点，领导工作。我走进他住的小土屋，里面坐有四五个人，我一眼认出其中一个是前天清晨在太平庄给王区长报信的村长。

郑英年二十六七岁，小个子，光头，戴着一副高度近视眼镜，知识分子模样，他告诉我："王区长牺牲了。"村长接着讲述了王区长的牺牲经过。

那天，我听到的第一声枪响竟是王区长射向他自己的枪声。王区长听了村长报告有敌情后，他一出院门就碰上敌人。敌人是分两路袭击太平庄的，另一路就是我在山上碰到的那一路。王区长碰上敌人后转身跑进了一户人家，敌人追进去把他堵在屋内。在这危急时刻，王区长选择牺牲性命，不做俘虏。王区长自杀后，敌人砍下他的头颅，悬挂在永宁城城门楼上示众。

事后，县里派了政府秘书王枫和赵山两位同志为王区长收尸，群众用面做了一个头，安放在烈士的遗体上埋葬了他。王区长名叫王树彦，1923年生于河北省完县李思庄村，在家乡受的小初高教育，抗日战争初期加入中国共产党，1943年进晋察冀华北联大学习，毕业后在雁北工作，后任平北延庆县永宁区委书记兼区长。一周后，我回到县委机关，他的妻子黄翠芝头系白孝布、怀抱着未满周岁的婴儿找到我，哭泣着询问她丈夫牺牲的经过，我也流着泪向她讲述了遭敌包围的过程，也为王区长舍生取义的精神深深感动。我将他儿子抱在怀里，看着烈士的后代，悲愤难忍，仰天流泪。

杀害王区长的这股顽敌继续向我腹地进犯，五天后遭到我平北军分区主力部队的痛击。据当时《冀热察导报》报道："八月三十日军息，二十六日我军于永宁附近，痛击由永宁出犯的傅顽暂三军十师的一个营，经过两小时激战，击毙敌营长裴星以下八十余，伤敌一百余，俘敌八名，缴轻重机枪……"此次战斗痛击了进犯我解放区这股敌军的嚣张气焰，也为王区长报了血海深仇。而那个恶贯满盈的赶羊人，在1955年镇压反革命运动时，得到了应有的惩罚，被枪毙了。

在我突围的时候，我就下定决心，如果我活下来，一定要给王区长立纪念碑。2006年时我就到那个县提出来为他建纪念碑，但是被拒绝了。从那以后，我每年都提议给他建碑，终于在2017年，在永宁北关村的一个公园里为王区长建了纪念碑，现在那里已经成了教育基地，一批又一批的青少年去瞻仰他。

三年多写真岁月，终画出长城风骨

我很喜欢画画。中学时代我创作的木刻版画《等待》在北平《吾友》杂志上发表。解放后，我创办《延庆画报》，在冀察热辽联大的鲁艺分校学习美术，1951年正式进入中央美院学习。

1952年，我被分配到国家文化部，任部长周扬同志的秘书。1954

年，我又被调到北京电影制片厂工作。然而，一场突如其来的反右政治风暴，让我开始了长达 22 年的劳改生涯，我的生命步入了最黑暗的时期。直到 1979 年改正后，我进入中国摄影家协会工作，1985 年离休。之后，我又重新开始了自己的绘画生活。

长城是我杀敌的战场，也是我生命的福地。我画了大量长城写生图，也创作了不少长城题材的中国山水画。1995 年，我创作的一幅反映平型关风光的中国画《桥沟风光》在一次纪念抗日战争胜利 50 周年的画展上获得金奖，并被军事博物馆收藏。因为这个奖项，我创作的积极性越发高涨。不断的创作过程，点燃了我画长城全貌的决心。

85 岁开始，春节刚过，我就开始了万里征程，到长城实地写生，首站直奔长城的最东头山海关。对于绘画来说，我的要求很高，在创作过程中，仅山海关我就去了 7 次。山海关建筑雄伟、老龙头、山神庙等可以入画的题材众多，但是写生是仰视，作画是俯视，创作时透视关系极难把握，多去几次，有助于更好地掌握那里的地理地貌及各个建筑之间的关系。我为了不落下重要画面，来到了明代万里长城最著名的险段之一——箭扣长城。由于附近村里的人都是蹬着石头上的城墙顶入口，于是我和同行者也是蹬着石头爬上这段令人发怵的长城。过了嘉峪关的戈壁滩，人烟罕至，我和同行者就带着水和烧饼到那里写生创作。画上一会儿，脸上就是厚厚一层土，偶尔说上几句话，嘴里就刮进土。

大约 3 年半的时间，我七上山海关，两赴嘉峪关，走过了北京、辽宁、河北、山西、陕西、宁夏、甘肃、内蒙古 8 个省区市，终于在 2009 年创作完成中国山水画《长城万里图》，作品长度 200 米，高度 1.3 米。这也算是我对在那最危急时刻一次又一次救了我的长城做的最好的诠释。

李墨祖自述，本次采访时间为 2019 年 5 月 13 日，由中国人民大学校友工作办公室负责采访，并根据录音和相关素材进行文字整理。

采写 / 李宣谊　符洪铫

张　琦

| 人物简介 |

张琦，1949年4月生于山西省兴县。在北京读小学、中学，1969年在中国人民解放军西藏军区52师服役。1975年复员回京，到中科院化学所工作。1982年毕业于中国人民大学中共党史系，后进入中共中央党史研究室工作。曾任中央党史研究室所属中共党史出版社社长、研究员，兼任中央重大革命和历史题材影视创作领导小组成员，中国中共党史学会常务理事、常务副秘书长、秘书长。先后担任中共中央党史研究室科研管理部和第三研究部副主任，享受政府特殊津贴。

自信自强　迎刃而上

我是共和国的同龄人。出生前父母没给我取名，生我那天天上的星星特别亮，妈妈说你就叫星星吧！所以我上中学以前一直叫张星星，到初中才改为张琦。我父母原在山西抗日前线从事党的新闻工作，新中国成立以后随新华社进了北京，我就上了新华社的幼儿园，开始了我在北京的成长和生活。

7岁的时候我考进了北京实验二小。小学毕业后又考进了北京师大女附中——当时北京最好的学校之一，所以也算是圆了自己青少年时期的第一个梦想。在女附中我受到了严谨勤奋校风的熏陶，确立了"弃燕雀之小志，慕鸿鹄之高翔"的人生目标，在学业和思想上都进步比较快，曾获得过优良奖章。在中二一班我第一个加入了共青团，后又担任班上的团支部书记。我们因是实验班，从初中直升高中。

1966年夏我在中四一班就要上高三课程的时候，一场所谓的"无产阶级文化大革命"开始了，我被卷入了这场风暴。在当时国家形势和社会潮流的影响下，我和同学们参与了"大批判、大字报、大辩论、大串联"的所谓"四大"，以后又参加了红卫兵。当然，后来我们认识到，那是一场人为制造的阶级斗争，我们的忠诚被利用了。这场动乱给我们这代人留下了一生中最追悔莫及的教训。自那以后，我进行了很多反思，痛感自己需要好好地把握人生，特别要学会独立思考，按照列宁的话说就是要"肩膀上长着自己的脑袋"。

1968年底，全国掀起学习人民解放军的热潮。我因出身革命干部家庭，从小在政治气氛比较浓厚的环境中成长，参军成了我的强烈愿望，觉得到部队这个大熔炉里，才能在大风大浪中锤炼自己。经过各种努力，我到西藏军区当了一名女兵，实现了自己青少年时期的第二个梦想。记得妈妈到北京站送行，火车即将开动的那个时刻，她哭得跟个泪人似的。妈妈的担心不无道理。那时到西藏没有现在这么便利，先坐火车再转乘卡车，要足足走半个月。高原的气候恶劣，加上又处于"文革"武斗正闹得欢的时候，这一路上不知道要遇到多少困难和风险。

记得印象最深刻的是，到了临近西藏的一站，我和另外两个进藏参军的女孩被对立的两派群众组织用枪逼着轰下车，询问我们属于哪一派。我们赶紧说从北京来不属于任何一派，才被赶到路的另一边，由几个造反派用枪押着到了兵站。我当时就想，这下可体验了一回当刘胡兰的感觉，千万不能胆怯。而那两个女孩吓得一路上上牙打下牙，腿都软了。

在部队的六年真正让我锻炼了筋骨，增强了革命意志。我刚到驻林芝的西藏军区 52 师医院时，偌大的空地上没有院子，只有几间房子。为了解决干部战士的住宿问题，冒着凛冽的寒风，我们女兵跟男兵一样吃苦，用水和泥巴打成土坯，再一块块垒成土墙，号称"干打垒"，上面盖个铁皮就成了宿舍。那个时代的年轻人都以苦为荣。女兵劲小，拿铁锹搅不动泥巴，我干脆跳到泥浆里用脚搅拌。我们十来个女兵挤在一间十几平方米的房子里，晚上睡一张通铺。有一次半夜刮起大风，我们的房门被吹开，屋顶的铁皮也被掀掉了。我们被冻醒一看，一双大眼睛正对着我们，把我们吓得够呛，原来是牦牛拱进了屋！我们一年四季也吃不上几次新鲜肉，基本全是吃罐头。一半时间要种菜，蔬菜要半年后才能吃上，所以经常吃脱水菜。那时的西藏林芝可不像现在成为热门的旅游目的地，用当时流行的一句话就是"山大不长草，风吹石头跑"，物质的匮乏出乎想象。医院没有自来水设施，全靠男兵下河挑水解决工作和生活用水。记得我们每人一天只有很少的生活用水，洗完脸的水还要洗脚、洗衣服；再爱干净的女兵也干净不了，我当兵的第四个年头才第一次洗上澡。在高原部队的六年成为我人生中非常重要的成长阶段。我体验了艰苦的生活，收获了成长，也付出了青春和汗水，获得好几次嘉奖，得到了部队领导和战友们的肯定。

1975 年因身体意外出了毛病，我不得不恋恋不舍地离开部队复员回到北京，进入中国科学院化学所政治处工作。这个化学所就在中关村这条街靠五道口那边。每当我上下班来回路过人民大学校门，想起"文革"让我失去了上大学的机会，当时又没有条件成为工农兵学员，心中总涌起上大学的愿望。虽然我在部队、到地方都是骨干，也增长了才干，锻炼了文笔，但还是深深感到知识储备的不足。

紧握机遇　梦圆大学

在化学所工作了两年，我已经二十七八岁，经历了结婚生子。我以为这一生恐怕与上大学无缘了，谁知幸运之神突然降临，我终于实现了这个心愿。

考上大学的故事，至今仍让我心潮澎湃。1977 年 8 月我的儿子刚出生，当时我们只有 56 天产假。我事业心比较强，担负繁重的工作。我爱人家在苏州，于是我们决定把孩子送到南方让公公婆婆帮着带。10 月中下旬我正准备从苏州回北京上班，有天公公买肉回来，我在厨房打开包肉的报纸习惯性地翻看，没想到头版头条竟是《高等学校招生进行重大改革》。"高考恢复了！"我一下震惊了，就像久旱逢甘露一样，这个消息立刻打开我渴求上大学的心扉。我们这些老三届的学生又迎来上大学的机遇，我想一定不能放弃这次公平竞争的机会。

我狠心告别了两个月大的孩子，当即登上了回北京的列车。这时已经是 10 月下旬，高考的时间是 12 月上旬，就一个多月了。我读了四年中学，虽说当兵和工作八年后也增长了不少才干，但说实话中学学过的许多知识已经忘得差不多了。能不能在短时间内复习或自学一遍高中的课程，我心里根本没底。

我在部队先到医院，后来从事文书工作，又到宣传科工作，语文、史地、政治这三门知识在工作中还保留些底子，数学只记得高中两年学过代数和立体几何，短时间也只能重点突击复习一下数学。我翻箱倒柜找到了当年中学的代数和几何课本。公式忘了，我就把定理和公式看一遍再做一遍题,这些公式就基本记住了;白天不能请假,我就白天工作,晚上看书。这样不到一个月我硬是把高一、高二的数学重温了一遍,高三的解析几何原来就没学过,我也只好放弃不学了。

经过匆忙的准备,1977 年 12 月 10 日这天,我怀着充满希望又忐忑不安的心情走进设在八一中学的考场。我记得语文的作文题目涉及时政。当时党中央刚一举粉碎"四人帮",平反冤假错案,我就结合国家经历的这些大事,以及自身的感受,顺利完成了《我在这战斗的一年里》这篇命题作文。考数学的时候,我打开卷子发现有 70 分的题基本会做,对没学过的 30 分解析几何题干脆放弃不做。结果证明我这个考试策略还是正确的,高考成绩出来,我语文、史地、政治都还说得过去,数学这一门得了 70 分,总分近 300 分,达到录取分数线。

关于志愿,我想报新闻专业。我成长于新闻之家,父亲早年参加革命以后成为一名八路军的战地记者,后又到《晋绥日报》工作。我喜欢用自己的眼睛观察生活,用笔直抒己见,从小就渴望做一名记者。这一年中国人民大学还没有复课,填写志愿的时候我连着报了有新闻专业的北京大学和北京师范大学。我收到的录取通知书是北京师范大学发出的,打开一看才知道被录取的是人民大学党史系,由北师大代招。因为没有考上理想的专业,我考上大学的欣喜心情里夹杂了一丝遗憾。

我们开学是在北京师范大学报到并进行体检的,开学典礼由当时任我们党史系主任的国内著名党史专家胡华主持。入学后,党史系总支书记高庆永找我们每一个新生谈话,我向他表达了不愿学党史,希望转到新闻系的心愿。高书记对我说,人大复课时间非常仓促,只有哲学、政经、党史三个系先上,新闻系还没有复课,还说我参过军,是中共党员,应该去学习党史。

我想既然今年进了这个门槛,如放弃明年再考,可能竞争又加强了,那就接受这个事实,专业就服从吧,就这样我进入了人民大学的党史系,开始了四年的大学学习生涯。

博观细取　独立思考

当时人大还是二炮的军营，开学之后，我们没有固定的教室，就是一个简单的木板房，每人拎个马扎坐那儿听课。

党史系是新中国建立以来人民大学的基础理论系之一，集中了一大批从延安陕北公学和华北联大来的优秀师资力量。虽然教学环境比较简陋，但是值得我们骄傲的就是享受着人大最优秀专业老师的授课。

学校给我们设置了四年课程，我们学了哲学、政经、外语、逻辑学、古汉语、现代汉语、中国古代史、近现代史、世界通史、国际共运史，最后一年半才学中共党史。

文科类的基础课我们几乎都涉猎了，英语课一直上了两年半。我中学时候在师大女附中初中一年级就开始学英语，有一定的基础，上了大学第一学年我既是我们班的学习委员，也是英语课代表。

在人大学习的这四年，是我收获和成长的四年。正所谓"板凳需坐十年冷，文章不写半句空"，老一辈史学工作者教给我们很多非常科学的知识和方法，影响到我一生从事这项工作，现在脑子里还有他们讲课的镜头。我印象最深的有好几位老师，我重点讲讲彭明老师和李良志老师。

彭明老师满腹经纶，对同学平易近人，爱护我们就像爱护他的孩子。他教课非常认真，作为研究"五四"时期历史的专家，他对党成立的这段历史有着深厚的感情，也有丰富的知识底蕴。后来知道他其实是党外人士，但是并没有影响他讲好中共党史。他教导我们研究一个课题，不能走捷径，简单照搬人家的东西，而是要走遍图书馆，把所有有关这个课题的参考资料都找来，做到"踏遍青山"而后得出你的结论。我们刚毕业不久去看他，他对我们还是像自己的孩子，非要请我们去食堂吃饭，对我们毕业后的情况嘘寒问暖。

李良志老师是讲中国共产党抗日战争史的。他对我们党抗日战争的历史非常熟悉，每次讲课都准备充分，讲得非常生动。他可以把党在抗战中许多重大决策的来龙去脉给你讲出来，我们都爱听他的课。他善于独立思考和探索，经过自己反复考证得出不少对党史有进一步填补空白意义的知识。比如统一战线是我们党三大法宝之一，在抗日战争中抗日民族统一战线是怎么形成的？绝不是一蹴而就的。在实践中又是怎么贯彻的？也非轻而易举，经过了复杂的斗争。

我们党的抗日统战政策主要就是跟国民党统战抗日，但是我们党统战政策的形成是有个过程的。包括在党内谁先提出和国民党进行统战，传统讲都是毛主席，后来我知道实际上这个形成不是一个人的功劳，有国际国内的因素，也有多人完善。最早在1935年底的时候，从共产国际传过来一个"八一宣言"（即《中国苏维埃政府、中国共产党中央为抗日救国告全体同胞书》）。"八一宣言"是我们党第一次讲要不分党派，不分政见，联合国内一切愿意抗日的民族、阶级、阶层、党派组成联合战线，共同抗击日本侵略者。从我们脑子里想，党提出这个策略是理所当然的，党的领袖一直是这样提倡的；实际上是随着国内外形势的变化逐步提出的，是有个过程的。1935年底的时候，刚刚爆发"一二·九"运动，国共之间自1927年大革命失败以来，一直处于敌对的阶级斗争状态，而当时蒋介石国民党政府又提出"攘外必先安内"口号，不放弃"剿共"政策。我们党针对性的策略是揭露国民党蒋介石的投降卖国政策。党内当时由"左"倾思想主导，共产国际也指示我们党绝对不能够犯右的错误，所以我们党把国民党左派，还有一些爱国民主人士，都看成不能联合的最危险的敌人。

王明是党史上铁定的机会主义分子，对我们党的事业造成了很大的危害。但1935年世界反法西斯统一战线形成有他做的贡献，王明当时是中共驻共产国际代表团团长，他执笔起草的"八一宣言"，虽然并不是他个人的思想，而是秉承共产国际的意志，但是他将其通过巴黎的《救国报》由宋庆龄等进步人士传到国内后，我们党开始提出联合国民党抗战，联合一切阶级抗战，所以他做过这件好事。李良志老师给我们讲的这个线索我们是第一次听说，我觉得茅塞顿开。历史是复杂的，不是非黑即白的，一个正面人物不是永远没有缺点，一个反面人物也不是没有做过一件好事。作为党史研究工作者，我们应该有实事求是对待历史的态度。我后来到党史研究室工作以后，还发表了一篇名为《中国共产党抗日民族统一战线政策的演变和形成》的文章，详尽地写出了自己在这个问题上的研究体会。

我再举个例子，因为我后来搞党史研究，对共产党的历史有了新的认识。过去在"文化大革命"中党史被简单地说成路线斗争史。等到"文革"以后的中国革命史教材，虽然把最早的党史串起来了，但也是脱不开当时的思维方式，坏的就是坏的，好的就是好的，错误的人一律被上升为机会主义分子，没有对党的历史现状进行过细的研究和分析，没有经过历史沉淀再回过头来总结经验教训。李良志老师在讲课的时候，就把抗日民族统一战线政策一点一点的演变和形成讲得很清楚，让我更深入去思考它在实践中是怎么实施的，有哪些值得借鉴的经验。李老师坚持史论结合，先是有史讲史，有论讲论，最后回过头来在历史的走向上得出自己的结论。我毕业以后也常看望李老师。后来李老师出了一本名为《抗战史：度尽劫波兄弟在》的书，在广西师大出版社出版，详细地说了我们党从思想的转变、政策的转变，到和国民党的一次次斗争和谈判，最终于 1937 年 7 月 7 日日本全面侵华后，形成国共第二次合作的事实。把一个丰富的党史还原到它的本来面目，再抽象成路线的转换，这是史学工作者的贡献。

作为英语课代表，我对英语老师有很深的印象。英语老师张伯棣人也非常好，朴实平易，毫无架子，她聊天式的教学让人喜欢。她个子不高，是一位中年妇女，住在铁狮子胡同，每天背着厚厚的一摞课本回家批改，十分辛苦，来上课很不容易。

我很崇拜我的老师们，他们是扎扎实实的，不走捷径的，而且也不是人云亦云，不会围绕一个正确结论大家都说一样的话。我们的老师都不怕挑战，例如政治思想史的林茂生老师，还有中国古代史的王昌淦老师，他们通常在课堂最后留几分钟辩论，让学生提问题，同学跟老师有时辩论得脸红脖子粗。记得当时关于中国古代史的一个分期问题，至今没有共同的结论，老师说完观点，同学也竞相发言，辩论激烈的程度导致大家连上厕所都顾不上。我们的师生关系就这么融洽平等，没有一点隔阂。

我们这些本科生还享受了博士生的待遇。刚入学不久的一次课堂上，认真听课的我们突然发现成仿吾校长亲自来到班里听课。后来研究党史，我对成仿吾的经历更了解了，心里有了崇拜之情，一想到成仿吾亲自来教室后面听课就更激动了。还有吴玉章校长，他在党内的地位很高，却亲自关怀我们这些本科生。这些名教授本都是带博士生的，我们享受了这个待遇，受到很大鼓舞。

班上很多同学经过了工农兵熔炉的锻炼，在政治上有自己一定的分析能力，凡事都讲求问个为什么。我上大学以后正处于20世纪七八十年代之交，我们党提出"解放思想、实事求是"这么一条思想路线，更促使我们这些莘莘学子在思想解放的大潮中去思索历史，包括我们党的历史、"文化大革命"的历史，去用自己的头脑分析问题。大家都特别珍惜学习机会，感恩有集中学习的大好时光。由于没有宿舍，我们全是走读，风里来雨里去，没有人迟到，没有人旷课，而且上完晚自习才回家，刻苦精神可见一斑。在学习中，我们用自己的脑子来消化老师的知识，同时又提出自己的想法。就这样，我们成为值得庆幸的一代，也成为思考的一代。

集体温暖　全面发展

大学里有很多值得记忆的事情。我们1977级党史这个班集体特别团结，共39个人，大约三分之二来自工农兵，有过工作经历，年龄差距最高达12岁，但是我们特别和谐。

我们班注重德智体美的全面发展，体育尤为突出，比赛成绩总是名列学校前茅。4×100米接力老得第一，男生、女生都得第一。班里参加排球、乒乓球、游泳、篮球校队的人特别多。我虽个子不高，也参加了校乒乓球队和系排球队。在全校的歌咏比赛中，党史系1977、1978、1979三届同学合唱的《伏尔加船夫曲》拔得头筹。在全校黑板报比赛中，我画的 1977 级党史的黑板报获得了第一。

由于爱这个班集体，大家抢着做值日，没有人把打扫教室作为负担。我们在班级后面的墙上开辟了学习园地，隔一段时间就刊登一批同学们的学习心得体会。我们自办了《小草》文学杂志，封面还是我刻的蜡版，油印的。我们班做了班志，请一个字写得好的女同学把每一学期学什么课、今年班里发生了什么事、评优秀的人有哪些，一笔一画地记录了下来；后来又刻成蜡版，复印多份，毕业时发给每位同学留作纪念。我们现在都很怀念那个集体，热热乎乎的，大家心往一处想，劲往一处使，互相帮助，既有知识方面的交流，又有生活上的关怀，大不摆谱，小不撒娇，所以十分融洽。

还有一件印象深的事，是关于当时我们学生给中央写信希望解决校舍问题的。我字写得比较好，所以那封给党中央的信是我最后抄的——后来我们班有个同学在中共中央文献研究室研究邓小平，说邓小平档案里有我抄写的那封给中央的信。我认为，我们的诉求是适当的、有度的，我们正确地表达了学生的诉求，引起了党中央的重视。我们几乎都参加了争取改善学习条件的游行，并取得了成功，这是我们人生中的宝贵经历。

目标明确　顺势而为

所有成功背后都不是一帆风顺的，一定有艰辛和挑战。只有目标明确、意志坚定、脚踏实地、百折不挠，才能走向成功的彼岸。

我今年 70 岁了，爱回忆往事。虽然我很渺小，谈不上对人类的进步有多大的贡献，但始终有一个声音在激励着我，就是保尔·柯察金说的："人的一生应当这样度过：当回忆往事的时候，他不会因为虚度年华而悔恨，也不会因为碌碌无为而羞愧……"

作为老三届新三级的我，作为共和国同龄人的我，在 1969 年共和国多事之秋加入了人民解放军的行列，应该说也没去一个养尊处优的地方。那时候喜马拉雅山下的青藏高原不是今天的旅游胜地，穷得商店里只摆着几块黑肥皂卖，条件极端艰苦。记得1972年的1月1日，我们52师师部的干部战士进行野营拉练。在寒风凛冽冰天雪地中行走，我们穿着棉衣棉裤，背着十几斤重的大皮袄、大头鞋、红十字包——你得救人啊，万一出事，药包里面有药。还有被子、毡子，一共四五十斤。尽管有急救车等待救护，但所有的女兵都咬着牙，不管高矮胖瘦，全部走得快散架了。当摇摇晃晃坚持走到目的地的一刹那，我们全都瘫倒在地。当晚在雅鲁藏布江河畔的鹅卵石上宿营，天当营房地当炕，睡觉就拿6块雨布搭成一个三角的帐篷，6个女兵人挨人不脱衣服躺进去。因为冻得脚冷，就把皮帽套在脚上。一夜睡醒，头发和睫毛上都结了冰，整个人感觉都快冻僵了。还有一次，要到一条小河对面的藏民居住地巡回医疗，河上是用几条锁链搭成的桥，连木板都没有。我脑海里一下子就闪过红军过铁索桥的镜头，此时真是对我们意志的考验。几乎所有女兵都不敢过，我一狠心，抓住了锁链，身体趴在铁链上，一点一点爬过了桥。正是在一次次艰难困苦的条件下闯过来，我才练就了一种不怕苦不畏难的性格。至今回想，年轻时接受这种锻炼对以后的成长大有裨益。

我1975年到中国科学院化学所工作时正值邓小平第二次复出，胡耀邦代表邓小平到中国科学院搞整顿。1975年在北京展览馆，我作为党总支的青年委员参加了一次有关新长征的动员大会，面对面感受了胡耀邦的风采。他个子不高，在台上讲："你们这一代人都是我们的希望，我们这些老家伙终究要退去，等你们成才以后我就站到一边抽烟去了，你们的担子重呦！"他那抑扬顿挫的四川话和风趣幽默的动作让我至今难忘。我感受到老一辈革命家对国家民族的情怀，对未来的憧憬，和对新一代青年寄予的厚望。

1982年初还没有研究生、博士生，大学本科生就是金子。本科毕业的我进入中共中央党史研究室工作。党史工作并不是我的所爱，也不是我的所长。我的特点是思维比较敏捷，情感比较丰富，心胸比较坦荡，性格比较外向，爱好又多，比较喜欢干与社会生活联系紧密的富有挑战性的工作。学校让我一心搞党史，我父亲也说你就别非得强调想到新闻单位了。因为专业对口，所以我就进了刚组建的中央党史研究室。尽管我不怎么想学党史，但还是努力学好它；进了中央党史研究室也是不得已而为之，但是干一行就要爱一行，既然来到党史研究这个工作岗位，我绝不能虚度年华。就这样一直干了下来，也有了感情。父亲总说文史不分家，把史搞好了文也不会差的；我照着他说的话做了，一干就干了 28 年，直到 2009 年退休，甚至退休后还被返聘到中共党史人物研究会工作至今。

慎而思之　勤而行之

搜集整理党史资料，撰写党史类文章，为党的中心工作服务，为改革开放大业提供宝贵的历史借鉴，光荣而又神圣，严肃又必须严谨。我体验到了作为史学工作者所需要的理智、冷静、平稳、深邃。按我们老师的说法，不能光看报纸上印出来的东西，而要钻在档案库里抄档案、看档案，自己要成为一个活档案。老师告诉我："必须坐下来。"

经历这样一个所谓"坐板凳"的过程，文章才能不写一句空，这是我们史学工作者的一个史训。既然来干党史了，就要在党史里展现个性色彩，干一行爱一行，不要三心二意；人生如果老在十字路口上徘徊，每件事都是半途而废，一定一事无成。我结束了我的海市蜃楼，不再想着从事新闻工作，好好地干党史。从到了党研室第一天起，我就要求自己确立新的人生目标，培养理论思维和史学研究的兴趣，面对一个一个的研究对象，一步一步地前进。日记记录了我的思想轨迹——尽管有时还不能十分适应史学工作的生活方式，但我必须收缩自己的业余爱好，磨炼自己的性格，朝一个既定的方向前进。

我在党研室多次调换岗位，不断进行角色转换，编辑、研究、科研管理、出版，我把党研室涉及的不同业务几乎都干了一遍。

做编辑的时候，我认真读稿看稿，编译之外还写点自己喜欢的文章，并给《中国青年报》等报刊投稿。

搞研究的时候，我注重查阅档案、博览群书，挖掘新资料、树立新角度，独立思考、科学判断。无论写论文还是写书，我不喜欢拾人牙慧，而一定要经过自己的头脑，提出自己的见解，形成自己的写作风格和特色。我在国内有影响力的国家级刊物发表了多篇论文，同时单独或与别人合作出版了三部论著。其中"红军长征纪实丛书"，包括长征中的领袖、将领、政治斗争、战役、女兵、少数民族、外国人七个独立篇章。这套丛书是纪念红军长征胜利60周年之际，我与军事科学院的同志组织一批学者共同编写的。我是副主编，也是执行主编，室领导参与指导。

说说我写的《历史选择——长征中的红军领袖》一书。我喜欢文学，喜欢笔中带点感情，不会写僵化、口号式的句子。长征中的中共领袖都是大写的人，他们在长征中如何判断形势、制定政策、展开英勇无畏的斗争，都有丰富的史料记载。如何把史料呈现得好看，抓住人心？我在写作中融入了自己的情感，该有思想波澜的时候有波澜，该有敌我博弈的时候有博弈，该沉下来思考的时候有评论。我要求丛书全体作者落脚在每个事件、每个人物的细节刻画上，从七个不同角度全面刻画那段历史，揭示中国工农红军克敌制胜的本质和原因。丛书由浙江人民出版社一出版就有了名气，在社会上反响很大，很快再版；直到长征胜利70周年时又再版，由于选题角度新颖、主题鲜明、文笔生动、通俗易懂，还是不断有人看。

我给这本书写了个序，专门写长征与领袖的关系。环境造就了人，但人改变了环境，这是互相的，没有环境的险象环生、国民党的围追堵截，不可能有这些出类拔萃的领袖的脱颖而出。毛泽东、朱德、周恩来、刘少奇、邓小平及众多军事家在艰难环境中得到锻炼和提升，带领亿万人民改变了中国的命运，成为新中国的缔造者。对他们的哲学思考，给了我很大震撼和启发。

抗战胜利50周年时，我还参与了《中华民族抗日战争史》一书的写作，承担了第二章"全国性抗战的爆发"的撰写工作。在大量阅读有关抗战史书和史料的基础上，我们解放思想，一改过去一提国民党正面战场的抗战，就说是单纯政府的片面抗战，很少对国民党军队的抵抗给予积极肯定的传统写法，第一次在权威单位党史著作中承认国民党军队在抗战中所起的作用，书写了好多"宁为站死鬼，不做亡国奴"的国民党将士的感人事迹。我在书中写道：从 1937 年卢沟桥事变爆发至 1938 年 10 月武汉、广州失守，日本帝国主义对中国实施全面进攻，中国进行全国范围的战略防御。担负抗击日军战略进攻正面作战的国民党军队，虽然由于战略指导的某些失误，进行单纯的阵地防御，未充分发动民众参战，丧失了大片国土和城市，但广大爱国官兵出于民族义愤，不惜流血牺牲，进行顽强的作战，给敌人以相当大的打击，粉碎了日军"速战速决"几个月灭亡中国的梦想，并保存了中国军队的主力，这就为相持阶段进一步消耗日军的兵力、在敌后广泛开展游击战争奠定了基础。现在这些史实和论断已经为人所知了，但是在那个年代，第一个吃螃蟹的就是我们这一批史学工作者。我参与了这些创作，觉得对历史和民族尽到了责任。

珍视光阴　再接再厉

"自信人生二百年，会当水击三千里。"毛泽东青少年时期最喜欢这句话，我也一辈子用它当座右铭。我想，活在这个世界上我也得拍拍水，即使是在小沟里也要把这个水花拍得大一点。我立志一定要成为这么一块料，无论做学问、搞管理，还是从事其他什么工作，我都坚持这样一种人格力量。

1995 年领导调我当了学术处处长，一年多以后担任科研部副主任，从写史改为搞科研管理。当时科研部没有一把手，靠两个人分管不同的两摊，我是科研部第一负责人，搞了五六年科研管理工作。怎么搞活科研管理？怎么加强学术交流？怎么完善科研规章制度？我动了很多脑筋。比如说针对毛泽东思想形成时间是 1930 年、1931 年还是 1935 年，我们在室里发起了一次学术讨论，遵循"百花齐放、百家争鸣"的方针，持不同观点的人都可以自由演说。这种学术讨论会开了三次，会议成果越来越接近相同的结论。不分你是老专家，还是年轻学者，甚至不分你是不是研究人员，我们都允许平等交流，营造了良好的学术气氛。我希望每个人都能释放自己的研究成果，不给谁扣帽子，一起接近真理。

在20世纪90年代我室胡绳主任主编《中国共产党历史（上卷）》一书的过程中，很多问题是对党史重大问题新的探讨。我们就向中央寻求认可，以便我们写进书里。其中包括陈独秀的功过、密电问题、富田事变、西安事变等的最新研究成果，都体现在给中央的报告中。记得我参与起草了这一报告。这本书编写出初稿之后，很多领导专家都做了修改。经过反复的打磨，这本书终于在建党70周年时问世。我们室20世纪八九十年代浓厚的学术气氛和求真务实的治学态度令我至今难忘。

没有党史工作者这种实事求是、坚持真理的态度，简单照搬过去的结论，是很难获得贴近历史的结论的。但对历史重新认知，并得到多数人的认可，也非一日之功，得一点一点转变人们的看法。我庆幸参与了这个过程。所以可以说，我们写的史书越来越接近真实，当然不敢说我们对历史的认识就终结了。

1997年为迎接党的十五大召开，有人向我们室提议做一个电视专题片，结合我们的研究成果，真实展现从党的一大到十五大的历史过程。作为科研管理部的负责人，我比较喜欢这种把科研成果转向电视这一大众传媒的形式，也就成了这个片子的具体负责人。我们第一步去了党的一大、二大、三大、四大等旧址采访，接触了当事人——有两个四大的代表还健在。除了采访这些人，我们还采访了近代史所、中央党校、北大、人大的学者，请他们来讲述这个历史。最终成片21集，一集半小时，总共十一二个小时，被我们当时的龚育之副主任誉为"第一部可看的党史"。电视专题片这种构架是我们的一次尝试，在结构、史料、文笔上也都做了很大的创新，把枯燥的会议变成鲜活的画面和解说。

做这个事很有成就感。比如说你知道"七一"这个日子怎么来的吗？此前有学者研究，实际上当年的会议不是7月1日开的，而是7月23日开的。那为什么把七一当作党的成立日？这是后来纪念党诞生20周年时，中共中央决定以7月1日为成立时间，这样才形成了

"七一"的说法。我们把这个历史真实还原了。

"人事有代谢，往来成古今。"我们在片子开头就这么讲。泱泱几千年的中国历史舞台上，今天这个走了，明天那个来了，可以更换，可以更替，但历史的潮流永远奔腾不息。我们在片子里用这样亲近人的口吻，加入了我们对历史的思考，用生动的人和事支持我们的结论，达到了潜移默化的教育效果。这个片子获得中宣部颁发的第七届"五个一工程"奖。这种形式把党史成果很好地转化了，做到史学和艺术的结合，所以我爱上做这个事。

这个片子反响很好。2001年建党80周年的时候，有几个地方市委找我们室做一个纪念党的生日的专题片。我们把她起名叫《光荣行》。怎么做得出彩呢？我们用文学的语言拟了几个小标题，说明党的宗旨、任务、历史、领袖和目标，把党看成一个八旬的人，她要有自己的思想、理念、原则、工作方针。为什么说党行？不是你空口去说就可以的，你得梳理好党的历史走向，用历史事实揭示其内在的东西。我们根据历史的发展，用蒙太奇的手法，从古说到今，来回穿插，多处采访，配以真实的画面、节选珍贵的档案资料，最后做成了专题片，获得中宣部第八届"五个一工程"奖。这算是我们给党的生日献上的礼物。后来中央电视台也表达了对这个片子的认可，安排在黄金时间播出，在社会上产生了比较大的影响。其实我们并不是专业制片人，我们都是党史文献的研究人员，并没有做专题片的经验，但我们最终做出的成果受到了中央电视台业内人士的认可。

后来迎接党的十六大，中央电视台主动找我们做一部给党的十六大献礼的电视专题片——这就是后来的大型理论文献片《走进新时代》。我们以深情的笔触、优美的画面、动人的音乐组合成一曲讴歌深化改革开放和中国共产党领导全国人民迈进新世纪的颂歌，为党的十六大献上一份厚礼。这个片子又荣获了中宣部第九届"五个一工程"奖。好多同事问我："你们怎么成了得奖专业户了？"我说不是，我们做的东西都要有创新，其实非常难。历史已经是相对固定的，我们并不是凭空编一个东西，而是还原历史的真实，用新的角度、新的概括方式去体现历史。这个挑战非常大。我打心眼里不怕挑战，愿意做开创性的工作。这几部片子集合了我们室全体人员和合作单位的心血，我不过是其中之一；但其中确实融入了我的理念、思考和情怀。

迎接挑战 超越自我

成功需要你付出，更需要你有热情和火花。傻子的付出模式就是原地不动；真正有效的付出，一定是超越自我，超越才能有新的贡献。

说回我自己的故事。本来在科研部做得好好的，结果片子还没做完，领导找我谈话说：你去当党史出版社社长吧！我第一反应就是这可不行，连码洋是什么我都不知道！后来我还专门去问别人，才知道码洋就是定价，定价就是码洋，但是它不是真实的，它一定超过成本，这些我根本不懂。而且党史出版社当年遇到经济上的问题，让我做党史出版社社长无异于"临危授命跳火坑"。领导要求除了出好书还要挣钱，养着一堆人，真是压力山大！要养活这几十人就得想出既好看又卖钱、政治上站得住的作品，实在面临很大的挑战。我心想，在熟悉的平台上工作多好，我干吗非得去呀！

领导选中我，我虽说不太情愿，终究还是去了。去了，我那种不服输、不言难的天性，让我又扛起了出版社社长的重担。在这一岗位干了六年，一言难尽，苦辣酸甜，但我咬着牙坚持，想方设法，付出了心血，终于才把出版社从较危难的关头拉回了良性循环的发展轨道。

我认为，出版社如果只拿人家现成的稿子，不会组稿，那不叫出版社；要有策划能力，选出一些符合当代社会、符合人民需求的选题，到社会上组到优秀的稿子。我经室委会批准，率先进行机构改革，多招进了二十多人，从大学生里头挑喜欢编辑、营销的人才，包括北大、人大、师大、社科院的研究生、本科生。我在编辑考核里加进策划组稿的指标，在营销人员考核中加入业绩的指标，并都与分配挂钩。开始很难，后来他们也都成长起来了，现在已经是出版社挑大梁的角色。亲眼看到他们的成长，我感到欣慰。

这些改革都是大刀阔斧的。但不是所有的前进步伐都能受到广泛的拥护；我每一次推行改革，总有人在背后说一些怀疑的话。但我就是不信邪，就这么走下去了。

领导说我胆子大，确实如此，我当时对经营的认识就是自收自支；单位没有一分财政拨款，我当出版社社长就要有一定的主动权，不需要所有的工作报告、出版选题都报上级领导批准。当时的室委会也采取"放水养鱼"的政策，一定程度上下放了权力。社委会是我社的最高决策机构。在集思广益的前提下，我带领干部员工制定了各种规章制度。我要求全体员工更多地去了解市场与出版之间的关系，锻炼我们的人在市场中发展壮大而不被"淹死"的能力。

我们在传统党史类选题的基础上，繁荣了党史出版物面向市场的选题，增加了各种人物传记和党史回忆录；丰富了合作方式——包括和文化公司的合作。我们大胆进行尝试，不是只在一条路上走。虽然也吃了不少亏，但不能说眼前吃亏的事就都不做。我们必须适应市场经济的特点，沿着既定的方向砥砺前行。

在纪念毛泽东诞辰 110 周年、邓小平诞辰 100 周年、红军长征胜利 70 周年等这些重大时间节点上，我们每一次都出版了十多种选题独到、主题鲜明、原创性强、学术含量高、内容丰富、印制精良的图书，在中央部委出版社中渐渐地产生了影响，同时也十分不容易地赚了一些钱。在经营业绩不断上升的前提下，我给出版社干部员工的工资比机关略高一点，采取宝塔型，与业绩挂钩，年终再分红，以提高大家的积极性。根据出版社的承受能力，在增加盈利的情况下每年工资有所增长，让员工们觉得在市场经济的条件下不仅可以养家糊口，还可以生活得宽裕一些。我离开社长岗位的时候，不仅养活了 40 多位员工，还为发展留下了几百万元资产，基本交出了满意的答卷。

尽管付出了自己全部的心血，但也不见得都获得好评，总有人认为我个人肯定有贪拿。在离任审计的时候，审了我六年多给职工发放的每一笔工资。我把所有工资表都拿出来看了，看每年涨了多少钱；到最后，我在塔尖上的月工资也就是一万多元，根本不算多。但总有人觉得出版社的人拿钱多了，在习惯捧铁饭碗的机关中说三道四。我想，我经得住考验，你们查吧，反正我没贪拿挪用一分钱。

现在想想，其实很不得了，守着一个钱摊，我没在工资外多拿一分。2008年汶川地震，我还给灾区捐献了五万元。我经得起考验，我当社长绝不为自己，我看不起贪污腐败分子。我不认为金钱至上是对的，也不认为人生价值的大小是以金钱来衡量的；我要当党的好干部，不搞权钱交易。审计了我半年，最后也没有认为我个人有问题，所以组织上返聘我为中共党史人物研究会的常务副秘书长，在退休后继续发挥余热，这就是对我工作的认可。

分管我的领导对我说："我也知道你挣了点钱，挣了点钱都分给大家给大家办好事了。"是的，这就是我的想法。我不喜欢只让马儿跑，不让马儿吃草，所以一定要让出版社有凝聚力，让我带的队伍有草吃，让大家愿意在这儿干。我也关心每个员工，与大家像兄弟姐妹一般友好相处。

我想，今天我们某些干部最令人不齿的就是用党和人民赋予你的权力谋取私利。你可能能力不足，你可以业绩不够，但是你绝不能贪拿，这是底线。这样，你退下来以后才不至于整夜睡不着觉，也不至于担心被敲门——被挖出来是个贪污犯。我守住了底线，对得起自己的良心。

百折不挠　长风破浪

人生没有一帆风顺的。尽管我小学、中学、大学上的都是名校；人家插队我去当兵，最早入党；在党研室年轻人中比较早提干，当研究员，足够顺风顺水了，但大的挫折也不是没有遇到。

我当兵四年多回家探亲，结果意外发现左眼视网膜脱落——很严重的病。本来不太懂，到同仁医院一查，说比较严重得赶快治，马上入住医院，一住就住了一年。左眼前仿佛有一块黑布，怎么擦也擦不掉，说是视网膜掉下来一块，游离了，如果不及时复位就会失明。那时候我正值24岁的芳华，还梦想上大学、在部队长期干下去，突然身体上出现这么个毛病。

第一次手术把左眼眼周的六条肌肉切开，把眼球扣过来，然后用一块医用的确良布把视网膜烙上去。开始用冷冻没冻上，白躺了两个月，在床上吃喝拉撒，不能下床，只能干等；第二次开刀采用热烙的方式才把脱落的视网膜烙上了，避免了失明的危险。但是又继发了青光眼，眼压居高不下，终日头昏脑涨。

那时候还没有先进办法。你知道甘油是干吗的？是抹手的，我却要喝一瓶子甘油，让眼压降下来。那时候我心里只能想：这能难过红军长征吗？喝！喝完把瓶子放到医院病房窗帘的后面，再也不想看见，恶心至极。下一次眼压上来还得喝，就是这样治。大夫也没说一定能好，我当时心里就想：治也治不好，眼压高啥事也干不了，还想求学呢，还想有所作为呢！我妈还添乱给我找对象，她说心情不好找个对象谈谈缓解缓解。我说，找什么对象？现在不能找对象，眼睛治好了再说，根本没理会。当时心里充满了担忧和郁闷。

医院有一个女兵是某部队司令员的孩子，一只漂亮的大眼睛楚楚动人，另一只用敷料盖着。我是在医院和她一起出黑板报时认识的。医生给她上药，要我帮忙。我去帮忙，以为看到的会是另一只美丽动人的眼睛。当医生打开纱布后，我看见的却是一个大坑，红不拉几的——惨不忍睹。这女兵得了急性青光眼，在部队几个星期回不到北京来，所以耽误了治疗，一只眼球萎缩了，没法保住了，就得摘了。我咬着牙给她照着手电筒，帮助医生换药。最后那只眼睛被换成了一个不会动的假眼睛。看到她，我觉得自己还算是幸运的。

我左眼手术最终成功，脱落的面积并没有扩大到黄斑区，视力保持在0.4。特别是青光眼，喝了那么多甘油眼压都不降，最后在虹膜上切了个三角，让房水及时流出去，终于把眼压降到正常。经过一段时间的观察，我终于出院了。

如果回到部队，走川藏路需要乘车十五天颠过去，我怕把我的视网膜再颠下来，所以尽管医院政委告诉我提干的命令已下，希望我返回部队，我对摘下领章帽徽也十分不情愿，但我还是主动要求复员了。人生的转变有时候就是突然的，难能一直如意。

我体会到战胜疾病就是向自己挑战，当时把这句话写给自己。经过高原部队艰苦生活的磨砺，在和疾病做斗争的过程中我也想明白了：视网膜脱落是痛苦，但相比于盲人，相比于战争中缺胳膊少腿的人，已经是幸运了。无论如何，我都要坚强，都要有战胜疾病的强烈愿望。如果大家都是正常的人，正常地生活，没有疾病，没有天灾人祸，没有意志的考验，大马路上人山人海，谁能看出人的差别？突然出现的这些艰难困苦，倒确实是考验了人性，看你究竟能否战胜自我、战胜疾病。

挺过了这一段，到了单位工作，我又接到了考大学的消息。居然在眼睛治愈以后还谈了恋爱、结了婚、生了孩子——真是完全不敢想象。特别是实现了考大学的愿望，这更让我相信，不同的人生态度一定能收获截然不同的命运。即使改变不了命运，人也要根据环境调整自己，比如事业上干一行爱一行，既然命运选择让你干，你就干好，不能身在曹营心在汉——我就是这样走过了几十年。

还有一次遇到大的挫折。制作电视专题片《光荣行》时，制作时间短，机器租金又贵，我目不转睛一直盯着屏幕，看每一个画面、每一帧是不是有最好的表现力，是不是排除了技术故障，是不是处于最好的视角。我跟专业剪辑师一块儿坐在机器前进行剪辑，没地方睡觉就躺在桌子上睡，吃饭就吃盒饭，有时候还吃不上，久而久之我的脸总是菜色。这成了我的一个教训：人是铁，饭是钢，不按时吃睡就把正常的规律打乱了。虽然我身体条件本身特别好，从不相信什么时候能垮，但还是垮了，一下得了严重的糜烂性胃炎，住进了海淀医院。而这种付出也不见得和成果成正比。领导审查样片时，看完那6集专题片用了六个多小时，结果是没通过，白干了！我一下子心理压力非常大。有关单位投资了那么多钱，大家连轴转，怎能辜负大家的期望呢？咬牙也得改好它。于是我出院后找剧组把全部片子再看一遍，哪里需要改、哪里需要加、哪里需要理论升华、哪里需要提携点睛之笔、哪里需要更有冲击力的镜头，想好后就动手改，又苦干了几个星期。第二次接受领导审查，出人意料地一遍通过。

我才明白，即使付出很大努力，也不一定一下就能成功，也许需要多次不惧失败的尝试才能最终获得满意的结果；即使获得了满意的结果，也不是一成不变的，你还要前进，还要超越。这样一些点点滴滴的体会，都是在人生道路上品出来的。一次身体上的毛病，一次作品不合格的煎熬，它们都磨炼了我。站在外面看很容易，其实投身实践才发现，成就事业从来不是一蹴而就、轻而易举的。想一想人类文明的演变，想一想中国社会的进步，有多少人付出心血甚至生命？他们对历史的发展做出重要贡献，但背后有多少痛苦、责难甚至牺牲？我们的付出与他们相比还差得很远。

我今年七十岁，但常被人误认为五六十岁，因为血压、血脂、血糖三不高，头发大部分还是黑的，胳膊腿都很灵活。有人问我："你怎么不老哇？"因为我退休十年里选择了健康的生活方式，除了发挥余热，在党史人物研究会参与组织编辑出版了多种党史人物传记的系列图书以外，还热衷出国旅游，走了世界二三十个国家，亲眼观察世界，饱览秀丽山川，享受人类文明的熏陶；酷爱跳舞，在优美动听的旋律中翩翩起舞，释放对美好生活的热情和追求；喜欢摄影，把走过的异国风情和大自然的绚丽色彩尽收于镜头……总之，我的心态是阳光的，生活是丰富的。我追求一种鲜活的生活状态，与时俱进，活到老学到老——这是不老的真谛。我的人生快乐真实、健康积极，所以身体各方面机能也就衰老得慢一点。当然，未来谁都不敢打保票，可能哪一天有这有那，比如一些疾病，但是我都将乐观地面对。

一分耕耘，一分收获。回首逝去的岁月，我自感还算为党和国家尽了一份力，没有虚度年华。如果你想问我创造无悔人生有什么诀窍，保持青春永驻有什么秘诀，我的回答是：确立高尚的人生目标，不蹉跎岁月，不安于平庸，才能永葆旺盛的斗志，获得较大的生命动力；按照既定的目标努力拼搏，不停止追求，不畏惧失败，才能不断总结经验，实现生命价值；掌握生活的主动权，不抱怨环境，不看别人的脸色，才能独具魅力，走出自己的特色人生；顺其自然，才能以平和的心态适应不断变化的工作和环境，完成人生道路上的每一次考验，永葆生命之树常青。

作为女性的我还认为，应该成为一个阳光、漂亮、充满活力、有品味、能干的女人。我在事业和家庭之间找寻平衡，它们不是矛盾的。我希望大家都事业有成、家庭幸福，也劝有责任心、有事业心的女人，不要拒绝结婚生孩子当妈妈，甚至当奶奶——我现在就是奶奶。但是也不要躺在宝马车和大房子里让男人养着，甚至让爹妈养着。找到自己的人生活法，尽力而为，无愧自己。当然也别把自己弄得很累，自己是什么料就是什么料，不必过分追求完美，但争取雕琢得好一点。

我想，留给后代的，除了金钱，还应该有一些精神层面的东西，这样也就算我们没白过这一辈子。老一辈人给我们留下了宝贵的精神财富，我们也应该传承他们的精神，留给后代一些值得借鉴的人生感悟。

最后用我写的一首小诗《我与共和国同龄》作为结语：

假如人生是一张名片，
古稀的我已经老旧发黄。
假如年龄是一棵大树，
风雨中我已历经沧桑。
70 年前我出生在山西兴县，
《晋绥日报》的一间小房。
三年后我随父母来到北京，
正赶上新中国这艘巨轮起航。
我与其他同龄人一样，
生在红旗下长在新中国。
分享了新中国成功的喜悦，
也亲历了探索道路的艰长。

豆蔻的年华，
我们学会做人的道理。
火红的时代，
我们插上知识的翅膀。

祖国需要的时候，
我们建设祖国保卫边疆。
拔乱反正的岁月，
我们紧随转折解放思想。
改革开放的新时期，
我们开拓进取奋发图强。
在民族振兴的大业中，
有我们的一分热一分光。
在新中国前行的大道上，
留下同龄人的脚印一行行。
记得国庆 10 周年的庆典，
十大建筑在首都北京亮相。
我和同龄的部分少先队员，
来到刚落成的人民大会堂。
穿着借来的一条红裙，
仿佛穿上节日的盛装。
给党和国家领导人献花，
对新中国寄予深情的厚望。
60 年前那幸福的瞬间，
似乎还在脑海里回荡。
60 年后我们在这里相聚，
盛赞新中国 70 年的成就辉煌。

早在上个世纪 30 年代，
革命处于低潮的井冈山，
毛泽东就预言中国革命，
是东方喷薄欲出的一轮朝阳。
90 年后的今天，
中国正从积贫积弱走向繁荣富强。
新中国这轮冉冉升起的红日，

高高定格在世界的东方！
这是怎样的魄力呀，
发达国家一二百年走过的路，
中国仅用了70年，
就实现了近14亿人民的小康。
这是怎样的兴奋啊，
微信中互相传递美景风光。
各条战线纷纷传来的捷报，
令我们目不暇接热泪盈眶。
这是怎样的坚强呀，
党带领人民脚踏实地披荆斩棘。
任凭国际风云变幻，
中国人挺直了不屈的脊梁。
这是怎样的胸怀呀，
凝聚全国人民的智慧和力量，
绘制未来几十年的发展蓝图，
怀揣两个一百年的中国梦想！

70岁对于人生是步入夕阳，
对国家则是成熟稳健充满希望。
当新中国蒸蒸日上，
我们早已退休离岗。
作为新中国的同龄人，
日渐衰老白发如霜。
不管富裕还是小康，
无论身体是否有恙，
人民的利益高于一切，
我们永远会初衷不忘；
共和国的前途和命运，
始终在我们心中存放。

享受晚年幸福生活的我们，
期盼与新中国同行得更远更长，
亲眼见证民族复兴大业的实现，
双手拥抱新中国更加绚丽的太阳！

张琦补充修改（2019 年 9 月 20 日）

张琦自述，本次采访时间为 2019 年 4 月 26 日，由中国人民大学校友工作办公室负责采访，后由 2019 级财政金融学院研究生刘宜卫负责录音整理及文字编辑。

采访 / 李宣谊　杨秋明　文字 / 刘宜卫

赵履宽

| 人物简介 |

　　赵履宽，男，1930年生，云南省大理人。1949年就读于华北大学。1983年创建我国第一所劳动人事学院以及第一个人事管理本科专业，1993年开设我国第一个劳动经济学博士点，并指导硕士研究生、博士研究生20余人。1992年获得国务院颁发的突出贡献政府津贴证书，1996年获得中国老教授协会颁发的"为科教兴国作出突出贡献"证书。曾任中国人民大学劳动人事学院教授、博士生导师、学术委员会主任，中国劳动科学教学研究会会长，中国人力资源开发研究会副会长。

日机轰炸下的高小阶段

云南省大理白族自治州大理市喜洲镇是我的故乡，我是白族人。随着阅历的增长，我越来越为自己的故乡骄傲。

我生于1930年，有七位至亲：父亲、母亲、三位姐姐和两位哥哥。我排行最小，受到全家人的特殊关爱，因此，他们给我留的回忆，几乎都是真的、善的、美的。我认为，这是我一生最大的幸运。

我4岁丧父，因而只留下一些有关父亲的模糊记忆。父亲从小接受过扎实的私塾教育，具有传统文化的基本素养。父亲还是本镇乐团的吹箫手，也是乐团组织者之一。凡是乐团演奏活动，他都带我去，让我在一旁静听。这也许就是父亲对我进行的音乐启蒙，这种幼年启蒙有着奇妙的功效，它令我终生酷爱丝竹音乐。母亲是不识字的缠足妇女，她用自己的言行培育了我的恻隐之心，使我不知不觉地形成悲天悯人之情。记得我们经常吃到母亲为照顾生活困苦的小贩而买回来的残次水果，还经常看到她把食物施舍给乞丐。

1939年春，武昌华中大学（现改名为华中师范大学）迫于武汉被日军侵占，迁至喜洲镇继续办学。华中大学迁来喜洲，对于当时我们这些少年儿童来说，真是从天而降的幸事。我从7岁到10岁这段时间，几乎每天都呼吸着华中大学带来的清新空气，吮吸着它给予的营养。记得我平生学会的第一首歌，就是华中大学学生在街头教唱的抗日歌曲："打倒日本，打倒日本，除汉奸，除汉奸……"大学生们一边教唱歌，一边讲解抗日救亡的道理。华大师生还在大街小巷书写标语："有力出力，有钱出钱""驱逐日寇，还我河山""不做亡国奴"。从此，我知道：日本人侵占了我们的国土，杀害我们的同胞，侮辱我们的妇女，掠夺我国的财产，干了许多坏事，我们必须把日本侵略者赶出中国去。这样火热的思想言论，是多么激动人心啊！

1940年初，我转到昆明念书。当时的昆明，经常跑警报（预行、空袭、紧急三个等级）。日本零式飞机的飞行员十分嚣张，欺我防空力量薄弱，不仅低空轰炸，而且低空扫射。我多次目睹日机施虐之后留下的惨景：倒塌的房屋、暴露街头的尸体以及痛不欲生的哭诉者。这些惨不忍睹的场面，成了我终生难忘的记忆。1942年起，日本飞行员的嚣张气焰收敛了，美国陈纳德将军率"飞虎队"（后改名为美国第14航空队）来华助战，在昆明上空多次与日机激战。每当空战时，我们这些小学生不顾危险，兴高采烈地观看日机被击伤、击落的狼狈景象，真是大快人心。1946年，"反专制，争民主""反饥饿，反内战""反对通货膨胀""反对美军暴行"等民主运动一浪高过一浪，我积极投入了这些民主运动。1946年夏，我当选为昆明市天南中学学生自治会主席，历时一年。

赴北平奔向光明

北平，作为清朝末年以来反帝反封建爱国民主运动的圣地，对我有着很强的吸引力。大哥支持我赴北平求学和发展，为我准备了三枚小额的金戒指，以便在物价疯涨的恶劣环境下维持生活。当时的物价，每天每小时都在上涨，纸币已形同废纸。

1948年8月6日，我抵达北平。当时只有朝阳学院、中国大学和华北文法学院三所学校进行第二轮招生，这三所学校都录取了我。经过比较，我选择了华北文法学院，因为它开设有文学哲学系——我无意于仕途，淡于商贾，而喜爱哲理思辨。入学不久，我就与同宿舍（容纳20多人的大宿舍）的傅青同学（中共地下党员）成为好朋友，他经常拿中共地下出版的书刊文件供我阅读。在"山雨欲来风满楼"的北平，我们两人都急切地盼望着改天换地的大变动。

1949年1月下旬，解放军先遣部队进入北平。当时中共培养干

部的一所新型大学华北大学（它的前身是 1937 年创建的陕北公学及
40 年代迁至华北并改名的华北联合大学和北方大学）在北平招生，我
迫不及待地报考了这所学校。我既是第一个报名者，也是录取榜上排
名第一者。进入华大，就意味着我成为革命队伍中的一员。我们这些
新学员很快就被送回河北省正定县华北大学原校址，接受三个月高强
度的培训。我们的教材是毛主席的主要著作《新民主主义论》《论联
合政府》《目前形势和我们的任务》等。学习期间，我们还经常聆听
有关中共党史和革命烈士的大报告，更重要的是联系自己的思想和经
历，进行批评和自我批评，主要是自我批评。培训伊始，我就被指派
为 1 区队（1938 年入党的"女将"徐伟立任区队长）32 队（刘佩铉
任队长、张冀任副队长）的学习班长，熊映梧（改革开放后任黑龙江
大学副校长）被指派为生活班长。三个月的时间不长，但培训效果显
著，基本上解决了立场问题，使学员们树立了三条信念：第一，中国
共产党是最伟大最正确的政党；第二，世界上最伟大的领袖，是马克
思、恩格斯、列宁、斯大林、毛泽东；第三，个人必须无条件服从组
织（党和政府）。毕业分配的时刻终于到了，熊映梧、张继仁和我留
校，被任命为副队长，这可能是当时毕业生分配中最受重视的岗位，
因为正副队长承担着培训上百名青年的艰巨任务。我从被培训者一跃
而成为培训他人者，这是政治大转折时期特有的现象。

当时，华北大学继续在北平、天津两地招收新学员，我被派到华
北大学天津分校。我们这些华北大学的毕业生，绝大多数都南下，投
入新解放区的对敌斗争和政权建设，其中不少人已成为烈士。我现在
活到 80 多岁，深感有愧于那些已成了烈士的老同学。

开国大典的书生标兵

1949 年 9 月，华北大学完成了在平津两地的培训任务。我们这
批队长、副队长（文化程度都比较高）集中到北平东四铁狮子胡同 1
号学习俄语。

在"俄文大队"学习不久，一项神圣的任务历史地落到了我们这批年轻干部（都是党员和团员）的肩上——担任1949年10月1日开国大典的非武装标兵。当时，我们这批来自老解放区（河北正定县）的干部，堪称共产党和新政权最可靠的革命群体。

10月1日上午七点，我们徒步走到天安门。我被指定守在离天安门城楼很近的一个位置，任务是维护周围的安全。从我站立的位置，可以看到城楼检阅台第一排的党政领导人。

下午两点半，毛主席等领导人出现在城楼，顿时，整个天安门广场欢声雷动。下午三点，林伯渠秘书长宣布典礼开始。在《义勇军进行曲》和礼炮声中，五星红旗冉冉升起。随后，毛主席向全世界宣告："中华人民共和国中央人民政府今天成立了！"接下来，朱德总司令检阅中国人民解放军受阅部队。部队以正方形编队走在最前面，随后是民兵方队、钢铁工人方队、纺织女工方队。学生方队敲打着锣鼓，边走边舞。最后是由男女老幼组成的最大的游行队伍，边走边高呼着"毛主席万岁""共产党万岁"；此时，毛主席不断地高呼"人民万岁"，领袖与群众队伍相呼应，情景十分感人。"人民万岁"是开国大典的最强音，它长久地萦绕在我的耳边。记得，当华北大学的队伍走过天安门时，毛主席高呼："华北大学的同志们万岁！"可见当时华北大学的特殊地位。

亲历中国人民大学的建校典礼

1950年冬，新建立的中国人民大学首次招生。我有幸担任东北三省招生组成员。当时，人大只招收被党组织选送的干部，不招收应届高中毕业生。招生组根据以下三个方面的考核，有权独立决定是否录取：第一，以考生的历史档案为主要依据判断其政治条件；第二，通过笔试（语文、政治、数学）判断考生的文化水平；第三，通过面试验证考生的真实状况。当时这样做，效果不错。半个多世纪以来的历史表明，党中央以华北大学为基础建立中国人民大学的决策，是完全正确的。

1950 年 10 月 3 日，规格很高的中国人民大学建校典礼隆重举行。刘少奇、朱德等党政领导人出席了典礼，刘少奇做了讲演。他说："中国将来的许多大学都要学习我们中国人民大学的经验，按照中国人民大学的样子来办"。

中国人民大学建校初期的苏式教学

中国人民大学建校前夕，刘少奇赴莫斯科，请求斯大林派遣专家来华任教。于是，先后有 98 位苏联专家带着苏联的教学资料和教学制度来到人民大学工作。校领导向全体教师宣布：全心全意向苏联专家学习，教学领域的事，听从苏联专家的意见。记得，极个别中国教师在学术观点上与苏联专家发生分歧，结果只能是中国教师成为"吃黄连的哑巴"。

什么是苏式教学？苏联专家用俄语给中国教师讲课（实际上是宣读讲稿），译员即席翻译（他事先阅读过讲稿），中国教师埋头记录下来，再经过若干天"消化"，就登台给学生上课。人们将这种做法戏称为"现炒现卖"。以我为例：从 1952 年 9 月起，我这个缺乏经济学素养的人，开始登台讲课，却并不感到困难，因为苏联专家讲的东西，不仅肤浅，而且充满了个人崇拜和权力垄断的色彩。"列宁的预见""斯大林的教导""联共中央和部长会议制定的计划具有法律效力""贯彻联共中央的决定具有深远的历史意义和伟大的现实意义"等，是苏联专家讲稿中出现得最多的语句，这在一定程度上减轻了中国教师记笔记的负担。所幸，这种"全盘苏化"的做法，1956 年之后就逐渐减弱了。

在我们合作社系，有一位名叫华西列夫的苏联专家，他只讲一门课："农产品采购"。在我的印象中，华西列夫授课完全是念稿子，学问似乎不大，但他在卫国战争中当过坦克手，立有军功，值得尊敬。

人民大学的苏联专家是在反右派斗争之前撤走的。对于我们这些普通教师而言，他们是静悄悄地从校园中消失的。我不记得召开过什么欢送会。

三年困难时期的磨难

1957年反右后，"左"倾错误向全国蔓延。从1959年开始，中国进入了三年困难时期。北京作为全国必保的首都，竟在一夜之间，商店里的绝大部分食品突然消失了，仍然摆着的只有酱油、醋和汽水。那幅情景真是吓人，经济规律真是厉害。

当时，我作为高级知识分子中最低一级的讲师，每月可以获得两斤白糖、两斤黄豆的优待，我当然不忍心独享营养品，宁愿留给家中老人和小孩享用。

1962年10月，我被派往北京郊区平谷县宣讲中共中央《关于农村人民公社当前政策问题的紧急指示信》。在这里，我经历了一生中物质生活最艰苦的岁月，几乎每时每刻都有饥饿的感觉。每日三餐是这样安排的：早餐主食是由少量小米和玉米相混合的稀粥，午餐和晚餐主食都是由玉米面和红薯面相混合的窝窝头；三顿饭的副食都是酸菜。这样的饮食，连维持人的生存都很困难。绝大多数下乡人员都得了由饥饿引起的浮肿病，我的浮肿情况更为严重。经常处于饥饿状态的人，无心思考什么理论，无心关注什么学问，而只是不由自主地想着吃的问题。在处境最艰难的时候，我们一家喜得亲人相助。我大哥从昆明托人带给我们一点猪油和腊肉（昆明因交通不便而得福——减少食品外调）；我的岳母把我的儿子和外甥带回农村吃了一个月红薯，为我们省下了一些粮食；我爱人杨勋的姥姥给了我们一百多斤全国通用粮票。这些雪中送炭之举，大大缓解了我们的困难。

下放江西"五七"干校

干部下放"五七"干校，是发生在"文革"中的一大事件，具有特殊的回忆价值。人民大学教职员工被下放到江西省余江县农村。

进驻人民大学的"军宣队"领导在动员大会上宣称：这次下放，是永久性地在农村安家落户，大家要有长期打算的思想准备。路途遥远，书籍之类用不着的东西，就不要带下去了；当然，毛主席的书和语录本，千万不要忘记带。一时间，人心惶惶，疑虑重重。有的人完全相信"落户农村、长期打算"的说法，以极低的价格（7分钱1公斤）把多年珍藏的书报杂志卖给造纸厂或废品收购站。有的人对"军宣队"的动员报告半信半疑，把书籍和细软存放在亲友处，为自己留下后路。还有少数人（包括我本人），有点辩证思维或信奉老庄哲理，基本上不相信"军宣队"的那一套话。

"五七"干校的劳动是繁重的，生活是艰苦的。以我本人为例：我干过挑大粪这种又脏又累的活，干过在大片田地里撒粪的活，还干过加工石料（以钢钎和铁锤为工具）的活。当时，"军宣队"把我们这批文弱书生视同士兵（实行连、排、班编制，我当过三个月副班长）和强壮劳力。

我有过1957年反右以及1968年"劳改队"的经历，具有一定的"免疫力"，反而自觉地在"五七"干校磨炼"苦中求乐"的功力。

任国务院工资理论研究小组成员

1973年10月，校系两级领导通知我，尽快到国家计划委员会报到，参与理论研究活动。与我一起被派遣的，还有经济系的徐禾副教授和计划经济系的余广华讲师。我们三人准时去报到并得知：根据周总理的指示，成立国务院工资理论研究小组，由纪登奎副总理主抓，由康永和及王向生二人担任正副组长。

在全体组员首次会议上，我环顾四周，发现组员大都是经济学界有点名气的人物：孙尚清、何建章、桂世镛、刘方域、智效和。王向生宣布：研究小组的任务，是全面系统地从理论上探讨工资问题，不断地提供研究成果，供国务院领导同志参考。

我们十几个人做了初步分工，我主要研究供给制问题。我们每天忙于查找档案、整理资料、采访知情人、阅读书刊和分析问题。当时，这是全国科研人员求之不得的一种机会。

1975 年邓小平复出后，工资理论研究小组一下子增加了几位知名度很高的人物：薛暮桥、齐燕铭、许涤新、吴冷西、于光远、刘国光、董辅礽和罗元铮等。此后，小组组长改由于光远担任。邓小平的复出，使工资理论研究小组的政治气氛转向活跃，组员的精神状态大为振奋。

任国务院政治研究室写作组成员

1975 年，邓小平复出后，立即指示组建国务院政治研究室（中共中央书记处研究室的前身），下设写作组，其成员包括于光远、邓力群、林涧青、林子力、冯兰瑞、苏沛、滕文生、陈进玉和我。

写作组针对长期被极左路线搅乱的一些重大理论问题，以“向群”为笔名，在《人民日报》头版，连续发表了近十篇长文。这些文章与由胡耀邦亲自定稿的那篇最著名的文章——《实践是检验真理的唯一标准》相呼应，为十一届三中全会的胜利召开，做了较充分的理论准备。

参与组织四次按劳分配理论讨论会

粉碎“四人帮”之后，亟待解决的问题多如牛毛，但最紧迫的，莫过于思想理论领域的拨乱反正。在极左路线的控制下，按劳分配原则遭到歪曲和批判，我国职工的工资被冻结 20 年之久。看来，拨乱反正从按劳分配问题突破，是最得人心的选择。以于光远为首的工资理论研究小组当仁不让，挑起了这副重担。

1977 年 4 月，第一次按劳分配理论讨论会在北京召开，有 30 多个单位的 100 多人参加。6 月，第二次讨论会，有近百个单位的 400 多人参加。10 月，第三次讨论会，除在京的 135 个单位的 500 多人外，还有来自 23 个省、自治区、直辖市 120 余个单位的 280 余人参加。1978 年 10 月，又在北京召开了更大规模的第四次讨论会。这四次按劳分配理论讨论会，不仅肯定了按劳分配原则的正当性和权威性，而且强有力地带动了人文社会科学的拨乱反正，从而为随后召开的批判极左路线的中央工作会议创造了有利条件。不可否认，于光远对这四次讨论会的胜利召开，起了最重要的作用。

此外，我在会上的发言《驳"四人帮"在劳动报酬形式问题上的谬论》被《人民日报》发表并在全国二十几家省报转载。《人民日报》理论部负责人说："赵履宽的这篇文章如果送审，就登不出来了。"当时，"两个凡是"即"凡是毛主席作出的决策，我们都坚决维护；凡是毛主席的指示，我们都始终不渝地遵循"还管控着国内的公开出版物。这篇文章的公开发表，扩大了按劳分配理论讨论会的影响。总之，按劳分配理论讨论会的成功，堪称粉碎"四人帮"之后思想理论领域拨乱反正的首次大捷。

为人民大学复校做了一件鲜为人知的善事

"四人帮"虽被粉碎，但人民大学仍处于被解散的窘境，广大教职员工都期待着正式复校。作为人大建校时的"元老"之一，我自然对人大有着深厚的情怀，但一个讲师能为此做点什么呢？

大约在 1977 年春，我在工资理论研究小组期间，通过组员罗元铮（新中国第一个从苏联高校获得经济学副博士学位者）认识了余秋里副总理的二女儿余晓霞，她是一个性格开朗、求知欲强的青年。我帮助她办妥了到北京大学旁听中文系课程一事。

这时，我突然产生一个想法，何不通过余秋里父女促进人大复校？

于是，我起草了一封给余秋里的信，慷慨陈词，首先陈述人大及其前身（延安陕北公学、华北联大、北方大学、华北大学）在中国革命和建设中所起的重要作用，进而痛斥"四人帮"解散人大的罪行。为了壮大声势，我还征集了几个熟人签名，把新四军老干部、人大贸易经济系系主任曾洪业排在第一名，我排在第二名，随后是余广华等人。我抓紧时间把信给余晓霞，嘱她快办。她对此非常积极，当天就回家了。第二天，她急匆匆赶回北大告诉我，她父亲在这封信上批了"请刘西尧同志办理"字样（刘西尧是军队干部，"文革"期间任国务院科教组组长）。余晓霞还说，工作人员已把信送出去了。

此时此刻，我似乎有人大即将复校的预感。果然，不久之后，有人就看到中央关于人大复校的正式文件。我不敢说我做的这件事对人大复校起了决定性的作用，但我可以说，它大大加速了人大复校的进程。无疑，余秋里是促进人民大学复校的一位功臣，人大教职员工应当感谢他。

关于人民大学1978年的复校，有一件事值得一提。由于人民大学1978年春才复校，没能赶上全国统一招生，只好在高考成绩出来后，允许学生补充报名。全国仅此一校获此优待。人大1978年入学的1 000名学生都是在知道自己的高考成绩后改报人大的。他们中的许多人，报名时不敢填报著名高校，只敢填报把握大的一般院校，但成绩出来后，发现自己的成绩名列前茅，于是补充报名的人民大学就成了这些优秀人才考入名校的"救生圈"。据我所知，人民大学1978级本科生的素质较高，其中不少人毕业后取得了突出的成就。

创建人民大学劳动经济研究室和劳动人事学院

国务院政治研究室写作组的任务完成之后，我即将返回已正式复校的人民大学。临行前，于光远对我说：你回人民大学应当继续研究劳动工资问题，争取把劳动工资研究会挂靠在人大。于是，我回人大找当时主持日常工作的胡林畇副校长（校长成仿吾尚未到任），把于光远的想法转告他，并建议成立劳动经济研究室。胡林畇很痛快地同意了我的建议，还表示，可为新机构刻一枚图章，每月拨一点经费。

劳动经济研究室建立之后，最先调入的人员有张佩玉、徐慈君、张一德、姚裕群、孙树菡、邱力等。当时，我除了为《人民日报》《经济研究》《教学与研究》撰写有关就业、工资、劳动力所有制等方面的文章，就是集中精力编写劳动经济学与劳动社会学教材。

1982年夏，我开始招收硕士研究生。董克用是我的第一个研究生，他曾任人民大学公共管理学院院长、博导。彭剑锋是我招收的第二批研究生之一，他现在是全国人力资源管理的权威性人物、博导。刘尔铎也是我招收的第二批研究生之一，现任劳动人事学院副院长，他是知识渊博的名副其实的博士。"青出于蓝而胜于蓝"，我指导过的几十名博士和硕士研究生，现在的专业水平和获取知识的能力都超过了我，我为此感到自豪。

1982—1983年，国家劳动人事部决定建立一所自己的院校（其他各部几乎都有自己的院校），我得知这一重要信息后，主动与其联系，建议劳动人事部与人民大学共建这所学院。当时，北京经济学院（设置有全国资格最老的劳动经济学专业）和天津南开大学都积极争取与劳动人事部共建学院，但劳动人事部最后还是选择了人民大学。

我认为，人大胜出的原因有三条：第一条，人大的知名度高于两个竞争者；第二条，原国家劳动总局和原国家人事局的一些领导人如王蓉、严忠勤等，为我们游说高教决策部门；第三条，当时，我在权威媒体上发表了多篇有关劳动就业和工资福利方面的文章，而两个竞争者当时在这方面发表的文章很少。

1983 年 7 月，劳动人事部与人民大学正式签订了双方合办中国人民大学劳动人事学院的协议。协议规定：劳人院的经费（包括工资）由劳动人事部拨给；劳人院的教学科研工作由人民大学领导。此后不久，劳动人事部拨给劳人院基本建设款 420 万元。用这笔基建款可按特别低的计划内价格购买建筑材料，因此，这在当时是一笔相当大的款项，足以盖一座学院大楼。但由于种种原因，劳人院并没有自己单独的大楼。

劳人院成立的前期，在我的建议下，人民大学把院长一职留给劳动人事部的部长或副部长兼任，但赵东宛部长始终未表态。20 世纪 90 年代初，我由副院长正式转为院长。但我这个院长信奉"为无为，则无不治"的哲理，不管经费收支（授权别人管）以及日常事务工作，只管引进人才和教学科研质量两件事。我们在人民大学首创"学生评价教师"制度（公开奖励先进者，但不批评后进者），收到积极的、无副作用的良好效果。

劳人院凭借劳动人事部的背景，从国内一些名校引进了一批人才：从吉林大学引进政治学人才，从南开大学引进社会学人才，从北京大学引进心理学和社会调查方法人才，从北京师范大学引进管理心理学人才，从复旦大学引进经济学人才。这就实现了"杂交优势"，避免了"近亲繁殖"，这些人才是劳人院最宝贵的财富。诺贝尔经济学奖获得者、美国芝加哥大学教授加里·贝克尔说："美国的人力资本三倍至四倍于美国的物力资本，这是美国富强的秘密所在。"在我看来，人大劳人院所拥有的资本，几乎全是人力资本，这也是劳人院取得突出成就的秘密所在。

从 1983 年起，劳人院开办了劳动经济学和人事管理学两个专业的干部进修班，学制为两年，学员由全国各省市的劳动人事部门保送，连续办了三届。从 1985 年起，劳人院又开办了劳动经济、人事管理（后改名为人力资源管理）、社会保障三个本科专业，由全国统一招生提供生源。这时，我在全院教师大会上提出劳人院教学和科研的价值取向：经济市场化、政治民主化、文化多元化。据此，劳人院在人大首先开设了一些有利于上述"三化"的新课程，诸如社会学、心理学、社会调查方法、组织行为学、人员素质测评、人事管理学、社会保障学、社会工作学、比较政治学、西方劳动经济学、外国人事管理学、行政管理学等。

这里应特别指出，在中国历史上，劳人院第一次开设了人事管理的专业和课程。此前，人事管理被定位在"政治保卫"的范围之内。因此，各单位（包括企业、事业和机关）大都设有劳动人事保卫科（处、部）或直接由党的组织部门管人事。劳人院因首先开设人事管理的专业和课程而受到北京市政府的嘉奖。

劳人院政治气氛宽松，人际关系和谐，各层级的毕业生分配抢手。改革开放程度高的地区和单位，特别青睐我院的毕业生，如海南省人事劳动厅罗厅长就亲自飞来我院挑选了十多名毕业生。校内外不少人也愿来我院工作或学习。许多人善意地把劳人院称为"人大特区"，我院师生也乐于接受这一称号。

道法自然、回归自然

男女恋爱、婚姻家庭、生儿育女，这对人的一生有着极大的意义，也是人类得以生存和发展的永恒主题。

我和杨勋，从1951年初认识到1953年8月6日结婚，历时近三年。1951年初，我们作为人民大学"三反"运动工作队员，朝夕相处，不久就从相互有好感到产生爱情，进而结为夫妻，确是一个"自然而然"的过程。

我们之间有不少相异之处：她是北方革命者的后代，1948年加入中国共产党，参加过抗日战争和解放战争，父亲是红军干部，牺牲之前任八路军团长、山东军区敌工部部长等职；我的"政治身世"不同于杨勋。我是南方中产阶级家庭出身，1953年2月入党，此前只是青年团员。但我们丝毫没有不自然之感，相互吸引，相互尊重。看来，年轻人热恋的自然之情，可以把种种外在的差异抛到九霄云外。

婚后，在1957年反右派斗争之前，我们过着平静而幸福的家庭生活。此后，我们两人在接连不断的政治运动中都受到冲击，但牢固的婚姻关系从未动摇。

为什么从1953年至今我们的婚姻关系牢不可破？根本原因在于，我们有着相同的善恶标准、是非观念和政治倾向。2013年我和杨勋共庆了我们的"钻石婚"——不中断的60年婚龄。我的一生没有什么惊人之举，却在不中断的婚龄上达到最高等级，这的确是一件幸事，毕竟能达到这个等级的人很少，物以稀为贵嘛！要知道，必须具备以下条件，才能达到"钻石婚"：不晚婚，不离婚，双方年龄相当并且高寿。

我崇尚中国先秦道家的"道法自然"理念。这一理念，既包含"人本"思想，又超越"人本"思想，它把人类与大自然的和谐作为人际和谐的基础，从而使人类的生存和发展具有优化的可持续性。

多年来，我生活在海口优异的自然环境之中，探索着道、儒以及中外哲人高明的理念，净化着自己的灵魂，从事着力所能及的自己感兴趣的活动，真可谓其乐无穷也！

赵履宽自述，由中国人民大学校友工作办公室根据赵履宽书籍《道法自然 心向往之》中相关素材进行文字整理。

整理 / 李宣谊

林克昌

| 人物简介 |

　　林克昌，男，汉族，1943年12月出生于海南岛琼山县。1963—1968年就读于中国人民大学政治经济学系。毕业离校参加社会工作之后，曾任河南省信阳地委政策研究室副主任（主持工作）、信阳地委办公室副主任、信阳地委副秘书长兼地委办公室主任、河南省委政策研究室政治理论处长，广东省海南行政区委办公厅副主任，海南省政协副秘书长、省人民政府副秘书长、省证券管理办公室主任（正厅级）、省建设厅副厅长、省建设厅巡视员。

幼年丧父　寡母慈心支持两儿上学堂

我 1943 年 12 月出生于海南岛的农民家庭，当时父亲已经年过六十、母亲也四十几岁，有位比我早出生五年的哥哥林克春。1948年，我还未满 5 岁，年仅 65 岁的父亲不幸病逝，从而由母亲守寡扶养我兄弟俩，当地的说法是"慈母守寡扶育孤寒仔"。我这位未读过书的文盲母亲，坚持自己日夜操劳种田，砸锅卖铁也支持我兄弟俩上学读书。

1950 年 3 月，人民军队渡海解放海南岛，我当年秋天开始上当地的东头小学，哥哥也在读小学二年级。由于家里没劳力，哥哥与我一边上学一边帮母亲干点农活与家务活。可能是天生聪明加上个人努力，我学习成绩一直优秀，课余活动能力也较为突出，还被挑选当上东头小学少年先锋队大队长。

1956 年我考上海南中学初中部，哥哥也初中毕业考上海口卫生学校读书。一个农民母亲同时支持两个孩子上学，家里更艰难了。我一切只能因陋就简，几件破旧衣服、一条旧棉被以及自己在家用的旧饭碗，便是离家入中学的全部家当。学校学生食堂的膳食分甲、乙、丙三种，分别每月交 11 元、9 元、7 元。家庭经济困难的学生当然吃丙种膳食，但我每月交 7 元伙食费都困难，只能从家里带大米到学校自己做饭度日。

1958 年 8 月，家庭经济确实极端困难，我无奈休学一年（有幸被聘任小学民办教师一年）。1959 年秋，哥哥中专毕业走上工作岗位，我才得以又回海南中学续学初中三年级并读高中三年。在那些年里，我都是由哥哥每月支持 10 元钱度过的。由于学习机会来之不易，所以我加倍珍惜，在学校的操行表现与学习成绩都很突出，曾获得全校的"三好学生"与"优秀共青团员"称号以及"优秀学生一等奖"；高中时期，还担任校共青团委宣传委员、校板报编委会主编以及班共青团支部书记。

北京深造　理论实践紧密联系巧应对

　　1963 年我高中毕业参加全国高考，当年流传说法是："北大是理科最高学府，清华是工科最高学府，人大是文科最高学府。""北大是科学家的摇篮，清华是工程师的摇篮，人大是干部的摇篮。"在老师和哥哥的建议下，我第一志愿报考中国人民大学。我当年在 6 月 10 日的日记中写了题为《心愿》的一首诗："寒窗数载秉宏志，来日必有遂愿时。人生颐期终有故，忠国爱民留红史。"1963 年 8 月 17 日，喜讯传来：我被中国人民大学政治经济学系录取——多年夙愿实现了。

　　1963 年 9 月，我这个来自天涯海角的农家子弟正式成为中国人民大学政治经济学专业的学员。我们政治经济学系当年只招我们这个班。这个班的学员，入学时有 35 名，毕业时仅剩 32 名。班主任一直是何伟老师，学习辅导老师先后是陈昌玖、徐祥贤。五年期间，校长是吴玉章，校党委书记、第一副校长是郭影秋，副校长是崔耀先、聂真、胡锡奎等，教务长是朱真；政治经济学系主任是宋涛，系党总支书记是方志西，系副主任是徐禾等；经济学的主要专业课授课老师是方志西、何伟、余学本、陈秋梅、孔生等。

　　虽然学制为五年，但仅学两年半时间就因"文化大革命"而停课了。幸好这时已基本学完了政治经济学（重点）、哲学、科学社会主义的基本理论课程，还完成了英语（有的学俄语）、高等数学（经济学专业特设）、形式逻辑学等学习任务，就差马列主义经典著作选读课未摆上日程。当然，跟随基本理论课的进度，学生们也已经按老师的安排课外阅读了有关的经典著作。这些基本理论及其观察社会、分析问题的立场、观点和方法，对学生的一生都产生重大影响。从我们这些政治经济学专业学生角度来说，生产力决定生产关系、经济基础决定上层建筑的理论，以及辩证唯物主义和历史唯物主义的立场、观点和方法，对于一生判断是非、出谋献策、指导工作和融合到社会之中，都发挥了巨大作用。

我在大学期间，除了学习基本理论、掌握观察客观事物的基本立场和方法之外，还获得了三个方面的拓展：组织能力的拓展、思想品德的拓展、文娱兴趣的拓展。

第一，组织能力的拓展。

1963 年 9 月入学后即组建班团支部，我被选任团支部宣传委员。在当年国庆节，我负起宣传委员的职责，特别花了不少精力和心血，组织编辑我们班团支部第 1 期的墙报，由于版面新颖，图文并茂，让人耳目一新，受到好评。第一炮打响了，在往后的近一年时间里，期期按计划编辑出版墙报，并不断有所创新。

1964 年 7 月 25 日至 26 日，我出席了中国人民大学第九届团员代表大会，并荣幸地当选为第九届校团委委员，与其他新委员一起受到 86 岁高龄的吴玉章校长的接见并合影留念。

在校期间，我还被校团委委任为中国人民大学广播台台长。1964 年 12 月，我大胆提出从五个方面改进校广播台工作的计划：一是改进播音设备和配制；二是调整播音时间和增加广播次数；三是抓住各系团总支的宣传委员，保证稿件来源；四是提高编辑水平；五是提高播音质量。每个方面都有改进方案，并且明确提出，要完成上述改进计划，全台编播人员首先要实现思想革命化。这五方面的改进工作计划付诸实践后，校广播台的工作成效自然呈现。

第二，思想品德的拓展。

社会实践与社会环境对人的思想品德的影响是潜移默化的。人民大学除了传授基本理论外，还着重引导社会实践，注意思想品德的培养。

那个年代，教育部门推行半工半读制度，人民大学也试验性地践行，让学生经受劳动锻炼，以体现"教育与生产劳动相结合"。因此，1965 年 2 月 13 日至 3 月 27 日，政治经济学系组织学生参加建厂建校劳动 6 个星期。劳动开始那天，开了誓师大会，会场悬挂的对联是："半工半读勇当时代急先锋，又红又专誓作革命接班人"。在一个半月的劳动中，建厂房全过程的各种活（平整、挖槽、搬运、搅拌水泥沙石、砌墙、架梁、抹灰、铺瓦）我都干了，活像一名建筑工人，并且在劳动中与工人师傅交了朋友，同学之间也相互关心、互办好事，感情都发生变化。劳动结束后，我的思想感情发生了四大变化：一是对工人阶级产生了敬佩的感情；二是有了"平凡劳动不平凡"的感情；三是对同志产生了更强烈的阶级感情；四是以"为人民服务"之心而工作的感情更加浓厚了。

当时，全国农村都在开展社会主义教育运动，这场运动简称"社教"，亦称"清政治、清经济、清组织、清思想"的"四清"运动。我们先后两次参加农村社教运动，第一次是工作队助手，第二次才是正式工作队员。

1964年2月29日至4月15日，我们政治经济学系一年级和四年级学生到北京市顺义县马坊公社参加社教运动（我们班在韩辛庄），充当工作队的助手，访贫问苦、撰写村史、搞好宣传、经受教育。在这一个半月时间内，我主要是参加村史撰写小组，进行大量的人物专访、事件专访，写出了一部《韩辛庄村史》；工作过程中写了《三访武大爷》的稿子，被校刊登载；帮助大队团总支出了几期板报。

1965年9月12日至1966年6月13日，中国人民大学组织师生到北京市海淀区苏家坨公社参加社会主义教育运动，整整9个月。这次人民大学有699名师生参加，其中500多人为苏家坨公社社教分团，由校党委书记郭影秋（第一副校长）任团长。我被安排在苏一二大队社教队部办公室管综合文秘、共青团与民兵工作。平时的大量时间（特别是在宣传发动阶段），我一般都下到各个生产队去参加生产劳动，在劳动过程中以及通过晚上登门拜访社员了解情况，特别注重了解共青团组织及青年的情况、民兵组织的情况，以便抓好专项工作。我们是党派来的工作队，是为人民服务的，必须关心群众生活，为群众办点力所能及的事。挑水、扫院子我是经常做的，有机会还帮助社员推碾、起猪圈、运肥料、剥自留地的玉米等等。我从学校带来一把理发推子，为群众理发，更受欢迎。平时我把理发推子带在身边，干活时注意看谁的头发长了，工间休息时便为其理发；中午歇晌时，到社员家去为他们理发，大人小孩都理过。一把小小的理发推子，当然创造不了什么奇迹，但推子加上一颗红心，就可以帮助我与群众接近，帮助我培养为人民服务的思想感情。

1965年11月，苏一二全大队社员集中在工地上搞水利建设，我被队部指派到水利工地搞宣传鼓动工作。我通过团总支组织了一个小型的宣传队伍，首先创办了《水利战报》，不断出刊，宣传好人好事。这大大改变了工地的气氛，好人好事适时宣扬，鼓劲的音乐不断播放，水利工地上呈现一派比学赶帮超的景象。

平时除了抓好大队团总支的活动，我的另一项工作是负责民兵军事训练。我从了解大队民兵连的组织情况，以及虚心拜队里的转业军人为师入手，逐步打开了局面。

由于在社会主义教育运动中表现突出，1966年1月我被批准成为中国共产党党员。

第三，文娱兴趣的拓展。

我自小有点文艺细胞，喜爱参加文娱活动，节庆时班里、系里和全校的文娱活动，我都尽量参与。

1963年11月，政治经济学系举办革命歌曲合唱比赛。我们班排练《在太行山上》等三首歌曲联唱参赛，大家就推举我当指挥。

1964年9月11日，政治经济学系举办迎接新生晚会，我率领6名同学代表本班演唱《打靶归来》《我和班长》，获得新老校友好评。

1964年12月9日，学校举办"纪念'一二·九'文艺晚会"，我代表政治经济学系参加演出。为了这个十几分钟的节目，我们用课余时间陆续排练了一个月，整个排练过程也是"演解放军、学解放军"的过程。

1964年12月31日，学校举办送旧迎新文艺晚会，校文工团为全体师生演出一台节目，我应邀参与排练的舞蹈节目也为其中之一。

1965年8月中旬，政治经济学系计划在新学期开学时举办"欢迎新生文艺晚会"，班团支部请我牵头编排文艺节目。我便编写了歌舞节目《迎新灯》，其歌词分"序歌""主歌""尾歌"三段，配曲后抽十几位能歌善舞的同学排练，其特点是边歌边舞、生动活泼、热热闹闹，最终被当作晚会的第一个节目演出。

"文化大革命"开始后的两年多时间内，我基本处于"坚持己见而保守""大势所趋而随流""迷惘不解而逍遥"三种处世状态之中，一般很少参加过激的活动。但由于有文娱兴趣，也曾被组织抽调去参加"人大三红宣传队"，参加了一系列演出。

"文革"开始的两年多期间，我的"逍遥"不是睡大觉，而是处于三种状态之中：一是埋头读书以增长知识；二是旁观与记录各种现象以便综合思考；三是争取远离是非之地而外出参观考察。

我逍遥时期坚持读书，也得到远在家乡海南工作的哥哥林克春的赞同和鼓励。他曾在一封信中说："你能抽时间学习一些业务，这是很好的。你是学政治经济学的，仍然以此为主。不要怕学了以后分配工作不适当用不上。一个人什么知识都要学，什么书都要看。毛主席的知识多广泛，古今中外的书都熟读了。你仅看了这几本书怎么行？要系统地对古今中外的主要经典著作进行研究，对社会发展史进行研究，对社会进行考察。一个人有理想，但不学习，那是空谈家。所以，你仍要抽时间努力学习。"

"文革"期间，学校环境混乱之时，我作为逍遥派，曾经先后三次远离人民大学校园一段时间。

第一次是 1966 年 11 月 9 日至 12 月 23 日，我与同在人大读新闻系的海南老乡郑凌翼一起离校到南方参观和回海南老家探亲。

第二次是 1967 年 5 月 30 日至 7 月 14 日，受组织委派，我与政治经济学系秘书田兰琴和沈骧如同学三人参加首都红代会统一组织的调查组，到华东执行调查任务，历时一个半月。任务内容是根据组织所提供的线索和意向，核对和收集历史资料。我们去了上海市，浙江省杭州市，江苏省上饶市，福建省福州市、厦门市、漳州市，广东省汕头市、广州市。真过瘾了！除了广州市，都是我第一次去的地方，扩大了视野。

第三次是学校被武斗气氛笼罩之时，邮政通信也中断了。我应老母亲与哥哥的召唤，1968 年 5 月回到故乡海南岛待了三个月，日常注意观察运动发展形势，希望稳定后早日回学校。

1968 年 8 月 27 日，我从海南岛回到离开三个月的中国人民大学。我在中国人民大学已满五年，等待毕业分配工作。1968 年 11 月下旬，中央下发了《关于一九六八年大专院校毕业生分配问题的通知》（中发〔68〕158 号）。《通知》指出："毕业生的分配，应当坚决贯彻执行面向农村、面向边疆、面向工矿、面向基层的方针。一般都必须去当普通农民、普通工人，大量的必须去当普通农民。""分配当普通农民的毕业生，除了继续安排到解放军农场、国营农场的外，各省、市、自治区革命委员会可以按照当地的实际情况，有计划地组织他们参加改造盐碱地、兴修水利等改造大自然的斗争。在有条件的地方，也可以分配一部分毕业生到农村人民公社（队）去，进行插队试点。"国家计委也下达分配计划，我们政治经济学系 32 名毕业生的分配名额大部分在西北、东北和华北，而广东、广西、福建、贵州等省份没有名额。在班里我是唯一的广东省人，结果被分配到河南省陆军一军二师太康农场锻炼。

临别学校前夕，仍在哲学系学习的海南籍学友郭绍明写了一首诗《赠林克昌友留念》："少年意气溢风华，无限前程舞锦霞。四卷雄文指方向，工农兵里去开花。高歌阔步向中原，万里红旗赤九天。莫为牢骚愁雾锁，人民卅亿谱雄篇！"我也即时顺其韵、借其意写了一首诗《答郭绍明同志》："少年意气溢风华，一颗丹心泛光霞。雄文四卷指方向，工农兵里把根扎。高歌阔步到中原，斗私批修摆战场。弃旧图新育壮志，忠于人民忠于党。"

1968 年 12 月 23 日夜晚，我怀揣中国人民大学本科毕业证，与同样分配到河南省部队农场的新闻系陈忠志同学结伴，背上破旧的行李，告别老师同学，告别大学校园生活，告别首都北京，乘火车南下，奔向辽阔的中原大地。

我们在部队锻炼一年多时间，参加了政治学习、生产劳动、军事训练。就我的亲历而言，可谓当了不穿军装的三种兵：文艺兵、步兵、工程兵（在这里就不详述了）。

1970 年 2 月下旬，根据国家文件精神，河南省委对在部队锻炼的大学生进行再分配，我们学生营的学员有 100 多名被分配到信阳地区，我就在其中。

广阔天地 耕地种田结合农民炼红心

1970 年 3 月 1 日，我告别农场、告别首长、告别奔赴各地的学友，与一百多名分到信阳地区的学友乘火车南下。一百多人全部安排到农村插队，当普通农民。我先被分配到信阳县，再由信阳县安排到农村基层，与另三名福建籍的大学生为一个组，被安排到长台关公社阜阳大队赵湾生产队锻炼。临下队时，信阳县革委政工组的领导明确交代："你们下去按下放干部待遇和要求，要当好'三员'：毛泽东思想宣传员、阶级斗争战斗员、人民公社好社员。"然而，据我的两年亲历，实际上是另一种"三员"：特别社员、工作队员、政治宣传员。

我们与农民生活在一起，主动积极参加生产劳动，除了犁地之外，栽秧、锄草、割麦、割稻、摘棉花、挑担、推车……样样农活都干过，也得到当地干部群众的尊重，大队和公社召开干部会议都邀请我们去参加，中心任务来了我们也成为干部的帮手。

我出身农村，又在部队农场锻炼过，许多农活都经过手，但是起早摸黑连续干起来，还是腰酸腿痛的，特别是在"三夏"（夏收、夏种、夏征）时期。当地的俗话说："夏收夏种两头忙，一天夺取半年粮。"整个情景可概括为："淮河两岸，麦浪滔滔闪金光；豫南农民，边收边种摆战场。"由于起早摸黑，我对乡村的清晨有切身感受，从而留下了《乡村清晨速写》这首诗："雄鸡一唱天下白，百鸟引吭报晨来。金钟一鸣人抖擞，荷锄扛犁披曦彩。浩瀚田原任马骋，广阔天地有伟才。身在乡村望北京，红花朵朵向阳开。"

1970 年 7 月下旬至 8 月份，阜阳大队掀起"抓革命、促生产"热潮。在这期间，我发挥了特长，一手操办了《阜阳简报》，编发了好多期，较好地交流经验、促进全局，同时也表达了阜阳人民的决心："举红旗，读红书，锤炼红思想；挥红锄，走红路，创建红阜阳。"

在农村插队锻炼期间，我们分配到各地锻炼的学友都有书信来往，彼此激励。1970年6月，从人民大学毕业分配到柳州某林场锻炼的老友郭绍明来信送我一篇《向阳花》："昂然直上不斜歪，日沐霜滋成壮材。任是常来风雨打，丹心总向太阳开。"我回信时借其原韵回赠他一篇《迎风松》："昂首挺拔扎巅寨，冬去春来万年材。胸怀朝阳观世界，喜迎风云笑颜开。"当年9月，郭绍明来信又附了一首《蝶恋花·赠林克昌同志》："同是苦苗冰雪逼，霹雳一声喜遇春雷激。赤县金霞争绚丽，挺胸笑沐朝晖立。骤雨疾风铸情谊，流水高山难比千分一。怀揣宝书展壮志，并肩共奋环球赤。"我难以无动于衷，回复了一首《蝶恋花·回赠郭绍明同志》："牢记琼崖海水苦，更觉燕城同沐朝晖福。虽是南岛茅舍燕，满怀壮志学鸿鹄。敢叫四海云水怒，愿请狂飙铸我傲霜骨。喜看五洲火旗舞，胸怀雄文四卷书。"这就是我们这代大学生当时的精神面貌。

1972年2月，下放劳动锻炼期满，我被安排到信阳地委宣传部工作。1972年3月至1980年9月，我在河南省信阳地委宣传部工作八年多时间；刚开始一段时间先搞新闻报道，以后长期在理论教育科工作。从1980年9月至1983年8月，又在信阳地委政策研究室副主任、地委办公室副主任、地委副秘书长兼地委办公室主任三个工作岗位上奋斗了三年。1983年8月，我奉命从信阳地委办公室调到河南省委政策研究室主持政治理论处工作一年多时间。1984年12月底，我举家告别工作生活近17年的河南省，回到阔别21年多的故乡、属于广东省管辖的海南行政区（副省级）工作。

举家南迁　回归琼岛报效故里献才智

1985年1月上旬，我千里迢迢举家从河南省回到故乡海南岛，担任中共广东省海南行政区委员会办公厅副主任。

1985 至 1987 这三年时间，我在海南行政区党委办公厅副主任的岗位上，亲历了中央处理"海南汽车事件"、海南吸取教训重新奋进、海南筹备建省等重大事件的全过程。

1987 年 8 月 24 日，国务院向六届全国人大常委会提出议案，建议撤销海南行政区，将海南行政区所辖区域从广东省划出来，单独成立海南省。9 月 5 日，六届全国人大常委会第二十二次会议讨论，赞成这一提议，并提请第七届全国人民代表大会第一次会议审议、批准；同时授权国务院成立建省筹备组，开展筹备工作。

1988 年 4 月 13 日，全国人大七届一次会议通过《关于设立海南省的决定》和《关于建立海南经济特区的决议》。4 月 26 日，在欢庆的锣鼓声中，"中共海南行政区委员会""海南行政区人民政府"的牌子换成了"中共海南省委员会""海南省人民政府"的牌子。中国面积最小、人口最少的省和中国面积最大、人口最多的经济特区诞生了！

1988 年 5 月至 1991 年，我被委派担任海南省政协副秘书长三年多时间，在副厅级的岗位上履行全新的职责："政治协商，团结各界精心组织献良策；民主监督，长期共存荣辱与共图多赢。"同时亲历了"洋浦风波"、恢复自治州的呼吁以及梁湘省长被撤职等海南建省头三年的三波折。

1992 年 1 月至 1997 年 2 月，我担任海南省人民政府副秘书长整整五年时间，主要协助分管的副省长开展工作，联系与协调经济合作、商业贸易、旅游、外事、口岸、工商行政管理、洋浦开发区设立以及财政、税务、金融、证券等工作，有一段时间还代管教文卫体部门的工作，涉及政府工作范围很广。五年的工作接触面很宽，处理过的问题也很多，大多数情况在脑子中的印象都淡漠了，但与同毕业于人民大学的陆军校友合作组织的首届海南国际椰子节活动至今仍留下深刻的记忆。

海南省委省政府决定于 1992 年 4 月上旬举办首届海南国际椰子节，其活动宗旨是：发展旅游、交流文化、推动经贸、扩大开放。为了筹办好首届椰子节，海南省成立了组委会及其办公室，由省政府陆军副秘书长担任办公室主任，从2月份起就抽调人员紧张地进行筹备工作。当时正值贯彻邓小平同志南方谈话精神，改革开放再掀热潮的时刻，首届海南国际椰子节引起世人瞩目：各省市纷纷通告将组团前来观摩，省直各厅局普遍邀请同行业同系统的客人，省外事办盛情邀请国外友好人士，海外华侨团体也要回乡省亲观光，企业界向合作伙伴发出呼唤，旅行社积极招团接团，有志"闯海"的能人志士也要相邀前来……究竟会有多少人在节庆期间同时登岛，同时参加各项活动，同时疏散，一切尚属难以准确掌握（有人估计有1.7万名海内外客人应邀上岛）。组委会办公室主任陆军在制定总体方案时，深深感到搞好接待工作是确保节庆顺利进行的关键，从而推荐我出任接待领导小组组长。一介书生被推上接待工作前线，我当时心理压力很大，但笨鸭子也要上架，作为分工协调商贸、旅游等工作的副秘书长也责无旁贷。接待领导小组的职责是：统筹指导各分区、各部门、各单位对外邀请嘉宾和搞好节庆期间的接待工作。接待领导小组的领导成员，除我受命担任组长外，由省接待办主任、省外事办主任、省华务办主任、省旅游局长、海口市一位副市长担任副组长，还有一批其他领导成员。从2月上旬开始，我除了完成省政府副秘书长的分内工作外，腾出大量时间和精力加入椰子节组委会办公室的工作行列，连续奋战了两个月。

1992年4月3日至7日，经过艰苦细致的筹备，首届海南国际椰子节顺利举办。这是海南有史以来规模最大、范围最广、影响最深的节庆活动。蜂拥而至的国内外嘉宾得到妥善接待，12 000人（其中上主席台的180人、登观礼台的1 600人）参加隆重热烈的节庆开幕式，各种经贸洽谈、文化交流活动在各个场合分别进行，海口、三亚、通什、万宁、文昌等重点市县富有地方色彩的活动有序开展……椰子节期间，在海口主会场和各市县的四个分会场，总共举办了24项较大规模的经贸展销和项目洽谈活动，引进了一批外商投资项目，签订了一批内外贸易合同，展示了旅游市场的开发前景，其经济效益非常显著。

　　我在担任海南省政府副秘书长五年期间，协调联系范围广，工作战线长，任务庞杂。除了完成上传下达、办文办事、综合协调、出谋献策以及带领省政府办公厅有关处室的同志管理事务、参与政务、提供服务等日常工作任务之外，主要精力还是放在参与组织经济贸易和旅游方面的大型活动上。

　　为了通过外引内联的方式招商引资、发展生产，扩大国内外市场，活跃特区经济，1994 年省政府决定于秋季举办海南经济贸易洽谈会，俗称"海南商品交易会"（"海交会"）。这是海南第一次举办这么大规模的商品交易会和项目招商会，省政府专门成立了协调领导小组来抓这项工作。毛志君副省长任协调领导小组组长，我被定为副组长，从而花费大量时间和精力投入制定方案、选择场所、宣传发动、落实展位和招商项目等工作。经过一个多月的筹备，1994 年 11 月 25 日至 29 日，海南经济贸易洽谈会在海口市隆重举办，历时 5 天。25 日上午，在望海国际商厦主会场举行隆重的开幕仪式后，由乐普生大厦有限公司主办的"94 海交会全国名优产品展销订货会"以及各分场相继揭幕。海交会期间同时举办的活动有 13 项，我带领综合协调组的同志逐项检查指导，列出总表，安排好各位省领导参加各项活动的时间，使各项活动协调开展。在五天的会期内，到处人山人海，热闹非凡；各种签字仪式相继举行，效果喜人。在金海岸大酒店举行的"海南 94 国际融资投资洽谈研讨会"汇集了各方学者和客商。各家新闻媒体都集中报道海交会的盛况。经贸洽谈会闭幕时，我们还根据群众投票，评选出优秀的参展单位和展位，给予奖励和表扬。

　　海交会闭幕后，我很快综合洽谈会规模、贸易成交、经济合作、会外活动等成果，写出了《1994 年海南经济贸易洽谈会总结报告》，经协调领导小组会议审议后呈报省政府。省政府办公厅随即将《总结报告》转发全省（琼府办〔1994〕157 号文件）。社会对此次经贸洽谈会的评价：一是组织较严密，筹备充分，各项工作件件有序；二是经贸洽谈范围广泛，项目扎实，出现了一些可喜的新形式；三是会外活动紧扣主题，丰富多彩；四是新闻活动新颖别致，十分活跃，体现了共同参与的新特点。这是我参与举办的最大规模的经贸会展活动，我付出了精力，也得到了历练，取得了经验。由于有了这些历练和经验，在后来参与组织的几个大规模活动中我就比较得心应手了。例如，1995 年 12 月 11 日至 15 日在香港举办的（香港）海南经济贸易洽谈会，1996 年 1 月 1 日在三亚市亚龙湾广场举行的 1996 年中国度假休闲游开幕式，同年 9 月 27 日在琼山市火山口旅游风景区举办的 96 世界旅游日主会场庆祝活动，同年 11 月 26 日至 30 日在厦门市富山国际展览城举办的第二届中国经济特区商品交易会，等等，都取得良好成绩，产生较大的社会影响。

我在担任省政府副秘书长五年的工作中，形成了几个方面的基本原则。从宏观要求而言："在工作中，力求以办事员的姿态办理事务，用公关员的身份协调关系，从省领导的角度思考问题，按省政府的决策行使职责，做到抓住关键，促进运转，弹好钢琴，忙而不乱。"从实施层面而言："办文处事注意把关与高效，协调工作突出重点与难点，执行政策注重研究与宣传，各项工作强调协作与协调，廉政建设做到遵纪与守法。"从个人行为品德而言："坚持办事热情，但决不牟取私利；诚恳待人，团结同志；对上不庸俗恭维，对下不摆架子；生活在群众之中，做人民的勤务员。"

1997 年 2 月 17 日，中共海南省委任命我担任中共海南省证券管理办公室党组书记、海南省证券管理办公室主任。这就是说，我自 1988 年 5 月进入副厅级岗位至此将近九年时间，终于有幸上了正厅级的台阶。

证券海域　学习游泳乘风破浪试刀剑

我出任海南省证券管理办公室党组书记、主任之时，该单位机关干部有近 50 人，内设综合处、政策法规处、公司监管处、证券机构监管处、证券市场监管处、期货市场监管处、产权交易监管处等七个处，还有直属的海南证券投资咨询公司。

自己的工作岗位变了，角色也变了，当然工作思路和手段也随之变换。在 1997 年即任职的头一年，我不是"新官上任三把火"，而是面对现实为打开工作局面出"三招"：一是总揽全局，从整体部署、定位树标、融会贯通、分段检查、开拓进取等方面努力，提高省证管办的整体工作水平。二是突出重点，认真履行三项职责——抓规范化工作，督促股份公司依法运作；抓发行新股与配股，为特区建设筹集资金；抓风险防范和化解，促进证券期货市场健康发展。三是致力于抓组织、抓制度、抓内勤，为激励监管队伍积极主动地完成监管任务夯实基础、提供保障。

1998 年至 1999 年，是我任海南省证券管理办公室党组书记、主任的第二、第三年。第一年的"三招"使全省证券管理工作上了新的台阶，按理说已经为 1998 年以后的工作打下较好的基础。但是，由于 1998 年客观上面临许多新情况、新问题，工作的难度比上年更大。一是海南乃至全国金融形势都不好，企业显露的问题较多，增加了公司上市和日常监管的难度；二是全国性的清理整顿股票场外交易市场以及撤销、合并期货交易所，情况复杂、涉及面广、跨越时间长，工作的难度很大；三是中国证监会进行证券监管机构体制改革，将海南省证券管理办公室一分为二，抽出 18 人组成中国证监会海口证券监管特派员办事处（简称"海口特派办"），是隶属于中国证监会深圳证券监管办公室的副局级单位，其余人员仍在海南地方机构工作，只是更名为海南省股份制企业办公室（正厅级的"股企办"），我留在地方担任企业党组书记、主任。证监会宣布：在委任新机构领导之前，我仍是负责人。在特殊年份和上述困难环境中，我"一身两任"，以高度的责任心履行职责，组织"股企办""特派办"的同志抓好三项主体工作：

一抓公司上市与配股，拓宽融资渠道。由于我们预选工作较细，省证券委于 1998 年顺利选定了 5 家利用本省指标上市的企业；由于我们的多方支持，有 4 家公司从别的渠道取得了上市额度。报送申请材料的 6 家公司，我均组织有关处的同志加班加点初审，于 1998 年 6 月底前转报中国证监会，当年年底已有 5 家公司通过了证监会的预选审查，共获得近 4 亿元的社会公众股发行额度；1999 年有 5 家公司先后顺利发行 A 股并上市，为海南筹集了建设资金。为了争取发行额度、加快进度和解决难题，我先后陪同吴昌元、汪啸风两位领导赴京到中国证监会汇报，同时也多次单独赴证监会做疏通工作。全省有 6 家上市公司提出配股申请，经严格初审，我们将 5 家的申请转报证监会，先后被获准配股，募集资金 95 455 万元。同时，指导、审核并批准以发起方式设立了 3 家股份有限公司，扩大了股份制企业队伍。

二抓调查研究，为工作决策提供依据。组织全办业务处全体同志并聘请业务部门的专家，组成 8 个调查组，对 19 家上市公司、75 家非上市公司进行普遍检查，历期两个月，分别写出了有情况、有分析、有建议的调查报告。省委书记（省长）和三位副省长对《海南省非上市股份有限公司经营情况调查报告》做了明确批示，充分肯定报告所提出的建议。我根据省领导批示的精神，写出题为《推动资产重组，壮大股份企业》的论文，在全省理论研讨会上交流。此外，我们还组织调查组对 5 家上市公司的重点问题进行了调查。可以说，1998 年是省证管办调查研究年。在日常工作中，本办督促指导两家老大难公司完成了规范任务，督促非上市公司做好年报披露工作和"三会"依法运作，积极审查批准新设立 3 家股份有限公司，配合有关公司做好资产重组工作，使我省股份公司在规范的基础上继续发展。

三抓清理整顿，促进证券期货市场健康发展。根据全国统一部署，我亲自抓在我省范围内的场外股票交易、证券经营及投资咨询机构、期货交易所、期货兼营机构等几项清理整顿工作，顺利完成任务，取得较好成绩。特别是清理整顿在海南证券交易中心挂牌交易的股票，历期六个月，由于情况摸透、方针正确、工作细致，12 只股票和 1 家地产投资券撤牌后，未引起任何社会波动，达到了中央要求的"既要彻底解决问题，又要确保社会稳定"的目的，受到证监会的好评，要求我省专题总结经验。全国著名的海南中商期货交易所的撤销改组，也未造成任何社会震动。1998 年海南经济发展陷入低谷，上市公司的财务状况也很差。全省 19 家上市公司，有 8 家亏损，占 42%；亏损额 9.15 亿元，占全国上市公司总亏损额的 8%；全省被列入 ST（特别处理）的上市公司有 6 家，占 33%。因此，海南已被中国证监会列为高风险区。根据中国证监会的要求，省政府专门成立帮促小组，联合各经济管理部门和各家银行，采取全面摸底、重点帮促、分类指导、政策支持等办法，帮助和监督亏损公司做好资产重组，进行产业调整，改变经营状况，化解市场风险。

总之，在发展市场经济的浪潮中，股份有限公司呱呱落地，证券交易、期货交易、产权交易三大市场迅速形成，政府的监管工作也涉足新领域、面对新问题。我从 1997 年至 1999 年奉命出任海南省证券管理办公室党组书记、主任，就是主持对一类新型企业和三大新兴市场的监督管理，是在新的海域学习游泳。时间虽然只有三年，但激发了我独当一面的责任心，培育了我统筹全局工作的能力。在证券这个新海域中学游泳三年，几乎天天都在"掌握新情况、瞄准新动向、研究新问题、采取新措施"中度过，虽然精神较为紧张，但似乎天天都学到新知识、增长新才干，自己也感到过得充实。

1999 年 10 月，在特殊情况下由于特殊工作需要，我被调整到海南省建设厅履新职，在新的岗位上花主要精力抓处置海南积压房地产工作。

城乡建设　承担重任盘活积存振房产

海南在建省初期的开发建设中，由于新设省级经济特区的感召和优惠政策的吸引，五千多房地产开发者云集海南，炒地皮、炒项目、炒楼花等不正当经营行为泛滥成灾，形成了疯狂发展的房地产泡沫。当泡沫破裂之后，畸形的房地产市场由表面兴盛急转低迷衰落，海南经济陷入谷底。1999 年秋，国务院批准《处置海南省积压房地产试点方案》，海南省政府决定成立以常务副省长任组长的处置积压房地产工作小组，并以省建设厅为主体，从各个部门抽调人员，专门组建了海南省处置积压房地产办公室（简称"省处置办"）具体抓此项工作。

于是，我在担任海南省建设厅副厅长、巡视员期间，同时担任海南省处置积压房地产办公室专职副主任，主抓全省处置积压房地产工作。我首先研究制定省处置办的机构设置和人员抽调方案，经批准后从各有关厅局和银行抽调来人员，组建了秘书组、综合组、房产组、土地组、金融组、宣传组，各有各的职责，共同推动处置工作。省处置办的主要工作：一是调查研究、掌握情况，上传下达、协调关系，推动全省的处理工作健康进展；二是与省直有关主管部门共同制定处置积压房地产的政策和措施，经省政府或省人大批准后实施；三是与建设部、财政部、国土环境资源部以及各家银行保持联系，积极争取中央有关部门支持，化解海南的房地产泡沫。

我上任后，经过调查研究认识到，海南房地产泡沫破裂后留下"三大脓包"：一是 455 万平方米的空置商品房长期无人问津；二是原规划报建面积 1 631 万平方米的 603 宗半拉子工程（烂尾楼）四处林立，蓬头垢面；三是 2.38 万公顷被圈占的建设用地长期闲置荒芜。这三个脓包的长期存在，使社会生产面临资金桎梏、债务桎梏、土地资源桎梏，社会生产力的发展受到严重约束。要在短时间内挤掉"三大脓包"、解脱"三大桎梏"，必须采取特殊政策、特殊手段，特事特办。省处置办的任务繁重，我作为负责常务工作的领头人，主要精力放在率领省处置办的同志，一直坚持起草文件、推动执行、掌握情况、上传下达、协调关系、接受咨询，指导各有关部门打硬仗，还在统一认识、攻克难点、开拓市场和把握形势等四个环节上发挥了一些作用。我年满 60 岁后，2004 年 2 月，省委组织部按常规下发了办理退休手续的通知，我该是"船到码头车到站"了。但是，当时处置积压房地产正处于攻坚阶段，分管的吴昌元常务副省长认为省处置办领头人的工作岗位没有合适人选能承接，从而省政府又特别发通知，让我继续担任省处置办专职副主任。因此，我又在此岗位上干了三年半，直至 2007 年 6 月宣告处置积压房地产工作结束，整整干了八年。

当年曾有专家借鉴世界上消除泡沫经济隐患的经验预计，海南要消除房地产泡沫留下的"三个脓包"，需要 15 年至 20 年时间。但是，海南省经过八年奋战就结下硕果，这些都是当年活生生地摆在大众面前的事实。在八年中，我们用了"六项特殊政策"冲破历史坚冰，"四场硬仗"取得最后胜利。

所谓"六项特殊政策"冲破历史坚冰：一是追债确权政策奠定基础；二是税费优惠政策启动投资市场；三是返还土地出让金政策打开销路；四是核发换地权益书政策加快盘活闲置建设用地；五是停缓建工程代为处置政策加大处置力度；六是特事特办政策提高办事效率。这六个方面的特殊政策，是处置海南积压房地产的金钥匙，是解决历史遗留问题的催化剂。这些特殊政策推动了政府、银行、企业、法院四个轮子一齐转，自始至终不断促进处置工作的全面展开，直至最后收尾。

从领导工作角度来看，处置积压房地产的过程，也是打了"四场硬仗"的过程：一是审时度势的认识仗；二是司法与行政的协调仗；三是重点半拉子工程的攻坚仗；四是全省房地产市场的开拓仗。

总之，海南处置积压房地产奋战八年，推行"六项特殊政策"冲破历史坚冰，坚持打了"四场硬仗"，最终挤掉"三大脓包"，解脱"三大桎梏"，取得最后胜利！所结下的成果，有物质方面的，也有精神方面的，而精神方面的成果比物质方面的成果更为珍贵。对于我而言，这是在党政工作岗位上奋斗的最后八年，也是一生中可圈可点的八年。

2007 年 7 月，我真正退出工作岗位，当然仍继续坚持观察社会、关注民生、目读笔耕，也应聘适当参加某些具有公益性质的社会团体的活动，竭力为公益事业献点余热。

回眸人生　勤恳耕耘经受考验有感悟

我出生于 1943 年 12 月，比中华人民共和国诞生早六年，孩提年代看到的庆祝海南解放的情景尚有记忆，新中国成立七十年以来各个时期的中心工作、政治运动与经济变革都旁观眼睹或亲自参与过，是与共和国一起成长的。

我感受最深的是，如果不是中国共产党执政，如果没有中华人民共和国，如果没有当年的免费教育制度，像我这类农村的孤寒仔绝不能上中学乃至赴京读大学；如果没有"全心全意为人民服务""廉洁奉公""向雷锋同志学习""教育与生产劳动相结合"等信念的支撑，我们这代人大学毕业后不可能把当兵、当工人、当农民视为自然，把习武与劳动当作锻炼的课堂。我很赞同我们同代人章华荣先生（复旦大学 1968 届毕业生）在《我心依然》一书的题记中写的这段结论性的话："不论历史的发展，还是个人的成长，艰难苦恨，危厄困顿，不一定都是消极负面的，如果采用积极的态度，直面艰难苦恨、危厄困顿，反而能激发出旺盛的活力和不屈不挠的斗志，干出一番经天纬地的事业来。"

我是这代人之一员，接受过正规的思想品德与理论学识的教育，亲历了各种政治运动和经济变革的全过程，在跨越河南与海南两个省的多个工作岗位上摸爬滚打，亦曾遭受过飞来横祸的打击……风风雨雨、坎坎坷坷均有所领略，人生求索、理论探讨都有个进展过程。短暂的前半生，尽管有理想、有干劲、有激情，有所思、有所议、有所为，有循序渐进的阶梯，亦有莫名其妙的挫折，但到头来亦属平平凡凡。足以自慰的是：少壮尚努力，老大免伤悲；往昔铮骨在，今朝气不馁。

短短人生，难免会有沟沟坎坎、波波折折，但每一个人都会有自己的准则、愿望和祈盼。就我而言，人生的准则是：老老实实做人，刻刻苦苦求知，勤勤恳恳耕耘，堂堂正正办事，真真诚诚待人，明明白白交际，和和睦睦持家，平平稳稳度日。人生的愿望是：求知学知得真知，议事谋事干实事，交友助友有挚友，知民为民做良民，心明目明保聪明，修身养身自洁身。人生的祈盼是"六和"：人心和善，家庭和睦，人际和顺，社会和谐，人间和美，世界和平。

林克昌自述，本次采访时间为 2019 年 5 月 13 日，由中国人民大学校友工作办公室负责采访，并根据录音和相关素材进行文字整理。

整理 / 李宣谊

吴宣恭

| 人物简介 |

　　吴宣恭，1930 年出生，福建晋江人。1955 年加入中国共产党。1951 年毕业于厦门大学并留校任教，1958—1960 年就读于中国人民大学政治经济学研究班，1962—1963 年在中国人民大学经济系进修。曾任厦门大学经济系主任、经济学院副院长，厦门大学经济研究所教授、博士生导师，厦门大学副校长、党委书记，福建省社会科学规划领导小组副组长，福建省社会科学界联合会副主席、顾问。曾十次获得教育部和福建省优秀社科成果奖，并获第七届国家精神文明建设"五个一工程"论文奖。多次主编全国统编教材《政治经济学》，1987 年和 1995 年各获全国普通高等学校优秀教材一等奖；1997 年获普通高等学校国家级教学成果一等奖。出版专著《社会主义所有制改革》《产权理论比较》，发表论文一百余篇。

作为一名见证过不同时期的人，我始终坚持马克思主义和党的领导；作为一位老校友，我一直惦记着人大。

我是福建晋江人，今年已经虚岁 90 了。在我经历的诸多时期当中，无论是国民党执政时期、抗日战争时期，还是新中国成立之后的改革开放时期，给我印象最深刻的一句话就是"要跟着共产党走"。也正因为有中国共产党的领导，中国人民才真正得到解放。

回味苦难岁月

日本侵略中国时我正在读小学，一、二年级还在厦门岛，到三年级的时候，我们家觉得事态比较严重，全家就搬到了鼓浪屿。那时的鼓浪屿，洋人住在滨海最漂亮的花园别墅，养着恶犬守门，在没有车马的路上坐轿子招摇过市；中国居民实为二等公民，受尽灾难和屈辱，给儿时的我留下难以磨灭的心理伤痕。

1941 年 12 月太平洋战争爆发后，日军独占了鼓浪屿。那时候的日本人对中国人态度是非常蛮横的，动不动就骂人。我回家和去学校的路上都要经过日本领事馆，当时有很多站岗的日本哨兵，所有的行人，不管大人还是小孩都要向日本人鞠躬，否则就会被抓走。那时国民党军队也在，有时在岛的另一边登陆一下，开几枪，以此显示一下自身的军事力量，但并没有正面和日本军队有过交火。这反而让日本人以此为借口，将周围所有的物资洗劫一空。所以在后来日本人占领统治的时期我家里是没有收入来源的。

我老家在安海，有一次我们半夜起来，把所有东西都搬到了小船上，想乘船逃到一个比较大的岛，结果我父亲看到日本人而太紧张了，看到一块陆地就下了船，下来的小岛上没有树木，全部是岩石，阳光特别晒。我们害怕日本人开枪、开炮。当时的生活还是比较艰难的，在岛上的那段日子全是靠内地那边过来一些人接济。后来我们辗转回到故乡。

在当时那种民不聊生的社会里，能够完整地念完中学和大学的人是非常稀少的，在多数人的人生中这都是不可能的事情。直到抗战胜利后我才回到鼓浪屿继续读书。

回忆求学生涯

由于我小学、中学读的都是教会学校，英语基础较好，所以考入了厦门大学外语系。在我念本科三年级的时候，厦门顺利解放。1951年我从厦门大学毕业，虽然入学时学的是外语专业，但毕业后留校做了政治经济学的教师。

当时我被分配讲授的课程是"政治经济学（社会主义部分）"，这是许多教师不喜欢接手的课程。因为它不像"政治经济学（资本主义部分）"有源自《资本论》的完整体系和令人信服的严密逻辑，内容、体系不成熟，还要随着不断发展的社会实践经常更新，讲授难度较大。对于从外语系改行任政治经济学教师的我来说，学科跨度之大可想而知。虽然大学时期，我对经济学课程抱有浓厚兴趣，读了一些马克思主义的书籍和论文，从教初期还参加过政治经济学教师暑期培训班，但作为青年教师的我仍然感觉经济学知识不够系统，理论基础不厚实。面对不少年纪比我大、社会阅历比我广的学生，初上讲坛的我显然是不够自信的，所面临的困难和挑战也很大。但正是因为这些困难和挑战，才促使我更多地去关心现实经济问题，了解社会主义经济理论的发展和各时期出现的热点，逐步树立唯物辩证的思维方法，锻炼自己对理论和实践问题的分析能力，也为我以后的经济理论研究打下了坚实基础。当时我就下定决心，严格要求自己，努力学习，多做阅读笔记，多听年长教师讲课，更加认真地备课，坚持每堂课全文写下讲稿，对学生的疑问多方寻找答案和根据。就这样边教边学，应急性地弥补了对经济理论的一些欠缺，勉强满足教学的需要。

因为我毕业的时候才21岁，那时好多大学生年纪比我还大。虽然我不是科班出身，但我当时每个星期还是会到学生宿舍去几次，学生们会提各种各样的问题，甚至和我辩论。我们助教去上课都需要试讲，我在课堂上会讲一些和农村、农业有关的内容；当时是由指导教师在教室监督，当我们讲的内容不是很准确的时候，老师就会很严肃地指出来。

1958—1960年，我到中国人民大学政治经济学研究班比较系统地学习了马克思主义政治经济学，这是我教学生涯的重要转折点。在研究班学习的两年中，我受教于宋涛、吴大琨、俞明仁、卫兴华、李宗正等名师，系统学习了《资本论》等重要经典著作，修读了"世界经济""经济学说史""经济史"等一系列课程。1962年的人大校园整体上还是相对老旧的，到处都是平房，我记得当时最高的楼是一座三层的教学楼。老师们的住房是平房。我们研究生和本科生的住宿条件算是当时比较好的，住在红一楼到红三楼。冬天特别冷，我们就在宿舍的走廊里架一个煤炉，在那里读书。当时洗澡是在一个大浴室，需要拿着水壶往淋浴头里面添水。虽然条件艰苦了一些，但当时还是很满足的。我当时已经工作了好几年，但年纪还不算大，大家相处也比较融洽。每天早晨起床后先做早操，然后便去图书馆站队，最后再去吃饭，有时候大家会带几本书在手边。在同学当中我写字算是比较快的，老师上课所讲的内容我基本都能记下来，有时候也帮老师做一些工作。我在学习之余也参加了一些学生会之类的工作。这段时间里我们参加过一些政治方面的会议，像全国政治经济会议，还有物价方面的会议等。更重要的是，人大老师们坚定的马克思主义立场、求真务实的学风、辩证分析问题的方法、对学生严格和认真负责的精神、教书育人润物无声的风格，强烈地感染着学生。在修读研究生期间，我认真听讲，几乎完整地记下老师的授课内容，反复学习；在阅读《资本论》《反杜林论》等重要著作时，用变色铅笔详细写下自己的体会和问题。

1962—1963年，我再度到中国人民大学，在黄松龄教授主持的政治经济学讨论班进修。这次同班进修的只有吴树青、谷书堂、蒋家俊、林兆木等七八位。原本是要协助黄老写书的，后来决定不写了，改由黄老介绍我们旁听一些经济工作会议和经济理论会议，请著名学者和部委领导做报告，自由选修课程，共同研讨、合作撰写论文。在和吴树青老师等人一起编书的过程中，我慢慢了解到社会主义的动力是什么，规定是什么，尤其是像产权关系变动方面的内容，以及所有制方面中国存在的一些矛盾。

赴中国人民大学的两度学习，弥补了我经济理论和知识结构的不足，充实了我马克思主义政治经济学的理论基础，而且帮我扩大了学术视野，培养了分析能力，推进我从理论到实际、从学习到研究的进程，完成了从非科班出身到经济学教学研究者的转型，也为我以后在艰难环境中坚持马克思主义、坚持社会主义理念打下较为坚实的基础。

政治经济学的实践与应用

在人大学到的知识使我对政治经济学的内容有一定的了解。人大的老师很多也都是从革命时期走过来的，对我有很深的影响。后来我到厦门大学写的很多东西，还保留着人大时候的传统。所以说，在人民大学的学习确实给了我很多方面的指导，不光是理论基础知识方面，还有工作和学习方面，都让我受益匪浅。遗憾的是，大家毕业之后很多都分散到祖国各地，很多同学后来也失去了联系。

除了从教之初参加农村土改、下乡下厂以外，我还率领几十位学生到基层进行半年多的经济调研。投身社会实践为我从事理论研究提供充分的养料，也结成了一些小成果。"文革"以后，教学和研究中断，我一度举家迁到农村落户，还带领一百多民工到闽西参加铁道路基建设。在农村和工地劳动期间，我同劳动者联系密切，共同劳动甚至吃住在一起，了解他们的生活和思想状况，这使我能够结合实际思考社会生产和分配关系的一些问题。这一时期虽然没有搞教学和研究，但深入基层劳动和思考也是我学术积累的一个过程，使我能够分清理论是非，在以后的拨乱反正时期提出一些比较正确的意见。

我一直对马克思主义和共产党的信念坚定不移，虽然"文革"期间我遭受到一些冲击，但是我相信中国必将走上正确道路，这些矛盾终究能得到很好的解决。

后来又经过了一段时间，厦门大学需要抽调一些教师去工作，我便被派到了厦门，最后当上了校党委书记。当时很少有教授当书记，就有记者采访我，说我是"布衣书记"。

共同编写《政治经济学》教材

1978 年，中国开启改革开放的大幕，在以经济建设为中心的新形势下，高校经济学科得到恢复和发展。同年，国家教委在武汉召开高校教学工作会议，根据高等教育正规化和政治经济学专业的要求，决定分别在南方和北方高校组织编写《政治经济学》教材，"南方本"的社会主义部分由复旦大学蒋家俊和我主编，"北方本"的社会主义部分由南开大学谷书堂和辽宁大学宋则行主编。蒋家俊和我比较分析了苏联《政治经济学教科书》和新中国建立以来相关教材的内容和特点，研究了它们的基本观点和体系结构，结合中国社会主义经济实践，确定我们的教材以社会主义生产关系为对象，以探索其运动发展规律为任务，以生产力与生产关系的矛盾运动为主线，阐述社会主义公有制对生产、流通和分配过程的影响以及社会主义生产关系的发展趋势，构建起社会主义政治经济学体系。这种体系结构不同于以物质利益为主线的其他教材，主要考虑是，一切社会形态的基本矛盾都是生产力和生产关系的矛盾，社会主义社会也不应例外；物质利益只是由生产关系，特别是所有制决定的结果，它虽然便于解释许多经济现象，却没有揭示经济现象的根源和基础，不宜作为经济发展的主线；只有分析生产力如何引起所有制和其他生产关系的变化，以及后者如何反作用于生产力，才能正确阐述社会经济发展的规律，也才能说明物质利益产生和变化的根基，处理好各种社会经济关系。我们拟定好教材的提纲，与南方 16 所高校专家共同讨论，协调思路和观点，最终完成了教材的编写。"南方本"由四川人民出版社出版，经过几次修订再版，共发行了 100 多万册，得到社会较好评价，并于 1987 年获全国普通高等学校优秀教材一等奖。通过主编该教材，联系中国实际，构建政治经济学体系，前后一贯地剖析说明我国经济发展的各个方面，我进一步领悟到生产资料所有制在生产关系中的重要作用，加深了对生产力与生产关系的相互关系以及对生产关系的内部关系的理解，也促成我以后深入学习和研究马克思主义的所有制、产权理论，把它作为分析经济关系的基本理论依据，运用于我国改革和发展的理论探讨。

1993年，为适应社会主义经济理论发展和经济学科发展的要求，教育部再度组织专家编写全国高校通用的《政治经济学》教材，其中"社会主义部分"由吴树青教授、谷书堂教授和我主编。该教材系统阐述了社会主义基本经济制度下的市场经济体制的基本内容，社会主义市场经济运行的规律与特征，结合中国经济体制改革实践，解答了经济体制改革的前沿和重点问题，进一步创新了社会主义政治经济学理论。它由中国经济出版社出版，被全国高校的经济类学科普遍采用，影响广泛，并于1995年获得全国普通高等学校优秀教材一等奖，1997年获普通高等学校国家级教学成果一等奖。

新中国成立 70 年翻天覆地

中华人民共和国成立70年来，社会发生的变化是非常巨大的。我们这一代人是亲身经历过用饭票、肉票的阶段的。对比一下我们现在的物质生活水平，再看看新中国成立之前的状况，就能清楚地发现一个是在天上，一个是在地下。

但是在过去那种难以想象的困难条件下，国家仍然把基本工业体系和国民经济体系建立了起来，这对当时的中国来说是非常不容易的。我们的国家从积贫积弱到富强繁荣，这一路走来，我便是其中一个重要的见证者。改革开放以后，国民经济蓬勃发展的痕迹越发明显，经济转型后的产物大量出现，到后来可供老百姓购买的包括粮食蔬菜等很多物品都多了起来。虽然说物质方面的发展占有非常重要的地位，但是我觉得对人民的思想教育和政治引导也是至关重要的。关于这点我觉得人民大学的做法不错，而且有新的一些接地气的因素和情感在里面。在各种各样的思潮当中，我觉得人民大学的是最好的。

仅仅在厦门这个地方，就有中国人民大学的几十位校友在，这就说明人民大学在人民当中是占有一定分量的。

希望人民大学以后更加注重理科跟文科的结合，在未来做好规划，在总体学科的建设发展上更上一层楼。

吴宣恭自述，本次采访时间为 2019 年 7 月 13 日，由中国人民大学校友工作办公室负责采访，并根据录音和相关素材进行文字整理。

采写 / 孟繁颖　编辑 / 许泽来

马 禾

| 人物简介 |

　　马禾，1934年生，河北廊坊人。1949年5—11月就读于华北大学第十区队97班。曾任广西壮族自治区公安厅副厅长、正厅级侦查员。曾组织编纂《广西通志·公安志》。

冥冥注定，走进人大

1948 年，我的家乡河北廊坊正式解放。到了 1949 年，中国人民解放军开始南下解放全中国，革命的大潮轰轰烈烈地蔓延开来。当时我正在上初中二年级，在这种大形势下，亲戚朋友们都在议论自己应该为革命做些什么，也积极地为我做着打算。后来刚好赶上华北大学招生，我就和身边的一些同学到天津去参加了考试。

当时是 1949 年 5 月，录取并没有那么严格，只要有上学意愿的学生，基本上都可以被录取。在这种形势下，我和同考的几位同学都考入了华北大学。入学没多久我们就从天津南下到了正定，我属于第十区队 97 班。

当时我和南下的其他同学一起学习毛主席的著作，探讨当前的形势，改造思想，誓要将革命进行到底。直到现在，我还能清楚地记得我的区队长王大钢、我的班主任张大检老师，记得他们穿着列宁装的样子，记得当时华北大学的校训"忠诚、团结、朴实、虚心"，还有那时我们昂扬的革命热情。

投身每一处革命的热潮，扎根每一个需要的岗位

在毕业之后，我们又开始南下广西。我 16 岁到广西的时候，刚好赶上广西全线解放。就在桂林解放的当天，我们坐上火车，一路上走走停停，一个多月之后才到达泉州；又从泉州乘坐汽车，终于赶在元旦之前到了桂林。元旦之后当地统一为我们分配了工作，我被安排到了公安学校当校长。当时的公安学校是带有一些保密性质的，我们对外说是政训队。当时大家都被安排到基层和乡村去执行政治任务，因为广西的山区多，当时的公路和铁路也并不发达，再加上广

西土匪作祟，条件真的十分恶劣，有一些华北大学的校友也因此而牺牲。

解放初期，广西公安机关的主要任务是清剿土匪、肃清特务、镇压反革命分子，维护社会治安，保卫经济的恢复发展，巩固新生的人民政权。我来到公安厅之后的基本工作就是在搞反特斗争，搞政治保卫。当时，政保工作主要任务是发现敌特线索、立案侦查、执行抓捕、适时破案，清剿国民党保密局以及桂系特务机关解放前夕布置潜伏在广西的工作站及特务分子。

我和战友们以对党和国家的忠诚之心投入到紧张忙碌的工作当中，历时两年多，不断深挖潜伏在广西的特务，共破获敌特案件数十起，捕获敌特分子200余名，其中有3名国民党少将级特务头子，严厉打击了敌特的阴谋破坏活动，维护了社会治安稳定。我印象最深的是破获潜伏在南宁某中学的国民党保密局第三工作指挥站的案件。当时我参与了抓捕特务分子的行动，与战友们深夜破门而入，迅速把敌特分子擒获，经搜查发现该特务枕头底下藏有一把子弹上膛的手枪。当时情况十分凶险，如果动作稍有迟疑，就可能会出现流血牺牲。

50年代中后期，潜伏的特务组织和特务分子被肃清后，敌人仍旧不甘心失败，不断向大陆派遣特务、搜集情报、散布谣言、散发反动传单、搞现行爆炸活动。对此，广西的政治保卫工作从深挖潜伏特务转为全力打击敌特派遣活动。

广西地处边境，邻近港澳，处于反特斗争的前沿，时任侦查科领导的我又投入到了侦破敌派特务的斗争，经常带队到全区各地协助破案。梧州市作为当时的水上航道，因为可以直达港澳，特务潜入较多，是反特斗争的重点地区。每年我都会到梧州协助工作，有时一去就是两三个月，与侦查员同吃同住同工作，从而掌握侦查破案工作的主动权。敌特在疯狂进行派遣活动的同时，还向广西空投武装特务，妄图建立所谓的"敌后根据地"，但这些特务都先后被我们活捉或击毙了。

1956年的夏天，一股特务空投到广西防城县十万大山，我与另一名同志临危受命，顾不上疲劳危险，徒步翻越了十万大山和扶隆隘口，连夜赶到了上思县那荡乡去组建围剿指挥部，在十万大山的上思县一侧广泛发动群众，寻找特务活动的踪迹，并配合部队在茂密的山林中守卡放哨，围捕空降特务。历时数月，终于全歼了这股敌特。

在公安厅时，我又经历了一次有危险性的行动。当时是为了抓捕越南工作站的站长王月红。天刚拂晓的时候，一开门，我就第一个冲了进去，将王月红按倒在地，随即进行了搜身。其实在那个时候，他的枪已经上好了膛，而且就在枕头底下，如果当时他向我开枪的话，那凶险程度可想而知。

1955 年我当了副科长，1960 年升任科长，到 1966 年赶上了"文化大革命"。

1971 年，我离开了公安厅被下放到桂林城建局，在党组小组任组长。后来我们的（自治区）人民委员会副主席，也是我们的老厅长钟枫同志，在"文化大革命"期间也被调到了桂林任副局长。他当上市委书记以后，发现我还在当组长，就恢复了我的职位。"文化大革命"期间我其实也没受过什么大的屈辱，只是因为我的出身成分比较高，就有人喊口号，说我这样的人也能用？还能当科长？这个对我来说也并不是什么大事，当时没有放在心上。但是，我身边真的有一些同志，一生过得非常坎坷。我的同学在"文化大革命"时有很多都被打成了右派。

十一届三中全会以后，邓小平提到老同志还是要回来工作，于是在 1979 年，借着公安机关组建侦查队的机会，我又回到了熟悉的岗位。归队后，我再次怀着激动的心情投入到政治保卫工作当中，为尽快适应久别的岗位，我努力学习新知识，适应新环境，以满腔热情做好各项工作来报答组织对我的信任。

20 世纪 80 年代初，在桂林至湛江铁路客运列车上连续发生两起爆炸案，炸死 10 人，多人受伤。当时弄得人心惶惶，社会影响非常恶劣。一开始，警方怀疑是敌特进行的破坏活动，厅领导派我组成专案组带队前往指挥破案，并请公安部专家前来指导。第一起案件是未遂案，但作案分子密谋在客运列车上搞爆炸是极大的犯罪，必须迅速破案，抓住罪犯，将其绳之以法。专案组到现场后立即布置任务，在铁路沿线开展走访调查，发现爆炸装置是用印有药品批号的纸箱包装。专案组对纸箱寻根溯源，以物找人，终将两名犯罪嫌疑人抓获。第二起爆炸是既遂案件，也是在客运列车上，类似现在的自杀式爆炸，犯罪嫌疑人自引爆炸装置，被炸得血肉横飞，无法辨认身份。我与负责同志以现场留下的一小块裤子补丁为线索，深入走访，缜密分析，层层筛查，终于找到犯罪嫌疑人的姐姐，得知其弟平日对社会心存诸多不满，所以自制爆炸物实施爆炸来报复社会。这两起案件告破后，我不仅卸下了肩上沉重的担子，同时卸下的还有两三个月的奔波劳累，以及其间可能发生爆炸的危险。

1986年，我担任公安厅副厅长，除主管国保工作外，还分管边防、预审、警卫、法制、通信、出入境管理、铁路、交通、民航、森林公安。地位变了，工作更忙了，但我深入群众、调查研究的作风没有变。分管边防工作5年，我走遍广西边境线80多个边防派出所，了解边境状况，慰问边防官兵，有时还冒着生命危险深入边境村屯。分管预审工作时，逢年过节，我都会深入看守所，检查监所安全，看望监所民警，争取经费改善监所工作、生活环境。分管警卫工作时，我都会周密布置、细心检查，数次警卫来广西的党和国家领导人、外国元首以及在广西召开的重要会议，均圆满完成任务。

1992年，我任正厅级侦查员，退出领导岗位，厅领导指派我组织编纂《广西通志·公安志》。这是一项繁杂浩大的工程，从晚清、民国时期到新中国，上百年的警察史志、重大事件都要一一校验，不容许有差错和出入。我作为主编，以对公安志高度负责的态度组织编纂工作，并对送审的材料认真审阅，历时8年，完成《广西通志·公安志》的编纂任务，给后人留下了珍贵的史志资料。

离休后，我曾担任离退休人员党总支部副书记，带头参加总支部开展的政治学习和文体活动，经常深入群众了解情况，听取意见，做思想工作，为党总支部开展工作献计献策，受到众人的好评，成为离退休老同志与厅领导和党总支部联系的桥梁。我多年担任离休支部的支部书记，经常组织支部党员学习党的方针政策，提醒老同志在商品经济大潮中要保持晚节，管好自己。本支部老同志生病住院我都前去看望慰问。在广西公安干部学校校庆日或公安厅成立纪念日，我多次组织老同志座谈讨论，缅怀老领导的丰功伟绩，回顾广西公安工作的发展历程，畅谈当年激情燃烧的岁月，受到众人的称赞。

我很早就关注党的十九大的召开，开幕式那天，我因病住院，在病房全程看完直播，深受教育。党总支部布置学习活动后，我第二天就召集离休支部同志学习座谈，畅谈习近平新时代中国特色社会主义思想伟大的历史意义。大家说，我们虽然退下来，但还是共产党员，党性不能丢，思想不能落后，也要不忘初心、牢记使命。政治上一定要跟党走，对党忠诚，增强组织纪律性；生活上严于律己，以身作则，为中华民族的伟大复兴增添正能量。作为公安机关老战士，我们还要永远心系百姓平安。

一生俭朴，一生谦逊

今年我已经85岁了，现在居住的房子是一栋四户的联体公寓房，正好与老伴安享老年时光。真正应该受到关注的不是我，而是其他的老同志，比如季桂明。季老原来是政府副秘书长、办公厅主任，对广西来说，对华大校友来说，他的贡献确实是比较大的。他还是全国围棋协会的副主席、广西围棋协会的主席；后来人老了，新主席有了，又给他担任永久的名誉主席。在整个政府建设中，他的贡献也确实是大的。

我曾经在华大校友主办的刊物上写过两篇文章，其中一篇就描述了我对邓小平的敬仰之情，那是有一年邓小平回四川过年，正好我是副厅长，管保卫，接待了他，就此写了那篇文章。

哈尔滨曾经拍过一个片子，在开推介会的时候，他们的导演把我请了去，希望我可以在台上讲几句话，反映一下广西的那段反特斗争历史，我只是简短地说了几句。因为我的历史很简短，很简单，几句话就可以说完，我只把自己看成一个再普通不过的人，现在是一个再普通不过的老人。

难忘青涩年代，难忘同窗之情

我十五六岁的时候住在政保工作区，那个时候的革命同志，革命友谊表现得很充分。现在的环境不同了，大家都关起门来，各做各的事，一扇门关起来以后，谁也不知道彼此都在做什么。那个时候门都是敞开的，你的我的，都在一起。我们统一发牙膏、肥皂、洗脸的东西还有鞋。最开始一个月工资大概是6块钱，但情谊有万钧重。我们都没有成家立业，一帮人在一起，彼此就是最亲的亲人。那个时候，都是一起玩、一起工作，相互陪伴着。

我特别希望有这样一个组织，把华大的同学们聚在一起，虽然民政部门不会同意不会批准，但是只要我们华大校友存在，我们的心就始终是联结在一起的。1967年我们校友举办了一次大的庆祝活动，主要为了整理南下的记忆。那段时间我们把全部精力都放在这个上面，全区的校友甚至把各种活动的照片都带了来，然后由祝曾帆编成了一本书。我们老校友老干部都很团结，每个月都会聚一次。每个月的最后一天，我们一帮人都会在锦华喝早茶，大家议论议论，互相见见面。明年是我们南下70周年，我们早就开始讨论70周年要怎么过，大家一致认为得扩大一点了，怎么样的过法、怎么样的通知，都已经一起列入议事的日程了。现在这些人里面，能经常聚的，就只有我和刘翔了，最近一个女同志又过世了，刘翔的耳朵也背了，我的腿……唉，大家都老了。

老骥伏枥，初心不改

虽然现在我退休了，但是思想上不能退，还得不忘初心、牢记使命。我们离休的，还有 9 个，大家选我当书记，我就一直当着，反正我呀，管这几个人还是可以的。我们中有一些同志，离退休了以后有充分的自由空间，就愿意搞点什么事情，但是也不能抓得那么紧。退休了，从工作岗位上退下来，但是我们还是有组织的，组织纪律不能退。每次我们老干部开会学习，离退休的人都去得比较多，比如支部开会，我们也都抓得比较紧，一般的都像我这样，腰痛、腿痛，但是，也都会坚持。我们虽然老了，但是初心不改。

马禾自述，本次采访时间为 2018 年 11 月，由中国人民大学校友工作办公室负责采访，外国语学院 2018 级本科生齐玉负责录音整理及文字编辑。

采访 / 孟繁颖　许泽来　文字 / 齐玉

李文杰

| 人物简介 |

　　李文杰，笔名李晋，山西灵石县人。1930年出生，中共党员，广西作协会员。1949年华北大学结业，参加南下工作团，后随军南下，挺进广西。1952年参与创建广西人民出版社，被视为广西出版事业的开山元老。1986年参与创建广西出版总社，曾任中国出版工作者协会理事、广西出版工作者协会常务副主席。1990年从广西新闻出版局副局长、广西出版总社副社长岗位上离休。2003年被评为广西新闻出版局优秀共产党员。2008年获得广西新闻出版局"八桂先锋行"称号。以资深编辑入选《中国出版名人辞典》。

求学华大，随军南下

我是山西人，后来为了躲避战火来到北京，在北京山西临中读书。那是一所临时学校，有几千人，大家都住在天坛公园附近，晚上就找些稻草在那里睡觉。等到和平解放以后，华北大学在报纸上登广告招收学生，我们山西临中的大部分同学都在北京报考了这所大学。

我们先住在华北大学的第一个校址铁狮子胡同，一个多月后便搬去了正定，也就是我们的大本营。在正定的学习以培养年轻干部为重心，我在那里学习了半年，从我3月到正定开始，4月份就有第一批人南下了，速度很快，这之后我也从59班转到了55班。

我是1949年五四青年节入的团，同年8月1日就和几千人一起离开华大南下了。当时正组织南下工作团，我们这些意气风发的热血青年在毛主席"打过长江去，解放全中国"的口号下，基本都报了名，其中大部分选择南下，少部分选择去了西北。在八一南下时，我们在正定的负责人是李新，唐政是南下工作团的团长，陶铸是工作团的副团长，曹宗则是我们的领导。虽然当时我们是南下工作团的建制，但一切待遇都是军事化的。出发前，在正定给我们每个人发了一床被子、一顶蚊帐，就是全部的行李。随后我们就踏上了前往武汉的火车。到了武汉以后我们按照组织分配，大部分到广西，小部分到广东，更少一部分到了江西；我被分配到了广西省文工团，和我一起被分配到广西的有一千人。

挺进广西

1949年11月，中国人民解放军先头部队解放桂林，我们在湘桂交界黄沙河待命。当我们进入桂林时，除了看见国民党撤退时留下的几只燃烧着的汽油桶之外，市面上颇为平静。我们入住桂西路群众艺术馆，这是老一辈艺术家欧阳予倩等人创建的艺术场馆，是当年民主进步文化人士举办西南剧展的中心，是文化名城桂林的一处标志性建筑。这让我们广西省文工团的同志们，在陌生中感到了一份亲近。

次日清晨，我们到艺术馆外的小溪边洗漱。放眼观望，哎哟，桂林和别的城市不一样。城市不大，街道不多，艺术馆坐落在街的尽头，地域特别，风景极美：突起的青山，清澈的流水，红砖青瓦点缀在云绕雾缠的山水中，是如此奇妙，如此美丽。战时年月，没有旅游意识，但置身"桂林山水甲天下"的优美环境中，大家感到十分惬意。

中午我陪司务长上街买米买肉，那时的人民币并没有充分流通，好在司务长早有准备，口袋里装着几个大洋，这才解决了我们的吃饭问题。我们把这个情况报告给樊清璋团长，樊团长挥手说："赶快编几个小节目，准备上街宣传人民币。"三五天后，我们扛着红旗，敲着锣鼓，扭着秧歌，第一次在桂林街头进行演出，主题就是宣传人民币、使用人民币。转眼之间，新开张的人民银行门前就有老百姓用旧币去兑换人民币了。

在桂林解放的三天后，我们就开始在街上敲锣打鼓宣传党的政策，组织演出，演一些老节目。我当时负责舞台美术，偶尔也会参加演出队，跑一下龙套。后来我们在王城省府礼堂演出，全部是在南下途中排练的小节目，如《王大娘赶集》《一场虚惊》《解放花鼓》《兄妹开荒》《夫妻识字》《翻身道情》等等。我记得其中一次的演出是以《黄河大合唱》开场，以《淮海战役组歌》落幕，都是由樊团长亲自指挥。因为当时部队演出了《白毛女》，所以那场演出我们选择表演《赤叶河》，这是一个大型歌剧，也是演出中规模最大的节目。每个节目演完之后剧场里都会爆发出热烈的掌声。

后来为了防止美国派人从越南过来捣乱，根据毛主席的指示，我们在1950年5月将省委从桂林搬到了南宁。这期间，五四青年节的时候我们在柳州又演了几场，可惜遇到了洪灾耽搁了一些时日，5月下旬才赶到南宁。

由于暴乱太厉害，我们在南宁只演出了非常短的时间，毛主席就下令全体干部都前往一线剿匪。我们的任务首先是征粮，其次是剿匪。当时在广西的土匪非常猖獗，我们一共牺牲了四五十位同志，其中还有我华大的同学。剿匪之后就开始了土地改革，我还荣获了一枚土改勋章。

广西龙胜各族自治县成立

如果说磨难也是一种历练，那么见证了1951年广西龙胜各族自治县的建立更是让我铭记于心。

1951年的夏天，著名社会学家费孝通先生作为团长率领中央民族访问团到广西少数民族地区进行访问。全团共163人，分为六组：秘书组、通讯组、宣传组、联络组及文艺队、卫生队等。当时访问团要从广西省文工团抽调一部分团员，年仅21岁的我幸运地被抽到了宣传组。7月13日，访问团离开南宁，于7月19日到达龙胜。

听说毛主席派来的亲人到了，整个龙胜大地都沸腾了起来。为了不让访问团的亲人蹚水过河，龙胜的人民搭起浮桥，热切地期盼访问团到来。访问团到达当天，近万名身穿节日盛装的各族群众吹唢呐，奏古乐，放铁炮，夹道欢迎。许多居住在深山老林的少数民族群众，带着干粮赶了几十里路来迎接访问团。一位85岁的瑶族老奶奶见到访问团时热泪盈眶地说："毛主席真好，毛主席派来的亲人看我们来了！"在场的瑶族群众唱起了瑶歌："江河也有回湾水，日落西山又转东。瑶人也有翻身日，全靠救星毛泽东……"这一支支发自内心的山歌表达了龙胜各族人民对党无比热爱的美好情怀。访问团不仅带来了党中央和毛主席的慰问，还带来布匹、食盐、毛主席像章，另外还有少数民族妇女喜欢的丝线等。

访问团日夜兼程，跋山涉水，到龙胜各乡镇少数民族村寨，深入群众家里，宣传党的民族政策，传达毛主席对各族人民的慰问与关怀，把慰问品送到各家各户。访问团每到一处，都与群众成了贴心的朋友，结下了难舍难分的情谊。几天后，费孝通率领访问团继续前往大苗山区三江、融县等地访问，仅留下少数团员，由访问团秘书长李景仙负责，协助当地干部一起参加筹建龙胜各族自治县的工作。我和中南文艺学院的林焰就是当时留下的团员，主要负责带领电影队在龙胜主要乡镇放映《中国人民大团结》的影片，这是龙胜人民第一次看到电影。夜色中，当地群众打着火把来看电影，场面真是震撼山野，热闹非凡。

1951年8月19日，金桂盛开，芬芳馥郁。在中央民族访问团的帮助下，龙胜各族自治县隆重诞生，这是广西第一个实行民族区域自治的地方，也是我国中南地区第一个实行民族区域自治的地方，是全国最早成立的五个少数民族自治县之一。民族区域自治制度在龙胜这片古老而又年轻的土地上，深深扎根，卓然挺立。

"民族政策北京来，瑶山苗岭彩云开。党的恩情深似海，人民永远记心怀……"8月的龙胜变成了歌的海洋，各族人民群众欢天喜地，庆祝自己翻身做主人。龙胜就像一个呱呱坠地的新生儿，她是党中央、毛主席派来的亲人——中央民族访问团接生和托举起来的。

龙胜县把每年的8月作为"民族大团结月"。龙胜各族自治县的成立具有深远的历史意义：它是广西民族自治的一个坐标；增加了党在少数民族群众中的威望，使党与少数民族的关系更加密切；探索了民族工作的经验，特别是组建民族自治县的经验；培养了一批批民族干部，并且产生了一些反映少数民族心声的作品，如林焰的诗歌《太阳照进大苗山——记中央民族访问团到广西龙胜》和我写过的散文《大苗山少数民族热爱毛主席》等。

龙胜各族自治县成立的时候，我作为宣传组成员，第一时间在《广西日报》上报道了龙胜各族自治县的诞生，并配发了龙胜第一任县长陈基义的新闻特写，这也算是我新闻工作的起步了。

筹建广西人民出版社

1952年初春，我从土改一线回邕，领导要我参与筹建出版社。于是我们在共和路85号的大门前挂上了广西人民出版社筹备处的招牌。此处是中共广西省委宣传部最初的办公地址，我们就在宣传部楼下大门走廊里搭起了一间木板房，因陋就简，在木板房里开始操办建社事务。

新中国成立初期，百废待兴，各项工作都要从头做起。新旧政权更替，办事神速快捷，社号、书号均无须向北京申请，只要省委一句话便把筹备处的牌子换成了出版社。由省委宣传部副部长史乃展兼社长，报刊处副处长王劲兼副社长。在他们二位的领导下，出版社的一切业务都由我们筹备处操办。

当时我们不懂出版，只懂党让干啥就干啥，对陌生的工作，边学边干。诸如选作者、定选题、找稿件、编辑、校对、出版、印刷、发行、会计、出纳以及行政事务——刻图章、立户头、找钱、找人、找房子等全由我们筹备处的四个青年承担。筹备处里没有党员，四个人当中我是唯一的青年团员。那个年代，一个团员顶半个党员使用，我也就自然成了那个上传下达、内外联系的编辑兼秘书的双重角色了。

解放初期，文化工作奉行毛主席《在延安文艺座谈会上的讲话》中提出的面向"工农兵"的方向。"方向"分解到出版行业，就是地方出版社执行通俗化、群众化、地方化的"三化"方针。1952年，遵循面向"工农兵"的方向和"三化"方针，广西人民出版社在建社之初出版了六本书：

《农村对唱》，9月出版，印数36 000册；

《速成识字参考教材》，9月出版，印数10 600册；

《土改复查工作讲话》，10月出版，印数25 000册；

《土改复查生产山歌》，10月出版，印数15 760册；

《蒋在球到苏联》，10月出版，印数26 000册；

《1953年农家历》，11月出版，印数10 000册。

这些都是根据当时形势，紧密结合中心工作，面向农村，采用群众喜闻乐见的形式，以通俗易懂的语言，宣传党的方针、政策，切切实实为"三农"（农村、农民、农业）服务的书籍。在这六本书当中，我参与编辑了其中的三本，另外三本书是由冯廷仪和邓燕林编辑的。

新中国成立十周年献礼

在广西人民出版社，让我印象比较深刻的一件事就是为中华人民共和国成立十周年编写献礼书。经过大家讨论，一致认为这套献礼书应当是反映广西解放以后十年内的变化、发展与成就，选用多品种、多题材、多风格的优秀作品，形成以书籍为载体的献礼工程。

这项献礼选题报上去后，区党委很重视，明确指示：这不单是出版社的事，而是全区文化系统、全区文学艺术工作者的大事。大家要齐心协力把这件事办出成绩，留下历史成果。

为了快速、顺利开展工作，由区党委宣传部牵头，出版社协同，抽调年富力强、既能写又能编的业务骨干刘剑熏、莎红、覃惠和我四位同志组成献礼办公室，在文联找了一间办公室集中办公。四个人用半年时间查阅全区十年来的报刊、书籍，以及我区作者在区外发表的作品，掌握了大量的第一手资料。广西素有"歌海"之称，在民歌方面，除了请各地推荐优秀民歌外，我们还深入少数民族地区，重点搜集古老传统民歌，使我区每个民族都有民歌入选。

献礼办公室的四位同志奋战 200 多个日夜，广泛收集作品，并对到手的作品前后比较、左右推敲、反复讨论、好中选好。那时没有复印机，大部分作品都需要手抄。在诗人韦其麟、资深编辑李汉、民间文学专家蓝鸿恩的指导帮助下，全区十年来（1949—1959 年）的优秀作品都汇集在了这套献礼书中。

为了赶在 1959 年 10 月 1 日国庆日之前将《广西革命回忆录》、《广西十年》、《短篇小说选》、《诗选》、《广西民歌选》、《凤凰山下百花开》（仫佬族青年诗人包玉堂诗集）、壮族民间长诗《布伯》等献礼书的精装、平装版本一次性推出，作为责任编辑的我，连夜下厂校对已成为常态。现在想起来，编辑出版中华人民共和国成立十周年献礼书，真的是回味无穷、乐在其中。

《广西革命回忆录》是献礼书的龙头作品，书中收录了从红七军、红八军走出来的十位将军中八位将军张云逸（大将）、李天佑（上将）、韦国清（上将）、莫文骅（中将）、覃士冕（少将）、黄惠良（少将）、欧致富（少将）、吴西（少将）的作品。这是地方出版社最早的革命回忆录。这里需要特别说明的是，本来初版要在十周年国庆前出版，但时间太紧迫，未能取得邓小平同志的题词；待到取得邓小平题词后，时局发生了变化。邓小平同志为《广西革命回忆录》（续集）的题词是："用革命的事迹来教育我们的子孙万代：像我们前辈那样，像我们的先烈那样，永远当一个革命者，永远当一个为人民大众的集体事业服务的社会主义者，永远当一个共产主义者。"由于特殊原因，未能在《广西革命回忆录》（续集）上首发。时隔 20 年后，邓小平为《广西革命回忆录》（续集）的题词才得以公开发表。1985 年 12 月，邓小平题词物归原主，隆重印在《广西革命回忆录》（修订本）及《广西革命回忆录》（续集）首页上。

壮族民间长诗《布伯》，是献礼书的压轴作品。在搜集民歌时，莎红从来宾、邕宁师公老艺人手中，意外地发现残缺不全的壮语文字（一般人不认识，只有说壮语的人才能懂得其中意思）手抄本民间长诗《布伯》。这是一部叙事诗。讲的是在遥远的古代，雷王久不下雨，人间连年受旱，人们祭神求雨也不灵验。于是，布伯受民之命，上天斗雷王，把他擒住关进谷仓。后雷王趁布伯外出之际，诱骗看守的伏依兄妹，逃回天上，放水淹没人间。幸存下来的伏依兄妹结为夫妻，生下个肉团，由肉团繁衍了人类。我们办公室的四位同志决心翻译整理出版这部神奇的民间长诗。该作品由莎红主笔，我们字斟句酌，取其精华，去其糟粕，对情节不顺、段落不清的地方，适当调整、充实，并对部分文字有所润饰。

这部壮族民间长诗，受到各方关注。出版单行本的同时，《广西日报》与北京《民间文学》全文刊登，给了我们意想不到的惊喜。20多年后，在 1981 年 10 月 5 日，我们收到上海文艺出版社的通知及样书，《布伯》已收入该社出版的《中国少数民族文学作品选》（第三分册），这无疑又给了我们一次惊喜。

当年中华人民共和国成立十周年献礼办公室的剑熏、莎红、覃惠都是我们的作者，我编辑出版过他们的作品。其中覃惠的《农村对唱》是广西人民出版社的第一本书。可惜而又令人痛心的是，他们在 20 年前都先后离开了我们。在追忆他们的同时，我最想说的一句话就是，感谢他们帮助我开创了广西出版历史上第一个献礼工程。

见证广西出版社的变迁

几十年来，出版社历经变迁，也逐渐从幼稚走向了成熟。办公场所从木屋到平房再到楼房；办公人员由之前的两个兼职干部加上四个青年到现在的在岗图书出版从业人员过千，具备编审职称的员工过百；图书产品从为中心工作服务的小册子，逐渐到精装系列丛书、专著、辞书、工具书、翻译书、教科书、精品书；图书种类由原来仅有的 6 种到现在出版图书共计 4 617 种（其中新版图书 3 025 种）；出版手段由传统出版到数字化现代出版；原来的六家分支出版社现在也增加到了八家。这个既丰富又艰辛的发展历程，包含的是我们老一辈出版人的心血和感情。

每当我走过共和路，总要在 85 号原址前驻足凝思。半个世纪之前的那座房子已经被万达广场所取代，但 85 号走廊里的那个小木屋，依然留存在我的脑海里。特别是当年年终总结中，富有内涵且很有分量的那几句话："1952 年我们出版的这几本小册子，是共和国桂版图书的开山之作。不要小看这个木板房里推出的两本 64 开、一本 50 开、三本 32 开的单薄、粗糙的小册子，它们是日后滚滚而来的桂版图书之源！"这几句既亲切又平实的文字，深深地印在我的记忆里。

改革开放之初，开放的思想环境极大地调动了出版同人的积极性和创造性。当时的出版业仿佛是一次井喷，力争推出精品图书的思想，使得出版同人爱岗敬业、精益求精。在全体同人的共同努力下，广西出版步入了黄金时代。

从 1991 年至 2007 年，我区举办了 14 届图书评奖活动。《诗海》等652 种图书荣获广西壮族自治区人民政府颁发的广西优秀图书奖。此外，桂版图书中的"当代中华科学英才丛书"等 72 种图书，分别荣获国家"五个一工程"奖、国家图书奖、中国图书奖、中华优秀出版物奖和中国出版政府奖。这一批又一批的好书，承载着广西几代出版人的心血和智慧，为社会主义精神文明大厦添砖加瓦，给众多读者送上不可或缺的精神食粮，世代相传。那些为人作嫁的文化传承者的奉献功不可没。

下放边疆一壮丁

在 1960 年困难时期，党号召干部们去农村大办农业的时候，我主动申请到最困难、最边远的少数民族地方去。我以生产大队副队长的身份在那里大办农业，管理当地的粮食，当农具厂厂长。后来我也参与了兴修水利、打通隧道等工作，虽然条件很艰苦，也权当作一种体验了。

晚上附近村庄的人都回去睡觉去了，我一个人留在那里，搭个小茅草房，看猴子和野猪闹来闹去，什么都不怕。我当副大队长的那段日子，村里的房子就是拿茅草盖屋顶，下面连砖都没有，就用芭蕉叶子围起来。当时去帮农民兄弟建房子，有木头的就砍一块木头当横梁，没有木头的就挑一担茅草。

下放的生活持续了18年，这也算是我人生的重大经历了。

十一届三中全会四喜临门

1978年是一个好年份。

这一年，中国共产党的发展道路有了转折。党的十一届三中全会果断停止了"以阶级斗争为纲"，坚定地恢复了"实事求是"的思想路线，以经济建设为中心，勇敢地进行改革开放。从此神州大地掀起划时代的改革大潮。

这一年，全党、全军、全民，好事多，喜事多。从城市到乡村都沉浸在欢乐喜庆的海洋中。中国人在喜庆状态中爱说"喜临门""双喜临门"。而对我这个"可以教育好的子女"、普普通通的知识分子，不是"一喜临门"，也不是"双喜临门"，而是"四喜临门"。

第一喜：入党。我自1949年春在河北正定华北大学加入新民主主义青年团，成为党的后备军，立志追随共产党。经过近30年的培养、锻炼、考验，终于在1978年12月，由中共那坡县委批准加入中国共产党。

第二喜：归队。我是广西人民出版社第一代编辑。经过近30年的风云变化，在出版社三进两出（两次下放），在基层磨炼18年后，终于在1978年12月接到调令，归队重操旧业。

第三喜：女儿李放高考中榜。1960年困难时期，我和妻子抱着出生不足百日的女儿，搀扶着年过花甲的岳母，下放到云贵高原的中越边境睦边县（1964年改名那坡县）务农。女儿高中毕业后插队一年，1978年高考中榜，在十一届三中全会的预备会议即中央工作会议期间，收到高校录取通知书，先我一步回到南宁就读。

第四喜，我记得经过是这样的：我是中国作家协会的学员，那里的同志都是编辑室组长、主任这一级别的出版界、新闻界的干部。当时毛主席讲，欢迎大家提意见，要百花齐放。我当时就提出了调整"三化"方针的意见，要向科学进军，向经济发展侧重。"三化"方针的通俗化、群众化、地方化已经受局限了，广西出版的作品只能在广西传播，广西出版社只能找广西的作者，那限制就太大了。另外我也提出可以多办几个出版社的意见，不要仅此一家。这一提意见不要紧，不仅让我遭受了批判，还给了我留团察看的处分。组织批复下来的结果是，撤销团总支委员、团支部书记职务，予以降级处理。也由此造就了我这"第四喜"。

撤销我的支部书记职务是不应该的。十一届三中全会上说，广西是"文化大革命"的重灾区，广西是否定"文化大革命"最艰巨的地区，所以中央派了强有力、高规格的工作组帮助广西，增强党性，克服派性。因此，我一个被撤销团支部书记职务的广西人，成了广西出版界的领导小组组长、广西人民出版社的副社长，广西人民出版社从这以后开始了改革开放。虽然本人现在定居北京，但依然肩挑重担，一直关心着广西出版总社的工作和发展状况。

高手远航

1990年，我卸任前夕最后一次接待的外宾是苏联出版代表团，他们参观漓江出版社后对漓江社图书赞叹不已。我送代表团到大门口时，苏联朋友竖起大拇指说"哈拉索，哈拉索"（俄语，"好，好"）。我连忙说"Thank you, thank you"（英语，"谢谢，谢谢"）并拱手致谢。

1996 年，我应邀参加广西师大出版社十周年社庆活动。我估计这可能是我最后一次参加他们的社庆活动了，因此特地做了一套西装，穿着新制服向同行们祝贺。就在这次社庆活动中，主人邀请来宾留墨宝。虽然我的笔墨不中看，却毫不犹豫地拿起笔来写了七个字——"独秀峰下一书家"。时过境迁来回忆，1949 年 12 月，我们第一次在王城礼堂演出，以歌声掌声震惊王城深处的独秀峰；1959 年春节后，我出差桂林，与妻子到桂林小住，首次攀登独秀峰。那时怎么也没有想到几十年后，会为独秀峰写一笔字；更没有想到师大社在独秀峰下开了紫园饭店，我每去桂林都住在这里，仿佛这里比高档星级宾馆更舒心、更自在。这几件事虽然毫无干系，可是我的经历却把它们联系起来了。

尊敬的陈云同志有一句名言，他说："出版社是出作品、出人才的地方。"用这个标准来考察漓江社和师大社，我想应该是得高分的。当年很有眼力的主事者，招募了一批很有潜力的苗子，经过编辑岗位千锤百炼，造就了一批优秀的出版人才。其中有几位是很拔尖的，比如中国出版集团总裁聂震宁和中央民族大学出版社社长邓小飞（壮族）是从漓江出版社成长起来的，中国妇女报业出版集团掌门人黄理彪（壮族）和中国美术出版总社副社长肖启明是从师大出版社成长起来的。一个不是省会城市的地级市的两个出版社，在世纪之交一连串向北京输送了四位社长，这是当今城市中绝无仅有的。这不仅是漓江社、师大社的荣幸，也是桂林市的荣幸，更是广西出版界的荣幸。

晚年余热，享受天伦之乐

我这一生参加过桂东剿匪、桂南土改，并在土改中立功受奖。1952 年我参与创建了广西人民出版社，1986 年参与创建广西出版总社，曾任中国出版工作者协会理事、广西出版工作者协会常务副主席；1990 年从广西新闻出版局副局长、广西出版总社副社长岗位上离休。2003 年我被评为广西新闻出版局优秀共产党员，2008 年获得广西新闻出版局"八桂先锋行"奖励。我感觉到我这一生很充实，轰轰烈烈的事都经历过了，生活和事业也都很幸福美满。

我离休以后，除了负责组织工作，剩下就是组织培训干部、组织出版科研和组织职称评选等，当时我还是广西职称改革领导小组的第一任组长。本来我告诉我们的局长，让他做组长，我给他当副手，干具体的事情，但他说干人事、管党务是我的职权范围，所以我也不再推辞。在出版系统里一直工作到了 70 岁，我就退了下来。

退休后，我还有点余热去整理资料、写东西，出了《书里书外》这本书。由于我是唯一从筹备广西人民出版社一直见证到现在的人，其他的人都不在了，所以我也可以算是广西出版历史唯一的见证人，这本书也是我一生的经历的缩影。

与人大的缘分

我在人大的报纸刊物上发表过四篇文章，其中第一篇文章是在人大五十周年校庆的时候，我在人大的报纸上写的，题目是《桌椅有价情无价》，桌椅是华北大学的校友捐献的。这篇文章也发表在了 2016 年校友的刊物上。另外有一篇文章题目叫《毛泽东编辑思想初探》，在头版头条。这篇文章是受华大教育系委托，把他们的几十年历史梳理了一番编成文字。我至今还保留着一张从正定南下时的照片。

李文杰自述，本次采访时间为 2018 年 11 月，由中国人民大学校友工作办公室负责采访，财政金融学院 2018 级本科生阎泓瑾负责录音整理及文字编辑。

采写／孟繁颖　许泽来　阎泓瑾

徐金发

| 人物简介 |

　　徐金发，男，1964—1970 年就读于中国人民大学工业经济系，获学士学位；1978—1981 年就读于中国人民大学工业经济系，获硕士学位。浙江大学管理学院企业管理系教授、博导，浙江大学企业成长研究中心主任。

母校培育了我十年，改变了我的人生，老一代人大的学生都是这样的观点，人民大学改变我们的一生。

我出生在农民家庭，是最小的一个，运气也最好。村里的孩子坚持读书的不多，最后考上大学的也只有我和另一个。当时村里的人都认为，坚持念书是一件很傻的事情，读再多的书最后还是要回家当农民，还不如早一点务农。所以每每我一个人早出晚归上学放学，路上碰到的小伙伴总是嘲笑我是傻小子，他们不理解为什么我都这么大了还要念书，在他们眼里我就是"另类"。

所幸我坚持下来了，能坚持下来也是一件很不容易的事。在这个过程中，老师给了我很大的帮助。1961年，因为穷困我中途辍学，托以前的同学找到了一份做扇子的工作。大概过了两个星期，我下班回家，发现中学的班主任出现在我家里，我心想这下麻烦了。班主任问我为什么不去上课，我不敢说是因为没有饭吃，但是我母亲是知道的，我父亲已经不在了，家里没了顶梁柱，生活很困难。老师见我们全家沉默着，他知道肯定有事瞒着他。后来我母亲说了一句"他吃不饱"，老师就明白了。老师对我说："你回来吧，你成绩这么好，不念书太可惜了，我可以帮你解决一点。"后来他给了我们一点粮票，那时候老师是有粮票的，但是农民没有。就这样，我靠着老师给我的粮票坚持读书。我很感激，从小学到大学，我碰到了很多好老师。

初中升高中的时候，我说我不考了，要直接去念技校，好早一点上班。我的班主任又拦下我，让我第一志愿必须填高中。可是当时我并不想念高中，念高中只有上大学一条出路，像我这样农村的孩子根本没对上大学抱有希望。但后来班主任把我的志愿改了，于是我就又继续读高中。

我就读于浙江绍兴县柯桥中学（现名浙江省柯桥中学），是浙江省最好的中学之一，本科录取率很高。读高中其实也十分艰苦，经常遇到困难，但总是有老师帮助我。1964年我参加高考，当时我看见墙上贴着中国人民大学的招生海报，就去咨询了老师，老师告诉我这个学校很好，但是很难考，他让我去试试。当时还有一个飞行员招生，作为农村孩子我经常参加劳动挣工分，所以身体很健康，通过了飞行员的考核。那一年我收到两份通知书，一份是入伍通知书，一份是中国人民大学的录取通知书。

究竟上哪个？我们家分为两个阵营。后来考虑到当兵复员后可能又要回来当农民，我就说我想去读大学。中学的老师都说人民大学太好了，他们也不知道人民大学怎么好，就是听说的，只说这个学校是培养干部的。当时说培养干部，在农村里面是不得了的，我想了很长时间还是决定上大学。

我就被保送到了人大工经系。保送在当时叫"内部推荐"，学校会先推荐一些人，被推荐的人高考分数上线了就可以被录取。我所在的人大班级里有32人，有七八个人是跟我一样被推荐上来的，但他们的家庭出身都很好，只有我是贫农出身，父母都是文盲。

人大十年岁月，影响我的一生

我本科和硕士都是在人大读的，1964—1970年读本科，学制五年，因为"文化大革命"延迟毕业了一年。

我喜欢运动，跑步、游泳等都擅长，所以上学时候在班里面当了六年的体育班长，还做过民兵排长。

1970年本科毕业后我被分配到内蒙古的一个钢铁厂，那是在大沙漠里建的钢铁厂。采矿、选煤、炼铁等工作我都干过，在那待了整整八年。1978年我去北京出差，顺便去和平里的化工学院（现化工大学）找一个朋友，恰巧在公交车里碰到人大的陶晶晶老师。他告诉我学校恢复了，让我赶紧回去看看。我回到人大，找到系主任家里，他告诉我班长回人大了，还建议我也赶紧考研究生回来。我笑着说考研究生的书都没有了，他就让我从他的书斋里挑，想要什么书都可以拿。当时考研究生需要考外语、政治、专业课，由于我在工厂工作，政治课和专业课对于我来说问题不大，但由于长期不使用外语，外语课对我来说是一个挑战。我从他的书架里拿走了斯大林的《苏联社会主义经济问题》中文本，后从王府井的旧书店里买了一本俄文版，把这两本书带到内蒙古工厂里看。很幸运的是，我看的书里有一章讲价值规律，结果考试的时候就考了这一章，一个字不多，一个字也不少！我心想这下有戏了。那年5月，系主任打电话到厂里，告诉我被录取的好消息，还夸我考得很好。就这样，1978年我回到人大读硕士研究生，1981年毕业。加上本科的六年，我在人大一共待了十年。

在母校的十年，受母校培育的十年，影响我的一生。像我们这一辈人大的"老学生"都一直抱有这样的观点：人民大学改变我们的一生。

人大改变我的有三样东西。一是母校的好学风"学以致用"。

我就读于人大工业经济系。在人大学管理和在外面学管理完全不一样，人大讲究理论与实践相结合。我本科的六年，跑了六个工厂。1964年开学到11月份，我们在人大的基建厂实习，学习一门叫工业技术学的课，学习翻砂、造型等机器制造工艺；1965年春天，我们到门头沟的煤矿，在环境极差的工地，跟着工人们一起干活，背着镐头戴着矿灯下矿井，连续作业八个小时，体会到了煤矿工人的辛苦；1965年秋天，我去首都钢铁公司做炉前工；1966年春天，我到北京第一机场做维修车工，还有其他同学做铣工、刨工等；1968年冬天至1969年春天，我们在北京人民机器厂，我是一名钳工；1969年冬天，我们又换了个行业，到东方供电油厂（现房山的中国石化燕山石化公司）从事与石化相关的工作。我们在人大待了六年，跑了六个企业，四个大行业，从机械制造、采煤、钢铁到石化全参加了。我们始终信仰一个基础理论："管理要跟生产过程和工艺连在一起学。"我们学得非常扎实。也正因此，从人大工经系毕业的学生初到工厂一点也不畏惧，立即就可以上岗，十分熟练，这是人大教给我们的过硬本领。

人大影响我的第二点是好校风。

1978年，我考研究生回到人大，虽然八年过去了，但我们对人大十分熟悉，一草一木都很熟。这次回到人大，最大的感受是很凄凉，部队驻扎在人大，宿舍前的饭厅都变成了二炮的篮球厂。学校西边的大田径场没有了，就连跑步也没地方了，上课也没有教室，我们就在老图书馆的树林子里，在树上挂着小黑板，坐在马扎上上课。后来我们忍无可忍，向学校反映相关情况，学校也向北京市委和国家教委反映了，但最终事情没有得到解决。

大家决定到天安门请愿，我和几个同学是带头人。

这件事影响很大，据说要严惩带头的人，我们也知道要被处罚，已经做好退学回家的准备。结果 1978 年 12 月份都过去了，依然没有动静。1979 年春天开学的时候，我们才听说，党委书记郭影秋和校长成仿吾给中央写了一封信，这两个老人将学生上街游行的责任揽到自己身上，说是自己领导无方，要引咎辞职。我们听到非常感动。二老在政治局势涌动的时候，作为学校的领导，作为我们的老师，挺身而出，为我们挡风避雨。所以我们这一辈人大的老学生由衷地感谢人大的领导。这件事影响了我一辈子，教会我如何在大风大浪的时候保护好学生。

人大对我影响很深刻的第三点是好老师。我遇到的人大工经系的老师对学生实在是太好了。有一次一个学生生病了，塞风系主任把在家里熬好的牛奶送到学生宿舍来。在当时，牛奶可不是能轻易获得的东西，不是一般人能够喝到的。系主任对我也非常好，我现在的名字就出自他。我原名叫徐金法，农村里有很多人叫这个名字。后来他给我写信，在信里他叫我"今发"，说是"现在发展"之意。最后我留下了"金"字，于是就叫"金发"。

人大老师对学生的事总是很上心。研究生举办活动的时候，教研室的全体老师都会参加，老师们像是一个集体。比如研究生要开题，整个教研室的老师都会来讨论出点子，指正修改文章。我在人民大学的十年，好的学风，好的校风，好的老师都被我碰到了，这是我最大的收获。

不管在哪个岗位，要发光发热

人大教会我们，要努力地为社会服务。我很感激从小到大碰到的好老师，所以我愿意当一名人民教师。

1982年元旦，我前往浙大报到。当时塞风主任邀请我回人大读博，主任很后悔放走了我们第一批研究生，他当时说："说老实话，第一批研究生是最好的，既经历过'文化大革命'，又到工厂里锻炼过。我们当时考虑不周，把你们都放走，现在我们想要你们回来，但是都回不来。"我也很遗憾博士没有回人大念。

去了浙大以后的第七年，也就是1989年，学校的体改委研究所所长被下逮捕令，研究所就空出一个职位，有人推荐我上任，后来国家体改委给我打电话，让我去一趟体改委。我当时并不清楚这样一件事，还以为体改委给我新课题。我非常开心地跑到体改委，人事处的人问了我几个问题："你是不是党员？"我心生疑惑，现在搞课题也需要党员了吗？我当时还不是党员。"你愿意不愿意到北京来工作？"我回答说我刚结婚不久，需要跟家里人商量一下。"你对当前的政治经济以及国家形势有什么看法？"我终于明白这里没有课题。我仔细思考了一下，以前放弃了从政的机会，现在又有一个机会，但由于我这个人说话太直，还是不适宜从政。后来有更多的机会，比如有公司聘任我当总经理，各种配置都很好，但最终我都没有去。

其实我自己很乐意做老师。我带了370多个研究生，是浙大老师里带得最多的。370多个研究生里面有六七十个是博士研究生。很多人都愿意选我当导师，这是人大带给我的优势——大家都知道人大的企业管理、工业管理在全国数一数二，而我又是人大毕业的。后来研究生见面会，系里的老师开玩笑说："老徐你不要来了，你一来别人都跟你走，其他老师都不高兴。"

我写了十几本书，大概十五六本都是讲企业管理，还有一本是与国家和省市企业相关的课题。还给国家体改委起草过不少文件。

当时我跑到湖北十堰的二汽，在那边待了大概半个月，帮他们做二汽集团的规划设计。回程的时候，交通十分不方便，我们从十堰到武汉，再从武汉坐船到南京，从南京坐火车回杭州，整整花了二十多天。我一回到家就得知儿子患重病在医院急诊室，发烧到40.8摄氏度。那件事以后我就很害怕，于是做了工作调整，平时就做课题、写书、带研究生。我在中国企管协会、中国企业委员会、杭州市企业家协会、杭州市公益基金联合会、杭州市企业联合会等兼职，也兼任十几个上市公司的董事，工作量确实是非常大，但是却很充实。

浙大三十年，教育是一种传承

说来说去还是一点，我有人民大学专业的底子和实践经验。但我最满意的不是在这上面，最满意的还是在浙大当一名老师，我帮学生做了三件事情，像曾经人大老师帮助我们一样。

第一件事是我帮助了一名本科毕业生。他因某种原因被关押了一段时间，还被开除了学籍，生活不下去。他给我写了一封信让我帮帮他，我想再让他读书是不可能的了，但是可以先帮他找一份工作安稳下来。于是我在杭州找到一家很好的公司接收了他。

第二件事情是这样的：大概在1994年、1995年，突然有一天我带的一个博士说他要退学。他爸妈所在的企业因经营不善而倒闭，他们也就成了下岗工人，家里还有一个妹妹，生活很困难，这个博士生就想退学打工。我对他说，如果只是经济困难要退学，我可以帮他解决。我让他不要着急，过几天我会给他回应的。

深圳一个国有企业集团的老总在我这儿念博士，我打电话给他，告诉他事情的经过，问他能不能帮这位家庭贫困的学生安排一个工作。这个老总很爽快地就答应了。后来那个学生就一边上班，一边完成他的课程。我做这些事也是有考虑的，博士生的课程很少，他的素质也很好，上班也不会影响他的学业。

　　我是博士生导师，由于是人大毕业的，大家都认可我；很多人知道我在浙大，便慕名而来。所以我每年看录取名单的时候都很为难，后来我的招生准则就是："尽可能找东北来的学生。"我有自己的考虑：中国经济体制改革其中重要一环是企业改革，东北国有企业为给民营企业让路，导致国企人员下岗情况普遍；我尽可能多招东北的学生，希望他们通过在浙大的三年求学，毕业以后可以很容易在浙江找工作；一份工作能支撑起一个家庭，能帮助一个家庭改变面貌，这就是我自己的考量。

　　第三件事情是我帮了一个云南少数民族的学生。他家里很困难，在我这儿写了好多借条，借了我好多钱。其实我让他写借条并不是要他还钱，我知道他很困难；我是想通过这个仪式告诉他，一个人要承担责任，每个人都有困难，但是解决困难后要去帮助别人。

　　我在浙大待了三十年，做一名老师虽然没有像当企业家那样轰轰烈烈，只是在做一些小事情，但是这些事情却让我很有成就感。我想我心中对老师的定义，很大程度上是人大校风给我的影响。

　　人大讲求两点办学的宗旨，一是"立学为民"，二是"治学报国"。人大还遵从"实事求是"的校训。即使是大风大浪的时候，吴老、成仿吾和郭影秋这一辈老领导也一直坚持这条准则。另外，人大还希望培养出"认识世界、传承文明、服务社会"的国民表率、社会栋梁。人大的校庆活动我每次都会参加，人大是我的根。

　　徐金发自述，本次采访时间为 2019 年 6 月 23 日，由中国人民大学校友工作办公室负责采访、录音整理及文字编辑。

　　采访 / 李宣谊　文字 / 符洪铫

肖云儒

| 人物简介 |

　　肖云儒，祖籍四川广安，生于江西雩都，现定居于陕西西安。1957—1961年就读于中国人民大学新闻系。历任陕西日报社文艺部记者，陕西省文联党组成员、副主席，研究员；中国文联委员，中国西部文艺研究会会长，中国小说学会副会长，陕西省政协委员、文史研究馆馆员、评论家协会主席。享受政府特殊津贴，并被人事部评为国家级有突出贡献专家。1961年开始发表作品，1983年加入中国作家协会。被聘任为西安交通大学、西北大学、陕西师范大学、西安建筑科技大学等七所大学的教授和硕士、博士研究生导师。

　　人大老校区铁狮子胡同1号门口有两个大狮子，我头一次进校门看到那对狮子觉得很熟悉，暑假回去问母亲，她说她当年也在那里上过学，那里曾是北平女子师范大学旧址。母亲还有一张照片，是1934年她与女同学在狮子前的合影；1957年我也和几位同学在那里照了一张相。前后23年，母子两人在同一个院子上学，说起来真的非常巧，历史的巧合呀。

时隔23年，肖云儒与母亲在同一地点留影。
右图中男性为肖云儒

同学少年　几度峥嵘

　　我现在的名字是肖云儒，其实本来的名字不是这个，是"萧雩孺"。因为我在江西雩都出生，孺字辈，所以叫"雩孺"，可是好多人不认得"雩"字，便叫成了"云儒"。"萧"在20世纪50年代文字改革中，又被简化为"肖"。我现在写毛笔字，还要用"萧"字；日常的书写和称呼改不掉了，索性就是"肖云儒"了。在百度上查，我成了"萧雩孺"与"肖云儒"两个人，称谓的分裂，刻下了时代的印痕。

我父亲萧远健是四川广安人，他于1933年考取北京辅仁大学。差不多同时，母亲欧阳明玺也考入北平女子师范大学。两个人都参加了中共外围组织民先队，父亲是地下党员。他俩在进步的学生运动中相识并相恋了。1937年9月，国民政府将几所大学组建为西北联合大学，他俩的学校亦在其中。一开始是迁到西安，成立了西安临时大学。父亲是西安临大中共地下党的负责人，时间大概有一年多。之后学校整个迁到陕南汉中的城固县，正式改称西北联大。毕业后父母被分配到四川的一个县，他们没去，受组织派遣在重庆从事地下工作。

后来怎么去了江西呢？当时的情况是，学前教育领域著名的教育家陈鹤琴要组建公立幼稚师范学校，因为缺少师资，就去重庆找到陶行知先生，请他推荐一批年轻有为的教师，这样我父亲母亲就被陶行知推荐上了。我父亲请示了当时在重庆的中共负责人董必武，得到了组织同意。因为我母亲江西的娘家是书香门第，名士家庭比较好掩护，于是他们来到了井冈山下泰和县的江西省立实验幼稚师范学校当教师。其间他们还组织过师生去慰问、接济红军长征后留下的陈毅留守的部队（已改编为新四军）。

我是1940年12月出生的。1941年夏天，一场疟疾席卷了整个学校。父亲也在这场疟疾中去世，年仅27岁。

1945年日寇投降，母亲带着幼年的我，坐船由赣南顺赣江而下，回到她的老家南昌。之后我在南昌上小学，初中是在南昌一中，一个比较好的老学校。高中是在江西第一高中，是按苏联中学的标准新办的重点学校，在江西全省抽调学生，全体住校。我们是第一届，1957年毕业。高考大家都考得不错，班上五十多个人，有四十五六个人考上大学，只有四五个人因为家庭的原因没有考上。考到北京的有近二十人，我是其中之一。

我考上中国人民大学是幸运也是缘分，是扬长避短的结果。我喜欢文学，打算统考志愿第一填北大，第二填武汉大学，都是中文系。但是人大那时提前招生，单独出题。人大出题的思路正好切合我的长处：我记忆力不是最好，但分析、思考是我的长项。人大题不重知识记忆，重分析思考；一道作文题，加上六七道语文题和八九道历史题，都属于考查独立思考能力方面的。这样我就考上了。人大那一年在江西总共招了十几个人，新闻系三个人。它是提前发榜，在高考前的一个星期，《江西日报》就登出了录取名单。一旦提前招录，就不能参加统考了，于是我成了中国人民大学的一名学子。

那时我还不到17岁，之前从来没有出过远门，连铁路是什么样都不知道，还以为铁路就是整个用钢板铺的路。我母亲陪我从南昌坐火车到九江，从九江坐船到南京浦口，之后再到北京。

整个大学四年，我没有在现在的人大校园、当时叫西郊校区待过，一直在城内校区。第一个学年是在东城区人大海运仓校区（后来的北京中医药大学所在地），记得当时斜对门是中国青年报社。那时学校没有暖气，宿舍和教室全部烧煤炉子，大家轮流值班管好炉子——主要由北方人来管，我们南方人不太会弄。第二个学年开始，我们搬到不远的张自忠路，大家习惯叫铁狮子胡同，也就是"铁1号"，在那里度过了大学的后三年时光。只有新闻系、中共党史系和历史档案系三个系在那里，其余都在西郊校区。铁狮子胡同校区一进门正中有座小楼，是原段祺瑞执政府的办公楼，我们听大课有时就在楼上的小礼堂。东院是现在中国社科院的外国研究所，那时候是我们的宿舍，中院主要是教室，西院是老师们住的三栋红楼。

我们班的同学有一些是应届高中考入的，也有许多从部队、机关考入的，年龄差距很大，大的比我大十多岁。那时全国都掀起了工农干部学习文化知识和专业技能，参加社会主义建设的高潮。大家早晨跑步就在铁狮子胡同中院的环路上绕着圈跑。我还记得每天都有大轿车把住城里的老师拉到西郊去上课，大轿车又长又宽敞又漂亮，是捷克产的斯柯达，那时真想坐一次，却没有资格坐。60年后我访问捷克，在首都布拉格专门去参观了斯柯达汽车厂，算是圆了年轻时的梦。

那时新闻系的课程有中国新闻史、新闻概论、新闻采访、新闻写作、新闻编辑学、中共党史、国际共运史、哲学、政治经济学，再有就是中国古典文学、外国文学、文艺理论和俄语这些。当时没有外国新闻史，有一门课是资产阶级新闻观点批判，我记得有六本绿皮书，内容是资产阶级新闻管理、西方传播学等内容，被作为反面教材，注明了"供批判用"。

　　我们那个时候的课程内容是很单纯的，新闻理论几乎全部都是马恩对普鲁士和资产阶级报刊的批判，还有大量列宁、毛主席和陆定一同志的新闻思想和论述。核心是新闻是党的宣传事业，报刊要对人民群众起到组织、鼓舞、激励、推动的作用。我是因为热爱文学考到新闻系来的，好多同学都和我一样带着文学梦。然而上课第一天，新闻系主任安岗和总支书章南舍讲话，先拿粉笔在黑板上写了几个大字，"新闻记者——党的政治工作者"！

　　我们的大学老师不少都在中国新闻界和文学界有所建树。一个就是系主任安岗，当年40多岁，能说会道、风趣亲切，年轻人都特别崇拜他，后来当了《人民日报》副总编辑。记得有次他出国，路过波兰在华沙有半日之游，回来给我们讲了两个钟头的见闻评述，我想，这就是记者的观察力和对细节的敏感度哇。还有报刊史教授方汉奇，他记忆力惊人，上课从不带讲稿，滔滔不绝。对于千百年前的年号、年代、人名、地名甚至引文，他都一点不会记错，大家都很佩服。甘惜分老师讲马克思主义新闻理论，那真是把理论吃透了。他把马克思主义和从延安带来的新闻实践化为自己的见解，讲得非常自信，没有套话，鲜活易懂。

　　文学方面，延安鲁艺老革命何洛教授是文学教研室主任，冯其庸先生讲《红楼梦》，还外请了何其芳、周扬、唐弢等各位名家讲课。当时人大没有语文系，所以由新闻系和中国社科院文学所联合组建了一个文艺理论研究班，把唐弢先生调过来负责。因为我爱文学，所以也偷偷去听他们的课。印象最深的是冯其庸先生，他当时还是讲师。跟一般古典文学教授不一样，他把中国美学、中国古典文学化为自己的人生情趣和审美方式；他的语言有很多空间供学生去想象，从而把自己的审美经验调动起来。我比较崇拜他。

　　新闻系同学毕业后大部分到了媒体，像杨伟光、艾丰后来都非常有影响力。钱理群、刘梦溪、陈传才、杨匡汉这些同学一直在文学和文化学上坚持并卓有成效。

　　在校期间我到过两个报社实习。一个是汉语拼音报社，是兼任国家文字改革委员会主任的人大校长吴玉章创办的。这个报社就在铁狮子胡同最贴东墙的一排厢房里，我在那里当了记者、编辑，也当过检字和制版工人。吴老很认真，经常来我们这儿巡视。《汉语拼音报》是一个八开小报，没有自己的新闻主渠道，1958年国家推行汉字拼音化才创办的，后来拼音化取消了，说不符合国情，报纸也停办了。我还在大公报社实习过三个多月，记得当时的社长是常芝青。后来内地的《大公报》撤销了，只保留了香港《大公报》。

上学的时候也有文艺活动。新闻系创作排演了大型报告剧《绞索套着脖子的报告》，是抨击美帝国主义侵略、封锁新中国的。大三的时候，全校调人集中排练过《人民公社万岁》大合唱。合唱队有一百多人，包括男高男低和女高女低四个声部，前面还有一个乐队，我只是系合唱队里滥竽充数的一员。这些青春的回忆，至今还令人激动。

还有就是参加大型义务劳动。我们参加过十三陵水库和密云水库的建设，是学校组织全校师生轮流去锻炼的。工地上有好多条架子车的车道通向大坝，两人一组，一个驾辕一个拉套，往坝上运土。在我们之前，许多国家领导人都去那里劳动过，可惜我们没有遇上。特别巧，有一次遇上了郭沫若先生，他在竹棚搭的工地广播站朗诵自己即兴写的一首诗，我就悄悄地把架子车放下，跑过去透过竹棚的破洞看郭老朗诵。那时候郭老也不过60岁吧。他经常现场吟诗，诗很直白，但很押韵。工棚里，只见广播员说"现在请郭老给我们朗诵他歌颂十三陵水库的诗歌"，随后郭老带着川音的朗诵声便响遍了整个工地。

我还是挚爱文学，经常在图书馆里系统地读文学名著；我计划毕业前将中外文学史上提到的主要作家的代表作通读一遍。

我还记得我的同学木铁，原名张光天，是著名的"佩剑将军"张克侠之子。木铁大我十二三岁，抗美援朝时曾在志愿军文工团，活跃于战争前线，毕业后任中央新闻纪录电影制片厂编导。他是我们班的党支部书记，是我心目中优秀的党的政治工作者。他开朗、亲切，关心同学，又很坚持原则，有社会经验，极有长者风度。一年级报到时，他一见我便调侃说："哎呦，这么个小孩，夏天还穿个皮凉鞋。"然后摸一摸我的头。大二之后，大约因抵制右倾错误不力，有一天突然撤掉了他的支部书记职务。毕业后他在新影曾参与拍摄《青青塞上柳》《淮海千秋》《笑》，还带着摄像队到对越自卫反击战前线做过战地采访。

部队作家高玉宝和姜玉娥两口子比我们低一级，写过《我要读书》《半夜鸡叫》。二人是调干生，年龄比我们大。他们已经有了在全国范围内有影响的作品，因此很受大家关注。这两个人的作品好，为人更好，就是活雷锋，非常热心公益，对大家极为热情。高玉宝会木工，每个暑假寒假都会在铁1号教室修桌子、板凳，姜玉娥给他打下手。他们把损坏的桌椅集中起来，一件一件修好，真是劳动人民出身的好作家。

我们上学期间，学生伙食经历过大起大落。1957年入学时学生伙食还分中灶跟大灶，大灶7.5元一个月，中灶12.5元一个月。因为我母亲有一点溺爱我，所以就让我吃中灶。中灶是八个人围坐一桌，大灶就是在窗口买，没有方桌。我吃了大概三个月中灶就不吃了，因为班上吃中灶的人不多，自己不能太特殊。改吃大灶后，和大家伙一样排队，也吃得挺好的。1958年"大跃进"开始了，食堂"放卫星"，我在铁狮子胡同校区吃过一百个菜！这一百个菜就像现在的自助餐，虽质量一般，花样可真多——白面馒头、发糕、窝头、面条、米饭，有好几个肉菜和大量的花样搭配的素菜，百十来个菜随便吃。结果，到了1960年，困难时期来了，开始吃不饱饭了。为了保护青年学子的身体，有一段时间九点半全校拉闸停电，不准大家加夜班学习。那时候我也饿，但还不是最饿的，因为我个子小，也不太爱运动。我们课余做过小球藻，做过人造肉精，做过很多食物替代品。每个院系会给有病的同学配发一点黄豆，磨成豆浆补补，有的同学因为浮肿病而退学。

后来我来到西安实习，在陕西日报社吃饭的时候，一个人捧着一个像钢盔一样的大碗，大半碗稀面条或面片看着很多，实际上也没有多少"干货"，但的确把人灌饱了。当时陕西的羊肉泡馍也是要票的，一个部门一个人一年也就只能轮上吃一两次。我们部门的领导在会上跟大家商量说，鉴于云儒实习完就要回北京了，建议让他插一次队，先吃一次羊肉泡馍。大家都同意，我便有了一张票去吃羊肉泡馍。那个感觉呀可真好！就像阿城在他小说中描写云南插队时饥饿的感觉，吃下去一开始胃不适应，因为太高级了，相当于一个要饭的人到了五星级宾馆，受宠若惊啊；一会儿胃里便暖和起来，嘴里感觉有一种油腥味和羊肉的膻味。我本来不爱吃羊肉，但是吃完后觉得那真是人间美味！那是在西安东大街的一家泡馍馆，我顿时觉得西安这个地方并不是"居大不易"，倒是很可以待下去的。所以有不少媒体说，是一碗羊肉泡馍改变了肖云儒的一生。

深思苦索　踏平坎坷

我写作的起步是在母校人民大学，虽主要是写文化研究和评论方面的文字，其间却始终有新闻教育的影子。

第一篇文章的发表说起来很有意思，原题目是《从华君武在第三次国内革命战争时期的政治讽刺画谈起》，专门对老一代著名漫画家华君武在这一时期的漫画做了评论分析，八千多字，寄给中国美术家协会主办的《美术》杂志。有一天，新闻系办公室突然叫我，说《美术》杂志有一个人电话找我，是女编辑高焰大姐，问我能不能去编辑部一趟，他们主编王朝闻先生要和我讨论这个稿子如何修改。

王朝闻，鼎鼎大名的美学家、雕塑家！我惴惴不安地第一次踏入了中国文联的大门——当时在王府井大街，现在是商务印书馆所在地。主编王朝闻见到我大吃一惊："你还是个娃娃嘛！"当时我 19 岁，他没想到我这么年轻，我也没想到能与自己崇拜的大家坐到一起讨论自己的习作。当时《毛泽东选集》（第四卷）正开始发行，他建议我在文中加一点学习《毛泽东选集》的体会，把这篇文章由对一位艺术家作品的评论变成通过具体作品来阐述毛泽东文艺思想的理论文章。修改后的文章在《美术》杂志发表了，原来的题目变成了副题，主题改成《毛泽东思想的威力》。所以我写作的起步、文艺评论的起步，就有新闻思想的影子。

大三期间，《人民日报》开辟了《笔谈散文》专栏，就散文的特点、散文的作用、散文的题材等问题开展讨论。我在铁 1 号的阅览室里翻着报，读着如李健吾、秦牧、刘白羽等知名作家谈散文的文章，也有感而发写了一篇题为《形散神不散》的短文。文章很快刊登在

《人民日报》上，那时我已经去西安实习了，也再没关注。我正式到《陕西日报》工作七八年后，有不少人写信到陕西日报社打听我，才知道这个短文已经被编入了各种教材。"形散神不散"这个观点，直到现在介绍我的人还会提到，每次我都会马上制止，说，79岁了还说19岁的事，只能表明一个人在60年中没有作为。

毕业分配那一年，全国只有两个新闻系，政策是人大新闻系全部分配到长江以北，复旦新闻系分在长江以南。我在陕西日报社实习过，后来也就到这家报社做记者。毕业后我的人生基本是四个阶段：一是当记者、编辑，算起来最多10年，因为后10年就是"文革"，我们下放了；二是搞文艺评论；三是从事西部文化的研究；四是投身于丝路文化的探寻。有人认为我是散文理论的先行者、西部文化的开创者、丝路文化的探寻者，原因恐怕在这里。

当记者的阶段，有两件事印象特别深刻。一件是1967年去陕北采访。当时整个陕北大旱，整整一座小山包的收成，一个老人就能背回来。国家给陕北农民每人每月配备18斤商品粮，以维持基本需求——农民本来是不吃商品粮的，实在是收成不足以自保哇。一位姓孙的老人临终留下的口头遗言是："我感谢毛主席、共产党给了我这18斤粮，我没有别的意思，我的孙子在修公路，他一个小伙子18斤不够，我希望我死后政府把我这18斤粮给他。"这件事让我很震动，当时就写了一个内参，反映老区人民的生活困难状况。稿件发出后，时任兰州军区第一政委的刘澜涛同志看到了，他去陕北视察时特地找到了那个村子那家人，在现场就流泪了。刘澜涛说："我们闹革命为啥，就是为了老百姓能过好日子，对革命贡献最大的陕北人生活竟然这样困难，我们愧对父老乡亲啊。"这篇内参的影响比较大。

另一件事是在陕南。我一度在《陕西日报》汉中记者站驻站。我这个人天生对经济问题、社会政治问题不太感兴趣，也不很懂，总抓不到有分量的稿件，但上头条的大多是经济和政治新闻。当时压力非常大，就想汉中有什么带有唯一性的东西可以报道呢？这就想到了濒危珍稀动物熊猫和朱鹮，在陕西，这是汉中独有的新闻资源。我和记者站一位记者还有报社本部派来的一位摄影记者进入秦岭深山去寻访熊猫。应该说我们是第一批在现场见到野生熊猫并拍摄和写出报道的记者。那是 1982 年，我们住在佛坪县三官庙的老乡家，打定主意——见不到熊猫不回去！还通过县上乡上安排了一些"线人"，请他们留意有什么迹象。待了八九天毫无动静，我都失去信心了，因为之前对熊猫的报道，大都是针对在动物园或是放养归山后带有追踪装置的熊猫，几乎没有人能够现场见到野生熊猫而且与之相处的。那天早上正吃饭，一个老乡跑来说："肖同志、肖同志，有了有了，快！"我问有了什么，他说发现了熊猫的大便，还冒热气，表明熊猫没有走远。我们跟着他就跑，还有保护站一位科研人员也跟着跑。到了现场，科研人员小心地将熊猫粪便包严实，装进了自己的背包。大家跟着脚印上上下下、曲曲弯弯，终于在一个山洞找到了这个家伙！它特别乖，乖到什么程度呢，那天正好是六一，我们把红领巾给它戴到脖子上它也平和地接受。它不是光吃竹子，我们尝试给它馒头也吃，给它一个熟鸡蛋，它抓不到手里，急得一口吞了。吃饱了，它就在闪光灯的咔嚓声里躺倒大睡，挺可爱的。记得当时还给它起了个名字，如果是个"小伙子"，叫山山，是"小姑娘"，就叫姗姗。我们写的新闻报道放在了头版显著位置，境内境外许多华文报刊都转发了，有的还配发了整版照片。

报道朱鹮是 1982 年在秦岭山中洋县一个村子山坡上的青冈林里。当时认为濒危动物朱鹮全世界只剩下 3 至 5 只，后来又增加到 6 至 7 只。我们则在现场报道了世界上第 8、9、10 三只小朱鹮的出生。朱鹮很敏感、很机警，当时只能看见高高的树杈上，有一只老鸟（雌鸟）守在鸟窠旁，但是看不到藏在窠里的鸟宝宝到底有几只；我们就架上相机，一直屏住气守候。大概两个钟头，雄鸟觅食回来了。朱鹮双翅展开后十分漂亮，翼下有两团朱红色，静静地滑翔过来。它好像感觉到有异常，久久不落下，一圈又一圈地盘旋着。这时大约小鸟们听见爸爸送晚餐来了，三个小头一下冒出来，叽叽喳喳，嘴张得比头还大，雄鸟只好落在窠边，让宝贝们在它嘴里啄食。我们咔嚓咔嚓一阵狂拍，直到带的胶卷全部用完，才恋恋不舍地离开。第二天我们发自秦岭深山的电稿宣告，世界上第 10 只朱鹮面世。新华社转发了这条消息。上面说的这两次报道，都获得了全国新闻奖。

我生命中也有低谷，就是"文革"中被下放到山区。那时，我成天跟老乡们在一起，劳动、说笑、吃派饭。山里的老百姓待人实诚温暖，也尊重知识。晚上收了工，和村里的年轻人围着火塘烤火、煮茶，还跟他们一起上山抓野鸡烤着吃，我就给他们讲《水浒传》《三国演义》《说唐全传》，他们会听得入迷。跨过冬天，我被抽调上了阳平关——安康铁路工地，成了当地民兵团的宣传人员。

这一时期我也曾因外界环境而情绪消沉，精神上最关键的扭转，是因为壶口瀑布。有一次我从农村回了一趟西安，专门去了一次壶口瀑布。看到黄河在那儿一下子挺立起来、飞腾起来，突然就想到个人命运：有什么可悲观的，黄河千年万年就这么流着，不依然如此激越高昂吗？我怎能一下子就垮了？黄河壶口给了我勇气，给了我生命的钙质。

回到农村，我就琢磨如果取消工资了怎么养活自己。现在有人称我为书法家，其实我练字就是从那时候开始的。我学隶书，用隶书给公社、大队写毛主席语录牌。油画我也粗知一点，便主动给每个村镇画毛主席像，打着格子放大画；我还帮老乡画画，画出嫁的嫁妆箱子和新房里的花饰，并蒂莲、鸾凤和鸣一类。

为了感恩西部大地尤其是壶口瀑布给我的激励，20多年后，我在陕西文联工作时，负责组织了一千多位艺术家在壶口瀑布现场唱《黄河大合唱》，郭兰英、赵季平、刘大东等许多著名艺术家都到场了。

到了1978年，全国科学大会召开，邓小平提出"科学技术是生产力"，中科院院长郭沫若有一个书面讲话，叫《科学的春天》，那个讲话与文章看得我眼眶发热、心跳加速。我当时已经成家，并且调回西安附近离家较近的一个国防工厂做工会工作。就在我住的那个干打垒房子外面，夕阳西下，我反反复复地读"向科学进军"的报纸。我很感动，很庆幸，觉得自己此生可能还能赶上这个机遇，命运可能还有希望，我说不定还能从事文学、文化研究。我重又如饥似渴地读书，并在业余写了一篇文章《应当重视矛盾同一性在事物发展中的作用》，八九千字，讲矛盾的斗争性其实是量变的积累和质变的准备，只有矛盾的同一性才是新质的形成、新质的规定性；社会发展、矛盾斗争的终极目的是同一，同一再斗争，再同一。这篇文章当时投给《光明日报》哲学专刊，不久就发表了，中央人民广播电台分两天向全国播发。

不到一年，在全面落实干部政策的大趋势之下，我调回陕西日报社，重返新闻工作岗位。一些人大同学也因为看到了报纸或听到了广播上的这篇文章，又陆续联系上了我。

壮美西部　笔尖驰骋

1979 年落实政策调回《陕西日报》副刊部之后，我进入了文艺评论的丰收期。1980 年写了《文艺创作反映当代生活中的封建主义潜流问题》，《上海文学》刊发了这篇文章，《新华文摘》《北美华侨日报》《文汇报》等海内外报刊也都有转载。80 年代初我在大型文学期刊《绿原》上发表了近 3 万字的文论《呼唤真正自由的文学》，当时文艺界的评价也很高。

1984 年，陕西省文联重新组建，我被调去参与筹建，后被任命为党组成员兼理论部主任，不久又当选为省文联主管业务和写作的专职副主席。大学毕业 20 多年后，文艺评论研究终于成为我的主业。因在文联，评论的范围很广，既有像丁玲、艾青、柳青、杜鹏程、茹志鹃这样的老作家，也有当代作家比如张洁、刘心武、邓友梅、路遥、陈忠实、贾平凹，还有石鲁、刘文西、赵季平、吴天明、张艺谋、陈彦等艺术家。

四十四五岁时，我的个人研究略有了一点调整。有次西安的一些中年评论家在一起聊，都说我们不能这样下去，不能总跟在作家、艺术家的屁股后边跑，我们四十多岁了，有自己的学术领域吗？没有。那之后，大家便开始各自定位领域，有的人转到了喜剧研究方向，有的人写起了作家群研究专著，有的人转向美学研究。我也是从这个时候起，由以文学评论为主转向了对西部文化的研究——文学终归还是窄，我就直奔西部这块广袤的大地。所以从1984年开始，我频繁地深入到中国西部大地的各个民族、各种类型的社区。这也是人大的新闻教育给我留下的烙印。我注定不能成为一个学院派的研究者，我就是个田野考察的学者型记者。当时想既然要研究西部文化，就做得扎实一点，读万卷书还要行万里路、思万代事；好多书读了以后并不能理解透彻，但是一旦到了现场，与自然、实践一碰撞，与民俗风情一碰撞，马上就能理解了。

1985年8月，陕西省文联和西影厂作为发起单位，在伊犁召开了第一次中国西部文艺研讨会，有十几个省市参与。我做了主题发言《关于西部文学的若干问题》，反响还比较好。经过转载、摘要、采访、呼应、延伸，慢慢地，"西部文学"这个概念得到了广泛认同，出了一批书，有了一支队伍。

后来我综合自身的阅读、思考、体验，继续深入研究，写成了30多万字的《中国西部文学论》，这是中国第一部把西部作为一种独立的文化现象来研究的书。该书1989年出版，1990年获中国图书奖和当代文学研究成果奖。以文学为出发点，我还参与主编了《西北中青年作家论》，主编了一整套中国西部文艺研究丛书，包括《中国西部文学论》《中国西部音乐论》《中国西部歌舞论》《中国当代西部诗潮论》《中国西部民间艺术论》《中国西部幽默论》等。

我的整个著作量大约是600万字，其中文艺评论有200多万字，给近400位文艺家的作品写过很认真的评论。我出版过近40部书，从60岁起，每10年还出一次套书：60岁出了《对视》五卷本，70岁出了《雪山》四卷本，80岁马上到了，今年年底前《云儒文汇》十四卷本将面世。

生活在文艺界，常发生一些有意思的小插曲。陈忠实在我七十寿辰的时候讲了一段话，他说当年他高中毕业后，跑几十里路来听云儒的散文报告，还把那时的情景写进了自己的小说。他说他的小说得了全国短篇小说奖之后，唯一一个在会上当面提意见的人就是云儒；意见的分量有点重，他很不接受，但是随着岁月的流逝，他觉得意见是对的。我向往自己是一个率真的、敢说真话的评论者。

还有一次我和陈忠实在电视台录节目时争吵开了。当时陈忠实，工程院院士、建筑大师张锦秋和我三个嘉宾，谈西安的城市建设应该怎么保留古都风貌。我和张锦秋觉得要对西安"古调独弹"，在保留古调的基础上创新、出新；陈忠实觉得西安的古貌在当时就是先进，就是时尚，为什么要改变？主持人知道节目要挑起争论才有看点，这样双方就开始激辩，都有点激动，节目完后连午饭也不吃了，分道扬镳。到了晚上，我给忠实去电话，没有拨通。一会儿他拨过来，说你不要生气了，这都是学术争论。我说我不生气，我正给你拨电话呢，只有诤友才能如此推心置腹地争论。陈忠实性格非常正直，我后来写回忆文章还特别提到了这一点。那次陈忠实对我表示了歉意，但他又说自己的观点不变，还要写系列文章阐释自己的观点。他对这块土地的挚爱让人感动。

丝路情牵　弦歌不断

我对我自己较为满意的一点是，人老了身体还可以。我快 70 岁才退休，退休十多年还投身于丝路文化的探寻。

在研究西部文化的过程中，我行走并思考着，但那个时候思考的都是中国西部，没有在横贯亚欧大陆的丝绸之路这一国际格局中，形成贯通全球文化的系统思路。最近五六年我们国家提出的"一带一路"倡议，让我一下子豁然开朗。西部文化是什么？不就是丝绸之路的中国段吗？无论是戈壁丝路、唐蕃古道还是茶马古道，都是从中国西部辐射向世界的丝绸之路网络呀，它是地球之虹、地球之弧、地球之链，是连接世界各国的第一大通道。

2014 年，我参与了"丝路万里行"活动，这个活动是国家新闻出版广电总局组织的"丝绸之路影视桥工程"的一部分，主要是乘汽车重走丝绸之路、传播中华文化、促进各国文明互鉴。我是整个西行车队中年龄最大的。

这一走就走了三年，共三次行程，每次都在车上泡两个多月。我从 74 岁到 77 岁，总共跑了 32 个国家、80 多座城市、4.5 万公里。第一次是从西安经中亚、高加索、土耳其、希腊等到达罗马，称"追寻张骞之旅"；第二次是从西安经中亚、伊朗、巴基斯坦到达加尔各答西北的那兰陀寺——玄奘赴印度学佛取经的寺庙，称"追寻玄奘之旅"；第三次是从西安经中亚到俄罗斯和中东欧 16 国，最后由巴尔干各国北抵布达佩斯，称"探秘中东欧之旅"。

旅途中有很多见识和体会。让我印象特别深刻的，譬如一组中亚小陶俑。我两次经过乌兹别克斯坦的撒马尔罕，两次都在旅游商店里发现了这组小陶俑，它是统一设计的三件套，分别是骆驼、大象和貔貅。老板跟我说，这三件陶俑自古以来就是一组，不零卖，各种型号的销路都很好。我就想，这不正暗合了中亚文化、印度文化和中华文化在古丝路上相互融合的历史吗，不正是文明互鉴最好的物证吗？这种融合自古至今一直被沿途各民族的文化心理认同着，到今天仍然是一种活态的文化心理存在。

路上也经历过不少惊险。2014 年夏天，在乌兹别克斯坦的克孜勒库姆沙漠，整个车队加不上油，在近 50 摄氏度高温下瘫痪了 20 多个小时。车队发出 SOS 信号后，受到了几乎半个亚洲的关注。2016 年夏天，车队经过帕米尔高原吉尔吉斯斯坦口岸时，需要人车分离接受检查，厚衣服都放在车上，一时取不出来，我们穿着夏天的单衣，从中午 12 点一直待到晚上 10 点。太阳落山时（这里与北京有两小时时差）气温特别低，到了零下三四摄氏度。当时海拔是 3 600 米，也不能跑跑跳跳取暖——有高原反应啊，冻坏了。开始大家有点牢骚，终于过境后，我们看到七八个山弯上停着几百辆等着过境的中国重卡，都欢呼起来——这就是丝绸之路经济带，它如此繁忙、兴盛，也特别壮观！大家的精神一下子振奋起来。

一边走，也一边写。现在关于丝路的那些最重要的著作，无一不是前辈学者在艰难行走中探索才得来的。我这些年走丝路，也写了不少东西，加起来大概有 60 万字。第一次"追寻张骞之旅"，一天一篇文章，写完就传回来在西安的报纸上连载。这种大强度的写作，确实是很累很苦，白天全在路上跑，通常是晚上 10 点以后才开笔写，每天都得熬过半夜 12 点。到第二次、第三次跑印度、中东欧，我放缓了一点，两三天一篇，有十来篇是回来写的。三年跑了 4.5 万公里，号称"八万里丝路云和月"，作为俄文版的书名。这三趟在汽车上的绝对时间，加起来将近七个月。后来《光明日报》以《一位老人与千年古丝路的当代情缘》为题，整整一个版对我的丝路之行进行长篇报道。我对我自己还能有这样的生命状态，也很感满意。

关于丝路文化，我出版了四本文化散文：《西部向西》《丝路云履》《丝路云谭》《丝路云笺》。《丝路云谭》获得了第八届冰心散文奖，《丝路云履》还出了两个版本的英文版，合集《八万里丝路云和月》出了俄译本。

在丝路上，其实写作是我的"副业"，我的"正业"是与央视、凤凰卫视几位电视主持人一路解读丝路文化，也会根据不同国家的情况做一些讲座。我在罗马大学讲过《长安与罗马的 16 个共鸣点》，在波兰和匈牙利讲过《中国历史发展的两河递进互惠结构》，在哈萨克斯坦东干族"陕西村"给当地华人讲《民族迁徙与文化坚守》，在乌兹别克斯坦讲《中国西部和中亚地区向心交汇和离心交汇的文化结构》，在印度讲《从佛教的生成和传播谈文化流动的"飞去来"轨迹》等，大都是结合所见所闻来谈所思所想，不是那种纯理论的演绎。因为爱书法，每到一国一地，我还会向当地赠送自己的书法作品。书写内容大都是弘扬丝路友谊和中华文化，也写所在国家的名诗、名句、民谚。

那三次车行丝路之后，我还一直在丝路上跑。飞着跑丝路，已经有七八回了，总共跑了有 50 多个国家了。我两次坐汽车穿过帕米尔高原，越野车一层又一层驶进大山的堂奥，在它的五脏六腑中穿行。犬牙交错的山、层峦叠嶂的山、绵延不绝的山、纠缠不清的山、一望无际的山、一往情深的山，就这样一下子扑了过来！它们像成千上万胳膊挽着胳膊、顶天立地站在宇空之下的男子汉！我直想呐喊，直想高歌，直想沉思，也想流泪。帕米尔让我们这些被都市文化娇惯得羸弱不堪的生命几乎窒息。

我个人的理解是，"一带一路"不仅铺就了一条融通国际经济文化交流的商路和文路，更重要的是，它还开辟了一条心路，让沿路各国、各民族有了心理上的亲近感和认同感，这是构建人类命运共同体的重要通道。

蓦然往事　恩情难忘

今年我 79 岁，也是我父母俩人加在一起的 79 年生命。直到今年，我才把埋葬着父亲的井冈山下的一抔红土，一份捧到南昌，洒在母亲的墓上；一份捧回广安，洒在祖父祖母坟前。一辈子的心愿总算了却了，父亲终于和他的亲人在一起了。

母亲年纪轻轻守寡带大我，我对她的感情特别深。母亲就是我的佛，就是在彼岸世界审视我、关爱我的严厉而温柔的眼睛。我永远都记得一个细节，一个场景。上小学时有一段时间我学习不太努力，爱看杂书。有一天快朦胧入睡的时候，母亲趴在我耳边上说："毛毛（我的小名）你要有出息，你要没有出息，大家会看不起我呀。"因为她是一个寡母，母以子贵呀！我假装睡着了，她深深亲了我一下。我永远都记得这个场景，遇到大事我就会跟天国里的母亲对话。我已年届耄耋，和父母见面的日子越来越近了，千万千万不能愧对他们。母亲、母语、母校、母土，在我的生命中有着超常的分量，构成了我精神天地和感情世界极为重要的支柱；这是心灵中不可磨灭的，是条分缕析说不出来的，也是无处不在影响着我的。

关于人生的感想，随意谈这么几点吧。我很感谢这个时代，感谢时代用坎坷使我的生命深刻化。回想起来很多事情，都觉得自己很幸运。时代给了我几十年的和平生活，但和平容易使人平庸；时代给了我若干次生死攸关的坎坷，正是这些坎坷使得我深刻。而恰好在我40 岁左右时遇上的改革开放的大趋势，又不早不晚给了我生命的转机。我真的很满足了。

应该说，一路走来，中国人民大学一直是我心中的一个支撑。我的同学们后来各有各的生存方式，各有各的成就，各有各的人生和幸福，大家从各个角度表明了人民大学的土壤何其肥沃！我身处其中，当然深受感染，获益匪浅。

或许可以说我是个勤奋的人，这勤奋得益于新闻岗位的培养。不消说，记者需要勤奋和敏锐，其实学术研究也如此。我总是把大目标清晰化、标准化，又把阶段性目标在条理中碎片化。将人生总目标分切成若干阶段的小目标，这样你每个阶段便都有了切实的动力。

另外一点体会是，要从自己的负能量中去开掘正能量，将弱点锤炼为优势，这是我的一种思维和处事方式。比如说懒惰，那就盯住懒惰，以加倍的勤奋去克服；比如说软弱、怕事，那就专门寻找复杂处境、复杂问题，在处理复杂中学方法、练胆识。人要从自己的缺陷中去获得圆满。

母校人民大学有许多学友已经走进了历史。最初起草《实践是检验真理的唯一标准》的胡福明，最早报道邓小平南方谈话写《东方风来满眼春》的陈锡添，他们的文字都影响了一个国家、一个民族的历史进程。还有张志新和林昭，她们用自己的鲜血和生命印证了一个特定时期，呼唤着改革开放新时代的曙光。我的这些校友像印章一样镌刻在中国当代史上，镌刻在人民的心里，尤其是我们这些校友的心里，那是一种恒久的力量和自信。

对于学弟学妹，我也有几句即兴的寄语。我希望人大的学生一定要有大格局、大境界，要读万卷书、行万里路、思万代事、为万民呼。思万代事，就是在整个历史脉络中思考当下问题。为万民呼，就是要为生民立命、为人民服务，要须臾不忘我们的校名，她就叫"中国人民大学"。思万代事、为万民呼的本钱在哪里，就在读万卷书和行万里路之中。

肖云儒自述，采访时间为 2019 年 4 月 1 日，由中国人民大学校友工作办公室负责采访、录音整理及文字编辑。

采写／李宣谊

陈锡添

| 人物简介 |

　　陈锡添，广东新会县（现并入江门市）人，1941年2月8日出生于上海。1966年毕业于中国人民大学新闻系。从事新闻工作近30年，发表通讯、评论、报告文学、人物传记、散文、杂文等各类作品100多万字。著有报告文学集《风采集》。1992年采写长篇通讯《东方风来满眼春》，在海内外引起强烈反响，先后获得中国新闻奖一等奖、全国改革好新闻一等奖、广东新闻奖特别奖、深圳新闻奖特别奖。曾获广东新闻界首届"金枪奖"，2000年荣获中国新闻界的最高荣誉之一"韬奋新闻奖"。

历史雄文的撰写者

记者的职业其实和古代史官是相似的，都需要秉笔直书，忠实记录社会发展中的重大事件和社会生活中的点滴事件。因此，记者肩负着崇高使命，记者的工作更是神圣的。作为新闻工作者，我是幸运的，邓小平1992年视察深圳时，我被深圳市指派为唯一的文字记者。1992年3月26日，《深圳特区报》头版刊登了我主笔的1万多字通讯《东方风来满眼春——邓小平同志在深圳纪实》。此文一出，引起社会各界的轰动，人们把《东方风来满眼春》称为"历史关头的雄文"。

如果1961年进入中国人民大学新闻系学习算作我新闻事业的起点，1992年则是我作为新闻人的而立之年。正是30年来在不同岗位上的经历和磨砺，才最终打造出这篇具有历史意义的文章。

二十几年过去了，采访小平视察的那些情形历历在目，印象难忘啊！国内那时是一个关键时期，苏联解体、东欧剧变，给中国人民提出一个问题：我们应该怎么走才能不重蹈东欧、苏联的覆辙？当时，被姓"社"姓"资"的问题束缚，人们不敢越雷池一步，改革开放陷入了停滞的状态。在这样的背景下，经济特区主要创办者前来深圳视察，仅"邓小平来深圳"六个字就是大新闻了。而且，当时小平在视察深圳期间说：要坚持党的基本路线，党的基本路线100年不能动摇；关于姓"社"姓"资"的问题，不要争论，发展是硬道理，资本主义的东西也可以用，社会主义也可以搞市场经济；在改革开放中要敢创、敢思、敢冒，不要做"小脚女人"。另外，他要求经济建设要搞快一点，当时他提出，希望广东20年内赶上"（亚洲）四小龙"，要在内地造几个香港。所以，虽然小平视察的整个过程当时是不让报道的——当时定的是不报道、不接见、不题词，但是越说不报道我就越觉得这个问题重要，在做记录的时候印象就很深刻。

当即我就下定决心，没有任务也坚决做好采访，日后再另找机会发表，此事若不报道将是我记者生涯的遗憾。于是，白天邓小平即兴谈话，边走边说，禁止录音，我就将小纸片拿在手里，做关键字眼的记录，晚上再和市委宣传部副部长吴松营一起，梳理大事纪要，尽量还原邓小平说的话。因为邓公讲话的针对性很强，高瞻远瞩，全是谈重要的事情，所以我觉得一定会有机会报道出去，如果不报出去，那太遗憾了。于是我跟随采访的时候就特别用心，想方设法全部记下来，对整个材料都非常熟悉。

在这之前，其他国家领导人到深圳视察的时候我也做过采访。这是一种机遇，可遇不可求！当然要把握这种机遇也很重要，因为当时要求不做报道。一些中央媒体没有抓住这种机遇。机遇只垂青有准备的头脑，这就要主动。有关负责人说不报道，你就不报道，你怎么当主动的工具呀？小平同志的讲话太重要了，指导性太强，我始终觉得应该把他的讲话发表出来，传达给全国人民，当时就是这种强烈的报道欲望推动着我，否则就不可能有后面的报道。

送别邓小平后，我们该怎么办？既不能违背指示进行报道，又不能眼睁睁错过这么重要的事情。1992年2月3日除夕，市委副书记厉有为、副市长林祖基到特区报社来慰问，同时下达指示，撰写几篇有分量的评论，宣传邓小平的讲话精神。报社把任务交给我，那年春节我没有休息，在家写了两篇评论——《经济建设要搞快一点》《改革开放要敢闯》。待到假期结束，我拿着这两篇评论给市委宣传部杨广慧部长审阅。

杨部长说："稿子不细看了，我们来研究下生产方式。一个人写，等于是开个小作坊的小工业生产；组织一个写作组，发挥集体的智慧和能力，则是大工业生产。"我一听，肩上的负担卸下来了。随后，杨部长雷厉风行进行部署，通知特报社社长区汇文、政策研究室主任刘文韶、宣传部副部长吴松营一起开会，会议决定成立宣传邓小平重要谈话精神的写作组撰写评论，由杨部长担任总指挥。《深圳特区报》副总编辑王初文、要闻部副主任钱汉江和我，以及宣传部、政策研究室各出一名干部作为写作组成员，王初文为组长。

2月14日，写作组全体人员入驻迎宾馆，闭门研究、写作。经讨论，确定系列评论为"猴年新春八评"，要求文字有文采、思想有新意、理论有深度，还得有警句，力求原汁原味、准确无误地体现邓小平谈话精神；每篇不超过1 200字。每篇评论完成后先集体讨论，经反复锤炼、完善，再由杨部长审定。有时会全部推翻，还得通宵写稿，次晨再审，平均写作速度是两天出产一篇。这是我在新闻工作历程中，撰写评论最为严格的一次。

2月20日到3月6日，"猴年新春八评"在《深圳特区报》连载。这八篇评论一经出版，社会反响很强烈。内地许多报章及香港《文汇报》《大公报》进行全文转载，随后香港的大小媒体以及台湾、澳门及外国驻香港新闻机构、通讯社纷纷转载"八评"，日本共同社、英国BBC广播公司、新加坡《联合早报》等媒体来索要"八评"传真稿，《人民日报》也转载了其中四篇。

3月12日，《深圳特区报》头版编发半版邓小平的独家照片，我趁机撰写了500字的图片说明，简单扼要地将过程叙述出来，没想到还是未能通过，最终出版时仅保留了"1月19日邓小平在深圳"的字样。

3月18日，深圳市委召开了全市外宣工作会议，强调要继续做好此事的宣传报道工作。随后，市委宣传部开始筹划邓小平在深圳视察的长篇报道、影视纪录片和专题书籍。第二天，我接到一个任务，将邓小平视察深圳的过程写成一个电视片解说词，于是我又到迎宾馆住了三天，写下8 000余字的解说文稿。

3月22日上午，我到办公室翻阅报纸，突然发现《南方日报》发表了一篇通讯——《邓小平在"先科"人中间》，报道了邓小平到深圳先科激光电视有限公司视察的事情。我感到非常震撼，作为这事的全程跟踪的采访者，我首先感到失职，再者是担心手中的一手资料一天天贬值，再写出来是"马后炮"了。想到这里我心急如焚，如坐针毡，立即回家闭关写作。

从22日下午到24日，两天半时间我将邓小平视察深圳共1万多字的长篇报道完成，由于材料都烂熟于心，24日晚上我将长篇报道给区社长审阅之前，仅两处细节改动：一是文章开头"踏进猴年"改成"踏进新年"，编辑陈寅指出，尚未过春节不算猴年；二是"人们的日光和闪光灯束都一齐投向……人物身上"中，总编室副主任提出要将"人物"改为"伟人"。

25日我和区社长拿着稿子到市委宣传部送审，杨部长当即拍板，说："发吧！稿子你们把关，但要把小平写成人，不要写成神。"他说这句话不简单，他肯定是知道此事不报道的指示，但仍然坚持发表，这是深圳市委、市政府对改革开放认识的深刻，对此事勇于担当责任的精神。因此，这篇报道能发表出来首先归功于深圳市委、市政府。

26日，《东方风来满眼春——邓小平同志在深圳纪实》长篇报道在《深圳特区报》刊登了，头版刊载不完，还得转版。报道一经发表，各大媒体反应热烈。《羊城晚报》当天下午就详细摘要转载；香港媒体反应迅速，编发消息；28日，上海《文汇报》《中华工商时报》也转载了；30日，北京《光明日报》《北京日报》全文转载。直到30日下午，新华社总社向海内外全文播发此长篇报道；31日全国报纸纷纷转载；随后，美国美联社、合众国际社，英国路透社，法国法新社，日本共同社，俄罗斯塔斯社皆播发；国内《参考消息》在4月2日将各个通讯社发的内容摘要发出，世界各国主要媒体都纷纷转载和播发了。

相应地，这篇文章给我带来不少奖项：深圳新闻奖特别奖、广东新闻奖特别奖、全国改革开放好新闻一等奖、全国单列市头条新闻竞赛特等奖以及新闻界最高奖之一——中国新闻奖一等奖。

《东方风来满眼春》这篇稿子，在构思过程中我费了很多脑筋，因为过去写东西就是抓几个重要的情节，分几个小标题，但是小平视察南方，如果用那几个小标题就会漏掉很多重要的东西，文章也不能出彩，所以我想来想去干脆来了个流水账，把视察现场的活动细节、内容全部进行了记录，这样文章的现场感就非常强。材料的内容构思好以后，在编写题目的过程中，我也很下了番功夫。几番思索后，想到我撰写《深圳特区报》1992年元旦社论时用过李贺的一句诗——"东方风来满眼春"，就觉得这个标题最恰当不过了，因此就这样把题目也敲定了。题目敲定后，内容都是烂熟于心的，在正式写文章的时候，可以说文思泉涌，写的时候甚至激动得手还有些发抖，真是写字赶不上思维呀，所以《东方风来满眼春》可以说是一气呵成的。

那时，稿子写完了以后，要见报的前一晚，我根本睡不着，害怕文章写不好有漏洞，害怕影响小平同志的形象，影响国家大事，却根本没想到这篇文章起这么大作用。文章发了之后，全国人民看到了，知道了小平谈话，可以去认真地贯彻落实，这可以说是改革开放中的又一次思想大解放。

现在你让我回顾过去，回想一个新闻工作者应该如何衡量他的成绩、成就，我想这就是要看他的作品发表出来能否得到社会的承认。如果这个作品能够对社会、对当地、对全国产生推动作用，那么就可以说，这个记者有成就；他发表的作品能够记录历史进程，他就有成就。成就有大有小，关键就看发表作品反响的大小，作品反响越大，成就也越大。所以当记者，首先要自信，要有自豪感，写出《东方风来满眼春》我非常自豪。

40 年新闻生涯

我 1941 年在上海出生，祖籍是新会外海镇（现并入江门市），父亲早逝，家境困难，在我童年的记忆里，有着内战和贫困的阴影。1957 年在我上初三的时候，母亲决定带着我和弟弟妹妹举家迁往香港，我没有跟着去，只身一人留在内地。1958 年在广东新会第三中学读高一时，我加入了中国共产党。

小时候我的禀赋还是很高的，小学、中学各科成绩一直名列前茅。新会是"莺啼非选树，鱼戏不惊纶"的水乡泽国，树木葱茏，荔枝火红，能让人深深陶醉。小时候看泰戈尔、海涅、普希金、艾青、屈原、陶渊明……古今中外的诗人留下的名篇佳作，真是让人如痴如醉。中学的时候我就在报刊上发表诗歌，在新会第三中学小有名气，学习成绩也一直名列全校榜首，在同学里威信很高。

1961 年，我考入了中国人民大学新闻系。在老校长吴玉章"人生在世，事业为重。一息尚存，绝不松劲。东风得势，时代更新。趁此时机，奋勇前进"的鼓励下，下定决心"铁肩担道义，妙手著文章"，做一名无愧于党的事业的新闻记者。在校读书的时候，我就在北京的《支部生活》《中国青年报》和其他报刊上发表文章。大二时我还被选为系团总支副书记。记得我的同班同学保育钧（原人民日报社副总编辑、全国工商联副主席）评价我："同学们每谈起将来各人的发展趋势时，大家公认陈锡添兼备新闻记者与报告文学家的气质。"

大学毕业后，我被分配到了湖北日报社工作。工作上虽然是新手，但很快就担起了写评论、社论和编辑部文章的重担。可以说，这完全得益于在母校学习时培养的新闻业务素质。

有一次，报社交给我一个全新的任务——给国家著名油画《毛主席去安源》写一篇编辑部文章。这个时候，我想起在人大学习过的书画鉴赏课，可以说，课程的内容完全派上了用场。我真是为学校老师们对大家的悉心栽培、良苦用心感动。当时，文章很顺利地完成了，那以后，报社领导开始让我写各类艺术评论，我成了写艺术评论的专家。

1970 年，我调到鄂西北的东风汽车公司（原二汽）设备修造厂工作，1972 年开始担任办公室副主任，后来又调到《东风汽车报》（原名为《二汽建设》）编辑部工作，担任记者组组长。李岚清当时是二汽一个分厂的党委书记，王兆国是总厂的团委书记。

我在读书的时候就记得，咱们国家的著名新闻工作者邓拓提倡新闻工作者要当一个杂家。我当时对这句话印象很深，所以在上学、工作的时候，就刻意锻炼自己，涉猎群书，扩大知识面。可以说，在《二汽建设》编辑部的工作对我以后的新闻事业和成长都有极大的帮助，这一段经历非常宝贵，因为我在那里经受了很多的锻炼。当时既负责采写通讯、消息，也负责写评论、策划，还报道了一些重大的新闻事件。新闻的十八般武艺，几乎都在《二汽建设》受到了锻炼。我觉得干新闻工作，无论在哪个层次，对一个人的人生、事业和成长都是有益的。人生就是一种经历，有过经历就很宝贵。

1978 年，我回到了广东，在广州外语学院马列主义教研室任教，主讲党史的课程。虽然这中间有近 15 年的时间，我远离了新闻一线，但是新闻的梦一直没有消失。我始终对新闻事业有着浓厚的兴趣，我热爱它，就会对它有执着的追求。我还是希望成为邵飘萍、邹韬奋、范长江那样的新闻记者，用一支如椽巨笔，写出壮烈的人生篇章。因此，那个时候在教学工作结束后，我一有时间就写文章，可以说是笔耕不辍，在各种报刊上发表了不少文章。

1983年应该说是我人生的转折之年。那一年，虽然我已经年逾不惑，但我到深圳旅游过之后，就立刻对当时的深圳这个火热建设中的新兴城市产生了兴趣。因为我发现深圳这座城市呈现出一派热气腾腾的景象，目之所及，脚手架林立，到处是工地，"时间就是金钱，效率就是生命"大标语比比皆是。我感觉这是一片改革开放的热土，我能在这里找到用武之地，能实现我的理想抱负，我当时就想要立刻投入特区建设中，回到新闻的老本行。得知《深圳特区报》可能需要人，我就跑到报社毛遂自荐。12月1日，工作调令就来了，让我惊叹"深圳速度"之快。12月20日，我便前往深圳特区报社报到了。

《深圳特区报》是1982年5月24日创刊的，一周出版一期。报社最初是在铁皮屋里办公的，当我到岗工作时，已经迁址至深南中路一栋九层高楼，在当时可谓是"大厦"了。由于曾在二汽工作，我被分配到工业部当记者。虽然我已42岁，但是重新回到新闻单位时，如久旱逢甘露，我激情澎湃、干劲十足。白天听领导吩咐外出采访，晚上骑着自行车在市井街头寻找艺术家、企业家、医生、汽车售票员等典型人物，采写人物通讯、报告文学，一篇篇过万字的长篇报告文学不断见诸报端。随着诸多作品接连问世，我很快受到领导赏识，半年后就被提拔为报社工业部副主任。1987年，报社工业部、财农部合并成经济部，我被全社记者、编辑无记名投票选为经济部主任。1988年5月的一天，我接到通知列席报社编委会，到会发现市委副书记秦文俊、副市长邹尔康、市宣传部部长皆出席。秦书记在会上宣布：罗妙老社长和一位副总编辑退休，任命我为深圳特区报社副总编辑。从一名普通记者晋升为副总编，我只用了短短四年半时间。1987年，我被破格评上主任记者（副高职称）。1992年，我评上正高职称，成为深圳仅有的三位高级记者之一。

现在回想起来那个时候，在深圳的大太阳底下，我这个42岁的"新"记者奔走在大街小巷、村镇码头、企事业单位，积累了数年的激情与灵感喷薄而出，我好像变得和深圳这座城市一样年轻。可以说，正是因为从业以来不断锤炼自己、锻炼自己，我才成为深圳新闻界有影响力的记者，才有机会接到了江泽民、李鹏这些国家主要领导人视察深圳的采访任务，直到1992年，水到渠成地成为采访邓小平视察的文字记者，写出了《东方风来满眼春》的独家新闻，迈向了事业的高峰。

由于将《深圳特区报》办得非常出色，我们经常受到中央表扬。我的新闻生涯里也获得不少荣誉，1993年被评为享受国务院特殊津贴专家，2000年获得了全国新闻最高奖之一——"韬奋新闻奖"。在深圳，我与李云迪（钢琴家）、卓佩丽（粤剧表演艺术家）三人同获"五个一工程"个人奖，并于2003年荣获广东新闻界首届"金枪奖"，2012年被授予广东省新闻终身荣誉奖。

1993年，深圳特区报社获得中央特批，与香港星岛集团合作办《深星时报》，我任总编辑，经常要到香港九龙湾星岛大厦上班。1999年报纸停刊。那一年的9月20日，我们加盟了香港商报社，我又兼任了《香港商报》总编辑一职。

那时候，我们党在香港的宣传阵地，是三报两刊，报有"文大商"，即《文汇报》《大公报》《香港商报》，两刊是《紫荆》和《经济导报》。三报两刊在香港经营是非常困难的，需要吃国家的补贴。香港新华社（后改为"中联办"）想进行改革，找一条出路，不吃国家补贴，就让《香港商报》跟内地传媒进行合作。后来就找到深圳特区报社，我们同意了，因为我们离香港近，又有实力。从1999年9月开始接手，我任总编辑。2002年9月底，《深圳特区报》与《深圳商报》合并，成立深圳报业集团，新班子成立了；我因为年龄问题没有进入这个班子，专任《香港商报》总编辑，在此之前我是两份报纸的总编辑，两边跑。

《香港商报》有两个突出特色：第一，它是香港为数不多屹立于报林五十年不倒的资深本土报章；第二，它是香港历史上第一份由内地报业集团入主管理并取得长足发展的香港报章。为了能把爱国爱港的报魂与市场经济原则有机结合，1999—2002 年，《香港商报》做了诸多大胆探索，对海外华文传媒的生存与发展具有直观和多角度的借鉴价值。三年来，《香港商报》可以说是以一报之力，恪尽言责，飞架两地沟通桥梁，担当两地共创繁荣纽带，反映工商界和市民大众意见和呼声，为香港和内地发展建言献策；忧香港和内地之所忧，喜香港和内地之所喜，言香港和内地之所思，受到两地广泛关注与肯定。那几年，我带着记者们拜会采访中央部委领导和地方各省书记、省长等高层领导，又采写了逾百篇消息和专访。

2001 年，我到了耳顺之年，面临退休。有一天，时任深圳市委书记张高丽找我谈话，要我别考虑退休之事，再努力将《深圳特区报》办好，我欣然同意。不久，市委组织部发文件说："陈锡添同志因工作需要延迟退休两年。"由于我又担任市政协提案委员会副主任，直到 2005 年才在《深圳特区报》退休。但那时我还没从《香港商报》总编辑的岗位中退下来，又继续工作了 7 年。2012 年 5 月份，因年事已高，我写了辞职信，离开香港商报社。到今年我来深圳已经 30 多年。深圳是改革开放的前沿，给了我们更多可能，能够来深圳，真是我这一辈子最幸运的事情。

成就归功于母校

在深圳除了参加日常的工作，我还担任了一段时间的中国人民大学深圳校友会会长。深圳这座城市可以说是人民大学校友最多的城市之一。在担任校友会会长那段时间，我和校友会领导班子的其他成员联络了上千名校友，帮助校友们加强和母校的沟通联络。其实日常的工作已经挺忙了，但是之所以还愿意担任这样一个职务，就是因为有化不开的"人大情结"。

记得我高考那年，立志要考中国最好的学校，本来打算填报的是北京大学，但是发现学校名单里排名第一的是中国人民大学。我们那时候的校长就故意用激将法，问我敢不敢考这所一号学校，我一拍胸脯，"怎么不敢"，就马上填报了中国人民大学！

20 世纪 60 年代在母校的生活真是令人激动和难忘啊。我和同学们全心投入到学习中，每天课后都在宿舍或者图书馆看书学习，以至于有时候学校还担心我们的身体健康，每到下午四点，就要求学习委员把我们从图书馆里赶出去，去参加体育锻炼。学校的老师也特别优秀，我现在对老师们独特的教学方法还记忆犹新。当年新闻系能从新华社拿到新闻稿的底稿，作为样本，让我们学习新闻写作，而且还开设了书画鉴赏课，拿出一幅王式廓的画作，让我们观摩，再写出评论文章。就像刚刚说的，这门课程在我日后的工作中，还发挥了非常重要的作用，帮助我，让我成了写艺术评论的专家。

记得小平同志视察南方的过程里，作为随行记者，上级组织一再明确没有采访和报道任务，其他记者因此只用相机做了适当的记录，但我还是全神贯注，尽可能详尽完整地记录了小平同志的每一句话，因为怕分神，甚至都没有拍过一张照片。现在想来，我当时那么做，真是得益于我的老师甘惜分说的"新闻首先要把政治放到第一位""通讯要细节，细节是通讯的生命"。真的是母校赋予我的政治敏感让我把握好了机会，是母校培养了我的写作风格与技巧，让我从细节入手，才能让报道亲切、感人、有了现场感，母校对我的恩情和培养真是永世难忘。

尽管工作繁忙，我始终时刻关注母校的发展，只要新闻报道里出现"中国人民大学"六个字，我就一定要去看看，甚至母校每年在各省的高考招生录取分数线也是我必看的内容之一。

无论知识还是做人，都是在大学里培养所得。今天的一切成就归功于中国人民大学！

陈锡添自述，采访时间为 2019 年 4 月 10 日，由中国人民大学校友工作办公室负责采访、录音整理及文字编辑。

采写 / 孙黎静

梁　衡

| 人物简介 |

　　梁衡，1946 年出生，1968 年毕业于中国人民大学档案系，获学士学位。中国著名散文家、学者、新闻理论家、政论家和科普作家。曾任《内蒙古日报》《光明日报》记者、国家新闻出版署副署长、人民日报社副总编辑、中国人民大学新闻学院博士生导师、中国作家协会全委会委员、中国记者协会全委会常务理事、人教版中小学教材总顾问。

　　代表作品有新闻三部曲《没有新闻的角落》《新闻绿叶的脉络》《新闻原理的思考》，散文集《只求新去处》《人杰鬼雄》《名山大川》《觅渡》，科学史章回小说《数理化通俗演义》，政论集《继承与超越》，散文《晋祠》《夏感》《觅渡，觅渡，渡何处》《跨越百年的美丽》《把栏杆拍遍》等。有《梁衡文集》九卷出版。作品入选中学课本和师范教材。曾获青年文学奖、赵树理文学奖、全国优秀科普作品奖。

童年种下文人的种子

我觉得一个作家，他小时候生活当中形成的那种基因，会在一生当中发挥决定性的作用。在我小的时候，八岁以前都是住在山西霍州下马洼村那个小山沟的窑洞里面。传说唐太宗当年路过的时候，因为路不好走只好下马。虽然它是一个山沟，但是风景非常秀丽。

我住的那个院子后面有一道河，前面有一道河，再往下面又有一道河，一个村里面有三道清泉水和一片树林。我印象最深的就是泉水特别凉，特别清。到了夏天打麦子的时候，也是 6 月天最热的时候，老乡不像现在的城里人去买一个冰淇淋，当时也并没有那个条件，最简单的就是拿着小瓷罐子，去提一罐水，到了打麦场上，热得汗流浃背的时候，喝一碗瓷罐里的水，这就下火了，很解渴。

还有让我印象深刻的就是农民的勤劳。因为那是一个小山沟，是凹着的，一抬头看见的就是一个山坡。每天到晚上收工的时候，农民从山坡上下来，背上会背着一捆很重的庄稼或者稻草，后背压得很弯很弯，很有画面感。看到中国农民那种勤劳、吃苦、忍耐的形象，印象特别深，这就是后来选入课本的《夏感》的灵感来源，《夏感》完全是我童年生活的写照。你可以想象，打麦子时候的麦场，小男孩跟着碌碡翻跟头，钻到麦垛里面捉迷藏，那个麦香味沁人心脾，久久挥之不去。半夜起来听见外面有声响，大人就赶紧把窗户纸扒一扒，看看外面下雨了没有，因为麦子还晾在场里呢。

八岁之后，由于父亲工作调动，我随父母亲迁到了太原。如果说霍州留下了我儿时的天真烂漫，那么太原记录的则是我的成长历程。我父亲那个时候很注意对孩子的教育，很注意传统文化修养的培养，《千家诗》《古文观止》，都让我开始学、开始背，包括《滕王阁序》那么深的东西，那时候就开始学。我高中的语文老师，我现在还记得他的名字，叫李光英，是一个老先生。他家的藏书是用檀木箱子装的，摞了一面墙那么高。老先生字写得非常好，也很多才多艺。他教书的时候，比如在黑板上写杜甫的"柴门鸟雀噪，归客千里至"，可以不拿课本，写完之后还会在诗句的后面画一幅画——画一个长袍大褂的杜甫、篱笆墙和一堆麻雀，这种有意思的授课方式让学生感到非常兴奋，因为文学艺术是一种形象思维，它能给你一种形象。所以我感觉到，我在中学时的教育里面就懂得了形象思维和逻辑思维的区别。后来我长大了，才懂了有一句名言叫"兴趣是学生的第一老师"，首先你得让他有兴趣。

我喜欢历史课，后来有一次上历史课，讲到抗日战争时期毛泽东同志发表的《新民主主义论》，在书上印了一张照片，我就仔细看那个字。那个字很小很小，所谓"蝇头小楷"，比蝇头还小，但是我看到毛泽东的那个开头，写得非常好，"但是近来的妥协空气，反共声浪，忽又甚嚣尘上，又把全国人民打入闷葫芦里了"。一个中学生其实与政治是离得很远的，但我却很喜欢研究这种文字——原来政治就是这么回事呀，这么好玩又很好读。所以我就回到家里面翻看父亲的《毛泽东选集》，看完以后居然就开始喜欢上了政治，应该说我读"毛选"，读政治，是这个时候开始的。后来我在中组部党建读物出版社出了一本书叫《走近政治》，意思就是让大家要走近政治，不要认为政治很可怕、很遥远、很陌生，事实上政治是很美丽的，就是看你怎么阐述它。

打点行囊，走上人大求学之路

1964年我17岁，终于打点起行装，开始了我在中国人民大学的学习岁月。进了人民大学后，感受的都是政治氛围，学的是政治和党的历史，勤劳与俭朴的革命精神。我觉得中国人民大学给我最重要的财富，就是一颗火热的心和一个为之不懈奋斗的理想。

当时学校的校长是吴玉章，我们的革命老前辈，吴老的作风是很朴素的。举一个简单的例子，吴老和学生照相，坐一排，他坐在中间，后面站着的学生低头一看，居然发现吴老的肩膀上补了一块补丁。我们现在根本无法想象，领导的衣服上会有一块补丁，但吴老就是这样的作风。在人民大学处处能够看到这种非常小但是很普遍的事情。还有后来的党委书记郭影秋，这是"文化大革命"中受迫害很厉害的一个人，才华横溢，写诗、写词，写历史著作、研究明史和《李定国纪年》，写政治理论著作。那个时候我印象很深，遇到像我们的原子弹爆炸、氢弹上天这种大事，人民大学的学生就自发地从宿舍出来，在操场上游行庆祝，这个时候郭影秋出来给大家即兴讲话，讲国际形势，讲它的意义，讲我们同学应该发奋图强，为国家不懈奋斗之类的话语。"报国之心不可无有，治学之志不可稍息"是我在人大学习后形成的一句座右铭，也正是这种信念支撑着我日后在挫折和困顿面前仍能保持一种淡泊、一种平静。

内蒙古生活，"从来豪气看西北"

1968 年 12 月，我大学毕业后被分配到了内蒙古只有四万人口的临河县。内蒙古的冬天很冷，冰天雪地。最有意思的是让我给大家看房子，踩点。县里派了一辆破吉普车，领我上去的那个司机说到了，我说这个地方没有房子呀！他让我仔细看，因为内蒙古的房子全是泥房子，就在沙窝子里头的那种小房子，冬天一片黄沙，土房子和黄沙根本分不清，房子很矮，没有院墙，不仔细看，几乎看不出来。因为是在河套平原，最主要的工作就是担土，拿一根棍子挑两个筐子，把土铲起来把地垫平，因为排水灌溉要求地必须平。冬天没事就挑土，漫天灰尘，妇女们就拿一块纱把头裹住，然后穿一个大羊皮袄，就干这些工作。那个时候要说痛快也痛快了一年，骑马、放马的时候跟野小子们一块儿，豆子熟了之后采点回来煮着吃。我们和农民兄弟关系很好，房东老大爷病了我们会帮他到医院，他很高兴，最后杀了一只羊感谢我们。那时候懂得了很多有意思的事情，大自然会给你好多的熏陶，比如内蒙古的那种风沙之苦，同样会有一种豪气，我后来讲"从来豪气看西北"就是"大漠孤烟直"那种感觉，这种东西在江南是绝对写不出来的。

在农村生活的那段时间我一直都没有间断过读书。在农村的一家土灶台上拉风箱的时候，灶台上有一本撕掉了几页的书，就是陈望道先生写的《修辞学发凡》，这是我最得益的一本书。陈望道很不得了，《修辞学发凡》我看了以后真是如醉如痴，我觉得文字弄了半天还有这么多规律。应该说我现在给学生讲东西的时候，经常用到这本书里面的东西，我发现现在很多年轻人都没有读过这个东西。有一次一个搞写作的杂志采访我，我说如果有一点点成绩的话，比如新闻和文学这两方面的起点和分水岭，都可以在这本书里找到。打个比喻，就像长江、黄河都发源于巴颜喀拉山脉一样，我的新闻和文学写作都可以追溯到陈望道这一本书。

山西九年，在"没有新闻的角落"奋力奔跑

1971 年，我进入内蒙古日报社，开始了我的记者生涯。1974 年，我调回山西，成为《光明日报》驻山西记者站的记者。基层记者 4 年，中层记者 9 年，高层管理 13 年，再回归到高层采编队伍，我与新闻始终葆有一种牵系。我现在这种工作的态度，这种事业心，我觉得就得益于我在山西当记者那 9 年，它养成了我对人民、对国家的那份感情。我经常会想，我们这些在上面的人、这些城里人、这些拿笔杆子搞宣传的人，要对得起那些默默无闻的，在乡下、在基层、在人们不知道的岗位上工作的人。所以在我的《记者札记：没有新闻的角落》里有一篇写到"为隐者传名，为无名者立传"。

我担任光明日报社驻山西记者站记者期间，由于远离政治文化中心，山西并不是一个能出新闻的地方，但我还是另辟蹊径，逼着自己去研究发现那些在平凡又平静的生活中读者爱看的和想知道的东西。后来的光明日报社总编辑杜导正这样评价我说："能在不大出新闻的

地方写出好新闻，就像在地形不利的情况下打胜仗，这考验着记者的本事。"

而正是这种长期的基层采访，使我总是对那些在穷乡僻壤埋头工作、如黄牛拉犁一般的普通人寄予更多的同情和关注。我曾写过的人物有无私奉献不求回报的普通教师，有不求名利默默工作的普通工程师，有不顾生命危险植树治沙不止的长辈，还有孤身一人愤然抗争的老者。通过这些采访，我深切地体会到了基层百姓的疾苦，也产生了强烈的社会责任感和忧国忧民的情绪，这对我以后的为官为文都有着深远的影响。

山西驻站的 9 年，我始终以奔跑的姿态迎接每一天的工作。每到年初，我都会自制一张大工作历贴于墙上，并题这样几个字："时不待我，我何饶你；孜孜以求，锱铢以计。"我还曾在一则日记里这样写道："我决不会让我的整块时间，一刀一刀地被人碎割。我倒要用一张网，一张很细的网，将时间之鱼一一捕捉。"

专注基层人物的采写与刻画

1978 年十一届三中全会召开后，正是国家改革的关键时期，全国上下涌现出各种各样的人物，特别是那些默默无闻的人物。从那时到现在，我处理稿子的时候仍然有这种感觉，如果是基层的一篇稿子，我一定非常认真，觉得一定要把它处理好。我写的几篇人物通讯中，现在还有印象，感到很感动的，比如说有《一个养猪专家的故事》。主人公岳安林当时是农村队里一个养猪场的，他是我们那个时代的一个悲剧，本来学习很好，考上了清华大学，就因为他出身不好，富农子弟，他都去报到了又把他退回去，这对人打击非常大。他回去后就发奋读书，学了很多农科方面的知识，还自修了一点外语。他承包了队里一个养猪场之后，一年就翻身了。第二次我又去采访他，写报告文学，在养猪场里跟他一块儿养猪，一起住了七天七夜。很有意思的是，我第二次采访完以后，回来的时候在忻州等火车。那个时候火车不正点，一延误就是几个小时，这段时间就感觉有点浪费，我想索性改改这个稿子。当时正好身上没有笔，那时候的记者口袋里就装一支圆珠笔，经常一不小心就丢了。我又到候车室找了一圈，发现只有窗口卖票的人有一支笔，但是是用线拴住的。我就跑到那个地方，在人家的窗台上，用人家带线的那支笔一直写到火车来了，这么起草的那个稿子。

虽然当时我只是刚调入报社不久的普通记者，但后来我写岳安林的报告文学先后获得了青年文学奖和赵树理文学奖，通讯获得了好新闻奖。岳安林也由一名普通农民破格转为干部。

在众多的采访对象中，我至今始终对教师这个职业充满敬重之情，因为我觉得最对不起的一个行当就是教师。比如你去采访一个科技人员，他会有属于自己的科研成果在那里；采访一个工程师，他设计了什么工程也能清晰地看见；采访一个干部，他做出的所有政绩也是有目共睹的。但教师这个行业，一年四季平平稳稳，敲钟上课，打铃下课，很难出成绩，记者都很难抓到一个点去写。所以直到离开记者岗位的时候，我还写了一篇文章，说我最对不起的是教师，想写却写不出来。

有一个城里的教师，在太原五中教书，太原五中是很有名的，现在也仍然是好中学，这个人在我当记者的时候一直没有写出来，后来我把她写成一篇散文了。我到现在仍然记得这个老师姓白，她授课的教案全部是用蓝色钢笔写出来的，到她讲完以后，她会用红笔再写一份，今天讲的体会是什么，学生提了什么问题，几十年如一日。区里面搞展览，大家看了以后很感动，因为这么认真的人真的很少。"文革"的时候她挨批斗腰部受了伤，我采访她的时候她已经快五十岁了，也没有成家，很多孩子都把她当母亲看待。最让我感动的一件事情就是我去采访她的大概前一年，她是数学老师兼班主任，送走了班里面的两个女孩子。这两个女孩都考到北京了，跟她处了三年，感情都特别深，就像母女一样。她们说："白老师，我们已经毕业了，我们跟家长也商量好了，她们让我们一定认您做母亲。"她想了半天说："可以吧，既然你们跟你们家长商量了。"这两个孩子特别高兴，回家之后就准备一些小礼品，第二天来看她。这时候她变卦了，说：我觉得没必要，还是不要这样。那两个孩子大哭，问为什么，她说：我想了半天，还是师生感情是最纯洁的，用不着再掺一点什么东西进去。

1987 年 3 月，我正在黄河壶口瀑布现场采访，调我回京的电话由北京打到地区、县里，那时候我就知道自己的记者生涯可能就要结束了。面对滚滚东流的黄河，我感慨道："我留恋这一段风华岁月，我得感谢历史，感谢机遇，我也满意自己的创造，终于留下了一个美丽的回忆。"

只求新去处，理性著文章

在我的创作生涯中，前期文章主要是为美而写，后期主要是为思想而写。1996 年《觅渡，觅渡，渡何处》的发表，是我在政治散文方面创作的开始，而文章所产生的巨大影响也使我第一次感受到了政治题材的震撼力和感染力。我在《觅渡》一文中，通过对瞿秋白内在人格、外在功业的剖析，还有才未尽、功未成的悲剧阐释，把他描绘成了一个永远议论不完的话题和一幅永远看不完的名画。之后创作的《大无大有周恩来》、写辛弃疾的《把栏杆拍遍》、写林则徐的《最后一位戴罪的功臣》、写李清照的《乱世中的美神》等文章，更是将挖掘人格美，抒发自己忧国忧民的政治情怀体现得淋漓尽致。

事实上，我是文学界出名的"苦吟派"，一直主张"语不惊人死不休，篇无新意不出手"。我有一本散文集就叫《只求新去处》。正是因了这种反复锤炼的"苦"，才带来了其文耐人回味的"甜"。《觅渡》写了 6 年，而写《大无大有周恩来》竟用了 20 年，除了要耐得住这份寂寞，更多的则是我对政治与文学关系的深切思索与把握。我个人认为，文学与政治，本质上需要的都是社会责任感。

做官为民，忧心为政

说起我为官，曾有这样一件趣事。一次在清华大学演讲，有学生问我："如果有来生，您选择做什么？"我直接答道："做官。"台下哄堂大笑。当时我跟学生们讲，我敢于说这个话，是因为我现在这个年龄不会有人觉得我是有野心了，我还想要什么官呢？我们共产党讲为人民服务，现在人民说当官就是为人民服务的。政治学的一个基本原理，就是老百姓把他们的公共权利出让出来，推举一些人，让他们去执行这个权力，这样就产生一个政府，一个机构，机构里的工作人员，这个叫官。官的本意，是代为行使老百姓的权利。我们十几亿人，不能你也说，他也说，否则事情就乱了，干不成。一定要有个代表出来，我们现在叫这个代表为公务员，这是很确切的。所以孙中山讲，政治是管理众人之事，你替众人管事。毛泽东讲是为人民服务的，从这个本意上讲，当官是很好的事情，而且当官以后，你才有一个平台，你才有一个权力。在管理者这个平台，应该这么看，它给你提供了文学创作的一个特殊的素质，一个基地。比如我所创作的东西，都是和政治有关的。如果人生可以重新开始的话，我会选政治，因为政治对社会的改造作用最大、最直接。一个人能够手里有权为老百姓办事，有机会为老百姓服务，对社会的贡献肯定更直截了当。

1993—2000 年，恰逢中国报业改革的关键阶段，我开始担任新闻出版署副署长，虽然这不是我理想意义上的"官"，却也在风口浪尖上亲历了中国报海的波澜起伏，取得了一些不错的成绩。范仲淹有名句"先天下之忧而忧，后天下之乐而乐"，我则总结为"忧心为政，真情为文"八字。"欲做官，首先要有一颗忧国忧民的心，官和权从来都是为了给民办事的，要做一个心忧天下，有贡献，有成就，经得起百姓评说的官。忧心从哪里来？一是读圣贤书，包括读共产党的圣贤，读毛选、读邓选、读马恩文选，了解社会规律，以天下为己任；第二是当记者，整天在基层，采访老百姓，发现社会问题，发现社会规律。忧心多了，写文章才能有责任感。"

文人为官，有人评价说我"是那种靠思想靠才气工作的高层官员"。而我却坚持认为，高级管理人员不仅要有"学者的眼"，还要有"将军的胆"，因为按照规律制定出的政策，如果不能扎实实行，那就是书生论道。我把自己的为官风格概括为：微笑服务、铁面管理。"微笑服务，那就是一定要体谅人家的苦处；铁面管理就是依法管理，该处罚一定要处罚。"即使碰到有人说情，我也一律照章办事，"六亲不认"。在报业管理中难免遇到很多是非，作为一个领导者，我在任时和离任后都听到了很多意见甚至指责。对此，我或者耐心解释，或者一笑置之。因为任何事物都有一个过程，要历史地唯物地看问题；作为领导者，从理论上应该有一种把握，要清醒，另外还要有肚量。

结语

我能有今天的些许成就，都离不开母校——中国人民大学的培育和恩师的教诲，正是在人大的这几年，奠定了我一生的基础。未来的人生之路，我仍旧会用赤诚的心，用手中的笔，以报效祖国的不二忠诚，为母校——中国人民大学的皇冠再缀添几分光彩。

梁衡自述，文章由中国人民大学校友工作办公室整理汇编。

采写 / 孟繁颖　编辑 / 许泽来

胡福明

| 人物简介 |

　　胡福明，1935 年 7 月生于江苏。1955 年考入北京大学新闻系，毕业后转入中国人民大学攻读哲学研究生。1978 年 5 月 11 日《光明日报》特约评论员文章《实践是检验真理的唯一标准》的主要作者之一。1982 年 11 月调至江苏省委工作，历任省委宣传部部长、省委常委、省委党校校长、江苏省政协副主席等职，2001 年退休。

《实践是检验真理的唯一标准》诞生始末

要谈起参与写作批判"两个凡是"、为邓小平恢复工作呐喊的文章《实践是检验真理的唯一标准》，我真是心潮难平，因为可以说正是由这篇文章揭开了咱们国家新时期历史上最重要的一次思想解放运动的序幕。

现在回想起当年的那场思想解放运动，真是心有感念！我庆幸自己能生在这样一个时代，遇到那样一个机会，做了一件我应该做也特别愿意做的事。

1978 年 5 月 11 日，《光明日报》以特约评论员名义发表了题为《实践是检验真理的唯一标准》的文章，这不仅是我理论研究生涯中的最高峰，同时也引发了那场酝酿已久、波及全国、影响深远的关于真理标准问题的大讨论。关于这篇文章的评价，说它开了咱们全党思想解放的先河，功绩彪炳共和国的史册，我真的无比自豪、骄傲。

我记得 1977 年 2 月 7 日，"两报一刊"发表社论提出"两个凡是"后，正在全国展开的拨乱反正运动降温了。当时我意识到只有批判"两个凡是"，国家才能重新走一条新的社会主义建设道路，就马上开始酝酿写文章。浩瀚的哲学海洋，我真是苦苦地思索呀。因为批评"两个凡是"，一定要有立论，文章有破有立，才能击中要害。但是用什么"武器"来批判呢？用"辩证唯物论"，还是用"实事求是"的理论？最终，我找到的"武器"就是马克思主义的基本原理——"实践是检验真理的标准"！

现在详细想来，酝酿的过程应该整整持续了两个月。1977 年的 5月，光明日报社理论部《哲学》专刊主编王强华向我约稿，我那时还是南京大学哲学系的教师。接到约稿的通知后，6 月份，我马上就开始着手写作《实践是检验真理的标准》（原题）。

1977 年那个暑假真是令人难忘，因为我的妻子那时候患肿瘤住进了医院，我就每天一边在病房陪护，一边在走廊的椅子上翻看叠着的一卷卷大部头的理论原著，一边看一边做摘要。夏天的南京，素有"火炉"之称，真是热得让人受不了，而且牵挂着要写的文章，在医院陪伴妻子的时候真是难以入睡。妻子醒了就要去照顾她，我要是实在瞌睡了，就把走廊上三张椅子拼起来睡一会儿……也没想到一篇轰动全国的文章能在医院里诞生，我妻子病愈出院，文章的初稿也形成了。

1977年9月，经过三次修改，我把文章寄给了光明日报社。但是没想到的是稿子寄出去了，却如泥牛入海，杳无音讯。我真是不知道等待我的将是一种什么样的命运，也不知道这篇文章将会在中国社会引发一场怎样的地震。后来才知道当时正好是王强华去上海出差走了3个月，当他回到北京读了稿子后，立即排出了小样，于1978年1月19日寄给了我，并在附信中致了歉。我记得很清楚，他在信中写道："……文章很尖锐，请继续修改完善，不要授人以柄，也不要让人产生马列主义'过时论'的感觉。"于是我便着手按所提意见修改。

1978年4月，我接到通知到了北京，主编王强华向我透露，光明日报社新任总编杨西光同志对这篇文章很赞赏，原准备把它放在哲学版上发表，现在决定把它用在第一版。这里面的原因我也是后来才知道的。

1978年4月的早些时候，在光明日报社，一张刊有《实践是检验真理的标准》的《哲学》专刊第77期大样，由理论部送到新任总编辑杨西光手中。按工作常规，这个大样由他行使最后裁决权，审定之后于4月11日见报。"文章从专刊上撤下来，组织力量修改，加强现实针对性，放在一版发！"当时杨西光做出的是这样一个决定。人们告诉我，杨西光同志特别强调："针对理论和实践关系问题上的一些混乱思想，要做比较充分的论证，使文章更有指导意义；要进一步触及当时影响拨乱反正、冲破禁区的一些现实问题，提到思想路线上来批评、阐述。"按照杨西光的这个意见，文章要做很大的改动，然而，因为这是一篇我个人署名的文章，除非由我这个作者本人修改，否则由别人修改得面目全非，就不能再由我这个作者来署名了；而那时候，我还远在南京。就这样，我接到通知到了北京。

4月13日晚，在光明日报社的总编辑办公室，杨西光、孙长江、马沛文、王强华和我坐在了一起。关于当天晚上大家讨论的情形，我印象特别深刻。我先是拿着《实践是检验真理的标准》的清样，对大家说，各位同志都拿到这份清样了，我这个稿子，今天正要听大家的意见，我们要修改。后来大家商定，稿子仍由我自己修改。于是，我白天参加哲学讨论，晚上修改文章，第二天光明日报社通讯员拿走稿子，傍晚再把修改后的小样送来。4月15日，我把改写的稿子送到光明日报社，就回南京去了。这可算是第六次修改了，所改的稿子增加了批判"四人帮"的内容，增加了阐述认识不可能一次完成的内容，但文章仍保留了原来的三大段结构，没有充分把4月13日大家讨论的意见反映出来。马沛文、王强华只好在4月20日又修改出一版稿子，即第七稿。

实际上，在修改过程中曾一次次打出小样，每次小样都在理论部部分同志中传阅、征求意见。当时不同意发表这篇文章的只有一个人，他讲出的理由是："观点我同意，但是不能发，发出去就会引起意想不到的后果。"这个意见当时就在理论部传开了。别人反驳他："后果可以预想到，无非是主张'两个凡是'的人反对！"我记得马沛文同志说："这个批评编辑真理标准文章的人，自己也正处在探求真理的激情里。"其实，应该说这个意见没有影响文章的发表，只是提醒我们把文章改得好一些再好一些，改得无懈可击。

4月23日、24日，杨西光、马沛文再次讨论了20日的改稿，并做了修改，这已是第八次修改。第七、八两次修改的稿子都送给了中央党校的孙长江和当时的中央党校理论研究室主任吴江。第七、八次修改的稿子，基本上反映了4月13日晚大家讨论的意见——文章从标题到内容都明确提出了实践是检验真理的唯一标准，别无其他标准。与此同时，杨西光把题目改为《实践是检验真理的唯一标准》，在题目上加上"唯一"二字，大大增强了理论力度，文章的主题进一步深化了。

在第八稿送给吴江和孙长江之后，杨西光又到中央党校与他二人交谈。之后，三人对文章的基本观点认识一致，都说修改后的第七、第八稿写得勇敢，但理论逻辑上差些，要把它整理好，并加以提高，还要进一步突出马克思主义有生命力、永葆青春的思想。为扩大文章的影响，他们商定定稿后，先在中央党校主办的内部刊物《理论动态》上发表，第二天再由《光明日报》以特约评论员的名义公开见报。因为凡是在《理论动态》上发表的文章，都要经过胡耀邦同志审阅，这个意见后来由吴江请示了胡耀邦，胡耀邦同志爽快地答应了。以特约评论员名义发表，隐含着文章出自某权威人士之手，很受读者注意；再者，文章论及的是如此重要的问题，再用个人署名就不合适了。与此同时，我听闻杨西光当时又分别拜访了首都新闻界的负责人胡绩伟、曾涛、华楠，向他们通报了这篇关于真理标准的文章，得到了同行的支持，并商定：《光明日报》发表后，《人民日报》《解放军报》第二天转载，新华社转发通稿。随后，孙长江在吴江的指导下，以第八次改稿和他们原拟写的文章的构思为基础，并根据这次讨论的意见，又做了一次修改和润色，这已经是第九次修改了。孙长江修改完毕后，吴江在阅完此稿时又做了一些增改，并于4月27日在稿子第一页的天头上注明："请即排印15份[送胡（耀邦）、杨（西光）、作者——航空发出]，5月10日那期用。"胡耀邦审完后，5月10日的《理论动态》第60期全文发表了此文。

1978年5月11日，这篇前后修订10次的批判"两个凡是"的文章在《光明日报》一版下辟栏位置以特约评论员名义发出了。文章分四个部分：（1）检验真理的标准只能是社会实践；（2）理论与实践的统一是马克思主义的一个最基本的原则；（3）革命导师是坚持用实践检验真理的榜样；（4）任何理论都要不断接受实践的检验。文章结尾勇敢地宣称："凡有超越于实践并自奉为绝对的'禁区'的地方，就没有科学，就没有真正的马列主义、毛泽东思想，而只有蒙昧主义、唯心主义、文化专制主义。"

紧接着，5月12日的《人民日报》《解放军报》予以全文转载，《辽宁日报》等十几家报纸紧随其后，也全文转载了这篇文章。如此迅速、如此步调一致地转载《光明日报》的文章，这在当时也是十分罕见的事，立即引起了全党、全国人民的注意。凡盼望天安门事件早日得到平反，盼望早日冲破"两个凡是"的思想束缚的人读了此文，欣喜之情溢于言表；而坚持"两个凡是"观点的人则立即出来加以反对，并施以很大的压力。

从一开始，这篇文章就被上升到路线问题、旗帜问题上来。作为文章的"始作俑者"，我承受着巨大的政治压力和沉重的精神负担。我还记得一位朋友对我说："老胡，你已经卷进政治斗争的旋涡了，风险很大，要有思想准备。"

确实，我那时候受到很大压力，甚至准备去坐牢。我在家里默默地关注着事态的发展，但是我坚信文章是讲了广大党员干部和百姓要说的话的。要知道，当时在南京大学，从校长到普通师生都赞成这篇文章，校长匡亚明就曾对我说："文章我看了，很赞成。"当一些知心朋友知道这个"特约评论员"就是我本人时，还纷纷向我表示祝贺："说出来了就是胜利……"我真是受到莫大的鼓舞。从这个角度说，我心里其实又是有底的。

在此关键时刻，1978年6月2日，邓小平在全军政治工作会议上发表了重要讲话。他尖锐地批评了"两个凡是"的思想，明确指出："实事求是，是毛泽东思想的出发点、根本点。"他还同时批评说："我们也有一些同志天天讲毛泽东思想，却往往忘记、抛弃甚至反对毛泽东同志的实事求是、一切从实际出发、理论与实践相结合的这样一个马克思主义的根本观点，根本方法。不但如此，有的人还认为谁要是坚持实事求是，从实际出发，理论和实践相结合，谁就是犯了弥天大罪。他们的观点，实质上是主张只要照抄马克思、列宁、毛泽东同志的原话，照抄照转照搬就行了。要不然，就说这是违反了马列主义、毛泽东思想，违反了中央精神。他们提出的这个问题不是小问题，而是涉及到怎么看待马列主义、毛泽东思想的问题。"他在讲话中号召"打破精神枷锁，使我们的思想来个大解放"。次日，《人民日报》在头版以《邓副主席精辟阐述毛主席实事求是光辉思想》为通栏标题，《解放军报》在头版用套红大标题，详细报道了邓小平在全军政治工作会议上的重要讲话。6月6日，《人民日报》和《解放

军报》又在第一版全文发表了这篇讲话。邓小平的这篇讲话，使坚持
实践标准的人受到了巨大的鼓舞，更明确了真理标准讨论的现实针
对性和极其重大的意义，坚定了冲破阻力推动这个大讨论的信心和
勇气。

但是，那时候，斗争并没有就此结束。6月24日，《解放军报》
以特约评论员名义发表题为《马克思主义的一个最基本的原则》的长
篇文章。文章一针见血地指出，一些人之所以要坚持某些旧口号、旧
提法，"除了人们的思想往往落后于实际这一点以外，还因为有一部
分人的利益或多或少地同这些旧口号联系在一起的缘故。这些人，他
们口头上说的是担心某些旧口号、旧提法的修改会导致整个革命和整
个理论的否定（显而易见，这不过是一种天方夜谭式的饰辞），实际上
是害怕自己某种个人的东西因此受到损害"。

这篇被称为《标准》姊妹篇的长文，是在胡耀邦同志和时任中央
军委常委、秘书长罗瑞卿的关心、支持下产生并发表的。罗瑞卿亲自
修改定稿，并为此同胡耀邦至少通了6次电话。

7月21日，邓小平找张平化谈话，要他不要再"下禁令""设禁
区"了，不要再把"刚开始的生动活泼的政治局面拉向后退"。7月
22日，邓小平又找胡耀邦谈话，旗帜鲜明地支持他发动的这场真理
标准讨论。他说："原来没有注意这篇文章，后来听说有不同意见，
就看了一下，这篇文章是马克思主义的。谈到争论不可避免，争得
好，根源就是'两个凡是'。"8月19日，邓小平在接见文化部负责
人时说：《实践是检验真理的唯一标准》，我说这是马克思主义的文
章，是驳不倒的。实际上是强调实事求是，一切从实际出发，理论联
系实际，我在全军政治工作会议上讲了，同意这个观点和文章。这是
一篇坚持马列主义、毛泽东思想的好文章，它提出了牵一发而动全身
的大问题……

我真是觉得，当时如果没有邓小平同志的讲话，不要说我个人的
命运如何，全国也不会再有关于真理标准的大讨论，更不会出现一个
思想空前解放的运动，中国的现代化建设也不可能开创这样令人振奋
的新局面。真是感激我们的一代伟人邓小平同志！

后来《实践是检验真理的唯一标准》这篇文章被《剑桥中华人民共和国史》称为"拥邓力量的第二次呐喊",文章得到邓小平本人的多次高度评价,但是令人遗憾的是,除了后来参加大会时见过邓小平外,我从未与邓小平领袖谋过面。有人曾经希望介绍小平同志与我见面,但是那时候我谢绝了,因为能够在国家历史的关键时刻与一代伟人邓小平同志在精神和心灵上相通,我真的觉得如此足矣!而且很有意思的一件事是,杨西光同志太客气了,文章发表后,还寄了80元稿费给我,这80元在当时是最高规格的稿费了。

知识分子的作风

其实相比后来的从政经历,我更乐意一辈子在大学里做学问,更愿意做一个纯粹的知识分子。做学问尽管某些方面上要远离政治,但我们有良知的知识分子不会无视政治的危机,实践的政治对社会的改造远比创新的学术来得快速和直接。

《实践是检验真理的唯一标准》一文发表并取得成效,我随后的人生也因为这篇文章起了很大的改变,做梦都没想到的改变。1979年春天,胡耀邦同志要我到中央工作,组织部调令都下了,可我始终想待在校园。后来省里限期上任,我又写了封意愿书,提了六条理由,表示愿意留在南京大学。最终,1982年11月,在省委宣传部一再催促下,我去宣传部当了常务副部长。其实从内心来说,我更希望一直待在大学里做学问,做一个纯粹的知识分子,或许没有这篇文章,我可能会成为南大的一位教授、博导。

屡次推却去做政治工作,是因为我更喜欢教师职业,喜欢学生。学校这个环境,是可爱的、生机勃勃的,而且可以无话不谈。我是知识分子,生性喜欢自由、喜欢我行我素,不太习惯于受约束。而机关单位和学校是大不一样的,对同一个问题,在学校可以自由发表意见,独立思考,写了文章以后想发表就发表,不发表也可以藏起来,几年以后再说,但是到机关工作可不能这样子。机关工作说话要谨慎，是有纪律的，是要承担很多责任的，个人的思考必须和上级的精神、文件上的精神相一致。

自从调至江苏省委工作，我相继担任了省委宣传部副部长、部长、省委常委、省委党校校长等职务，后来又成为江苏省政协副主席。这近20年的从政经历，我也问心无愧，做了很多直接关乎老百姓利益的大事，也一直致力于研究中国地区经济和现代化进程，先后发表了数篇文章，有关于市场经济发展论说的《社会主义市场经济论》（1993），还有关于县域经济的研究《中国县域经济》（1995）、中国现代化丛书"中国现代化曲折三十年"（1998）的序，等等，这些文章虽然没有《实践是检验真理的唯一标准》一文在那个时代发挥的作用突出，但是也可以说对国家发展和现代化进程起到了一定的作用。

2001年，我从江苏省政协副主席岗位退下来以后，坚定地研究马克思主义实践论与建设中国特色社会主义理论的哲学基础的同时，还一直从事沿海地区现代化建设研究，对沿海地区率先实现现代化的理论和实践提出了一些意见和见解。

20年的教育生涯，20年的从政经历，我一辈子都不会忘记知识分子的情怀：要忧国忧民，做一个有国家理想的知识分子，为国家的发展贡献所有，为人民的利益服务一切。这是我人生的态度，永远不会忘记。

一介书生的求索

想起在人大生活的三年时光，我对每一件事情都可以说是记忆犹新的。三年的哲学学习生涯，为我的人生定好了基调，奠定了实事求是的风格。

1959年，我从北京大学新闻学院毕业，考入中国人民大学哲学研究班，从新闻学到哲学的转变，让我从一名准记者变成了一个有哲学思考的人。

现在想来，我本科学新闻，是一门心思想做一个记者，一个名记者，最好还能够当一个作家。但是后来发现，当一个名记者不容易，它要求你必须要具有尖锐的眼光，要能够迅速地捕捉新闻；还必须要有理性的思维，能够抓住事物的本质；同时要高瞻远瞩，能够把握全局和事物的发展趋势。所以我认为应该学哲学。半路出家，为了学好哲学，当时我还选修了不少哲学方面的课程。总之，不管怎么说，学新闻学、哲学都对我有很深的影响，可以说影响了我的一生。学新闻培养了我关注现实的习惯，半个多世纪了，我每天都坚持读报。上班的时候，星期天我不到机关去，也要到报亭去买报，并且一定要《人民日报》《光明日报》《参考消息》，几天不看报就会有种失落感。而学哲学的三年，在哲学研究班学习的三年，又帮助我培养了一种观察事物的本领，从发展中看事物，从联系中看事物。

哲学班那三年的学习里，我印象最深的事就是"苦读书"，真正开始学会读书，也是从那时候开始的。因为我当时读书读得真的很勤奋，周一到周五的时间不用说，都读到很晚才休息，周六、周日，我也会坚持读书，以至于我在北京学习的日子里，基本上没有走出过校门，也没有去过长城、雍和宫、陶然亭那些有名的景点。我现在想想当年自己学习的经历，觉得真的很好，学会了自己的读书方法，比如说在书的旁边批注、画线，一条线、两条线、三条线分别代表了我认为重要的要点。而且我还有很多其他的收获，第一个就是掌握了马克思主义的基本原理，特别是掌握了马克思主义哲学的基本原理；第二个就是认识了社会生活，培养了独立思考的能力，从社会发展中、现实中发现问题的能力。

人大的三年多，我其实不单单是读书，而是每本书都至少认真读了两遍以上，是刻苦地学习。《马克思恩格斯选集》（四卷本）、《列宁选集》、《毛泽东选集》、《资本论》、辩证法的相关书籍、马克思主义的基本著作、马克思主义的哲学原理以及各种历史书籍（中国历史、世界通史、中共党史等），应该说正是这么多伟大的著作，为我以后的思想成熟奠定了基础，成就了我这一介书生的历史担当。

从人大毕业那一年我本来是有机会留校的，离开北京去南京大学任教是无奈之举，因为我主观上还是愿意留在人大的，但是我的妻子当时在无锡师范教书。在那个年代，她要到北京来是不可能的，为了避免两地分居之苦，所以我就决心去南京大学教书。正好那时候南京大学政治系也需要人，于是只好忍痛离开了人大，离开了母校。

人民大学是我国知名的高等院校，为国家的发展培养了大批的经济学家、社会学家、历史学家、新闻工作者。可以说各省市、各方面都有人大的力量作为骨干力量，这是有目共睹的。我认为母校的发展，这几年非常迅速，得到了中央的高度重视和关怀，也得到了全国人民的支持，作为人大的校友，我真是很高兴、很自豪的，母校的每一个进步、每一次发展我都感到是一种荣誉。

作为人大人，人大的发展和我们大家密切相关，要说提点意见的话，我觉得大概有这三点：一是希望咱们人大的老师同学们，更加密切地注意我们的社会实际，更加注意国际关系的变化，更了解我们的国家，了解我们国家社会的现实、矛盾和发展趋势，一定不能脱离实际；二是希望大家能深入到国家最广大的工人、农民、知识分子等人民群众中去，不能只是注重与一些高层人物的联系，要知道人民群众才是历史的主人；第三就是希望咱们母校要进一步发扬解放思想、实事求是的精神，进一步发扬独立思考、勇于探索、勇于求证的态度，不走教条主义、本本主义，尊重科学，尊重民主。

胡福明自述，文章由中国人民大学校友工作办公室整理汇编。

采写 / 孟繁颖　编辑 / 孙黎静

冯玉璋

| 人物简介 |

　　冯玉璋，1931年生，河南登封人。1949年就读于华北大学。1950年到广西担任税务局的一名税务员，后转到交通部门工作。

机缘巧合上华大

我的家乡在河南省郑州市下辖的登封市大治镇垌头村。家里兄弟五人，大哥冯木掌管全家衣食住行，二哥冯顺、三哥冯怪为了全家的生活都当过壮丁，四哥冯花因病于1943年在禹州去世了。因为家父早已过世，家里无房无地，直到1945年左右，三位兄长做生意赚了些钱，买了五亩地，建了房子之后才算有了正式的家。

家里一切基本靠大哥冯木一手支撑，还有赖于二哥、三哥的帮衬。我是家里最小的儿子，长兄如父，大哥对我也寄予厚望，支持我从小在私塾读书写字，希望我能有一天出人头地。

1949年7月，同乡的梁海水得到消息说北京各大院校招生，大哥想方设法筹集了五块大洋，交给我做路费让我投奔北京去。我和另一位小伙伴孙银川一同跟着梁海水出发。因为去的路上黄河桥断了，所以我们历经半个月，靠步行走到了石家庄的一所农业大学，向大学提出入学申请。但由于路程遥远，我们比正式招生截止日期晚到了一个多月，学校已经结束了招生工作。看着我们疲惫不堪的样子，学校老师给我们写了介绍信，让我们到40公里外位于正定县的华北大学读书。

1949年7—8月，那时候全国面临解放，各种交接工作正在如火如荼进行着，一些边远地区暂时处于管理真空期，强盗土匪不时出没，老百姓晚上都不敢外出。因为学校招生时间紧急，我们不分白天黑夜连续赶路，累了就歇一会儿，吃点干粮，一直不停地走。

到达了华北大学，大学的老师看了介绍信，就把我们收编了。那时我还不到18岁，被分到了104班第九组，104班在天主教堂的右边墙外边。根据当时的规定，进入大学要参加短期政治学习项目，我们就算是正式参加革命了。

在华大的日子

当天一报名就发了衣服、帽子，我就成了革命战士了。9 月 15 日我宣誓加入新民主主义青年团。

我们当时学新民主主义论、辩证唯物论、历史唯物论。每个人背一个小马扎、一个硬夹子，听大课然后回来讨论。后来学校组织我们学生去三丘。三丘的革命意义就是钻地道，抗日战争时就在三丘村搞地道战，那里到处都是当时挖的地道，我们就去参观地道。

因为我是河南农村人，起初对那里的生活还不太适应。我记得当时吃的馒头不是很大，一个人一顿能吃五六个；大多数时间都是吃小米，大米很少；然后就是一碗番茄汤，番茄多数还都是青的番茄，不够熟。虽然饭做得挺好吃的，但是当时吃小米吃干饭，这个我都不太适应。但是相比之下，这里的生活比我在家乡好太多了，河南农村当时是非常穷困的。

我们那时候生活过得倒还是挺愉快的，实际上在华大就学了不到三个月。1949 年 11 月，我就毕业离开了华大。

1954 年 7 月我加入了中国共产党，这几十年来，没有受过什么处分，也没有明显的奖励，像我们这样的基层干部，就是这样搞了一辈子革命。

离开华大，学习税务知识

从华大毕业后，一开始我被分配到哈尔滨外国语专门学校，过了两天又改到了中央税务学校。到了北京，我就住到了中央税务学校，被分到第二班第五组。当时的班主任都是河北地方的一些老革命，在那里我学到了很多非常专业的税务知识。

那时候不像现在有七八十种税目，那时候税目比较少，税务专业知识内容也不多，我们学了两三个月左右，懂了一些基本知识后，就被分配到全国各地，我也就这样来到了广西。

来到广西税务局

起初我被分配到中南税务管理局。1951年下半年，因广西税务局需要税票，局领导派出票证科工作人员程林泉、董晶和我三人到柳州印税票。按照安排我们一起跟随省政府的大货车车队出发，当晚住在柳州市大塘镇。

当时，广西土匪非常多，常常在晚上出来打劫。天快黑时我们乘坐的大货车还没到大塘，突然发现车灯熄灭了。行夜路没车灯可不行，没办法司机只好离了车队，把车停在路边，照着电筒修车灯。我坐在车上等待，突然传来一声枪响，一颗子弹打到了我坐的椅子边，我们意识到土匪来了。司机迅速返回驾驶室，也不管车灯了，拼了命地往前开，土匪没车，跑不过我们，这样才甩掉了土匪。司机不敢再停车了，摸着黑往前赶，一直追赶上了前边的车队，大家的心才落了地。车队进驻了大塘镇，司机才有机会修理车灯，我们也各自休息去了。

当晚一点多，大塘镇周围不断传来枪声，我们三个也没睡安稳。我身上带有八个印税票用的钢印，如果丢失，会给国家带来巨大损失，于是大家商量好，万一有土匪冲进来，就先用刀打烂钢印再用枪自杀，绝不能当俘虏。我们不敢睡着，恍恍惚惚一直到四点多钟，枪声终于停止了，这才感觉危险过去了。

天还没完全亮，我们开门出来，看见有不少当地老百姓挑着柴火回家，一场虚惊又过去了。这就是当时税务干部为了国家，为了集体，克服恐惧、赴汤蹈火、不惜牺牲生命的真实情况，这就是我们税务人员的担当。

后来我们坐汽车到了南宁，广西省税务局接收了我们。当时我们来广西的有二十五个，留在桂林的一个，其他的到了省税务局。到省税务局以后，我们就全面分开了，到各个地区、各个专区、各个市。

我当时被分到票证科，是专门印税票的，负责管理印税票、运税票。柳州大小印刷厂有五个，全部给我们包了，我们有三个人在那里，专门监管印的过程。印税票的钢印都是我们带着去的，钢印一丢失那不得了，政治责任就大了。

因为业务需要，我往返各地运税票。来往柳州、宜州、武汉十多次，路上土匪出没频繁，开始还是挺担心的，时刻想着怎样保护税票，对得起组织对得起同志，后来慢慢习惯了，心里也不怕了。

1951年秋季，我乘车从柳州回南宁，到了芦圩向宾阳出发（老路相距8公里）。天快黑了，路边有人拿着手巾上下摇动，口里喊着黑话，叫嚷着停车。司机害怕了想停车，我坐在副驾驶位上，手里拿着一把水果刀，对司机说不能停车，否则税票会遭到损失，大家也都会没命。司机只能硬着头皮一直朝前开，终于驶离了该路段，赶到了宾阳，脱离了险情。也许是上苍眷顾，虽然也偶尔与土匪擦身而过，但是基本没再出过事。

参与土改工作

土地改革是中国人民在中国共产党领导下，彻底铲除封建剥削制度的一场深刻的社会革命，是中国民主革命的一项基本任务。

1952年，我和几位同事被分配到广西省直土改队，土改队负责百色专区平果县，以及改为河池市的东兰县、巴马县、凤山县（俗称"东巴凤地区"）土改工作。

土改时期，远离城市的边远地区匪情较严峻，土匪很凶残，百般阻挠土改工作。有一次，在土改工作组进平果县凤梧乡的几天前，土匪就在山路泥沙里埋了竹签，竹签十几厘米长，一半埋在土里压实，另一半隐藏在茂密的草丛中，很难发现。当时刚解放，山区里物质匮乏，也没有钱购买布鞋，穿的多数都是草鞋。有同事不小心被竹签扎了脚，见到了来接应的当地老百姓我们才知道中了土匪的阴招。好在同事被扎得浅，不然就危险了。后来我们一路非常小心，得有人探路，后边的同志跟着脚印走，走了很长时间才进了村。

进村的当晚，没有人安排伙食，我们请村长帮忙买了一只鸡，自己做饭。东凑西凑找不到油，后来在墙洞里找到小半瓶油，煮饭的同事也没多想，以为是食用油，没问老乡就拿来炒鸡了。结果晚上吃过饭后，全部组员上吐下泻，怀疑是食物中毒。经过一番调查，才知道用的油不对，不是食用油，而是一种工业用油——桐油。幸好组员们都是年轻力壮的小伙子，身体都比较强健，症状大都是呕吐拉肚子，否则，出了人命可是大事了。

记得是1952年秋季，我在凤山县七区的坡月、松吉村负责土改工作。当时因为土改队员少，区工委就派我一人到另一个村检查土改进度。

这个小村全部是山区，没有多少平路，最平的地方也是坡路，房子都建在半山坡上。我一个人走了20多公里路。第二天上午，我找到了工作组长，向他传达了区工委的指示，第三天我就回坡月区工委了。

在河池市凤山县一个边远山区，我被派到一个区政府驻地，土改工作队只有我一人，负责全村三百多户人的土改工作，按照已经划好的成分，村庄里有几个地主和几个富农，还有外逃的几个土匪。

当时村里的老百姓对土改工作不是太理解，我多方联系、走访乡亲，耐心做工作，摸清当地情况后，顺利地完成了上级交给的任务，在一次行动中我还从地主家收缴了一支卡宾枪。

我一个人在那里搞土改，没有其他同事做伴，每天工作、生活都小心谨慎。当地有土匪隐患，我配有一支滑膛手枪，随身携带。一天晚上，我工作到凌晨一点多钟才回驻地休息，回家把手枪卸下时，不慎走火，子弹击中了前臂。

由于不懂及时救治，隔天手臂发炎引起高烧，县里了解到情况紧急后，立即派了五个民工和一名护理医生，用简易担架抬着我，从凤山县经过凌云县到百色市区，日夜兼程，连续走了五天100多公里山路，最终把我送到百色专区医院，在医生的救治下终于捡回了性命。

由于当时医疗条件有限，我又高烧了几天，最终没有取出子弹。子弹至今仍留在我的身体里，这算是我年轻时最凶险的事情了。

工作这些年来，我一共有过五次生命危险，因为运税票、土改等等。大大小小的职位我待了好几十年，我切身感受到基层干部才真正是最艰苦的、最危险的，要有不怕吃苦不怕受累的精神。

改行做运输，见证百色客运发展

1954 年，我 22 岁，被调到百色专区田阳县税务局当秘书、副局长，当地干部戏称我是"穿开裆裤的副局长"，意思是说我太年轻了。次年，我又调任百色专区税务局任秘书兼人事股股长，不久，组织有意提拔我当专区税务局的副局长，最终考虑到年龄不够的问题没有批。

1956 年，由于组织需要，我转业到百色专区汽车总站当秘书科科长、党委秘书兼党委办公室主任，在百色专区各交通部门工作。十几年间，我在百色专区先后任田阳县车站站长，田阳县交通局局长，百色总站工会主席，战备二五车队支部书记，公路总段秘书兼总段所属的工程队、工具厂、水泥厂支部书记；"文革"期间又当了总站生产组组长，还当过专区交通运输局办公室主任，还到靖西战备厂搞开工生产。

1957 年我回到田阳县中心站任站长时，田阳中心站有 31 辆车，都是大小道奇车、福特车，其中还有两辆是木炭车，负责几个县的货物运输。当时年轻有干劲，积极踊跃，一直都工作在最前沿，因为工作积极，多次得到总站表彰。

我在战备二五车队当党支部书记的时候，管理 50 辆解放牌汽车。那时，运送救济粮是主要任务。记得有一次，我带 20 辆车运救济粮，走到半路下起了雨，天黑路滑，大车队在小路上行驶很是危险。我在前边拿着手电筒，后边汽车跟着我走，就这样走了两个小时才到目的地。过后我想着都出了一身冷汗。

在百色总站工作的十几年间，我见证了边远山区的客运线路从无到有的过程，几乎每条线路的开通都有我参与其中。乐业县同乐镇开通客运线路前夕，我和模范司机何耀定一起参加开通典礼。去之前我们电话通知了乐业县，有关领导都在等着我们。不料车开到甘田镇路上遇到塌方，车不能通过，半路上又没有电话，无法通知乐业县。为了开通典礼如期举行，我们走了20公里路，走到同乐镇时已经是当晚九点多钟，镇上的居民大多已经回家歇息，街上行人寥寥无几。后来我们看到街边有一盏电灯亮着，走近一看，原来是乐业县交通局副局长兼站长李同庆来欢迎我们。

乐业县雅长原始林区的通车典礼我也参加了。我带了5辆车去，其中一辆是我亲自驾驶的解放牌汽车，使典礼显得相对隆重很多。县革委会非常满意，当时还奖励了每位司机一截约1.2米的香樟木做木箱用。

在百色总站工作期间，我任劳任怨，能力突出，总站领导先后三次上报资料提拔我；但由于我个性强，有的领导表示反对，三次都没有批准，现在想起来还是有些遗憾。

"大跃进"

1958年，"大跃进"运动开始了。当时我在田阳交通局当党支部书记，兼任汽车站站长。因为站里有一些懂技术的修理工人，所以上级给我们安排了很重的炼钢任务。我每天带领工人抬小高炉炼钢，不分白天黑夜，连续工作了几十天，大家热情高涨，人人都不知疲倦。我是领导干部，要起表率作用，每天都冲在第一线，指挥大家炼钢。

作为车站负责人，我不仅要完成好车站各项任务，还要额外负责救济粮、生活用品和其他各类货物的运输任务。由于物资紧缺，运输任务没有计划性，一有物资送到就要及时运走。我记得那段时期几乎没有休息过，不管是周六、周日，还是晚上休息时间，随时待命，一收到通知，立刻出发。基本是天天忙，现在很难想象那时候是怎么挺过来的。

后来大炼钢铁的任务愈发繁重，田阳县钢铁指挥部要求我把车站的 40 个装汽油的油桶改作炼钢小高炉。接到这个命令，真是让人哭笑不得：如果真的这样做，那 31 辆汽车的物资运输任务是肯定无法完成了。当时的人们急红了眼，只顾着完成眼前的炼钢任务，根本没有考虑其他后果。

这个命令让我绞尽脑汁，最终还是靠老朋友帮忙，到粮店找了几个装食用油的旧油桶，把它们改装成了小高炉。好在上级领导没有下来认真检查，这事就应付过去了。当时的风气就是这样，是没有道理可讲的。

1959 年 7 月的一个晚上，田阳县委召开电话扩大会议。会上县委第一书记莫岑传达了全国与全广西的农业形势，说全国"过黄河"（亩产 500 斤）、"跨长江"（亩产 800 斤）已成定局，而我们县上报的产量还没实现 600 斤，落后于全国、全广西。经过几个县委领导讨论表态，决定重新上报产量。

经过激烈讨论，县委决定把田阳县的亩产陆续提高到 1 500 斤、1 800 斤和 2 400 斤。由 600 斤到 2 400 斤，没有任何事实支撑，仅凭五次会议讨论，县亩产量变成了远远脱离实际的高产数字，这就是我亲身经历的"浮夸风"的真实写照。

"文化大革命"的记忆

1966 年，"文化大革命"开始了。批斗是"文革"时期的重要部分，所谓"批斗"，就是批判斗争，是"文化大革命"术语，也是"斗私批修"的简称。当时往往采取"批判大会""批判小会""游街""武斗""文攻武卫"等形式来进行。批斗是"文化大革命"很鲜明的特征，但也有人利用批斗来进行个人的恩怨报复。

"文革"时期我和我的家庭也经历了一次批斗风波。那时我在百色总站担任工会主席，工会是群众组织，工会主席自然就是群众领导，是站在人民这边的。当地的一个批斗组织根据批斗当权派的任务，把我的工会主席职务给撤了，准备和其他领导一起集中批斗，也给我准备了一顶高帽。在开会前，他们觉得工会主席属于群众的领导，代表群众发声，不属于当权派，所以临时取消了批斗我的任务，过程前后也没有给我戴高帽，就此我算是逃过一劫。

时隔不久，他们把目标转移到我妻子黄润珍身上，因为她是劳资科科长，没有满足一些人安排子女参加工作的要求，所以那些人利用这个机会要在保修厂单独批斗她。我估摸着凶多吉少，坚决不同意我妻子去。

不让他们带走我妻子，事情一度僵持。当时如果我稍微软弱一些，后果是不堪设想的。回想往事，我的暴脾气虽然阻碍了我的晋升，却也在那个特殊年代保护了自己的家庭。

结束语

我是个乐观开朗的人，也具有记忆力强、性格固执、不拉关系、讨厌虚伪、打抱不平、维护正义等特质。我多次出生入死，什么苦都吃过，为了新中国，奉献一生，无怨无悔。

冯玉璋自述，采访时间为2019年4月，由中国人民大学校友工作办公室负责采访，由环境学院2018级本科生苏锦煜负责录音整理及文字编辑工作。

采访/许泽来　文字/苏锦煜

高玉宝

| 人物简介 |

　　高玉宝，中国知名作家。1927年生，1947年参军，1948年入党。1962年毕业于中国人民大学新闻系。在辽沈、平津等战役中，荣立过6次大功，曾23次受到党和国家领导人接见。历任战士、通信员、文艺干事、师职创作员、共青团第二届中央委员、中德友好协会理事、辽宁省民间文学协会理事、沈阳军区创作室名誉主任等。他创作的《半夜鸡叫》的故事可谓家喻户晓。曾被毛泽东主席和周恩来总理亲切赞誉为"战士作家"。胡锦涛主席赞扬他："你的书，教育了几代人。"
　　2019年12月5日，因病医治无效逝世，享年92岁。

"画"出来的《高玉宝》

我小时候家里很穷，8 岁的时候仅念过一个多月的书，9 岁当童工，15 岁当劳工，17 岁学木匠，1947 年从军后基本上是个文盲战士。当年大军南下时，我开始创作小说《高玉宝》。在创作中，遇到的最大困难是不识字，想写的故事很多，会写的字很少，每写一句话，10 个字就有 9 个字不会写。我就想了个笨办法，不会写的字用图画或符号代替。

我在团里担任军邮战士的时候，有一天夜晚，到上级取回邮件回到驻地后，点上了小油灯，写起了童年给地主老财扛活时，周扒皮半夜捅鸡窝而发生的"半夜鸡叫"故事。可是"半夜鸡叫"四个字都不会写。"半"字就画了半个窝头代替，一目了然；"夜"字画了个星星，一看就知道是夜晚；"鸡"的繁体字最难写，画了一只鸡代替；"叫"字在小学看图识字课本上见过，可是怎么也想不起来，便画了一张大嘴张着大叫的样子。已经到了半夜，可是我毫无睡意，直到把"半夜鸡叫"这一章"画"完才睡的觉。

一天下午，我写作时遇到了几个既不会写又很难画的字，一时间找不到先生，急得不知所措。正当求字无门时，纵队司令员吴克华下部队视察，骑着一匹枣红军马从远处走来，我不认识这是司令员，拿起本子急忙跑了上去，敬完军礼拦住马头说："首长，请你先别走，我问你几个字再走。"警卫员牵着军马毫无准备，当时一惊，半路上突然杀出个"程咬金"来，竟敢拦住司令员的马，这还了得？警卫员急忙上来阻拦："这是司令员，工作很忙，你这个同志怎么这样？……"警卫员的话还没有说完，吴克华司令员已经下了马，我顿时紧张了起来，觉得自己太冒失，拦住司令员的马，准要挨一顿批评。可是，出乎我的预料，吴克华司令员不仅没有批评我，反而和颜悦色地说："小同志，你问什么字？"我低下了头没有说话。吴克华司令员摸了摸我的头说："哎，爱学习很好嘛！"接着，他教了我几个我不会写的字，并鼓励我好好学习，写出好的作品。

一天，部队南下时来到湖南和江西两省交界处休息，我到师部取回邮件和油印小报后，把马拴在树上，枪也支了起来，在田边分发邮件和小报，忽见一位老者穿戴干净利落，扛着一把雨伞在稻田边上行走，一看就是有文化的人。我心里一亮，喜上心头：何不向老人请教问字？我背上枪就向老人那边快速跑去。老人没有见过解放军，一看有兵追来，撒腿便跑，我紧随其后穷追不舍，边跑边喊："老表！老表！请您别跑。"老人干脆把背着的包袱和雨伞也扔了。我拣起他丢下的包袱和雨伞继续追赶，后来追上了老人。老人一脸恐惧要下跪求饶，我递上被他扔掉的包袱和雨伞，笑嘻嘻地说："老大爷，我是解放军。"老人听不懂我说的话，我又说："我们是保护老表的……"这回老人听懂了，原来是替咱穷人打天下的队伍。老人问："你追我有什么事？""大爷，其实没有什么事，想问几个字。"老人露出了笑容，拍了拍我的肩膀："来，来，来，咱们坐下。"他一笔一画地教我写字。分手时，老人伸出大拇指："你们解放军顶呱呱！"

我在《高玉宝》小说的手稿里，密密麻麻画了许多图画和符号。如"日本鬼子来了"一章中的"鬼"字不会写，我就画了一个鬼脸；杀人的"杀"字不会写，画了一个小人脖子上按着一把刀；"哭"字不会写，我画了一张脸，在眼睛下面点一些小点儿……可以说，小说《高玉宝》手稿，不是写出来的，而是"画"出来的。当时我还跟随部队频频行军打仗，做军邮工作，利用行军打仗的间隙，采取写别字和画符号等办法，用一年半时间完成了自传体小说《高玉宝》。这部小说完成后，吴克华司令员向我表示祝贺。

20个世纪50年代初的一天，解放军总政治部一个电话打到了岭南驻军某部，通知我带着小说手稿到北京修改定稿，我听后高兴地蹦了起来，自己的书稿有望出版了。

来到北京后，我住进了西直门总政治部招待所，这才知道，是总政治部首长决定叫我进京，并派作家荒草（郭永江）同志指导我对手稿进行修改。在荒草同志的指导与帮助下，我们经过日日夜夜修改和推敲，将小说压缩到了 20 多万字。定稿后，小说的名字叫什么？想来想去没有定下来。解放军文艺出版社的编辑们对书名也进行了多次讨论，有的提议叫《童年的高玉宝》，有的说叫《我的童年》，还有的提出叫《高玉宝的故事》，等等，一时定不下来。此时，总政治部主任罗荣桓亲自审定了小说，不仅我没有想到，解放军文艺出版社和总政治部文化部的领导也没有想到，一个普通战士的文学作品惊动了军委首长。罗荣桓看完小说后，书名由他一锤定音，叫《高玉宝》。

难忘人大岁月

我与人大有着割舍不断的情缘，从最初经推荐到速成中学读书，到后来保送至人大新闻系读本科，在这里度过了整整八年的时光。也正是这八年，让我从一个大字不识几个的"扫盲对象"，变成了累计发表 200 多万字的"战士作家"。在人大的学习，改变了我的一生。

吴玉章校长接到推荐信后，批示同意我去当时的速成中学读书。我高兴极了！在旧社会，我做梦都想上学、想念书，但饭都吃不饱，哪来的学上，哪来的书念啊！终于，在共产党的领导下，在新中国，我这个穷孩子上学了！我激动得好几夜都没睡着觉，现在想起来还忍不住要流泪。

然而，上学并不像想象中那么简单。速成中学相当于现在高中的"快班"，可我连小学都没读过，所以一点也跟不上。当时学苏联，百分制改为五分制，头一个月，我一个三分也没得过，只得了二十多个二分，很多功课一点都不懂，就连"算术"这两个字是什么意思我都不明白，别人挂在嘴边的"小九九"我也不会背。有次上生物课，我听了一节也没明白什么叫"胚根胚芽"。下课后，我去问老师，老师翻开书指着图给我讲解，我一看，哭笑不得地说："老师，我是个老农民啊，种子哪部分是根、哪部分是芽我还能不知道吗？你直接说根儿、芽儿不就行了吗，干吗要说胚根胚芽呀，我听不懂啊!"

那段日子,可难住了我。上课听不懂,就只能下课补,熬夜苦学成了经常的事。这样没多久,就累病了,上吐下泻,起不来床。吴老那么大岁数,身体也不好,还专门来看我。我永远忘不了,学校对我有恩啊!

吴老当时拉着我的手说:"小宝哇,你看你这么瘦,怎么能一口吃个大胖子呢?"我不懂什么叫"一口吃个大胖子"。吴老就接着说:"你过去不能上学念书,现在想一下子就赶上是不行的。知识是要一点一点慢慢学来的。"他又问我:"你身体好吗?"我不好意思地摇摇头:"不好。""就是嘛,你身体不好,能学好吗?"他安慰我说,"别着急,今年招来的学生当中,有十几个人都跟你一样赶不上。我们开会研究了,决定重新开一个班,从小学一年级开始学起。"这便是后来的文化补习班,班里最小的23岁,最大的近40岁。为了祖国,为了建设,我们都拼尽全力,最终用了四年时间,学完了小学到高中的课程。

当时,学校规定晚上十点之后必须熄灯,但我总想再加点班,于是,就等大家睡了以后,拿着书去厕所,凑到昏黄的灯前读书。那里不仅环境比较差,而且要时刻提防被人发现,实在不是长久之计。所以我又想办法买来蜡烛,晚上偷偷跑到教室里,在墙角用东西挡住,躲在里面学习,过了半夜才回去睡觉。可这样学好了吗?没好,反倒糟糕了,第二天上课总打瞌睡,身体也越来越不好。后来学校领导知道了,就对我说:"你这样可不行,得锻炼好身体。"于是,我开始坚持跑步。学校三千米比赛,我拿了第二名呢!跳绳,我现在也敢跟你们比一下。

四年的文化补习班读完,我被保送至新闻系攻读本科。这四年,我学得也很卖力,那么多功课,我都用心学了。其间,还参加了两次学生代表大会,被评为三好学生,又参加了全国文教群英会。

那时候,长篇小说《高玉宝》已正式出版,在国内外产生巨大反响,每天来学校邀请我做报告的人都挤得水泄不通。而最让我为难的是雪片般纷至沓来的信件,最多的时候,一天就有二百多封,可我那时还是个学生，实在应接不暇。为了不影响我的学习，学校竟派专人来帮我处理信件，让我深受感动。我做报告有"三不"规矩：不收酬金，不收礼品，不吃请。只收三样"礼物"：一条红领巾，一束鲜花，一张聘书。我把鲜花转送给勤奋育人的优秀教师，红领巾签名后转送给品学兼优的学生，只有聘书自己留下，作为青少年教育的纪念。

常念母校恩情

我永远也忘不了当时的崔秀琳老师，她像个老妈妈一样，一笔一画地耐心教我。在她去世之前，只要我出差到北京，就一定要到她家，帮她洗洗衣服，磨磨菜刀。

我对人大还有着一份特殊的感情，因为我爱人正是当年在人大读书时的同学，我们两个是在学校结的婚，当时还都是学生。学校不仅给我们安排了房子住，连家具都帮我们置办好了，即使是亲生父母，也不一定能做到这样啊！

八年啊，学校对我们的培育，是父母都做不到的。学校像我们的母亲一样，把我们两个文盲培养成了有文化的人。如果没有母校的培育，没有吴老的关心，我们就不可能有现在。我总觉得，作为子女，我为学校做得太少。人大70周年校庆的时候，我听说学校要建新图书馆，就捐了一点钱，就算买了几块儿砖头砌上，算是表达我的一点心意吧！

只要来北京，我们都会找机会悄悄回学校转转。学校变化太大了！人大的建筑，不仅气派，而且很艺术，很有讲究。看到这么多的变化，我们打心底里感到高兴！这次回学校，还有一点让我印象深刻。在食堂，我发现人大的学生很少浪费，这说明人大的学生素质很高。我们学校是人文社会科学教育为主的学校，是培育人才的学校，所以，应该为祖国、为人民培育出更多全心全意为人民服务的人才。

千学万学学做真人，如果不懂得做人，即使技术再高，也对社会无益。小时候，条件艰苦，我有"三怕"——怕冷、怕饿、怕欠债；如今，条件好了，我又有"三怕"——怕孩子没出息，怕孩子浪费，怕孩子忘了本。我希望，我们的学生能够发奋图强、勤俭节约、饮水思源。我也相信，我的母校会为国家培育出更多德才兼备的顶尖人才！

高玉宝自述，由中国人民大学校友工作办公室根据资料进行整理及文字编辑。

采写 / 高燕燕　宗媛媛　整理 / 李宣谊

张整魁

| 人物简介 |

　　张整魁，高级经济师，中国人民大学兼职教授，1944年生，1963—1968年就读于中国人民大学国际政治系。曾任国务院侨务办公室处长、党组秘书，深圳华侨城建设指挥部主任、劳动人事处处长，华侨城经济发展总公司副总经理，华侨城集团党委书记、常务副总裁、董事长，"锦绣中华"董事长，深圳"世界之窗"董事长。

从学生到军人的蜕变

我的家乡在山西，父亲是太岳根据地的老干部，我从小受到革命家庭、革命老区的影响和熏陶。在我上小学一年级的时候，国内基本解放，学校刚刚建立少先队。小学三年级以后我就来到太原求学。

1963 年，我以优异成绩从山西太原第五中学考入中国人民大学国际政治系。从太原五中到中国人民大学，我在这个革命熔炉里接受新的锤炼，系统地学习马克思主义理论和专业知识，政治上、业务上、体魄上更加成熟和强壮起来。去人大，确实对我这一生的影响是非常大的。除了学业知识上的收获，印象最深的就是人大的党组织。我觉得人大对学生做的思想工作、人大党组织细致的强有力的工作，是启发我提高自己觉悟、加入党组织的动力。后来我常跟朋友开玩笑，说自己认定的、要做的事情，从来不会轻易地放弃或改变，很大程度上是受人大的初期培养对我的重要影响。

1968 年，"四个面向"这一大学毕业生的分配方针，使我与军旅生活结缘，我长途跋涉跨越大半个中国，从北京来到中蒙边境一个名叫奇台的地方，在新疆军区解放军某部农场接受劳动锻炼。极其恶劣的自然环境，严肃紧张的军事洗礼，重新塑造着我的性格。茫茫戈壁，经常狂风蔽日、飞沙走石，我们栖身的军用帐蓬被刮得满地跑。同去的大学生都被编入连队，同战士一起摸爬滚打、站岗放哨、开荒种地。一年下来，收获了很多粮食、瓜果、蔬菜，饲养了成群的猪、羊，自己动手，丰衣足食，大家都分享到成功的喜悦。

农场锻炼后，大学毕业生们面临再分配，由于突出的表现、良好的素质，我被留在新疆军区后勤部门，名副其实地成为一名解放军战士。在吐鲁番基地兵站，我又从正规的连队战士生活起步，做过警卫、通信部队外线班战士、政治部干事，在军区后勤部参与管理过部队农场、部队企业；在部队建设实际工作中，从大学生逐步成长为真正的军人。

不久，我奉命到中国人民解放军军政大学学习，期满后回军区高级干部读书班报到，做理论教员。新疆军区高级干部读书班范围很小，杨勇司令员等军区首长经常亲自到班上做报告，参加学习的人员都是部队军、师两级主要军政首长。这样，我又从纯军事工作转到理论教学。

短暂的记者生涯

1975年10月，我从部队转业回到北京与妻子团聚，在中央人民广播电台理论部做编辑记者。那是"文化大革命"末期，酝酿着伟大历史性转折的年代，正是党和国家十分敏感的时候。中央人民广播电台被"四人帮"特别是姚文元严密控制，新闻工作者、理论工作者敢怒而不敢言，心情十分压抑。但是大家的正义感和政治敏锐性一刻都未曾泯灭，而且心灵是相通的。

粉碎"四人帮"之后，中央台理论部随着全国理论界的步伐一起，进入空前的思想活跃期。万马齐喑的局面被打破，百家争鸣的形势健康发展，我有机会参加思想理论界的各种会议，从范围很小的社科院党组双周座谈会，到规模较大的理论会，有机会广泛接触社科院、高等学校、国家宏观经济决策部门、各省市经济管理部的专家学者与高层人士，这使得我的理论眼界大为开阔。我目睹了党的十一届三中全会决定党和国家工作重点转移对理论界、对整个中国社会所造成的震撼，亲眼看到了我国乡村城市所发生的天翻地覆的历史巨变，我们以极高的热情投入到理论战线的拨乱反正、正本清源工作中去。我们围绕党中央战略转变的精神，组织了系列广播讲座，讲解马克思主义，批判"四人帮"的种种谰言，揭示社会主义经济的基本规律；其中还包括体现务实精神的工业企业管理讲座。参与组织这些讲座，也给自己提供了很好的学习机会，许多东西在课堂上是从来没有学到过的。

侨务干部的艰辛与喜悦

1980 年 4 月，我由中央台调到国务院侨办工作。虽说到了一个新领域，但面临的任务却有共性，侨务工作战线是"文革"的重灾区，它所面临的拨乱反正的任务同样沉重。广为传播的"海外关系论"等论调，以极左的面目出现，对我党侨务工作造成了严重破坏。肃清种种极左论调对侨务政策的影响及遗毒，是侨务领导部门的首要工作，包括认真复查并彻底平反华侨、侨眷的冤假错案，清理历次政治运动对华侨、侨眷经济利益的侵害，落实华侨、侨眷私人房产的有关政策。我先是在侨办秘书局秘书处工作，后来参与筹建侨办政策研究室，又担任政策研究室主任秘书兼党组秘书，直至担任处长职务，大量参与落实政策的具体工作。

从 1980 年到 1984 年，全国几十万起涉及华侨、侨眷的冤假错案得以平反，沿海城市华侨、侨眷大量的私人房产都落实了政策，得到了合理处置。党和国家工作重点的转移，引起了分布在世界各地的广大华侨、华人的关注，爱国侨胞们表现出为祖国现代化建设贡献力量的极高积极性。在参与这些工作的过程中，我得到了锻炼、提高，对党和国家的侨务工作加深了理解，也深深体会到一名侨务干部工作的艰辛与喜悦。

荒滩上建起"华侨城"

1984 年，中共中央在京西宾馆召开会议讨论侨务工作，及时地明确提出，侨务工作也应该转移到为经济建设服务的轨道上来。虽说这是简短的一句话，可它包括的内容却相当丰富、深刻，这是高瞻远瞩的战略决策。这次会上，中央领导指出，对港澳、对台湾的工作都有一定的历史阶段性，而侨务工作却是长期的任务，只要有国家就会有侨务工作任务。这个思想激励我们长期献身侨务工作。

不久，全国侨务工作会议在侨乡东莞召开，中心议题是落实中央关于侨务工作为经济建设服务的精神。分管侨务工作的人大常委会副委员长叶飞，根据廖承志同志的意见，向会议提出在深圳经济特区创办引进华侨资本开发试验区的建议，得到与会各省代表的一致赞同，开发试验区的名称叫作"华侨城"。

经过反复的酝酿，创办华侨城的思路逐渐明晰起来：参照交通部香港招商局开发蛇口工业区的模式，利用侨务系统在香港的大型企业香港中旅集团的部分利润，投资开发基础设施，使其具备进一步投资开发的环境，再引入华侨资本和技术，然后滚动发展。1985 年 8 月 28 日，国务院正式批准创办华侨城的计划，并且特别提出要把华侨城建设成新时期侨务工作的窗口和基地。

中华大地在相当长的时间内受到"左"的错误的干扰，在海内外造成的消极影响是难以估量的。以至于在党和国家实行改革开放政策以后的相当一段时间内，许多华侨、华人对于到祖国大陆投资和兴办实业仍然心有疑虑、裹足不前。如果在毗邻港澳的深圳建成华侨城开发试验区，途经港澳来到深圳的华侨、华人，就能很方便地通过华侨城，亲身领悟在祖国大陆投资设厂办企业是大有可为的，参加祖国现代化建设的政策是优惠的、前景是美好的，华侨城就能够以其特殊的开发模式和优越的地理位置发挥其积极的示范作用。

大政方针决定了，侨务部门开始调兵遣将。出于对年轻干部的爱护和培养，国务院侨办领导廖晖同志安排长时间在秘书部门工作的我参加华侨城的筹建工作，在这一全新的工作中经受锻炼、增长才干。

离开工作学习 16 年的首都北京，只身来到正在起飞的南国边城，我首先看到的是一片萧瑟、遍地盐碱的荒滩。我在深圳特区工作二十多年，刚来的时候遇到的各种困难，我相信现在的年轻人想象不出来，一个是硬件条件艰苦，另一个也是更重要的便是情感路上的艰辛。华侨城的地址选择在宝安县光明华侨畜牧场沙河分场的原址，这里原是侨务系统下属的一家小农场。华侨城筹建之初，筹建指挥部的各个部门都挤在一个废弃的厂房内办公，大厅中摆几张桌子就算一个部门。作为指挥部早期领导成员，我同大家一起在这样的环境下工作，在户外的大棚下饮食。好在有在新疆茫茫戈壁开荒种地、参加军事训练、风餐露宿那段生活垫底，我对这里生活上的困难和不便没有看得很重，把主要精力投入到华侨城的规划设计工作上。作为一个并没有多少实际工作经验的侨务部门的干部，我一再提醒自己从思想意识到实际行动都牢牢把握住这样一个要点：按科学规律办事，按经济规律办事。

从 1986 年 1 月起，我和指挥部领导班子的其他老同志们本着先规划后建设、一步一个脚印的办事原则，在几个月的时间内，邀请国内外专家反复考察论证，精心设计了城区建设的总体规划。这个总体规划中，没有采取大规模开山填滩的方法，而是根据地形地貌的起伏变化，因山就势安排建筑物的布局，把自然环境美与建筑群落美恰如其分地融合在一起，构成独特的城区景观。我至今仍然对此津津乐道："在全国城市小区中，华侨城的格局独领风骚。"

华侨城建设指挥部原总指挥、香港中旅集团负责人马志民先生高瞻远瞩、深思熟虑，提出了首先建设旅游景区"锦绣中华"的设想。因为深圳市早期兴办的旅游项目如游乐场、酒店等，对外来旅游者特别是对见多识广、囊中坚挺的外商并无吸引力：游乐场在发达国家是濒临淘汰的东西，酒店对投宿者以外的人不会引起很大的兴趣，更何况走南闯北、阅历丰富的外国投资者所见识过的高档酒店远非深圳湾大酒店之流可以比拟。马志民先生认为，我们国家经济基础比较薄弱，但是有数千年的文明史，文化传统光辉灿烂，文化古迹遍布中华，这是其他国家不能比拟、无法竞争的。把分散在各地的古迹景点缩微复制，集中在一起，构建成独特的旅游景区，可以使希望了解中国又来去匆匆的游客赏心悦目、浅识中华。游客们看了微缩景点，很可能有人要到古迹景点所在地去寻根探秘、考察一番，这对我国旅游业可能产生不容忽视的拉动作用。由于华侨城创业伊始，百废待兴，资金短缺，水电通信基础设施尚不完备，同志们对马志民先生的设想尚存不同认识；我就作为指挥部领导成员之一，坚决支持这项创议。经过紧张策划、严格论证、周密准备，"锦绣中华"于 1987 年 5 月破土动工。

在华侨城建设初期，我为了建章立制、招纳人才、争取地方党委和政府的支持，争取规划项目审批权、引进数额审批权、人事调配权，包括争取所得税份额返还、招商引资数额指标优惠政策，一天到晚参加项目谈判、起草文件，忙得团团转。作为分管旅游的指挥部领导，又兼任旅游景点"锦绣中华"的董事长，我对"锦绣中华"的建设投入了大量心血。整个建筑工地热火朝天、红旗飘扬、歌声嘹亮，广播喇叭、标语牌让人想起"大跃进"时的场面。但不同的是，我们确实把冲天干劲与科学精神结合在了一起。华侨城从北京、上海、广州等地请来一批国内园林、美术、建筑等方面的知名专家，共同遴选景点，研究分布方案。

我们坚持刻意求真的原则，微缩复制的景点不仅与原型形似神似，而且使用的建筑材料也与原型相同，直接设计人员必须是对某方面有专门研究的专家学者。比如在仿造万里长城时，把万里长城的起止点、不同段落的不同结构形式及几十种关隘的特色都在微缩景点中表现出来。"锦绣中华"成了中外人士增长知识、学习中国民族文化、学习中国历史的课堂。建设过程中，我们对能否在盐碱肆虐的沿海滩涂上成功地植草皮、栽花木没有把握，于是先进行试验，从别的地方取土铺垫后再栽植，成活后再进行大面积推广。

1989年9月21日，初建74个景点的"锦绣中华"如期竣工。试营业两个月，接待游客100多万人，各界反映良好。特别是这年的政治风波平息后，很多不敢贸然北进而到深圳探风的外商，参观"锦绣中华"后，开了眼也壮了胆。他们对"锦绣中华"设计构思的新颖、景点制作的精美、园林绿化的布局都给予很高的评价。1989年11月，"锦绣中华"隆重举行正式开业典礼，一时间高朋满座、嘉宾云集。有关方面负责人评价说："'锦绣中华'的成功开业，改写了靠老天爷、老祖宗留下的自然景观、人文景观招徕游客的历史，是我国旅游景区建设的一个里程碑。""锦绣中华"正式开业，对受到挫折的我国旅游业起到了补神益气的作用。

建成后的"锦绣中华"，与附近早些时候建设的游乐场形成鲜明对照。一个具有民族风格、民族特色，游客如云，经济效益与社会效益双丰收；一个是舶来的庞然大物，冷冷清清，严重亏损。指挥部决定，将游乐场设施贱价转让，在原址上兴建另一个景区——中国民俗文化村。

中国民俗文化村这样立意设计："锦绣中华"侧重于观赏，游客不能介入其中，中国民俗文化村要考虑让游客适当介入。我们伟大的祖国，从纵的方面具备悠久灿烂辉煌的历史，从横的方面具备和睦相处多彩多姿的 56 个民族，每一个民族都在为中华民族增光添色。兴建中国民俗文化村，选择具有明显特色的民族，设计建造有代表性的民族村寨，展示不同民族的风貌习俗，以各民族的民俗风情交织成一幅色彩绚丽的美好图画，这对想了解我们这个多民族国家的外国游客具有磁石般的吸引力。

1989 年 10 月，中国民俗文化村动工，1991 年 10 月 1 日正式开业。中国民俗文化村按照 1∶1 的比例，在已经不能扩展的场地范围中，有重点地建设了反映 21 个民族特色的 24 个村寨，从各民族地区聘请当地民族员工来这里现身说法当讲解员，介绍各民族建筑风格、家具陈设、生活习俗、风情文化，演示民族文艺节目。开业后，中国民俗文化村受到热烈欢迎。担任讲解员的民族员工，经过严格培训，自己收集材料，自己准备教材，向游客展示中华民族大家庭的团结和谐，展示高格调的民族文化场景。这些员工经过几年的培训和工作锻炼，文化知识水平和工作能力都得到很大提高，许多来自偏远山区的员工回故乡后，成为当地经济文化建设的骨干。

"锦绣中华"和中国民俗文化村在海内外产生了良好的反响，开业以来共接待来自五大洲的游客超过 4 000 万人。改革开放的新形势，对旅游业提出了新的要求。华侨城建设指挥部提出，旅游景点立意要清晰，建点要站得住脚，不但要突出弘扬民族文化，也要借鉴全人类文化精品。根据这样的创意，我们于 1992 年动工兴建另一个旅游景区——"世界之窗"，前后投资近 7 亿元人民币，占地 48 万平方米，建景点 118 个。这些景点气势宏伟、做工精细，建设速度快、时间短，令外界人士叹为观止。"世界之窗"竣工后，国务院副总理钱其琛率员参加 6 月 18 日举行的开业庆典。6 月 20 日，江泽民总书记偕夫人来这里视察，并亲笔题写园名。在我的办公室，还挂着一幅我与江泽民总书记握手的照片，这是当时留下的难忘瞬间。

目前，华侨城已经成为内地、香港、澳门举办重大活动的理想场所，各行各业的知名人士、政界要人经常光顾这里。香港特区临时立法会把这里作为会址，国务院召开的国有大型企业招商引资洽谈会在这里举行，国际艺术节、电影"金鸡""百花"双奖颁奖、各种学术活动等在这里举办。深圳市庆祝香港回归大型晚会会场就设在中国民俗文化村的露天广场。

华侨城旅游景区的成功建设与经营，推动了全国的人造景点热，也难以避免地出现了人们所不愿看到的某些粗制滥造、荒诞离奇、导向失控的现象。在深圳旅游研讨会上，来自全国各地的旅游专家做了一番统计，全国上规模的人工景点有一百余家，经营较好的只有少数，名列前茅的就是深圳华侨城这三个景区。

在分管旅游之外，我还参与了华侨城建设与发展的许多工作——人事、保卫、办公室，我都是从开头管到现在；此外，我还参与重大项目的洽谈、金融机构的组建、城区管理、文教卫生等。所有这一切都是华侨城建设指挥部集体领导和全体员工共同奋斗的结果。作为班子的成员，我参加了华侨城建设的全过程，了解掌握的情况全面一些、清楚一些，仅此而已。

华侨城集团公司是由政府部门领导的大型国有企业，指挥部成员由政府任命，在管理上要求十分严格，当时工资待遇只相当于二级企业负责人的二分之一，与深圳同级人员相比待遇显得更低一些。但我看到华侨城从一片荒地到取得现在的规模与成就，感到了一种安慰。在工作中，我们不讲情面、急躁发火的情况时有发生，但在内部考评中，职工们却给我们以公正的评价，大家这样理解我们，我们感到非常温暖。

我从北京调到华侨城不久，爱人奉调到香港工作，两个孩子一个刚上高一、一个上小学三年级，都留给我管带。在当时那种情况下，由于大家抱着一种创业的热忱，同时有爱人支持我服从组织需要去创业，我得以放弃北京比较安定舒适的工作，所以我觉得我不能把困难留给她，我应该带着两个孩子走。回过头来看确实是很困难的，但是也愉快地走过了。多亏了众人帮忙，才得以渡过难关。

我曾是中国人民大学深圳校友会会长，又是我校的兼职教授，我对母校有着深厚的感情，母校的培养以及优良校风对我的人生道路产生着重要影响。

张整魁自述，由中国人民大学校友工作办公室负责采访、录音整理及文字编辑，并根据文章《磨炼方显坚利、创业自有豪情》重新整理。

采写 / 林晚　整理 / 李宣谊

陈锡康

| 人物简介 |

　　陈锡康，男，博士研究生导师，运筹学家，经济学家，1936 年出生，浙江省镇海人。1957 年毕业于中国人民大学，1967 年于苏联列宁格勒大学研究生毕业。中国科学院数学与系统科学研究院研究员，中国投入产出学会名誉理事长。投入产出技术和农作物产量预测专家，是我国投入产出技术早期开拓者之一、国际投入产出协会创建人之一及理事。在国际上，首先提出和创立了投入占用产出技术。率先提出农作物产量系统综合因素预测法，在连续 20 多年的全国每年粮食产量预测中，其结果误差小、精度高、预测提前期长。1999 年获"国际运筹学进展奖"一等奖。

结缘 "运筹"

我的家里有兄弟姊妹八人，父亲陈尧卿是医药商店的会计。说起家庭教育，我印象最深的就是父亲从小就要求孩子们刻苦学习、科学救国。或许，正是这种教育在我心里埋下了刻苦钻研、追求科学的种子。进入中学以后，我也一直成绩优异，在上海市国强中学求学时曾多次名列全校第一，常被别人说有"打破砂锅问到底"的精神。1953年从上海市育才中学毕业后，我被保送进入中国人民大学统计系工业统计专业学习。当年的保送考试成绩很好，其中，我从小就喜欢并擅长的数学科目更是出类拔萃。

其实，我最初是被育才中学推荐进入人大外交学院学习，但我深知自己更热爱理工科，也很清楚外交并不适合自己的人生道路，于是在进入人大之前，我就向学校表明了自己的态度。学校充分尊重了我的选择，考虑到我喜欢经济学，又擅长数学，就招我进入了与二者联系颇紧的计划统计学院。

我对一两百人同堂的政治经济学课堂记忆犹新，对江昭、宋涛等老师也是印象深刻。最感谢的便是人大提供的接触许多前沿经济学理论的机会，这培养了我的统计学基础，为我之后的研究工作奠定了基石。大学四年期间，我所有课程的考试成绩都是优秀，还积极参加科研活动；在校期间，我曾被评为北京市高等学校优等生和北京市三好学生。

1957 年 7 月，我大学毕业，当时恰逢我国著名科学家钱学森回国并担任中国科学院力学研究所所长。钱学森主攻力学，但也深知其他学科对祖国发展的重要性。如果说在数学与工程科学之间有一门学科是力学，那么在数学与经济、组织、管理学等学科之间也应有一门学科，那就是运筹学。在钱学森的倡导下，力学研究所建立了运筹学研究室。他认为从事运筹学这门新兴科学研究的应包括三部分人，即数学家、经济学家和电子计算机专家。于是在 1957 年研究室成立初期，钱学森就从擅长数学的北大、擅长经济的人大等高校招收了九名学生，我和另外两名人大学生就在这次机会中被吸收到力学所运筹学研究室（以后并到数学研究所）。自此，我就一直从事运筹学的研究工作。

在研究所工作时，我一方面从钱学森等大师处了解到更多更加深刻、前沿的思想，另一方面也深深感受到在运筹学领域将所学经济学知识与实际国民生活紧密联系起来的重要性。当时力学所运筹学研究室的研究重点就是运筹学在国民经济中的应用，包括合理运输、合理配棉、合理下料、梯级水库的合理调度等。

20 世纪 50 年代，瓦西里·列昂季耶夫创立的投入产出分析技术在世界各国被迅速推广，苏联也在涅姆钦诺夫院士的领导下开始研究投入产出技术（也被称为"部门间平衡方法"）。从此，我主要从事投入产出分析技术的研究工作。根据中苏科学技术合作协定，1965 年，我被派到苏联列宁格勒大学经济系，成为经济数学方法专业的研究生。学习期间我深感根据中国国情研究新的宏观经济管理方法的重要性，对投入产出分析技术也更加好奇。遗憾的是，当时苏联的相关研究还处于保密阶段，因此我只能在列宁格勒大学里"自学成才"。

此外，苏联发达的农业也给我留下了深刻的印象。我们刚刚经历过祖国三年困难时期，十分羡慕苏联人民从来不用为粮食短缺而担忧的状况。粮食产量的可控性对中国这一人口众多的泱泱大国来说是非常重要的，这可能就是多年后我在粮食产量预测方面做出杰出贡献的原因之一。

治学报国，继承和创新中取得重大成就

投入产出分析技术是由美国科学家瓦西里·列昂季耶夫创立的，他曾获得 1973 年诺贝尔经济学奖。在列昂季耶夫的主持下，美国首先编制了美国经济投入产出表，并利用该表预测第二次世界大战结束

后美国的钢铁产量和就业状况，取得了良好的效果。之后，这个方法迅速传播到西欧和日本，东欧、苏联以及很多发展中国家也都编制了国民经济投入产出表。世界上有100多个国家曾经编制投入产出表，它在国民经济管理等领域得到了广泛应用。

从列宁格勒大学毕业后，我回到祖国。此时的中国进入"文化大革命"的动乱时期，国内极左思想泛滥，国民经济发展存在严重不平衡现象，科研工作几乎全部处于停顿状态，运筹学也遭到了很大的打击。

1970年，我在解放军农场的下放劳动结束。回到中科院以后，我深切感到当时中国国民经济发展中存在极为严重的比例失调现象，应当尽快编制中国国民经济投入产出表。1972—1973年间，我们多次到国家计委做报告，一方面建议国家计委成立计算中心，以电子计算机代替算盘和手摇计算机进行经济和计划工作；另一方面又建议编制中国投入产出表，作为计委进行综合平衡和分析的工具。当时的国家计委主任余秋里认为打仗不能只靠小米加步枪，也要大炮和原子弹，于是接受了我们的建议。

在计委的支持下，1974—1976年间，我和其他七位合作者在一片批判和反对的声音中顶住压力，克服重重困难，编制了中国第一个国民经济投入产出表——1973年中国61类主要产品投入产出表。该表在1977—1979年国民经济计划中获得初步的、试探性的应用，为投入产出分析技术和数量经济学在中国的应用打响了第一炮。1977—1979年间，我们利用该表，对中国国民经济计划中主要产品的实物平衡状况进行检验，对能源利用等领域提出了很多重要建议。

对比国际通行的投入产出表，中国的投入产出表添上了更多更加符合中国国情、更能反映中国经济发展状况的色彩。例如，编制实物型投入产出表，表中很多项目（如排放的污染物和能源消耗）应当用实物单位而不是用价值单位来度量。

1979年底，由两位诺贝尔奖获得者劳伦斯·克莱因和肯尼斯·约瑟夫·阿罗率领的美国第一个经济学家访华代表团，在访华总结报告中以5页的篇幅详细介绍了中国编制1973年实物型投入产出表的工作和我们的经历，并指出西方所理解的真正的经济学研究是在中国科学院数学研究所运筹学研究室进行的（此总结报告保存于美国国会图书馆等处）。

在我们的建议下，国务院决定，自 1987 年开始，在大规模调查的基础上，每隔五年编制一次全国投入产出表。目前，中国编制投入产出表的工作已经制度化和经常化。

由列昂季耶夫创立的投入产出分析技术十分优秀，正因此它才获得如此广泛的应用。但是传统的投入产出分析技术也存在很多不足之处，比如没有反映占用与产出之间的联系。为进行全国粮食产量预测，我们编制了中国农业投入产出表。在编制过程中发现，耕地在农业生产中起了重要作用，但包括耕地在内的自然资源在投入产出分析中却完全没有得到反映；进而发现，人力资本和科学技术还有教育和知识的影响等因素在传统的投入产出分析中也没有得到重视。针对以上问题，我进行了深入细致的研究，于 1989 年在国际上首先提出投入占用产出技术，这样的提法，会比以前的更加科学、全面。

目前投入占用产出技术已在我国很多领域得到应用，如进行全国粮食产量预测、研究乡镇企业能源利用和环境保护问题等，这给中国的经济发展带来了不可替代的参考价值。

要"打破砂锅问到底"

我觉得从事自然科学的人大多有一个优点："打破砂锅问到底"。这很好。合理妥善地处理思想理论和实际生活的关系十分重要。始终保持追求科学、追求真理的精神，坚持实事求是，这是最令人敬佩的学术品质。

年过六十之后，我仍坚持亲自查找资料、整理数据。编制投入产出表是一个耗时、耗力的工作，而几十年来，我始终如一，对于课题组编制完成的每一个投入产出表，都认真检查、仔细核对，有一点数据上的差异，就要重做。所以，我的学生们都养成了每完成一项工作，先由自己认真核对，再让老师修改的研究习惯。

值得一提的是，我的女儿、外孙女也都曾就读于人大。虽然她们来到人大并不是因为我，但这份延续了祖孙三代的缘分十分难得。

陈锡康自述，由中国人民大学校友工作办公室负责采访、录音整理及文字编辑。

采访/孟繁颖　编辑/李宣谊

胡家燕

| 人物简介 |

　　胡家燕，女，汉族，1945年生，辽宁辽中人，1977年5月加入中国共产党。1964—1969年就读于中国人民大学计划统计系国民经济计划专业。曾任新疆维吾尔自治区阿克苏地区六厂子弟学校教师，阿克苏地区计划委员会干部，中共阿克苏地委委员、阿克苏地区行署副专员，新疆维吾尔自治区对外经济贸易委员会副主任、党组成员兼新疆国际经济技术合作公司（新疆国际信托投资公司）党委书记、总经理，新疆维吾尔自治区昌吉回族自治州州委书记，新疆维吾尔自治区党委常委、党委副书记、纪委书记，国家体育总局副局长、党组副书记，中央纪委驻国家体育总局纪检组组长，等等。

　　我第一次看到《校友》，是在去厦门的飞机上，杂志办得很好，质量非常高，朴实而不奢华，是一本抹去了功利色彩的好杂志。有一期的封底上登了办公室的集体照片，我感觉很亲切。我很愿意和你们座谈，但不要做什么采访，只要在校友名录里留下个名字，说有我这么一个人就行了。我个性上不喜欢追求奢华和宣传自己，只要在你们的校友库里留下一个信息就足够了。我并不是特别去戒备什么，只是自然而然地流露而已。

浓厚的母校情结

　　我的母校情结比较浓，人家一介绍我的时候就说：胡家燕，人民大学的！能将自己的名字和母校的名字连在一起，我感到非常自豪。五六十年代的人民大学，是名牌，如雷贯耳。当时就有领导说：你们是天之骄子，党之骄子！

　　1964 年，我考入中国人民大学计划统计系，学习国民经济计划。从中学到大学，从辽中到首都，入住人大东风三楼，我开始了那段难忘的求学生涯。60 年代，我接受正统的社会主义教育，拥有良好的学习环境，那独特的校园氛围是我品行养成的重要沃土。实际上，无论文理，当时所学大同小异。前两年专业还未深涉，与学工的一样，政治经济学和毛泽东思想理论必不可少，使我获益良多的是过硬的素质训练和扎实的理论功底。马克思主义是解决问题的理论基础，有助于开拓思路，明白从何入手。还记得，同窗苦读，讨论热烈。马基课讲到"一分为二"，课堂辩论异常精彩，尤其当针对毛泽东思想时，有趣的是把任课老师吓坏了。

　　人大和其他学校有显著区别，正统教育始终根深蒂固。二三十年后与同学再相聚，我发现大家的世界观、人生观、个人的品格等方面都没有发生很大变化，可以说这是人民大学正统教育给予我们的最宝贵的财富。当然，当时和现在的大学教育有所区别，但重要的是在人民大学学习期间，我们奠定了厚实的理论功底、坚定的世界观和人生观。有人说，人民大学的教育在思想上有一定的禁锢，人大学生没有北大、清华学生那样灵活，我觉得完全不是这样。人大学生在思想的活跃程度上一点不比他们差，反而更为解放，真正的创新就是在这样一种正统教育环境下产生的。今天我们还在讲人生观、世界观，这些并不虚伪，在我看来是终身受用的。

人民大学毕业的人，脑子里有一套东西——哲学，尤其是科学社会主义。人生就是一种积累，工作中主要是平时的各种积淀在起作用，包括思想的积淀、人生的积累。我的踽踽西部之行，没有任何的背景可利用，唯有人民大学这块牌子，她是我的受教育程度、文化水平的体现，也是我人生观、世界观养成的重要地方。

奔赴新疆的艰苦岁月

1964 年入学的大学生被称为"老五届"，五年大学生活结束后，根据当时的分配原则，奔赴祖国的各个地方。我们那个年代，工作讲的是对口，北京钢铁学院毕业的去烧锅炉，北京轻纺工业学院毕业的去纺布。人民大学在当时来说声名显赫，主管文教的领导就把我分到新疆阿克苏地区的学校。

那时的新疆，并不像今天是旅游热门之地，可以说是很荒凉的。从乌鲁木齐到阿克苏，我整整坐了五昼夜汽车，当时没有公路，更不要说路灯。然而，抵达六厂子弟学校后，我感到很惊讶：人大强势专业——国民经济计划竟然无法对口！后来还是领导得知我是人民大学的学生、高考作文分数很高时，才勉强接纳我。除了音乐、绘画和体育外，其他所有的课程——历史、地理、语文、政治等都由我一个人任课。

当时的生活也十分艰苦，从打土坯砌墙到把房子盖起来，都是我们一手完成。后来有个电视剧讲的是戈壁滩上死刑犯的故事，犯人一天打三百块土砖，拿着麻袋运泥土，人不像人，鬼不像鬼。而现实生活中的我白天去玉米地除草，夜晚在南疆皎洁的月光下抱着孩子坐在戈壁滩上，在清冽的月影中看着爱人打土坯，一天打五百块。可惜的是，第二天起床的时候发现，狼把土坯踩得乱七八糟。没有吃不了的苦，没有受不了的累，这就是一种人生，一种经历，但是我们年轻气盛，并没有觉得很苦，顺利地走过了这一关。我觉得这是一笔财富，没有当时吃的苦，也就没有我的今天，水到渠自成。

从阿克苏地区子弟学校教员，到地区计划委员会干部，再到阿克苏地委委员，再到后来的阿克苏行署副专员，我成为第一个在少数民族地区当上行署副专员的汉族女性。之后，从外贸厅厅长一直到自治区区委副书记，又成为第一个从阿克苏地区走出来的汉族女性书记。

艰苦的工作对我来说不仅仅是一种磨砺，还能够从中享受到特有的体验和乐趣。即使只是一个中学教员，我也严于律己，态度一丝不苟。走上领导岗位后，我提倡："领导要一级做给一级看，一级带着一级干。"对下属，工作上也要求严格，在我看来，小事反映出工作态度。1995 年 5 月，我成为地区一把手——昌吉回族自治州州委书记。一步一个脚印，次年 12 月，我升任新疆自治区党委常委、纪委书记，并于 2001 年 10 月起任新疆区委副书记，主管组织和纪检。

权力意味着职责，职责则成为学习的动力。我在一次培训大会上明确提出树立"终身学习"的观念。我意识到自己那一代人是"本科牌子，专科底子，学校所学有限"。在瞬息万变的信息社会，更重要的是一种自身素质，更讲究的是一种学习能力。可能很多人会认为，新疆地处僻远，老少边穷，思想保守、观念落后，但在我这儿这是不对的。我是人大毕业的，也经常出国考察，可以说是"见过世面"的。而且我平时也注意学习，做事不卑不亢。所以当我在 20 世纪 80 年代第一次到达深圳的时候，对眼前的繁荣开放景象一点都不感到惊奇。

我们人大人一直有一种光荣感和厚重感，当然不是躺在成绩上睡觉，也不是故步自封，而要活到老学到老。学习已经成了一种生活方式，一种持续的心境，我们要放弃高高在上的位势优越感，进入到一种具体细微的实践环节中，与时俱进、不断进步。

胡家燕自述，由中国人民大学校友工作办公室采写，并根据资料进行整理及文字编辑。

采写 / 孟繁颖　编辑 / 李宣谊

朱维群

| 人物简介 |

　　朱维群，1947年3月生，江苏建湖人。1965—1970年就读于中国人民大学语言文学系文学专业。1970年7月加入中国共产党，同年参加工作。后在中国社会科学院研究生院新闻系攻读硕士学位，毕业后任人民日报社记者、编辑。1991年调中共中央办公厅工作，1998年任中央统战部副部长，2006年1月任中央统战部常务副部长（正部级）。第十六届中纪委委员，中共第十七届中央委员。

相比较我的同时代人，我走的地方、经历的工作岗位可能比较多。

三代人的人大情怀

我的家庭和人大有极深的渊源，我的岳父是人大前身——陕北公学和华北联大的负责人之一，我的爱人是与我同期从新闻系毕业的，女儿、女婿是90年代从人大毕业的。至今，作为人民大学曾经的学生，这依然让我感到光荣与骄傲。

我1965年进入人大语言文学系学习，而1966年"文化大革命"就开始了，可以说我经历了人大历史上很特殊的一段时期，正常读书的时间并没有多少，倒是在"文革"中经受了特殊的磨炼。当时人大的学习、生活条件同今天没法比，伙食费每天5角，一个月15元（或15元5角）。最困难的同学申请助学金，可以达到20元。在今天，这些钱连买一个菜可能都不够，而在当时可是一个不小的数目了。那时，同学们都以艰苦朴素为荣，感到精神上还是很充实的。

我对人大师长非常尊重与景仰。当时的学校领导都是很了不起的人物，有很多是了不起的政治家、学者。老校长吴玉章，毛主席称他"一辈子做好事"。党委书记、副校长郭影秋甘愿放弃云南省省长、国务院的重要职务来人大搞教育，他还是明史专家。语文系党总支书记俞圣祺、中文系主任何洛，都是资格很老的同志。当时几乎每个系的主任、许多老师都是某个方面的学术带头人。由于那个特殊的环境，错失了向他们请教的机会，我至今感觉很遗憾！

做一名紧跟时代脚步的记者

从1978年接受人民日报社培训，到80年代初正式任记者，短短几年时间，我被培养成了一名新闻多面手。我既当过驻省记者，又当过驻国外记者，也当过总编室的机动记者，之后又调到总编室做第一版的主编，可以说国内、国外，机关、地方，白班、夜班都涉足过。在人民日报社，我接受的锻炼比较全面。好多同志在报社往往是在一个部门一直干下来，而我一直都是跑来跑去的，这个阅历非常宝贵。各种角色的转换不仅提升了我全方位的新闻素养，而且培养了我从较为广阔视角看问题和靠自己的眼睛去挖掘事物本质的习惯。记者要用自己的笔，反映时代的脉搏，反映中央的决策和意图，反映人民群众的生活、创造和需要；只有这样，记者才能在我们国家的发展大潮中起一定的推动作用，这是记者的职责。

我喜欢到基层去，越苦越累的地方越喜欢去，这对我了解社会、思考问题有很大的帮助。无论是当记者，还是当机关干部，都不能只看到几个大城市，要对中国广大基层的状态有深入的了解。《人民日报》记者的岗位和后来中央办公厅、中央统战部的岗位，在这方面给了我最好的机会。抓住这个条件，几十年来我走遍全国广大地区，各地的山川地貌、风土人情、社会状态极大地拓展了我的眼界和思路。

我们正处于一个快速变革的时代，构成新闻题材的东西非常多，而要真正抓住这些东西，就要不停地跟踪、迅速理解。我较早地在报道中提出我国科技成果商品化的问题，东部沿海滩途资源开发问题，以市场推动加工业、以加工业推动种植业的创新农业理念问题，等等，这些都是我对基层群众实践的观察结果。重大报道，大都源自基层创新，记者把它提炼出来，在全国比较早地提出来，这就是成绩。记者不能满足于旧的东西，必须时刻紧盯新的东西，这是一个很重要的思维方式。

跟理论政策研究打了半辈子交道

大学期间，尽管正值"文革"这么一个"不准读书"的特殊时期，我依然刻苦研读了《资本论》等一系列马克思主义经典著作和中国文化基本著作，这为我打下了坚实的理论功底，也成为我日后理论政策研究工作的"本钱"。不论是在《人民日报》第一版主编的位置上，还是在中央办公厅调研室的位置上，理论政策研究和文字工作一直是我工作的重点。从 1998 年任中央统战部副部长直到 2002 年，我一直分管统战部的政策理论研究室。文件文稿的研究、起草、写作贯穿着我多年的工作，这也难怪我对于严谨的理论政策研究格外看重。

现在很多文化青年不喜欢搞文字工作，不喜欢搞"枯燥"的理论政策研究，我觉得这是不对的。对于理论政策研究，我有着自己的见解。在各领域工作中，理论是管总体规律的，政策是管工作目标、方向的；理论政策发生任何一点偏差，都可能在实际工作中失之千里。一个干部，无论是做新闻还是做党务工作，或是做经济等其他领域的工作，如果没有理论兴趣，不重视政策研究，不重视历史研究，那不管官多大，实际上总是处于一个低层次的思维水平。在机关搞理论政策研究，当"笔杆子"，既辛苦又不出名，但是我们国家的发展和稳定，需要有一批人自觉地守在这个位置上。

十六大之后，我的工作做了调整——主要负责联系民族、宗教、西藏以及海外统战工作。这个岗位，既需要理论、历史研究的能力，又需要应对各种各样的实际难题、突发事件的能力，具有很强的操作性。

在我看来，这是我几十年工作中最具挑战性的工作。民族、宗教问题关乎国家的长治久安，不允许有一丝一毫的闪失。这个工作除了要和自己人——民主党派、企业家、知识分子、宗教界人士打交道，还要和敌对势力打交道。和平时期有这样一个任务，和一批属于敌对势力的对手打交道，很有意思。有时候，这些境外的"朋友"们对我的了解比国内的朋友都多。我在战术上重视敌人，在战略上却十分轻松，谈起这个话题时，我始终散发着游刃有余的自信。

与西藏的不解情缘

西藏是一个我有特殊情感牵系的地方。我第一次进西藏也是我记者生涯的最后一次采访。1991 年，西藏和平解放四十周年前夕，《人民日报》的记者小组进西藏采访，40 多天里，我通过深入的考察、采访，对西藏有了一个直观的概念。第一次到拉萨，机场只有一间很破旧的小房子，拉萨城里基本都是平房，一到晚上满城都是野狗叫。那时候，我知道了"一犬吠形，百犬吠声"是个什么阵势。后来，我就用这句话来形容支持"藏独"势力的外国"朋友"们："你们连西藏都没去过，既不知道西藏的历史，也不知道西藏的现状，无非是跟在别人后面瞎嚷嚷罢了。"

那个时候拉萨完全不似今天一副大都市的气派，而再往基层走，条件就更差了，一些地区、县的党政机关，就是几排破平房。早上起来打水，水龙头都是冻住的，室内也没什么取暖设备。但是西藏特殊的风光和藏族人民的热情，各级干部和解放军官兵艰苦奋斗的精神，非常感人，给我留下了深刻的印象。

由于当时进过藏的人少，在大机关我算是对西藏相对了解的干部，关于西藏的工作和研究就参与得多起来。而 2002 年之后，我的主要任务之一就是联系西藏方面的工作。至今，我进藏二十多次，最近几年每年都要去，最多的是 2005 年，一年内进藏四次。对西藏充满感情的我也欣喜地关注着西藏的变化。西藏这些年发生了巨大变化，是我们国家对西藏的方针政策在起作用，包括全国各省区市都有援助西藏的任务，这个变化是一年一年用眼睛就能看得到的。当前我们工作的重点是要更多地帮助农牧民群众解决困难，让广大农牧民更多地享受到我们国家改革发展带来的成果。

人大和其他高校不一样的地方，在于我们是从延安走过来的，是党在革命烽火中创建的。这样一种传统和校风，对我的人生起了决定性的作用。我所选择的这条道路和人民大学培养人的宗旨、学校的传统是紧密联系在一起的。我同母校经常有工作联系，每次我回到母校，办完事，总要在校园里走一走，看看哪些旧时的建筑还在，看看又有哪些新楼、新设备，重新感受青年时的学校氛围。

从人民大学出来，是我的光荣。当我工作上有一点成绩的时候，我很乐意对别人说，我是人大出来的；当我同境外的对手交锋时，我会想：让你们知道知道人民大学学生的厉害！

你们问我我的座右铭是什么？我的回答极其简单明确："为人民服务！"

朱维群自述，由中国人民大学校友工作办公室负责采访、录音整理并进行文字编辑。

采写/孟繁颖　马飞　李俊杰

刘济民

| 人物简介 |

　　刘济民，1938年生，内蒙古人。1951年7月参加中国人民解放军，1958年4月随部队集体转业到北大荒，参加了创建国营农场、开发北大荒的事业，多年从事国营农场管理工作和农村工作。1960—1965年就读于中国人民大学新闻系。1978年任国家农垦总局副局长；1986—1993年，先后任中共江苏省苏州市委副书记、无锡市委副书记、无锡市委书记；1993年7月任国务院副秘书长；1998年4月任国有企业稽察特派员；2000年6月改任国有企业监事会主席。

军人、拓荒者、大学生

1951 年，刚刚小学毕业，我就参加了人民解放军。那时，我还不满 13 周岁。在连队的一次忆苦思甜会上，别人都控诉旧社会受压迫、受剥削之苦，大讲为革命事业、为共产主义理想而奋斗的豪情壮志，我却莫名其妙地说："我来当兵是因为家里穷，上不起学，到了部队觉得比家里好。"惹得大家哄堂大笑，指导员还严厉地批评了我。

从 1956 年到 1960 年，从四川到北大荒，从部队到农场，我一直坚持刻苦自学。1960 年 7 月，我从密山坐火车赶往哈尔滨，参加高考，考场在黑龙江省委党校。当时也不知道怎么考试，连文科理科都不懂。白天在教室考试，晚上就在教室睡觉，被褥也没有，就是一件自带的雨衣，铺在课桌上就睡。临行前还有人说风凉话：一个小学毕业生还想考上大学？也不照照镜子！我不在乎，反正考不上也不算丢人。

三天的考试结束后，我回到了农场，一如平常，继续工作，继续劳动。8 月的一天，我正在 856 农场锄地，场部的电话打了过来，同事告诉我，中国人民大学已经录取了我，问我要报哪个专业。我也不知人民大学都有什么系，就说："你们看着给我报吧！"结果，同事给我报了人大新闻系。他们说："毕了业当记者，多神气呀！"

也许这就是机缘。完全不知道大学设什么系，连专业都是同事帮助选择的，但是，我事后回忆：等我熟悉了大学，我发现我最喜爱的，恰恰就是新闻系。虽然我没有实现当记者的梦想，但在新闻系学习的经历，却影响了我此后的一生。观察的敏锐性，凡事都要问个"为什么"的习惯，以及写作的爱好，都是学习新闻专业培养成的。

在人民大学的五年，给我的修炼打下了很好的基础。我最忘不了的，是副校长郭影秋的一段讲话。1963 年，郭影秋从南京大学校长调任中国人民大学副校长。他在中国人民大学城内各系师生的见面会上，十分明确地说："学生的主要任务就是读书。""教学是压倒一切的中心任务。"从 1957 年反右、1958 年"大跃进"，到我们上学时的三年困难时期，全国都在突出政治，政治压倒一切。但是郭副校长号召学生读书，这需要多大的勇气，具备多么长远的眼光啊！郭副校长的"学生的主要任务就是读书"这句话，影响了我一辈子。越到后来，经历得越多，越觉得读书重要，越觉得读书是极大的乐趣，它打开了我认识世界的一扇窗户，也是涵育心灵的营养，是自觉地做一个高尚的人的基础。

大学的生活清苦也平淡，没有了在军队和农场时的那种火热和喧闹，我却十分满足于这过去连想都不敢想的读书环境。我很珍视课堂上有老师讲课，珍视有同学可以互相讨论，珍视那图书馆里很多很多的藏书。

到北京上重点大学，太难得了。更难得的是，当时的新闻系有一支政治思想和业务素质都很强的教师队伍。他们学识渊博、才华横溢，很有特点。他们讲课是一种创造，是一种艺术，我听他们讲课觉得是一种享受。难忘母校，难忘恩师，想到母校众多的老师，心中就会树起一座丰碑。

1995 年 10 月，在中国人民大学新闻学院（系）创建四十周年的喜庆时刻，我曾以《赠母校老师》为题，写下了这样一幅贺联：

看今日，万千桃李，争芳斗艳，文采飞扬，丰碑耸立云天外；
忆当年，四十春秋，含辛茹苦，风雨沧桑，奉献尽在不言中。

遗爱苏南

1991 年夏天，无锡连续下了三天三夜的大雨，仍然没有停止的迹象。7 月 2 日夜半，我站在家门口看着那如倾如注的大雨。那个雨下得邪了，从来没见过，我睡不着，想得很多。想到当年大兴安岭的大火，想到唐山的大地震，再想到无锡这场大水，我觉得很严重。如果整个无锡城或者半个无锡城被淹怎么办？怎么救人？100多万人往哪里撤？不仅要组织指挥好当前的防汛救灾，而且要尽最大努力做好迎战特大洪涝灾害的一切准备，绝不能让无锡人民遭受唐山大地震和大兴安岭大火那样的灾难。我召开紧急会议，向老同志、老水利干部请教，安排"后事"——"凡事预则立，不预则废"。当时所安排的"无锡后事"，就是人们十多年后所说的"预案"。

这是我到无锡任职的第四年。我被任命为无锡市委书记是在1989年5月，那时，全国的政治局势正处在不可预测的大风波之中。无锡的局势同全国一样，每天都有很多人上街游行、静坐；高校的学生占据着无锡市的五爱广场，有几万人。我刚刚上任，就遇到了这样复杂的局面，真是猝不及防。但我让自己镇定，我知道，面对这种大范围的群体事件，必须牢记六个字：镇定、耐心、善意。十年前的1979年，我就已经面对过类似的重大事件了。当时在新疆的阿克苏地区，作为国家农垦总局副局长，作为处理上海知青要求返城事件的主要负责人，我深入返城事件的策动地，被情绪狂躁的上海知青围困了七天七夜，就是凭着这六个字，最终脱离了险境，促使问题得到妥善解决。

如今，"人祸"已过，天灾将至，必须全力投入到这场与自然灾害的抗争中。

当时无锡市委确定的抗洪救灾的方针是：第一救人，第二救人，第三还是救人。我们把人民群众的生命安全放在首位，这正体现了人们说的"以人为本"。市委责成一位副书记牵头，组织各有关部门的同志组成一个小班子，紧急研究一旦毁灭性的灾害来临，如何确保人民群众安全，把大水灾来临时的救助路线设计出来，包括大批灾民如何撤离危险地区，车辆如何组织，如何安置灾民，如何保证我们的生活，如何保证医疗救护，这些都要有详尽的方案，以备不虞。

从6月底到7月初的十天当中，无锡城乡降雨达600多毫米，这是无锡自有气象记录以来从未有过的大雨。加上上游地区洪水自然下泄，太湖水位骤涨，向城区涌灌，无锡全城一片汪洋！

在这样严重的时刻，最重要的是要发动全市人民共同抗灾救灾。在全市危急的关头，我发表了主题为"人民自有回天力"的演讲。我说：只要我们紧紧地依靠人民群众，依靠人民解放军，充分发挥人民群众和人民解放军的聪明才智，就一定能够战胜这场特大洪涝灾害。

就这样，在无锡市委、市政府强有力的领导下，受困的 36 万灾民全部脱险疏散到安全的地方。除在救灾中牺牲了四位党员干部和工人外，上至 92 岁的老人，下至刚出生的婴儿，全市城乡 400 多万人，无一人因洪水丧生，夺取了抗灾、救灾、恢复生产的全面胜利。

一个人不管在什么岗位，面对的突发性重大事件总是很少的，更多的是平凡的事务，市委书记也不例外。但如何看待平凡事务，如何处理平凡事务，却体现着一个人的品德和精神。

我就任市委书记不久，就发现了一个奇怪的情况：我的办公桌上没有人民来信。怎么会没人给我这个市委书记写信呢？经过了解，并不是没有人给书记写信，而是来信太多，按照以往的惯例，就由信访局直接处理了。我觉得这样做不妥。我认为，如果市委书记不能亲自处理群众来信，那就是自己堵塞了一条联系人民群众的重要渠道，老百姓谁还会给我们写信啊？那还算是共产党的书记吗？于是，我给机关的同志立了一个规矩：凡是写给我的信，不论多少，我都要看，都要认真处理。于是，我每周安排两个半天，排除杂务，专门处理人民来信，有些还要亲自回复；有的事关人民群众生活福利的重要来信，我还会带上有关部门的同志，登门拜访来信群众，实事求是地、面对面地解决问题。这样的事，在无锡留下许多佳话。

我对那种急功近利、华而不实的作风是深恶痛绝的。我说："我的基本工作方法是调查研究。我在苏州、无锡工作了八年，要说有什么长进，最重要的还是运用毛泽东一贯倡导的工作方法，深入实际调查研究，在实践中学习，在调查研究中学习。"苏州、无锡农村的 300 多个乡镇，无锡的几十个国有重点企业，无锡所有的高等院校和许多中、小学，以及一些商店、街道、居委会、农民家庭、市民住宅，我都去做过调查研究。特别是在无锡做市委书记之后，用我自己的话说，叫作"小材大用，责任重大，丝毫不敢懈怠"。我做市委书记有个特点，很少开会，也很少参加一些不必参加的会议。我说："我多年做副职，突然做了正职，感觉至少有一个好处，即如果安排得当，时间都是自己的，安排时间的主动权掌握在自己手里。""当书记之后，我超脱多了，反而清闲一些。"我绝不去忙事务，绝不去过问那些具体的琐事，尽可能地摆脱一些场面上的应酬，每周安排两个半天处理群众来信，每月安排一两个半天主持召开市委常委会，其他时间基本上都用于深入实际调查研究，看书、学习，思考大事，商讨大事。

我通过大量的调查研究，从苏南发达地区的实际情况出发，在工作中形成无锡"新三宝"——太湖、人才加创造，破"三小"——破小步渐进、破谨小慎微、破小富即安，"尽可能多为老百姓做点实事"，"使劲一跳摘桃子"，"高起点、跨越式、外向型"，"愚昧也不是社会主义"，"国有企业和乡镇企业杂交出优势"以及"不进则退、无功即退"等工作思路和理念，对于在更高水平上推进无锡经济和社会事业的发展发挥了重要作用。

我对城市的建设和改造特别谨慎。我认为，城市建设是百年大计，甚至是千年大计，稍有不慎，将祸及长远，是几代人难以挽回的。在一些地方建大广场、修大马路、盖大高楼之风盛行的时候，我考察和反复研究了新加坡城市建设的经验，请曾任新加坡市区重建局局长的刘太格做无锡城市建设的顾问。

"湖山信是东南美"，我在苏南这块美丽的土地上，前后工作了八年，那是我最为舒心、最为充实的八年，我深深热爱着这片土地。苏南是个好地方，地灵人杰，显瑞呈祥，得山水之灵气，集天地之精华。说不定我也沾了点太湖的灵气，好像那几年脑子也不太笨了——脑子太笨，就很难做那个书记。我非常怀念在苏南工作的那几年，那时感觉是全神贯注、全力以赴，那种经历是百科大全，是五味杂陈，那是可以让人反复回味的一段刻骨铭心的经历。

智括四海

一个人的领导才干，不是从天下掉下来的，不是天生就有的。才干来自实践，更来自对实践的总结，来自孜孜不懈的思索。才和智，从来不能离开须臾。特别是在处理突发事件中，在重大的历史关头，从容不迫，临机立断，既要稳定大局，又要兼顾人民群众的切身利益，这不仅需要勇气、需要才干，更需要智慧。

1978年，一些地方的上山下乡知识青年掀起了声势浩大的回城风潮。从20世纪50年代到70年代，全国几千万城市知识青年到生产建设兵团、到国营农场、到广大农村，参加农业生产，建设边疆，保卫边疆。到70年代末、80年代初，由于形势的变化，大批知识青年陆续从农村返回城市。但是，黑龙江、新疆和广东、云南的生产建设兵团，由于是准军事化组织，个人不可能随意返城，于是大批知青有组织地集体上访，要求返城。1979年3月，新疆生产建设兵团以阿克苏地区为主组成的"上海青年联合委员会"（"上青联"）赴北京上访团，共47人，赴京上访，要求回上海。当时国务院归口管理生产建设兵团和国营农场工作的部门是国家农垦总局。作为国家农垦总局副局长的我，负责接待这个上访团，对他们的住宿、伙食等做了妥善安排。我和几位接待人员夜以继日、耐心细致、面对面地做思想教育工作，僵持四十多天，工作做得很艰苦，但成效甚微。上访团明确提出：不解决问题，不回新疆！他们还要求中央派人到新疆调查研究，就地解决问题。同时，从新疆传来消息，那里的几十万上海知青情绪极不稳定，大部分地区已经停产、瘫痪。

问题并不是同意或不同意返城这么简单。那时我们国家刚刚开始改革开放，经济形势依然严峻，城市接纳能力和就业岗位非常有限；很多知青已经在当地成家，知青返城还伴随着配偶和子女问题……总之，千头万绪，非常复杂，稍有不慎，酿成大乱是完全可能的。许多知青仅仅从自己的愿望出发，考虑不到这么多，使事情变得更为棘手。我考虑到，这么多上访人员长期滞留北京，随时都有发生不测事件的可能，于是我主动向总局党组提出派调查组到新疆，既可把上访团引回新疆，又可深入基层，了解真实情况，广泛听取意见，提出决策建议，向国务院报告。经总局请示，王任重副总理同意，决定由我带领调查组前往新疆，调查了解实际情况。

40岁就任国家农垦总局副局长的我，这一年41岁。

新疆垦区的情况远比在北京了解的严重和复杂。就在调查组到达新疆的同时，在策动返城最早、活动也最积极频繁的阿克苏垦区，上海知青已经占据了阿克苏地区农垦局的办公楼。一方面是对调查组不信任，另一方面是要向调查组施压，他们四处活动，甚至准备动员老人和小孩数千人，向调查组跪求。初到乌鲁木齐的调查组，感觉到了气氛的凝重。

在和新疆自治区党委、新疆农垦总局的领导沟通后，我们在南疆开了三天座谈会。鉴于问题的严重性和急迫性，我决定，必须尽快赴问题最突出的阿克苏地区，防止进一步的过激行动发生。

调查组兵分两路，分别前往阿克苏地区问题最严重的两个团，我带领两位青年同志去14团。6月27日黄昏时分，我们一行到了14团团部。团长和政委非常担心调查组的安全，建议在团部开几个座谈会就结束调查。我没有同意，我说：如果不直接了解上海知青的工作生活情况，不能直接做思想工作，在目前情况下，有可能出大乱子。我决定直接到已经瘫痪的11连。

当天晚上，我们住在团部招待所。半夜时分，熟睡中的我突然被惊醒了，大街上人声嘈杂，脚步声来来往往。原来，调查组到达的消息已经走漏，"上青联"组织大批知青已"兵临城下"。我正想出去，团长和政委急忙赶来，劝我不要出去，说："外面很危险，说不定这些人会绑架你，问题就大了。"我冷静地说："他们是冲我来的，我不出去，他们不会走。他们本来对你们几位团领导就有气，你们出去，他们不会听。僵持下去，会更危险。"我不顾劝阻就开门走了出去。

刚出门，突然断电了，院子里一片漆黑。我不信邪，在黑暗中说道："我叫刘济民，是国务院王任重副总理派我来的，也是你们上青联的头头请来的。"

院子里响起了一片起哄声，几只手电照向我的脸上、身上。

"我们来，就是要听取你们的意见，了解你们的真实情况，回去向国务院汇报。你们要解决问题，就要为调查组提供良好的工作条件。这样乱糟糟的，我们怎么工作？"

也许是根本没有想到我会挺身而出，也许是被我的气势震慑，也许是听进了我讲的道理，这些人在我一段讲话之后，安静下来了。

但是第二天早晨，我发现招待所的大门、我的房门，都有人把守，比晚上的人还多。代步的吉普车机厢盖上，坐着两个小伙子，车头前面的地上，还坐着几个人，看来是不让调查组动步了。大门把守很严，他们自己的人可以进出，这显然是精心组织的。

团长和政委更紧张了，劝说我留在团部，不要下连队了，下连队会更危险。我知道，"上青联"就是不让我和广大知青直接见面，要把我困在团部，逼迫我答应要求。我依然坚持要按计划到11连，直接和广大知青见面。我让团长另外准备一辆车，找一个可靠的知青掩护，想办法走出大门，并告诉团长、政委，不必跟我一起走，调查组另外两位同志也不要去，人多目标大，很难走出去。

正巧，调查组两位年轻的同志在院子里同几位知青展开了激烈的辩论，吸引了许多知青。就趁这么一个短暂的机会，我和掩护我的知青悄悄出了大门，坐上团长准备好的吉普车，顺小路开往11连。

开始很顺利。车子走了一段路，突然发现前面有十几个人拦住去路。原来，"上青联"的头头得知我不在招待所，马上电话通知各连队四处拦截。终于有一支小分队在途中发现了我们。

知青们围住了吉普车，走是走不了了，又不能硬闯，我就下了车。

经过一番周旋，这些青年同意随我一同去11连，他们拥着我向11连走去。走不多远，一条宽阔的灌渠拦在面前，走在前面的知青开始脱鞋，要蹚过水渠。我也要脱鞋，有人说："不能让首长蹚水。"说着，他们把我高高地举起来，一排人接力式地把我传到了对岸。这条渠，现在就叫"济民渠"。

到了 11 连，指导员把我安排在连部的托儿所。

"上青联"的头头们立即组织大批知青向 11 连集结。那些知青赶着牛车、马车，拉着行李、烧柴、米面，到 11 连安营扎寨，把我当作人质，向中央施加压力。

当时的 11 连，集中了一两千知青，笼罩在一种紧张而又惶恐的气氛中，形势相当严峻。如果局面失控，出现大乱，我和一些青年人的死，很可能是不可避免的。我当时并不觉得可怕，真的死了，也是死得其所。一个人如果死都不怕，那就什么都无所谓了。所以我很坦然，很镇静。晚上，我还是按照老习惯，睡前用凉水擦澡。

第二天上午，我参加了"上青联"在 11 连召集的大会。会场上的一千多人怀着各种各样的心情，静静地等待着我讲话。

我讲了第一句话："你们都要求回上海，我很理解你们。我要是你们，也可能早走了！"

全场轰的一声炸开了。谁也没有想到我会说出这么一句话。听惯了官腔，谁会想到中央派来的官员会说出这么一句大实话？有更大的疑惑，也有更大的惊喜，仿佛这一句话的力量，就击中了他们的心头。紧接着，就是长时间排山倒海般的掌声。

我止住人群的喧哗，说："先不要鼓掌，我还有话要说。只要符合中央的政策，就可以走，但是不能闹。无理不能闹，有理也不能闹。"

刚说完这句话，有人起哄。

我接着说："其实我和你们当中的许多人年龄差不多，我是老农垦，1958 年到北大荒，那里现在也叫兵团。后来我走了，是考大学走的，不是闹着走的。"

我原原本本地讲了中央关于知青上大学、参军、病退、困退等政策，说："符合这些条件的，你们回去收拾东西准备走，不符合规定的，有困难和要求，可以向组织反映，我们调查组就是来听你们意见的，回去向国务院汇报。"

知青们觉得我和他们一样，也是建设兵团出身，难怪这么了解他们的情况；很多人当时就对我产生了信任感，觉得我讲的话合情合理。是呀，事情必须一步步办啊，哪能说走就走呢？

我宣布，以后每天上午在这里开群众大会，我有许多话要讲，大家有什么意见和要求，尽管敞开讲。

第一次大会后，又连续开了四次大会，效果都很好。唯有第二次的大会，"上青联"策划了一次我意想不到的"集体跪哭"，这对我又是一次考验和挑战。

二三十名穿着整洁的男孩、女孩整整齐齐地站在队伍的前面，一个漂亮的小姑娘走到我面前，行了一个队礼，拿出一片香烟纸，转身对着大家念道："尊敬的刘伯伯，您好！我们都是上海知青的子女，我们要回上海，我们要爷爷、要奶奶、要外公、要外婆……"孩子还没念完，哭声就响起了，二十多个孩子一起跪在我面前，女青年们跪倒了，男青年们跪倒了，全场一千多人全部跪倒了，哭声由小到大响成一片，有些人嚎啕大哭。

我也掉泪了。我同情这些知青的遭遇，但我同时也很清楚，这又是"上青联"头头们给我施加的压力。我上前扶起跪在地上的孩子，对"上青联"的头头们说："孩子们还不懂事，你们不该把孩子们推出来。"

"跪哭"事件让我意识到，虽然一直在同广大知青直接见面，但整个过程还是被"上青联"牵着走的，自己很被动；必须扭转这种局面，把工作的主动权掌握在自己手里。于是，我在那几个"保护"我的彪形大汉寸步不离的情况下，到知青家里，一家一户地走访，推心置腹地交谈，了解真实情况，也让大家有机会了解中央的政策；在大会上，引领知青们合情合理地思考问题。知青对我的敌视在减弱，对我的信任在增加。

在这期间，忽有传言：阿克苏地委书记刘裕如要组织两个连的兵力进驻 11 连，强行解救我。

武力解救，是我最不愿意看到的情况。我十分了解，兵团知青都受过军事训练，很多连队有武器库，11 连是值班连队，也有武器库。虽然我在进入 11 连后，就已经安排可靠人员守护武器库，但如果发生正面冲突，知青们强行打开武器库，也不是不可能的。那样一来，就必然会发生流血事件，不知道要死多少人。一定要制止这样的事情发生！

我临机立断，义正词严地拆穿"上青联"主要头头的阴谋。我拍案而起，大喝一声："你听着，我是你请来的，这里发生的任何大事，你都跑不了，你都要负责！"在场的那几个头头脸都吓白了，他们一个劲儿给我说好话，劝我不要发火。我告诉他们，这样的事情绝不会发生。我赶忙给14团团长和政委写信，告诉他们：公安和武装人员没有我的同意，绝不可以进入11连，请他们同时报告地委书记。事后，我得知，地委书记确实准备派一些公安武装人员进入11连维持秩序，接到我的信后，才没有派人过来。

这个决定不但避免了流血冲突，而且深深感动了"上青联"的头头和部分怀有敌意的知青。从这件事上，他们看到我没有利用武力对他们威逼，而是仍然孤身一人耐心地同他们交流，他们终于理解到：我完全是怀着真诚来关心他们的，是来帮助他们解决问题的。

就这样，在被围困失去自由的七天七夜里，在危险一触即发、险象环生的危急关头，我硬是凭着勇气，凭着胆识，尤其是凭着智慧，既正气凛然、坚持原则，孤立了少数人，拆穿了他们的图谋，又善解人意、体贴入微，耐心细致地做好宣传教育工作，终于化险为夷，稳定了大局，没有激化矛盾，赢得了广大知青的信任。

我要离开11连了。虽然只有七天，虽然这七天还是在失去自由的状态下，但是，我已经和这里的知青，和知青的家属，甚至包括曾经看守我的人，有了感情。我知道，广大知青是善良的，虽然他们的一些做法有些过激，但他们并没有什么非分的要求，怎么能不同情他们呢？怎么能不尽最大努力帮他们解决问题呢？

围困我的一两千知青陆续撤走了，11连的大人、小孩、老人几乎都出来为我送行了。我挥泪告别了11连。

1979年夏天我赴新疆调查，历时三个半月。回到北京后，我如实汇报了新疆兵团上海知青的情况和要求，实事求是地提出了调查组的建议。

1980 年初，中央组成工作团再赴新疆阿克苏地区，共商稳定新疆大局、做好上海青年工作的大计，我参与了中央工作团的工作。

说老实话，我一直是同情那些青年人的。他们没有什么奢望，只希望回上海，即使自己回不去，也希望把孩子的户口转到上海，让孩子在上海上学。这批上海青年，在上个世纪 60 年代初，响应祖国的召唤，挺身而出，奔赴边疆，屯垦戍边。他们中最小的当时只有 15 岁。他们经历了近二十年的艰苦磨炼，把自己最宝贵的年华贡献给了建设边疆、保卫边疆的事业，他们不愧为一代英雄的青年。后来由于身体、家庭等多方面实际情况的变化，他们提出了回上海的要求，也是在情理之中的。

我长期从事农村工作、农垦工作，在我五十多年的革命生涯中，有三十多年是同农村、农业、农垦打交道，是同农村干部、农民，同农场干部、工人打交道。我热爱农村，熟悉农业，关心农民，一直关注着国营农场事业的发展。

我国农村有着世界上人数最多的农民群体。古往今来，在中国这块土地上发生的那些震撼天地的大事，往往都先发生在农村。我国农民，曾经是正义战争的脊梁，如今又是改革开放的先锋。在现阶段，我国农民不仅要实现共同富裕，不仅要建设现代化新农村，还要为城市的建设和发展提供越来越多的劳动力，还要为 14 亿人口提供数量更多、质量更好的食品支持，还要为保护和营造我国美好的生态环境做出长期的、艰苦的努力，还要不断地提高自身的文化、科学素质，等等。目前，我国广大农民还不富裕，又肩负多重历史使命。我总觉得，我国农民实践市场经济，有自身的特点，有自身的规律。我特别推崇江苏省江阴市华西村的经验。我认为，华西村的今天，应该是我国农村的明天。吴仁宝同志领导的华西村，是当今我国农村的一面旗帜，是我们党带领广大农民建设中国特色社会主义现代化新农村的一盏明灯。我国广大农民，应该像华西村农民那样，在共产党的领导下，组织起来进入广阔的市场，走共同富裕的道路。

实践是检验真理的唯一标准，但许多真理是要经过长期的实践检验的。长期的实践就是历史，这样历史性的实践，可能是几年、十年、十几年，也可能是几十年、几百年。有些乡村工业可以民营，可以私营，为什么不可以实行公有制为主体的经营呢？我主张推广华西村股份合作制的经验。效果究竟怎么样？还是让实践去检验吧，让历史去检验吧！

1997年夏天，我率国务院调查组赴黑龙江省调查农垦体制问题。当时，我从群众来信和一些北大荒战友的反映中了解到，黑龙江省准备把现有省属大型国营农场下放到县管，先试点，再全面推开。我预见到事关重大，立即向国务院领导同志报告，建议尽快派出调查组赴黑龙江省调查。

这件事引起了李鹏总理的重视，很快召开总理办公会研究，决定由时任国务院副秘书长的我带队，有关部门的领导同志参加，组成国务院调查组，急赴黑龙江，调查农垦体制问题。

这又是一件难办的事。由于认识不一致，问题的解决也就更为复杂。黑龙江的农垦体制问题，事关黑龙江省经济和社会发展的大局，甚至会影响到全国几个大垦区的兴衰存亡，还会影响到社会的稳定，如果决策失误，将造成巨大损失。

为了更好地完成这次调查任务，我从开始就很冷静、很谨慎。我首先给调查组的成员约法几章：谢绝宴请、陪餐，不收以任何名义送的土特产等礼品、纪念品，不接受以任何名义安排的参观、游览，不参加任何娱乐活动。总之，切不可因小失大，切不可自找麻烦，切不可有丝毫的"变通"。这几条纪律的明确和毫不含糊的严格执行，确保了调查组堂堂正正、实事求是、无可挑剔地完成调查任务。

这次调查历时两周，遇到的干扰和阻力也是多方面的，甚至是防不胜防的。

我和调查组的全体同志，排除干扰，冲开阻力，不辱使命，谨慎应对。我们夜以继日地工作，调查研究，走访老农垦、老领导、老职工，走访各方面的代表人物，召开各种类型的座谈会，充分听取地方和农垦等多方面的意见。调查组实事求是地向国务院提交了调查报告，提出了稳定大局，坚持现行省管为主的体制只能加强、不能削弱的建议。国务院采纳了调查组的建议。1998年，国务院批准组成黑龙江北大荒农垦集团，列入全国 120 家大型企业集团，参与企业改革试点。黑龙江省的大型国营农场，在新形势下迎来了在更高水平上大发展的机遇。

我有一段奇特的经历，就是"三进三出"北大荒，前后在那里劳动、工作、学习了五六年，黑龙江省国营农场几次大的体制变动，我都亲身经历了。20 世纪 50 年代刮"共产风"的时候，曾经实行局（农垦局）县合并、办共产主义大公社，使农场的生产力遭到极大的破坏，以后又恢复，损失很大。现在属黑龙江省管的这些国营农场，都是大型机械化现代化农业企业，体量大、贡献大，举足轻重，非同一般。实践早已证明，下放到县管是失败的，如果放下去，必将导致又一次的生产力大破坏，必将造成多方面的巨大损失。经过那次的调查，国务院决定对黑龙江省属国营农场坚持省管为主的现行体制，稳定了黑龙江农垦的大局，对全国农垦产生了积极的影响，这个决策是完全正确的。听说对这个问题，至今仍有不同认识，还是让实践去检验吧，让历史去检验吧。

清廉自矢

1979 年，在从乌鲁木齐到阿克苏地区之前，我对随行人员说，我们这次下去要有点牺牲精神，要有不怕死的精神。为了防止意外，我让调查组的同志把随身携带的零用钱和多余的衣物等都放在了乌鲁木齐的延安宾馆，我自己也把手表留下了。这只 1955 年在部队实行薪金制后买的小英纳格手表，在当时是我唯一的贵重财物。

2006 年，国家调整公务员工资，我的月工资有了大幅度的增加，我很知足。一个月有几千元的工资，再加上老伴的退休金，足够用了，相当宽裕了，数都不会数了，我早就满足了。我这个人没有太多的长处，有一个长处，就叫知足。

受国务院委派，我从 1998 年 4 月到 2003 年 3 月，曾先后在 5 家国有大型企业任稽察特派员、监事会主席。在中国华源集团任监事会主席期间，我曾先后在上海衡山宾馆住了三四个月。按照国务院规定，监事会成员外出期间，按出差待遇，可以住普通宾馆、招待所，当时每人每天伙食费50元。一日三餐50元，在上海这样的地区，而且是在经营性的宾馆就餐，伙食费标准明显是偏低了。衡山宾馆的惯例是包伙一天80元，问我们怎么办，我说，就按50元安排，多素少肉，不吃海鲜，谢绝酒水。就这样，五个人四个菜一个汤，勉强够吃；每餐吃到最后，望着餐桌上仅剩的一点点菜，大家总是你推我让。我一点也不觉得寒酸，不觉得没面子，而是很知足。我说："天天有白米饭吃，天天有新鲜蔬菜吃，总还有点鱼、肉下饭，偶尔还可以喝点自备的老酒，不说长征啊、过去怎么艰苦哇这些老话，就是和现在的贫困地区老百姓比，这样的伙食也是天天过年了。"

监事会完成使命，回北京之前，华源集团赠送给我一幅墨竹画，画上写着十个小字："但留清白在，日日报平安。"我破例收下了。我认为，那幅墨竹画，那十个字，是对国务院派出的稽察特派员和监事会的工作给予的最高评价、最高奖赏。

我特别怀念担任稽察特派员、监事会主席的那五年。那五年的工作、生活很充实，心情特别舒畅：没有宴请，没有招待，没有前呼后拥的热闹，没有喋喋不休的恭维，没有毫无实效的繁文缛节，没有任何场面上的寒暄、应酬；大家专心致志地、精力高度集中地工作，还可以挤出一些时间读书、学习。其实，生活算不上艰苦，朴素是实实在在的。肩负的重任，严明的纪律，紧张有序的工作，清静淡泊的生活，充满活力的民主气氛，团结和谐的友爱集体，坦诚奉公的工作关系，超脱灵动的工作方法，等等，这些就足够了。这又是很值得反复回味的五年。

我出生在一个手工业工人家庭。父母一生勤劳，从不仰人鼻息，从不幻想意外之财，从不想任何邪门歪道。在这样的家庭影响下，我从小就容易满足，不做非分之想，也不会用大话空话装饰自己，更多的是想到自己对别人、对事业应尽的责任。

我从小接受的是"为人民服务"的教育，早已抱定这样的宗旨，为了人民的事业，可以牺牲自己的一切，直至生命。我在共产党这个队伍里修炼几十年了，这成为一种信仰、一种秉性、一种党性，长在骨子里了，改不了啦。"任你红尘滚滚，我自清风朗月"，可以毫不夸张地说，在名利、钱财面前做到铁板一块，刀枪不入，我看我是经得起历史的检验的。

老伴彭翠萍，是我大学同系同届同学，人大毕业后分配到新华社解放军总分社（军事部），多年做军事记者。老彭勤奋好学，有非常好的古典文学基础。她勤劳，节俭，清廉，好善，肝胆照人，嫉恶如仇，一身正气。我曾说："老彭对我最大的影响，一是爱读书，成为一种习惯；二是清清白白做人，成为一种本性。老彭是我们家里的纪检书记，她绝对不会给家里添麻烦添乱，绝对不会帮倒忙，绝对不做任何违规违纪违法的事，可以一百个放心。"

18岁前，我没有想过一个小学毕业生会考上大学，但我考上了。上大学时我只想毕业后当个记者，最好是军事记者，当个农业记者也好，没有想过当官，结果我当了官。我没想过当大官，结果40岁就担任农林部农垦总局第一副局长。将近50岁时我想到基层工作，在改革开放的前沿，做一点实实在在的事，结果我当了无锡市委书记。全家人从北京搬到了无锡，我没想到要离开无锡，结果中央又调我回北京，担任国务院副秘书长。回忆这所有的经历，我总是感慨地说："我多年做领导工作，总觉得是'小材大用'。没有太多的激动，想得更多的是一种责任。"

说真话，办实事，不跟风，不做老好人。我就任全国政协文史委副主任期间，听说正在酝酿撤销文史委，甚至连撤销的日程都安排好了。我听到这个消息，大为震惊。成立文史委，是一代伟人的创见，是高瞻远瞩的长远决策。我多次用"无可替代、独树一帜、功德无量"十二个字，概括文史委征集、整理、出版大量文史资料的作用。如今，这个历史任务远远没有完成，不断发生的新的历史事件，仍然需要通过"三亲"，完整地保存历史足迹，怎么能撤销文史委呢？我找到有关同志，交换意见，沟通想法；向全国政协有关领导同志反映意见，提出希望。在我和其他同志的努力下，政协文史委保留下来了，而且被赋予新的历史使命，改名为"全国政协文史和学习委员会"。

"我节君袍雪样明，俯仰都无愧色。"

学有缉熙

我于 1993 年 7 月从无锡调国务院任副秘书长，在中南海的办公室里住了五年。

我和其他几位副秘书长，在中南海西北角一个叫"老会议厅"的院子里办公。这个"老会议厅"是个古色古香的大四合院，这里自成格局，清静雅致，院落中间一片青草地，春天有海棠花开，十分怡人。

这里不仅是我的办公室，也是我的家。

当曙光刚刚透过窗户，我就起床了。有时我就在老会议厅的院子当中，有时漫步到太液池边，演一路太极拳和太极剑。掌心微微发热，额头渗出细细的汗珠时，我收住拳剑，深深地呼吸着那清新的空气，然后回到办公室，开始我上班前的另一项从不间断的功课：读书、练字、抄写《全宋词》。这就是我的每一个早晨。

运动和读书，是伴随我终生的两大爱好。从当小兵那时候起，我就喜爱运动。这很大程度上得自家传，得自武功颇为精湛的父亲的亲授。如果不是父亲有一副强壮的身体，不是父亲因为有一身武艺、一身胆气，敢于带领全家寻找活路，全家的命运，包括我自己的命运，一定是另一个结局。所以我从很小的时候，就明白了这个道理：身体是一切的基础。几十年来，我运动不断。青壮年时期我长跑二十多年，太极拳和太极剑，前前后后已伴我四十多年，近年我又喜爱爬山运动。这些良好的习惯，使我有了一副好身体，即使在古稀之年，依然肩平背直、步履轻快，甚至几十年没有生过病。

人要有两个健康，一个是身体健康，一个是心理健康。身体健康靠锻炼，心理健康靠修炼。修炼没有文化知识不行。

我即使在繁忙的政务工作中，也总要千方百计抽出一点时间读书。住在中南海里，每天的清晨和晚上，我基本上都用来读书。我特别喜爱中国传统文化，认为这是我们祖国最宝贵的遗产，不但博大精深，而且充满智慧。所以，我也喜欢读中国古典作品。一部《全宋词》两万余首，我经常吟读，而且口诵手抄，常有所悟，受益匪浅。

我一惯的工作方法就是把复杂问题简单化。1998 年，我担任政协第九届全国委员会委员。2003 年，我又任政协第十届全国委员会委员。我在政协新闻出版界和政协文史委，有机会接触许多专家、学者、名人，我向他们求教，进入了一个崭新的、更加丰富多彩的学习领域。多年的文化积累，使我十分清楚文史工作在整个社会文化建设中的重要地位。2004 年 10 月，在西安举办的全国政协文史干部培训班上，我以《满怀温情写春秋》为题讲了一课，明确提出，一个优秀的文史工作者，除了具备"史德、史才、史学、史识"四种基本素质之外，还应具备一种基本的品质，就是"史情"。我认为，作为优秀的政协文史工作者，要"德、才、学、识、情"五备，要德才兼备、文史兼通、温情与学识并茂。只有具备了四种素质和一种品质，我们才能做好文史工作，才能从有益于人民、有益于国家、有益于民族的高度，把新时代的政协文史工作做好。

多年以来，我从来没有放下过手中的笔。工作报告，我从不假别人之手，都是亲自起草。我认为，如果一个领导人，连自己的讲话稿都写不好，甚至别人起草的文稿自己还念不好，大概也就不配当领导了。我先后出版了《春潮集》、《秋韵集》和《夏夜集》。天道修远，人只有怀着慎畏的心情，敬惕不已，通过日积月累的学习，才能到达光明之顶。

刘济民自述，由中国人民大学校友工作办公室根据文稿进行文字编辑。

采写 / 夏虚稣　彭凯雷　胡海岩　颜珂　编辑 / 李宣谊

马龄松

|人物简介|

　　马龄松，张震将军夫人。1938年参加革命，同年加入中国共产党。1953年9月至1954年7月，在中国人民大学合作社系干部专修科学习。曾任新四军游击支队竹沟教导队学员、新四军第四师司令部直属队指导员、八路军第四纵队司令部直属队指导员、华东军区司令部直属队指导员、华东军区司令部直属队协理员。新中国成立后任江苏省轻工业厅计划财务处处长、第四机械工业部计划财务处处长。

少时记忆　温暖美好

我姓马名龄松，曾用名凌嵩、玲松，1922 年 12 月 26 日出生于河南省宜阳县三乡镇下庄村一个农民家庭。

我是跟着我的母亲长大的。母亲叫张学真，听她讲，我 3 岁多的时候，父亲就病故了。在我之前，她还生育过二男一女，但最后仅留我一人。受封建礼教的影响，母亲终生没有再嫁。在那个苦难的年代，她既要孝敬父母、公婆，又要操持家务，还要拉扯孩子，生活的艰辛可想而知。我父亲家有六亩多田地，大小房屋七间，记得院里有几棵石榴树。1949 年土地改革时，我家有两亩多地，母亲自己无力耕种，把仅有的田地都交给了当地政府。

在我很小的时候，母亲因婆家家境困难带着我回到娘家东柏坡村。这里与下庄村仅隔一道河，相距三四里地。外祖父母家比较殷实，有田地百亩，窑洞三孔，房屋十余间。我的童年基本上是在这里度过的。外祖父、外祖母对我非常疼爱，有什么好吃的、好玩的、好穿的，总是留给我。外祖父过世早，我年幼印象不深，更多留在记忆中的是，时常依偎在外祖母的怀抱里，有时撒撒娇，受她的呵护，有时听她讲故事，心中充满了对美好生活的向往。

在我的记忆里，母亲是一个善良、勤劳、热爱生活的人。她每天总是不停地忙碌着，农活、家务样样拿得起，里里外外都是好把式。母亲对老人很尊敬，对邻居很关心，对后辈很体贴，在十里八乡的口碑非常好。母亲刚正不阿，性格好强，遇事有主见，敢作敢为。母亲不自私，好做善事，谁家要有了困难，她总是尽其所能地伸出援手，给人以温暖，给人以希望，在乡里乡亲中很受人敬重。母亲这些优秀品质，在我幼小的心灵里打下了深刻的烙印，也照亮着我的人生道路。我深深地怀念着她。

进步思想的启蒙

我的少年时代，是与母亲相依为命度过的。我体察到她对自己唯一女儿的珍爱，同时也感受到她对自己唯一女儿的厚望。1929年9月，我还不满7岁，经母亲操持，我到宜阳县城县立第二小学念书。从此，我踏上了满怀希望的求学之路。在颇为简陋的校舍里，我决心把书读好，将来做一个有出息的人、对社会有用的人。1934年9月，我以优良的成绩，顺利考入河南省立洛阳中学。

20世纪30年代，民族危难，山河破碎，军阀混战，天灾人祸，老百姓处于水深火热之中。祖国的未来在哪里？人民的未来在哪里？每一个有良知、有热血的中国人，都在苦苦求索。我在省立洛中学习的三年间，不但学到了基础文化知识，而且开始接受进步思想。当年洛中的教员，许多都是先进爱国青年、知识分子，有的已是中国共产党党员。

对我思想影响最大的有两个人。一位是我们的班主任老师吴纯甫，后来知道他真实姓名是吴芝圃，是河南省大革命时期的老共产党员。他讲国文课从不照本宣科，而是挑选古今中外包含进步思想的文章和诗词曲赋，如鲁迅的《阿Q正传》《狂人日记》，李白、杜甫的诗词，等等，启发教育学生。他还讲到蒋介石"攘外必先安内"的政策系亡国政策。在吴老师的教育引导下，全班同学逐渐对蒋介石的倒行逆施感到义愤。1935年12月9日，北平爆发抗日救国的"一二·九"学生爱国运动，当浪潮席卷到洛阳时，我们全班在吴老师带领下参加了"卧轨"行动。我和同学们一起平躺在铁轨上，阻止东来西往的列车，以此抗议国民党政府的妥协退让政策，大家都表现出慷慨赴死的精神。1936年12月12日西安事变爆发，当蒋介石被捉的消息传到学校时，我们从内心感到高兴。西安事变最终以蒋介石被迫接受停止"剿共"一致抗日的主张，促成了第二次国共合作而和平解决。这使我们进一步认识到，国难当头，大敌当前，不应该再打内战，我们更加坚定了举国团结、一致抗日、收复失地的决心。

另一位是我们的女校长周勤学。她给我们讲公民课时，故事性强，通俗易懂，寓意隽永。比如，她讲到当时妇女在社会上受轻视受压迫的现象，女职员被人视为"花瓶"；而一些妇女本身也存在虚荣心强的弱点，有的大学毕业后一定要嫁个留洋生，甚至为了爱慕虚荣不惜当姨太太，这难道是值得追求的吗？我听后印象很深，一方面感到当时社会太可恶、不公平，另一方面也下决心长大后要人格独立、自尊自强。

中华民族到了最危险的时候，在中国共产党的倡导和推动下，开创了全面抗战的新局面，全国各地兴起了轰轰烈烈的抗日救国热潮，普遍成立各种抗日组织，开展各种抗日救亡活动。由于蒋介石继续采取消极抗日政策，侵华日军大举进攻，造成正面战场一些中国军队孤军奋战、寡不敌众，以至节节败退。与此同时，我们也得知诸如八路军夺取平型关大捷等胜利消息。对比之下，我对共产党、八路军的英勇抗战感到由衷钦佩。1937年12月，开封的河南大学举办了抗敌工作训练班，其中有八路军派来的游击战术军事教官，我听说后，毅然与几位同学一起报名参加了抗敌工作训练班。

日军在攻陷上海、南京等地后，打算南北夹击，进逼徐州，直趋河南。1938年2月训练班结业时，全国人民抗战热情甚为高涨。我们训练班的全体师生自愿发起成立了河南大学抗敌工作训练班农村服务团（简称"战教团"），在几位老师的率领下向豫南地区进发，直接组织那里的抗日救亡运动。在战教团的几个月里，我们可以看到《新华日报》，听到很多红军长征的故事。当时团里有两位延安派来的军事教官，大家都很信他们讲的话，爱听他们讲的课，从中进一步接受了共产党的政治主张，觉得共产党提倡的建立抗日民族统一战线政策符合国情，深得人心。

生命新起点

1938年8月，经战教团中延安派来的军事教官廖弼臣同志介绍，我光荣地加入了中国共产党，这标志着我从一个爱国青年，成长为一个具有共产主义觉悟的革命战士。这是我政治生命的新起点，从此掀开了我人生道路新的篇章。

正当我们的抗日救亡活动蓬勃开展的时候，国民党政府却下令解散了战教团。我记得当时有个国民党军官召集同学们，动员我们回学校读书，重弹"读书救国"的老调，他们还将领导我们的几位老师软禁了起来。一个团队失去了领头人，仿佛雁群失去了领头雁，战教团的师生只得各奔东西。这时候，已经是共产党员的我与另外一位同学被组织上介绍到河南竹沟学习。

竹沟镇位于豫南的确山、泌阳、桐柏三县交界处。抗战初期，这里为中原各地培养和输送了数以千计的军政骨干，人们亲切地称它为中原抗战的摇篮、革命的"小延安"。我们到达竹沟镇时，由周骏鸣、王国华同志领导的豫南人民抗日军独立团已经集结整编完毕，开赴淮南津浦铁路一带抗日。彭雪枫同志率领一些八路军的干部，在这里举办了教导队，训练培养抗日青年。后来我们知道彭雪枫同志当时还是河南省委军事部部长，遵照党中央、毛主席指示，来到中原地区开展游击战争。他给我们讲授"游击战术"课，生动活泼，引人入胜。我听后觉得，到敌后打游击战，"神出鬼没"地给敌人以打击，才是真正的抗日救国，便再三要求上级派我到敌后去作战。上级终于批准了我的请求，从此，我正式成为一名光荣的新四军战士。当时，一同要求参军敌后打游击的共有四位女同志，另外三人是高维进、巴方、袁光。

回想那时，虽然我不懂得太多的革命理论，但祖国面临严重危机之际，朴素的阶级意识、民族感情，为劳苦大众翻身求解放的强烈愿望，以及比较好的文化基础知识，使我坚定不移地选择并走上革命的道路。虽遇到过这样那样的困难，经历了这样那样的挫折和坎坷，但对共产主义的信仰、对中国共产党的信赖从没有动摇过。从洛阳中学老师的影响，到河南大学抗敌工作训练班的学习、河南大学抗敌工作训练班农村服务团的抗日救亡活动，最后到竹沟教导队比较系统、正规的训练，我的世界观发生了根本性转变，决心在抗日战争的洪流中，成为一名优秀的共产党员和革命战士。80多年来，我一直忠实地实践着自己入党时立下的誓言。

1938年9月底，竹沟教导队训练结束，上级决定我们以新四军游击支队的名义，东进豫东皖北，发展抗日游击战争。

在这支三百多人的小游击队里，我们四名女战士格外受人瞩目，被大家誉为"四大金刚"，自己也觉得十分自豪。越过平汉铁路后，一路过周口、到西华，跋涉在黄泛区泥泞的道路上，于11月抵达鹿邑。我被派往鹿邑干部训练班，在豫皖苏省委书记张爱萍同志的领导下工作。我对外的公开身份是鹿邑干部训练班的音乐教员，还担任过女生队长和班党支部书记等职务。这一带原为国民党豫东第二行政区专员公署所辖，专员兼保安司令叫宋克宾，下辖四个总队，鹿邑县属一总队。在这里，我们做一总队司令兼鹿邑县长魏凤楼部的统战工作。开始我不大懂怎么做统战工作，加之年轻气盛，也闹过一些笑话。有一次，在我兼职的小学校里，有两个学生讲共产党不好，我一气之下便捉住其中一个按在凳子上打屁股，然后抄起门闩追打另一个，一时间吓得其他学生都不敢来上学了。经验教训使我渐渐懂得，统一战线、武装斗争、党的建设是我们党的三大法宝，是实行全民族抗战的基础；做好统一战线工作，要特别注意平等待人，广交朋友，和风细雨地宣传党的方针政策。我为自己刚刚入伍就担负起这么重要的任务而感到兴奋不已。

路遇知音　终身伴侣

1939年元旦前，魏凤楼答应给我们游击支队解决部分棉衣和经费，由我负责押运棉衣送到鹿邑县白马驿的游击支队司令部。时值隆冬，下起鹅毛大雪，我们到达时已近黄昏，冰天雪地，寒气袭人，我像个雪人似的站在雪地里，冻得直跺脚。可能由于跺脚声音太大，惊动了屋里的人，一位荷枪实弹的战士把我让进屋内。进屋后，我一眼见到一位年轻帅气、高大威武的首长，正一手叉着腰，一手拿着笔，对着墙上悬挂的地图在思索着什么。见我进屋，他便和蔼地招呼，并且和我聊起家常，问到我的一些个人工作、学习和家庭情况，给我一些勉励和嘱咐。事后我才知道，他是我们游击支队的参谋长，叫张震，是经过二万五千里长征的老红军。每当想起那时的情景，仿佛就在眼前一样。还只有 16 岁的我，平时直来直去、敢做敢说，那时却有些莫名的紧张。初次见面，他给我留下了很好的印象。真没想到，张震同志后来竟成了我的终身伴侣。我想，这可能就是缘分吧。

1939 年 2 月，我结束了鹿邑干部训练班的工作，来到永城县书案店新四军游击支队政治部，萧望东主任分配我到组织科工作。在这里，我很快熟悉了我的战友们，初步了解了支队的军事工作、政治工作、后勤保障等基本情况，掌握了做好本职工作的基本方法。几个月下来，也算是有了一些最初的体会，为我日后担负并完成好组织交给的任务打下了基础。

1940 年 2 月 1 日，奉新四军军部命令，我们游击支队正式改番号为新四军第六支队。这时，豫皖苏根据地已经在永南、涡北地区巩固发展起来。第六支队司令部驻在涡阳县北的新兴集，离我所在的大李家并不远，但我与张震同志很少能见上面，只是保持书信联系。记得我曾送给他一个小笔记本，要他把活动情况逐日记下来，写信时多给自己讲讲。回想参军来到新四军游击支队、豫皖苏边区党委一年多来的经历，通过参加党内的学习教育和实际工作锻炼，我的思想认识不断提高，对党的路线方针政策的理解比以前更深入了，在斗争中逐渐成熟起来。我觉得，在平原地区与日本侵略军周旋非常不容易，但我们的部队做到了，靠的是根据地人民，靠的是武装斗争的胜利，靠的是军队、地方党组织的坚强有力的领导。新四军游击支队是在敌后创建的一支很好的部队，在这支抗日队伍中，各项制度与组织均已建立，基干部队已开始走向正规化，当地民众也都动员组织起来了，这些预示着豫皖苏根据地的更大发展。我为自己的正确选择而感到庆幸，也为自己是这支优秀抗日武装的一员而感到自豪。

1940 年 3 月 31 日，是我终生难忘的日子。经党组织批准，我与张震同志结婚了。当时，彭雪枫司令员批了 10 元钱，加上家里寄来的 20 元，我俩在支队消费合作社请了几桌客。支队联络部部长任泊生为我们拍摄了一张结婚照，成为永恒的纪念。这是一个美好甜蜜的日子，一个令人幸福激动的时刻，在当时真是十分难得的。我在日记中写道："这是一个平静温和的象征着幸福的夜，我们请了支队最高首长（彭雪枫司令员）以外数十名的客人。这是个绝好的结婚仪式，谁心里都明白，但谁也不好讲出来。多么有趣的一个哑谜呀！"光阴荏苒，日月如梭，我和张震同志并肩战斗、共同生活、历经风雨，相知相伴 70 多年，我为自己有这样的终身伴侣而感到幸福。

在战斗中成长

随着根据地的巩固与扩大、主力部队和民兵游击武装的发展，军事教育工作也有了新的需求。1940 年 3 月，抗大总校华中大队南来与第六支队随营学校合并，成立了新四军第六支队抗大四分校，校长、副校长分别由彭雪枫同志、吴芝圃同志兼任，开办地点在距离新兴集不远的麻家集。带着新婚的喜悦，我在这里进行了为期半年的学习。我们学政治、学军事、学哲学、学历史、学科学、学文化，涉猎内容十分广泛，学习生活紧张而又充实。记得毛泽东同志的《实践论》《矛盾论》《论持久战》等光辉著作，我都是在四分校开始学习的。

1940 年春，国民党顽固派继在华北掀起第一次反共高潮后，逐步将反共的重心移向华中，企图逼迫我新四军撤出华中，退至黄河以北，尔后凭借黄河天险，堵塞归路，置我们于死地。党中央、毛主席审时度势，决心发展华中，争夺中原，派黄克诚同志率八路军二纵队主力南越陇海铁路增援新四军。7 月，中央军委发出命令，由黄克诚部与新四军第六支队合编为八路军华中第四纵队。这样，我们就由新四军变成了八路军。10 月间，我从抗大四分校学习毕业后，被分配到四纵队司令部机要科做译电员。我虚心向老同志学习，努力钻研，踏实工作，较快熟悉了业务。

1941 年，在国民党顽固派制造震惊中外的皖南事变后，我们八路军华中第四纵队又奉命改编为新四军第四师。这样，我们又重新回到新四军行列中。11 月间，由于工作需要，我调师直属政治处任宣传干事。那时，我们第四师部队已转移至江苏洪泽湖畔打游击，创建新的根据地，环境条件十分艰苦。面对日伪军的"扫荡"，我们从湖西到湖东与敌人兜圈子，忍饥挨饿，日以继夜，在运动中吃掉一些敌人，打破了敌人的封锁与蚕食。特别是经过 1942 年至 1943 年的艰苦斗争，根据地逐渐进入新的发展时期。这时，全党开展了以反对主观主义以整顿学风、反对宗派主义以整顿党风、反对党八股以整顿文风为主要内容的整风运动。根据淮北区党委和第四师的统一安排，我于 1943 年 11 月参加了淮北区党委轮训队，进行为期半年的整风学习。整风期间，我积极响应师党委提出的"学习军事、学习政治、学习文化业务，打仗第一、胜利第一、完成任务第一，巩固部队、巩固边区、巩固军民团结，努力工作、努力节约、努力生产建设"四大号召，认真学习中央规定的文件，并联系自己的思想、工作和生活实际，认真开展批评与自我批评，进一步克服了主观主义，改进了思想方法，加深了对中国革命一些重要问题的认识。在开展整风学习的同时，我还看了鲁迅、巴金、曹禺、冰心的一些文学作品，以及苏联的小说《母亲》《铁流》等，思想上收获很大，眼界更加开阔。

1944 年 5 月整风学习结束后，我来到新四军第四师卫生部直属休养所任代理指导员，并担任党支部书记，后又到九旅供给部任指导员、党支部书记，直至抗日战争胜利。

1945 年冬，新四军第四师部队分别组建了超地方性的野战兵团。张震同志奉命将原新四军第四师十一旅、十二旅主力四个团、骑兵团和地方部队一部合编为华中野战军第九纵队，并担任司令员兼政委。解放战争爆发以后，第九纵队从淮北打到苏北，后又退至山东。我先后在第九纵队前方供给部和后方仓库担任指导员，从事思想工作、组织工作和宣传工作，尽心尽力地完成了组织交给的各项任务。

从抗日战争到解放战争，由于形势任务的发展变化，我所在的部队，由开始时的新四军游击支队、新四军第六支队、八路军华中第四纵队、新四军第四师、华中野战军第九纵队，到后来合编的华东野战军第二纵队等，虽然各个阶段的名称不同，但其实主体都是由同一个部队逐步发展起来的。尽管我的工作岗位时有变动，但对这支老部队的情况始终都很熟悉。在这支队伍中，干部有知识，部队有文化，革命战斗友谊特别深厚，同志之间感情特别融洽，这些特点都与部队的主要创建者彭雪枫同志的治军风格分不开。几十年过去了，我对新四军第四师这支老部队充满着深深的怀念和由衷的敬意！我们一起战斗、工作、学习、生活和成长，完全可以用毛主席讲的八个字来印证，那就是"团结、紧张、严肃、活泼"。这支部队真是一个革命的大家庭、大学校。

战争年代，我们这些部队女同志，既要工作，还要带孩子，在有些方面确实比男同志还要辛苦。张震同志带着部队在前方打仗，我们带着孩子随后方转移，在一起的时间很少。抗日战争时，根据地面积小，日伪军频繁"扫荡"，还要与国民党顽军做斗争，我们经常转移驻地，你从东边来，我朝西边去；生活条件艰苦，医疗条件差。老大小阳出生后不久，由于当时残酷的战争环境，万般无奈下我只好忍痛把他寄养在老乡家里，让他受苦最多；数月后母子再见时，孩子不仅未长，还比原先瘦小了许多。真是心疼，但又没有法子呀！小阳后面三个弟弟都长到一米八左右，就他个子是一米七。我们的第二个孩子是个女孩，生下来后，因剪脐带感染，少药缺医，不幸夭折了。

解放战争时期仗越打越大，我们四处颠簸，从淮北到苏北又到山东，走的范围越大，离张震同志也就越远，谈不上互相照应。我们的第四个孩子也是个女孩，尚未满月就赶上山东战场夜间行军转移，由于我们担心暴露目标，她被用棉被紧紧裹在担架上，到驻地才发现窒息夭折。我当时欲哭无泪，有很长时间都不敢告诉张震同志，怕他伤心，影响战斗。

1947年9月，进攻山东的国民党军占领了胶济全线，解放区就剩下胶东地区了。面对国民党军的步步紧逼，背后又是一望无际的大海，怎么办？根据地后方紧急布置撤退工作。上级决定，把部分伤病员和女同志疏散到大连。我带着年幼的小阳和连阳，同康志强同志的妻子邓进芝同志、詹化雨同志的妻子吴继春同志、吴华夺同志的妻子李虹同志，还有张永远同志的遗孀顾学义同志等，从威海乘船，冒着风浪撤退至由苏联红军驻扎的大连。开始一连好多天吃不上饭，生活无着无落，两个孩子也是饥寒交迫，后来才慢慢安顿下来。那时，张震同志他们华东野战军第二纵队归华东野战军东线兵团指挥，进行胶东保卫战，与敌转战了五个月，终于粉碎了国民党军对山东解放区的重点进攻，改变了山东内线的战略形势，有力地配合了挺进中原外线作战的华东野战军西线兵团，为全局的更大胜利做出了贡献。

1948 年 3 月山东解放区的形势稍缓后，我从大连返回山东后转河南，于 4 月中旬来到华东野战军西线兵团司令部驻地濮阳县孙王庄。这时，张震同志奉毛主席、中央军委命令，随粟裕司令员准备过长江，实行"第二次战略跃进"，他们正在濮阳整训部队，展开以土改学习和阶级教育为主要内容的新式整军运动。他与我和孩子们团聚，大家都特别高兴。屈指算来，从 1947 年 4 月在鲁中地区见了一面后，分别已有一年之久了。但很快他即随粟裕司令员率领部队渡黄河南下，我则经兵团的后方留守处转至渤海解放区后方。

我们再次见面是在济南战役即将打响之时，那是在宁阳大柏集华东野战军司令部。济南解放后，我和张震同志一道转至曲阜，住在孔府。张震同志告诉我，他和粟裕同志率部队渡黄河南下后，打了豫东战役，一仗就消灭了国民党军九万多人。他还特别对我讲了重返豫皖苏根据地，一路遇到许多老战友和乡亲们的情况。这些消息让我感到由衷的高兴。1948 年 10 月，组织上安排我到济南敌产清理委员会，担任人事科科员并兼任政治指导员工作。济南是我所进入的第一座解放区大城市，也是第一次坐上了人民的火车进去的。

记得我们在济南住了不到一个月，张震同志又同部队一道南下，参加后来的淮海战役。他尽心竭力地协助粟裕同志定下作战策略，组织司令部同志制定作战方案，许多重要文电是他亲手起草的。他还经常坚守在值班室，协调处理情况，落实部署行动。淮海战役胜利后，我们住在徐州附近的大伯望。第三野战军（由华东野战军改称而来）与第二野战军（由中原野战军改称而来）百万大军部署于长江以北，后来，第四野战军（由东北野战军改称而来）先遣兵团也过来了，随时准备打过长江去，解放全中国。

张震同志和我当时心里都有个念头，就是部队一旦南下，再到淮北的机会就不多了。于是，1949 年 3 月，我们一同来到津浦路东洪泽湖畔的半城，再看看老根据地的同志和乡亲们。我俩拜谒了彭雪枫师长的墓地，碑座已被敌人破坏了。我不禁又想起连阳出生前后的那几个月，我在师部看到湖边动静，心中突然有种异样的感觉，想到是不是出了什么大事，张震同志与彭师长一起西征，不知情况如何？后来才知道，就在那时，彭师长英勇殉国了。张震同志坚持战斗在彭师长亲手开辟并在此献身的老根据地，直到抗日战争胜利。记得 1945 年初，我在半城参加淮北根据地追悼和纪念彭师长的大会时，他生前率领的十一旅是在路西进行的悼念活动。现在，我们又一起来到彭师长的墓前，亲口告诉他，我们就要南下解放全中国了！

1949 年 10 月 1 日，新中国宣告成立。但全国解放战争尚未最后结束。蒋介石败退台湾，还在伺机反攻，西南等地的残匪也有待肃清，西藏尚未解放。不久，中国人民志愿军又在朝鲜半岛与美帝国主义展开了面对面的较量。

1952 年 3 月 10 日，中央任命张震同志为总参作战部部长，去北京毛主席和中央军委首长身边工作，这副担子很重。为了当好军委首长的参谋，他夙夜在公，呕心沥血，尽职尽责。为全力支持他的工作，不让他为家务事分心，同时也能照顾好他有病的身体，使他尽快恢复健康，5 月份，我脱下了心爱的军装，转业地方，到全国合作总社生产局任秘书。抗美援朝战争期间，张震同志曾两次赴朝鲜，体察与美军直接交手的现代战争规律，参加了抗美援朝战争的最后一仗——金城反击战。停战协定签字后，他仍留在那里勘察地形，以掌握更多的第一手情况，由于一次翻车事故负了重伤，从此落下腰疼的毛病。那一代人真是革命加拼命啊！

从烽火硝烟的抗日战争、全国解放战争到抗美援朝战争结束，国家转入了社会主义建设新时期。我和张震同志一共生育了七个孩子，其中两个女孩在革命战争年代不幸夭折。从 16 岁少小离家入党参军，14 年的军旅生活使我懂得了革命的道理，学到了工作的本领，收获了人生的幸福，走过了光荣的道路。那激情燃烧的岁月，至今仍历历在目。这是我人生中最美好的青春时光。我永远热爱哺育我成长的人民军队。

回炉读书　重新学习

新中国创建之初，需要大批既有理想又有文化的革命知识分子，投入到社会主义建设之中。为此，我克服种种困难，毅然报考了中国人民大学，从1953年9月至1954年7月，在人大合作社系干部专修科学习一年时间。我知道，人大的前身是1937年诞生于抗日战争烽火中的陕北公学。毛主席有一句名言叫"中国不会亡，因为有陕公"，曾给我们那一代知识青年巨大的激励，上大学也一直是我的梦想。现在，能够在人大这个我们党创办的第一所综合大学里学习知识、增长本领与才干，不仅弥补了我当年中断学业投笔从戎、未能上大学的缺撼，而且实现了我青少年时代想到陕公学习的夙愿。从炮火连天的战场来到宁静祥和的校园，对我来说也是一种新的考验。从陕北窑洞传承而来的"实事求是"的校训、"立学为民，治学报国"的精神、"塑国民表率，育社会栋梁"的目标，激励着我刻苦学习、发奋读书。背依银杏捧长卷，玉兰花下闻书香。一年时间里，我先后完成了马列主义基础、政治经济学、合作社理论与历史等八门课程的学习，都取得了良好的成绩。至今仍保存在档案中的成绩单，就是我圆满完成组织交给的任务的历史证明。全面系统的学习，为我投身祖国的建设事业，为做好新的工作打下了扎实的知识基础。2012年是中国人民大学校庆75周年，我因年迈体弱不能去参加，便给母校写了一封祝贺的信，以表一名学子对母校的敬意。我把60年前在人民大学学习的那段美好时光永远铭记在心。

人大学习结束后，我回到原单位，全身心地投入到工作之中。1954年8月，组织上任命我为全国供销合作总社生产局生产科副科长。我深感这是组织的信任，肩上的担子很重，于是更加注重学习，领导水平和工作能力有了新的提高。现在回想起来，在人大的那段学习经历使我受益匪浅。一方面，我学到了基础理论知识，对所从事工作的重要意义、基本原则、主要内容、标准要求、措施办法等，从理论上有了比较系统的理解与把握；另一方面，由于同学们都是来自全国各地合作社的领导同志，通过互相交流，我对全国合作社的基本形势、运行机制等情况，有了比较全面的了解。这为我通过理论与实践的结合更好地履行岗位职责，创造了很好的条件。

在全国供销合作总社学习、工作的几年里，我进一步认识到合作社在促进农村经济发展、解决农民供给问题上所发挥的重要作用。从新中国成立到1957年，我们国家的供销合作社在社会主义祖国经济建设中得到迅速发展，形成了一个上下连接、纵横交错的全国流通网络，不仅成为组织农村商品流通、满足农民生产生活需要的主渠道，而且成为联结城乡、联系工农、沟通政府与农民的重要桥梁和纽带，对于恢复国民经济、稳定物价、保障供给、促进农业和农村经济发展发挥了重要作用。我为自己是这一时期的参与者、建设者、见证者而感到光荣。

1955年3月，张震同志经彭德怀同志批准，进入南京军事学院战役系学习。后来，我也从全国供销合作总社调到江苏省手工业管理局工作，又回到了南京，先后担任计划科科长、计划财务处副处长和处长等职。新的环境、新的岗位，一切都要重新开始。我一边学习一边工作，同时相夫教子，我们在南京一住就是15年。全国解放后我主要的工作时间是在南京度过的，因而我对南京有着一种特殊的感情。

1975年9月，由邓小平同志点将，张震同志调总后勤部工作，我也随着他调到第四机械工业部工作，我们第二次来到北京。面对全新的岗位，我继续发扬革命战争年代那种精神，从零开始，认真学习，勤奋工作，不耻下问，很快熟悉了环境和业务，与领导和同事们愉快相处，工作7年，圆满完成了各项任务。1982年12月，我已年届60岁，经党组织批准，按局级待遇离职休养。

祖国建设新面貌　安度晚年

我对党的十一届三中全会以来的路线方针政策打心眼里赞同，为改革开放取得的巨大成就感到欢欣鼓舞，对走中国特色社会主义道路坚决拥护、满怀信心。面对 20 世纪 90 年代国际国内新的形势，国家又面临严峻的挑战，这真是一个关键的时刻。1992 年，在党的十四大上，张震同志被选为中央军委副主席，邓小平同志专门做了"比我小十岁，还可干一届"的交代。已近杖朝之年的张震，放下了原先的"退休计划"。从 1993 年开始，他从成都军区起，陆续跑遍了全军七个大军区，各兵种师以上作战部队、院校与科研单位，基本都跑到了。5 年中他全力协助江泽民同志抓国防和军队建设，尽到了他这个老兵最后的历史责任。我也坚持跟他跑了一些地方，看到部队建设和祖国建设的新面貌，作为一个老战士心里有说不出的高兴。但毕竟年岁不饶人，中间他还病过几次，我十分担心。1998 年 3 月，随着九届全国人大一次会议的召开，张震同志卸去全部的领导职务。这时，他已是 84 岁高龄了，68 年的军旅生涯，画上了圆满的句号。看到他健康平安地回到家，我总算一颗心落了地。

如何共同安度我们的晚年呢？张震同志概括了四句话，叫作：告别工作，退居田园；回忆过去，展望未来。这恰好也是我的心愿。我们戏称之为"十六字方针"。我们不再过问工作上的事情，专心过好以家庭活动为主的生活。我们仍然保持战争年代和工作时养成的习惯，一日三餐，按时开饭，每天早上都坚持散步，白天则读读书报、看看文件、练练书法、写写日记，晚上观看《新闻联播》，有时也会上上网、打打牌，有时也会拌拌嘴，日子过得很有意义，有品位、有情趣。

那些年，只要走得动，我们也还参加一些党组织安排的活动。张震同志作为党的十六大、十七大特邀代表出席了大会，也是十八大的特邀代表。新中国成立 60 周年大阅兵仪式举行当天，他的身体情况不是很好，但还是登上了天安门城楼，坚持了四个多小时，一直到仪式圆满结束。作为一名老军人和开国将军，看到国家的繁荣富强，人民军队的壮大发展，他十分高兴。看到过去打仗的地方，现在已是一片欣欣向荣的景象，我们从心底里感到欢欣鼓舞。那时候，我和张震同志也会到我们的几个亲戚家和老战友家里去串串门，像陈兰、林颖、李又兰、范景新、辛萍、冯凌、王彬、张铭、路慧明、束颖、边之先、左奇、方严涓、王静溪等女同志，每当我们一同回忆起战斗的岁月，仿佛又回到过去的青春年代。只可惜岁月无情，有许多老战友已相继离去，我深深地怀念她们。还有许多烈士子弟、老同志的后代，也是我们家里的常客，看到他们，就仿佛又看到了他们的父母，连接起当年的手足情、同志心。

马龄松自述，由中国人民大学校友工作办公室根据马龄松提供的书籍进行文字编辑。

编辑 / 李宣谊

任　弘

| 人物简介 |

　　任弘，北京人。1945年就读于华北联合大学。毕业后进入部队文工团，曾参加抗美援朝战地慰问宣传工作。朝鲜战争结束后，进入文化部艺术局外事处工作。

亲历战火痛　立志救家国

　　我祖父是绍兴人，而我父亲一直在北京生活，我从小在北京长大。我父亲是学法文的，也搞美术，是两个报社的美术主编；母亲也是有文化的人，她在一个公司做职员。小时候家里人口比较多，祖母、父亲、母亲、姑姑、弟弟、妹妹和我，七口人住在一起，但是起初经济情况还比较好，家里有六间房子，父亲还有单独的画室。

　　我上小学以后，日本军队开始进驻北平，报社都没了，父亲失业了，家里只有母亲一个人工作，情况变得很窘迫，全家人只能租一间房子住。我的床铺就是大衣柜的顶部，我每天晚上顺着我父母床的栏杆爬到大衣柜的顶上，蜷着腿睡觉。后来祖母和我单独住在一个贫民窟里，那里有石景山的钢铁工人，还有以捡垃圾为生的穷苦老百姓，正因这段日子，我亲身感受到了劳动人民的疾苦，对他们怀有很深的感情。

　　我们那时候只能吃混合面做的豆饼，之前这都是用来喂牛马的，很硬很厚的一大块，拿刀切不动，只能拿锤子砸碎了蒸着吃。因为长期吃这个，很多人都得了病。我妹妹得了恶性的痢疾，可是我们没有钱买药，日本人又不许中国人去医院，她才7岁就去世了。

　　小学毕业之后，我想报考师大女附中和女一中，可是当时家里连报名费都拿不出来，多亏我的小学老师给了我两块钱，我才报考了这两个学校，也都考上了。我原本想上师大女附中，但是我在女一中考了第四名，这里的前六名可以免交学费，所以我最终选择了女一中。

　　日本人占领北平时期，我看到过很多使我非常愤怒、到现在想起来还会愤怒的事情。我在上学放学的路上，常常看见日本兵坐在洋车上，不停地催车夫赶紧跑，那时候洋车都是靠人力拉着走的，车夫跑得非常辛苦。有一次，一个日本兵下车就走，车夫让他给钱，他却打了车夫一耳光，还把车上的垫子拿起来扔到房顶上，然后就跑了。

那时候母亲工作很忙，我放学以后要做很多家务活，给家里人做完饭之后再去祖母家住。虽然去祖母家的路程很近，但是要经过有日本宪兵队的地方。每天晚上，月黑风高，军犬狂吠，我一个人在路上走着，总觉得特别恐怖，特别惨淡。有一次我在路上走着，拐弯的时候突然看到电线杆子上有一个人，穿着薄薄的、白色的单衣，吊在那儿死掉了，底下搁着一个洋车。那是一个车夫，实在生活不下去，自杀了。我心里特别恐惧，又特别难受。

经历了这些，我就萌生了一些起码的觉悟，当然不是什么阶级觉悟，就是对日本侵略者的仇恨。我母亲有一个同事的妹妹是我的朋友，这兄妹二人有时会带一些进步的书给我看，像巴金写的或者苏联的一些书籍，这些书对我产生了很大的影响，让我觉得，一个人活着，应该有起码的理想。

在当时那样一个处境，当亡国奴真的是痛苦极了。我心情非常不好，有的时候会跟同学说，这样下去我们未来怎么办呢？到了1945年的5月份，一个同学突然跟我说："你到北平图书馆去吧，在树林里有一个穿着灰色西服的李先生，你跟他去聊聊。"那时候我很单纯，还不明白到底怎么回事，就借同学的自行车去了那里。到了图书馆树林的外面，果然有这么一个青年。我跟他说，看着这个国家现在这样，我觉得未来没有希望，我不知道该怎么办。他看我对现状感到非常痛苦，就跟我讲，在北平城外的郊区，有人炸日本侵略军的火车道，还有很多的地方，老年人和小孩都会拿着棍子在村口站岗。我问哪儿有这样的地方，我很向往这样的生活。但他说我不能去，我刚17岁，岁数太小，去了会想家。我说我一定要去，又问他去这些地方的路线。他看我已经下定决心，就让我三天之后去南池子口上的第二棵树那里，找一个裹着小脚的农村老大娘，她会带我去。他还说到了那个地方会有吃的、用的、住的，也会有学上，让我什么也不要带。当年人与人之间的关系没有现在这么复杂，都很纯洁，彼此很信任，所以我就答应了。

　　我回到家，从家里拿了一块肥皂就走了。我把在女一中的三个比较要好的朋友约到劳动文化宫，买了一壶茶和一盘瓜子，跟她们说我要到一个很光明的地方去，托她们把我给家里写的信捎回去。70多年了，我一直记得我当时给家里写的信里有一句是"时代的警钟敲响了，我要奔赴一条光明的途程"。我还给她们三个每人写了一封信，里面说："亲爱的朋友，我要离开你们了，我要到一个很远的地方去，等着我，将来有一天会回来。"她们晚上偷偷地跑到我家，把信塞到门缝里就跑了。后来看见我父亲出来跟邻居说："我女儿怎么还没回来呀？"把她们吓得够呛，腿都软了。

　　过后听她们三个说，我走后第二天，我母亲没上班，去女一中找她们，跟她们要人。我母亲说我们这几个人天天在一起，放学以后也在一起，看书也在一起，问我哪儿去了。她们说不知道，后来拿出了我给她们每个人留下的告别信，我母亲才相信了。

　　我到了南池子，坐在那里的老大娘看见了我，跟我说："你来了。"我问该怎么称呼她，她说我叫她姑姑就行，然后我就跟她走了。这老大娘带着我到了火车站，但那天火车不通车，她就带我来到火车站旁的一个煤站，说这里是他们的地下组织，我就在这儿住了一宿。第二天晚上，我们坐火车离开。

　　老大娘跟我说，如果看见日本兵在那儿站岗的话，就跟他客气一点，给他鞠个躬；如果他们问我是干什么的，就说我姑父有病，我要去看他。后来老大娘带我到了她家，她家里有好多妇女，看到我这么一个从北京来的学生，都特别好奇。我穿着一件蓝布的旗袍，留着短头发，和这里的人都不太一样。她们让我从梯子爬到房顶上待着，枣、核桃都在房顶上晾着，晚上的月光也很好。

　　第二天老大娘把我交给了她儿子。她儿子也是地下工作者，专门带学生到联大或者其他一些机构去，他把我带到了北平地下组织的城市工作部。在这里，每个人住的地方都有帘子挡着，早晨在河沟里洗脸的时候，大家都用嘴咬着手巾，只把眼睛留在外面。这些人都是做地下工作的，为了防止有人背叛后暴露身份，彼此都是保密的，谁也不能知道谁来过。因为要做地下工作，需要我把原来的名字改掉，我就从之前那三个朋友的姓名中各取一字，拼成新名字"杜任红"（音）。

后来她们三个也都骗了家里，姓任的说今天在姓杜的家里住，姓杜的说今天在姓任的家里住，说了谎话，跑了出来。

艰苦军旅路　坚毅踏征途

后来我就被送到还在阜平的华北联大了，比那三个朋友早一些来到联大。从1945年5月到12月，我在联大学习了半年。12月我参加了部队。那时候我们叫华北联大政治班，包括很多组，课程内容主要就是学中国革命、中国共产党、《论联合政府》之类的一些最基本的东西。我们当时没有教室，就在树林里，大家各自找石头当椅子、桌子；然后拿一根鸡毛，把杆挑尖了当笔，拿染衣服的蓝色染料当墨水；我们也没有纸，如果在哪儿捡到了一本书，就把上面的白边都剪下来写字。我还记得当时我们联大的校歌，里面有一句是"誓死绝不妥协投降，战斗啊，胜利就在明天！"，我们现在每次聚会我都指挥大家唱这个校歌。

后来日本投降，大家都高兴得不得了，兴奋得互相把对方抱起来扔在空中。我们激动地讨论，我们学校要搬到哪儿去，我们要去清华、去北大还是去燕大。可是当我们行军快走到北平附近时，国民党的飞机来了，占领了北平，我们就没办法去北平了。

后来我们在北平的郊区推行土地改革，做农民工作，给农民讲"二五减租"。我们年纪这么小，也不知道讲什么，在农村给农民讲话时心跳得厉害。在那儿工作了一段时间以后，到了1945年12月，组织上大概觉得我可以做文艺方面的工作，就把我送到部队的一个文工团。一直到抗美援朝结束，我都在文工团工作，经历了解放战争，又经历了抗美援朝。

峥嵘岁月　野战生活追记

1946 年 6 月，蒋介石的军队在美帝国主义的援助下，向人民发动了疯狂的进攻。从此，我所在的"战线文工团"的女同志背起背包，跟随野战军转战在华北大地。

怀来战役十分激烈，我们在火线上三天吃不上饭，敌人的飞机整日绕在头顶上轰炸。在狂风阴雨的黑夜里，我们蹚过拒马河的急流，在连续好几天的行军中，每个同志的双脚都磨出了水泡，但是大家咬着牙坚持，没有一个人掉队。

前方野战医院设在一座名叫桑园的小山庄里。因需要，我们女同志担起了护理工作。所谓"病房"，是几间空荡荡的房子，窗户上没有窗纸，更没有玻璃，冬日的寒风呼啸着吹进屋里。伤员们枕着砖头，紧挨着躺在一条条土炕上。我们整天整夜在这里给他们烧水，用自己的小勺和碗给他们喂水喂饭，为他们擦洗脸上和身上的脓血。我记得，一位重伤员在饮水时含着我的小勺牺牲了。我把小勺收回衣袋里（在整个战争时期，我始终用它吃饭），拿手绢蒙在烈士的脸上。我们中有人发疟疾仍坚持工作，有人把自己的棉衣盖在伤员身上。大家常常在深更半夜蹚着雨水去请医生、取药，为此近视眼的同志往往跌倒或找错了房门。伤员们感动地说："我们一定争取早日归队，多打胜仗，多杀敌人。"不少伤员把战斗决心写成信交给我们。

后来，敌人占领了桑园，我们又转到从前工作过的坊子口后方医院。我们这些非专业护理员刚来两天，从情报得知敌人逼近，离这里只有十二里地，情况万分紧急。当时大车、担架很少，伤员如何转移是个大问题。我们女同志立即分散到各个病房向伤员们做解释动员工作，希望大家克服困难。有些伤员在桑园时就跟我们很熟，他们从炕上坐起来表示："文工团同志，我们忘不了你们。现在情况紧急，没的说，我们可以自己走！"不少伤员响应着："我报名！"一百多位轻伤员在一个小时之内拄着木棍、树枝在村口集合齐了。他们把担架和毛驴让给了重伤员，自己忍着剧痛，背着背包向上下四十里的山岭爬去。此刻，敌人的骑兵离这里只差三里地了。

1947年沧县战役在大雨中进行。我们在距敌碉堡仅一百多米的地方抢救伤员，冒着枪林弹雨，踩着没膝的泥水往返于战壕，敌人的炮弹不时地从我们头顶上掠过。在大清河北行军中，多次遇到敌机的俯冲扫射，我们隐蔽在高粱地里，眼望着敌机从高空扑将下来，机上的射手和机枪冒出的火光清晰可见，子弹就打在我们身旁。一次白天行军还打过遭遇战，我们正走着，忽从远处跑来敌人的一股散兵。我们迅即跳入壕沟，端起提琴盒，对准敌兵怒吼："缴枪不杀！"敌兵迟疑间，我们的追击部队赶到，活捉了他们。

战争锻炼和考验着我们，培养着我们的革命品质。1948年，大军连续二十多天挺进察南和绥远。在每天八十里的夜行军中，我们抓紧时间边走路边进行业务活动，交流思想感受，讨论政治问题，展开互助，帮炊事员背为全团煮饭用的大铁锅，挑油担子。在攀爬上下三十五里的高山摩天岭时，我们同男同志竞赛着，不停唱着歌，相互勉励和鼓舞着前进。到达目的地后，照顾伙房同志休息，帮他们洗菜、切菜、推碾子。

绥远连天暴雨，文工团接到一项任务，为欢送奔赴火线的一支过往部队，需在一夜间赶路一百里去设鼓动棚。于是全团总动员，一面行军一面构思创作节目、练歌、背快板儿。经过一夜行军，大家又马不停蹄排练节目，写大标语，画宣传画，布置会场。在四十八个小时之内大家虽只睡了一个半钟头，只吃了几个山药蛋充饥，却享受到了胜利完成突击任务的快乐。

山谷中的瓢泼大雨磨炼着我们。雨水从军帽灌到脖子里，又从棉裤腿里渗出来。我们跑过激流上的独木桥，踏过河面上大大小小的搭石。有人把棉衣脱下遮在背包上，也有的人边走边打起了嗑睡。有女同志跑到队伍前面高声喊道："同志们！咱们唱唱歌好不好？"同志们的倦意顿时全消，齐声呼应："好！"

打仗行军，行军打仗，
打仗行军，行军打仗。

冒着那狂风暴雨行进在山岗，

哪儿有敌人到哪里去呀，

把它消灭光！（喊：一二三——四！）

歌声划破了夜空，震荡在山河，冲破黑夜，迎接黎明。为着解放战争的最后胜利，我们勇敢前进！

部队是很好的大学校，很锻炼人，锻炼人的思想，锻炼人的性格。小提琴我就是在部队学的。有的小同志才十四五岁，非要去参加抗美援朝，最后真的去了，而且腿被打伤了，但是从来没有哭一声叫一声，部队培养出来的孩子就是这么坚强。

朝鲜战场我去了三年。那是非常残酷的战争，常常一仗打下来，一夜之间就传来捷报，打赢了，但是好多熟悉的同志都牺牲了。志愿军的同志们都知道自己会牺牲，但是从来没有人心里有负担，到前线去打仗之前，擦枪、准备、唱歌，让人感觉他们兴奋极了。

我们跟战士的关系很密切，像亲兄弟姊妹一样。我当时在乐队工作，拉小提琴，还当指挥。我们做了很多文艺宣传，把他们的事迹写成节目，给他们唱歌、跳舞、表演；我们还有摄影干事，专门拍战争场面，在炮火里追着部队拍。我听战士们讲，他们在旧社会，家里非常穷困，受尽了地主的压迫；解放后参加了革命，他们立志要为祖国战斗到底，要立功。我把他们的事迹都写了下来，跟他们说，以后他们要是立了功，我们会有很多材料来宣传他们。

平常的日子，美国的飞机从早晨到半夜一直在轰炸。我们到连队去的路上，有时候能碰到房子那么大的炸弹坑。蹲下来摸摸，弹坑的土还热着呢，看来是刚刚炸了的，要是我们早来一两分钟，就把我们也拍在那儿炸得粉碎了。但是我们一点恐惧也没有，笑着说美国人真客气呀，我们没到之前就炸过了。后来有的人追问我："您那时候怕不怕死？"这个问题对我们来说特别好笑，因为当时没有任何人惧怕过死亡，我们时刻准备为祖国、为人民牺牲，这是理所当然的事，没什么可怕的。正因此，当时每个人才都那么勇敢。

在苦难中快乐歌唱

我曾经被下放到湖北咸宁"五七"干校参加劳动，只要毛主席一声令下，我们拿起背包就出发。在那儿，我们穿着拿绳子捆着的破塑料雨衣，冒着大雨蹚着水插秧。老百姓都笑我们，说他们那里一般都是小孩插秧，没见过我们这种40多岁的人插秧。我带着大家一边插秧一边唱歌，把会唱的歌全唱了，大家也都觉得挺快乐的，就这么过来了，没觉得有什么困难、痛苦。这段时间，两个孩子留在家里让我爱人管，我爱人每天中午从外交部食堂打一点饭给孩子吃，工作太忙也没有照顾好他们，所以孩子们都得了肝炎。在湖北劳动了三年之后，我被借调回来，到了对外友好协会旗下一个分管国际文化艺术交流工作的单位，后来又被正式调回文化部。

我们对毛泽东同志的感情变不了。因为是他带领着我们革命，把我们改造成了革命者，变成了共产党人。从18岁正式成为共产党员，我的党龄已经73年了。我觉得怎么样都是应该的，下放劳动也从来没觉得是不应该去的。农民可以一辈子在那儿，我为什么不可以去干点活？农民那么艰苦，我为什么不能吃一点苦？我一直是这样认为的。我对劳动人民是很有感情的，觉得他们很不容易。我是一个在任何情况下勇于说真话的人，我始终牢记毛泽东同志的教诲："一个人能力有大小，但只要有这点精神，就是一个高尚的人，一个纯粹的人，一个有道德的人，一个脱离了低级趣味的人，一个有益于人民的人。"

我这一辈子，从来没有觉得困难艰苦。经历过战场，经历过枪林弹雨，经历过出生入死，也经历过在干校艰苦的劳动，我没有觉得有什么不得了的困难。如果你问我，觉得一生最宝贵、最快乐的时间是什么时候，那就是当年在部队的时候，就是枪林弹雨的时候，我认为那是最宝贵、人生最有价值的时候。这真的不是虚伪的，这是真诚的，我们这些人是这样的。而且我们联大的校歌也是：誓死绝不妥协投降，战斗啊，胜利就在明天！

任弘自述，本次采访时间为2019年7月3日，由中国人民大学校友工作办公室负责采访、录音整理及文字编辑。

采写/李宣谊　许文心

龙绳德

| 人物简介 |

　　龙绳德，1933 年生。1950—1954 年就读于中国人民大学贸易经济系。自 1973 年到美国生活至今，是目前旅居美国的最资深的中国人民大学校友。龙绳德是著名爱国将领、原中华民国云南省国民政府主席和中华人民共和国国防委员会副主席龙云先生的第七个儿子。1984 年 11 月 19 日，在龙云诞辰一百周年纪念会上，习仲勋同志曾说"龙云先生的一生，是一个光荣的爱国者的一生"。

人大记忆

我 1933 年出生，年幼时便被送到昆明的法国教会进行代养，后来回到家之初甚至只会讲法语。我小学就读于昆明南菁学校，后在西南联大附中上完初中，高一、高二到了南京，1948 年去了香港，1950年又回到北京。当时，人民大学的地位很高，是党创办的第一所新型正规大学，所以我选择在人大完成我的学业。

我入校时人大本科有 8 个系，每个系差不多有一百来个学生，我在贸易经济系，主要学习的课程是马克思主义政治经济学。当时用的教材基本都是从苏联翻译过来的，只有书中的举例来自国内。我们的老师都很有名气，比如我的哲学是萧乾老师教的，历史是戴逸老师教，有时候艾思奇、范文澜、何思敬这些大家也会来给我们做报告，这对我们的成长有很大裨益。我们还开设体育课，并且两个星期可以看一次露天电影，但其他的文艺活动，我感觉就比较少了。

那时人大的校风很严，老师、学生都不允许迟到，可以说是准军事化的管理了，这一点其实是延续了它在抗战、解放战争时期立校的风格。此外，生活也比较艰苦，我所在的校区没有饭厅，吃饭时间大家就都挤在走廊里把饭解决掉。但是我们读书没有后顾之忧，因为我们的住宿、笔和纸张等费用都由国家提供，生活费的发放标准最低也有 12、13 元一个月。在我读书的时候，我父亲没提过什么特殊要求，他只是教育我们要踏实，好好读书，遵守校规，一定不要使用特权。

人生经历

我 1954 年从人大毕业后，先在贸易部工作了一年，后来因为不习惯在机关工作，就调到中央民族学院（现中央民族大学）的民族研究所工作，做一些中印边界、中缅边界的问题研究。1952 年国家进行院系调整时，把清华大学社会学系、北京大学东方语言文学系的部分专业和燕京大学的社会学系调整到中央民族学院，所以我工作后，与潘光旦、费孝通、吴文藻这些著名的大学者都成了同事。

1962 年，我父亲去世。1963 年，我前往香港，与夫人全如珣一起创办了南开女子书院和龙东公司。1973 年我们一家人又到了美国，在波士顿与人合伙开了一家中国餐馆。我有两个女儿，宗泽在美国纽约做地方检察官，宗仪在美国国务院国际开发总署工作。

"文化大革命"结束后，我与国内的互动更多了起来，也多次回到祖国，回到家乡。2009 年 10 月 8 日，我偕夫人参加了新中国 60 华诞观礼，随后回昆明参观了云南陆军讲武堂。

我的父亲

说到我父亲龙云，他的一生"是一个光荣的爱国者的一生"。

1884 年，我的父亲龙云生于云南省一个保有奴隶制残余的地主家庭。父亲在家居长。其村寨极偏僻，没有学校，所以一直未能读书启蒙。

我的祖父去世后，父亲就到了他的舅父龙德源家生活，和表弟卢汉一起被送到昭通城读书，跟随在昭的四川武术名家马得胜等人习武练艺，并结识永善县人邹若衡，三人结为兄弟，并称为"昭通三剑客"。为了谋生，他们相约在炎山等地收购木材、土特产等，顺金沙江运往四川宜宾出售。

父亲在四川宜宾加入保路同志军魏焕章部，随后加入援川滇军谢汝翼部，被委任为上尉候差官。后来，随滇军回云南，与卢汉一同进入云南陆军讲武堂第四期学习骑兵科。1914 年，我的父亲从云南陆军讲武堂第四期毕业，次年任云南都督唐继尧侍从副官，1923 年被委任为"建国联军"第五军军长。

1924 年（民国十三年）昭通城要修建河道，我父亲倡议并带头捐资，开凿了一条从昭通城南簸箕湾出发、与昭鲁大河交汇的河道，长 13 余公里，所以这条河被取名为"龙公河"。

到了 1927 年 2 月 6 日，因不满唐继尧统治，父亲与胡若愚、张汝骥、李选廷，四名镇守使发动"二六"政变，联合起兵逼唐下台，推翻了唐继尧对云南 14 年的统治。但是在 6 月 14 日，胡若愚发动了"六一四"政变，派兵包围了父亲的住宅，父亲左眼被玻璃碎片炸伤，被胡若愚、张汝骥等人擒获。与此同时，蒋介石南京政府任命父亲为国民革命军第三十八军军长，胡若愚为第三十九军军长。由于父亲被囚，所以由胡瑛暂代三十八军军长，率父亲所部进行反击。7 月 24 日，胡若愚率部离开昆明，至昆明东郊大板桥时释放了父亲。8 月 13 日，父亲回到昆明，接任第三十八军军长，兼代云南省务委员会主席。8 月 18 日，胡若愚、张汝骥联合贵州省政府主席周西成反攻父亲部队，周西成部占领宣威。那年冬天，父亲部队与胡若愚、张汝骥、周西成部战于曲靖，击败胡、张、周部。

1928 年，南京政府任命父亲为云南省政府主席和第十三路军总指挥，奠定了他统治云南的基础。1929 年，父亲经历了多次战役后，终于统一了云南。

1931 年，由父亲和卢汉为主要捐资人，由安恩溥直接筹办了昭通民众实业公司，在昭通开垦、采矿、开办灯厂等，还成立了云南省经济委员会。1932 年改组成立富滇新银行，先后分别为昭通等十县联合女子中学、昭通女子初级中学、民众教育馆、炎山小学等的修建捐资，后来还为昭鲁大河水利工程捐款。

至 1945 年，父亲共主政云南 18 年之久。他主政期间，保持了云南相对稳定的局势，在军事、经济、文化、教育等方面进行了一些整顿和改革，对东南亚各国采取开放政策，收到一定成效，使得云南实力增强，他因此被称为"云南王"。

众所周知，我的父亲为抗战做出了贡献，我认为主要是三点。一是在战前"积谷"。最初开始积谷时，我还非常小，后来听父亲讲，积谷前云南虽然盛产大米但都不够吃，当时还需要从省外进粮。父亲担心，如果发生战争，云南将极其被动，于是他让云南各县都要积谷。抗战后，云南作为大后方，各种机关、学校、军队都涌进来，却没有发生粮食不够吃的情况，保证了大后方的社会安定，这证明他的决策非常明智。

二是修建滇缅铁路和滇缅公路。随着战事的发展，日军陆续占领沿海各大港口，阻止援华物资进入中国境内。父亲判定其他港口也难以保住，认为国际交通应早做准备，立即同时着手滇缅铁路、滇缅公路和机场修建等交通建设，直通印度洋。滇缅公路从昆明至畹町，全长959.4公里，投入了20多万民工日夜抢修，仅用9个月，于1938年8月底全线竣工。后期，在云南抗战运输线路滇越铁路被日军切断后，滇缅公路成为中国与外部世界联系的主要运输通道，为抗战胜利赢得了宝贵的时间和机会，避免了日军侵入云南腹地，也成为滇西抗击日军的主要运输线路。滇缅公路竣工后，英美等同盟国相继派员进行了实地考察，从最初的怀疑变成大加赞赏。英国《泰晤士报》连续三天发表文章，称赞："只有中国人才能在这样短的时间内做到。"美国报纸还把滇缅公路与巴拿马运河工程相媲美。

三是1930年后，云南省政府没有卷入国内的派系斗争。当时，广东、东北都有反对蒋介石的情况，云南不卷入内斗，这让云南社会有了安定的发展机会，社会经济条件好转后又改善了军备条件。1937年日本发动全面侵华战争，父亲在南京的国防会议上，同意出兵2万支援全国抗战，并说"当尽以地方所有之人力、财力，贡献国家，牺牲一切，奋斗到底，俾期挽救危亡"，表示"滇省军队已经整理就绪，随时皆可为国家而效命也"。参加完南京的国防会议回到昆明后，父亲立即召集地方军政负责人共商抗日救国之计，决定进一步装备滇军，倾全滇之师出征抗日前线。他说："局势是很危急的，我们自己要迅速充分准备，大家要有抗战决心，在北方有八路军，南方各省很多朋友也积极支持抗日，我们应该立即编成一个军，出师抗战。"他仅用28天的时间，将其所属部队4万余人暂编为六十军。9月六十军在昆明誓师北上抗日。1938年春，父亲再次编组滇军队伍参加抗战。

一系列前期的修整和队伍编制，使得全面抗战爆发后滇军很快能编组出发，投入抗击日寇的主战场。

另外，我父亲主政云南时期，著名的西南联大迁至昆明，很多进步学生、民主人士也聚集到昆明。我父亲比较开明，对于进步人士的言论、西南联大的学术自由、学生运动都采取保护态度。蒋介石政府曾经要求我父亲严格管控西南联大，不准聘用进步人士当老师。但他的指示遭到了我父亲的抵制，在师生演讲或进行民主活动时，为了避免特务破坏，父亲还派出宪兵、警察保护，并且让西南联大成了"民主堡垒"。我在西南联大附中读书时就对西南联大的民主感受很深了。1937年，父亲特聘著名数学家、教育家、时任清华大学数学系主任熊庆来教授为云大校长，并支持他全权掌管校务。熊庆来上任后，致力于学校革新，强化管理，使云大的教学科研得到了长足发展，取得了重要成就。

1945年，我父亲被蒋介石免去在云南的所有职务，从此被软禁3年。1948年12月，在陈纳德将军的帮助下，我父亲搭乘一架飞机远走香港。不久，他便发表长篇谈话，公开抨击蒋介石的阴谋，并多次派人去云南劝说卢汉早日起义。1949年8月13日，他同黄绍竑等44人在香港发表题为《我们对于现阶段中国革命的认识与主张》的声明，表示同蒋彻底决裂。

1949年9月21日，中国人民政治协商会议第一届全体会议召开，我父亲被列为特邀代表。1950年1月，我父亲赶赴北京，被选为中央人民政府委员、人民革命军事委员会委员和西南军政委员会副主席、西南行政委员会副主席。此后，他又先后当选为第一届全国人大常委会委员、国防委员会副主席，政协第二届、第三届全国委员会常委，民革第二届中央委员会委员、第三届中央委员会副主席、第四届中央委员会常委等，为新中国的建设和发展提了不少建议。

因此，周恩来先生高度评价我父亲做出的贡献，他说，龙云先生在世之年，有三项对国家的重要贡献和功绩：第一，他对中国民主革命有贡献；第二，他反对蒋介石个人独裁，有功；第三，在整个抗日战争中，他坚决支持，直至胜利，有功。我作为龙云的儿子，也感到非常自豪。

　　龙绳德自述，本次采访时间为 2019 年 7 月 15 日，由中国人民大学校友工作办公室负责采访、录音整理，并根据相关资料进行文字编辑。

　　采写 / 孟繁颖　编辑 / 高铢

张勃兴

　　张勃兴，男，汉族，1930年8月生，河北霸州人。1947年10月参加革命工作，1950年11月加入中国共产党。1949年就读于华北大学一部六区队七十队。曾任西北总工会统计处负责人，全国总工会西北工委秘书，西安国营853厂、844厂党委办公室副主任，陕西省委工业部办公室副主任、主任，陕西省商洛地区工业局领导小组组长，陕西省委工业办公室协作组组长，陕西省石油化学工业局副局长、党组副书记，陕西省委组织部副部长、部长，陕西省副省长、省委副书记，陕西省省长、省委书记。

我出生于 1930 年 8 月，原籍河北省霸州市，五岁进入国民小学读书，全面抗战爆发后学校关闭，我一度失学，后进入私塾。

在日本侵华战争中，一次母亲带领我们兄妹三人往外祖家逃难，沿途看到的情景十分凄惨：路边桥头到处血迹斑斑，河水中漂浮着尸体。邻县的潘家庄经受日寇"扫荡"后房屋基本被烧光，民众被杀一大半，酿成惨绝人寰的大血案。为了逃避战火，母亲又一次带我们逃往北平，投奔在那里教书的父亲。

可是在日本血腥统治之下又哪里会有平安乐土呢！广大人民群众政治上受压迫，生活上遭熬煎。好不容易盼到日寇投降，可是国民党一些高官们却大肆贪污腐败，依然欺压民众。当时，我曾赋诗一首加以讽刺："几家欢乐几家愁，接收大员喜悠悠。北风凛冽飘大雪，饥寒民众泪长流。"

在这种政治形势阴霾下，北平的广大学生带头进行大规模反抗，开展了轰轰烈烈的"反饥饿、反内战、反迫害"运动，民主运动风起云涌，声势浩大。在此大风浪中，我受到进步同学的启发和帮助，打消了一度产生的消极悲观情绪，毅然投身到斗争之中，于 1947 年 10 月参加了中国共产党领导的中国民主青年同盟，走上了革命征程。

随后，解放战争形势发展十分迅速，国民党部队兵败如山倒，许多城市相继获得解放。在这种形势下，中共中央决定将华北大学从河北省正定县迁到北平，大量招收年轻知识分子，为新解放区培养干部，我也进入了这座学府。

华北大学可以说是一座革命大熔炉，她把大批知识分子培养成为革命干部，为新中国建设事业做出了重要贡献。这所学校的前身是创建于 1937 年的陕北公学。1939 年 7 月，中央决定将该校与延安鲁迅艺术学院等校联合，成立了华北联合大学，并立即开赴晋察冀边区，在抗日前方办学。1948 年 5 月，中央决定将晋察冀边区和晋冀鲁豫边区合并，成立中共中央华北局和华北联合行政委员会。之后，又决定将分设在两个解放区的华北联合大学与北方大学合并，成立华北大学，下设四个部和工学院与农学院，四个部分别是政治、教育、文艺和研究部。教育家吴玉章任校长，教育家成仿吾和历史学家范文澜任副校长。由这三位著名学者担任学校领导，充分说明华北大学在中国新民主主义革命中的重要地位。

我在1949年4月进入该校，在一部六区队七十队学习，该队地址原是一座王府，也就是现在全国政协礼堂与办公楼所在地，原华北大学旧校址。我在队里学习，还担任新民主主义青年团支部委员。学习生活很紧张，早晨6时30分起床后立即出操。全校有一万多名学员，每周上一次大课，没有能容纳这么多人的大教室，只好在大操场搭建一个大席棚作为大课堂。其他区队的学员也来听课。经常有革命领袖和各方面的领导同志来做报告，把马克思主义通俗化地讲解，深受广大学员欢迎。教员中有艾思奇、胡华等著名学者，他们在华大是深受学员们爱戴的教师。我曾写了一首诗以表欣喜之情："高官衙殿易序庠，领袖学者莅课堂。经典著作齐荟萃，喜居王府读华章。"

学员每人发一套灰色粗布制服，一顶小帽，一双布鞋，胸前佩戴着用布印制的华北大学标志，还有一枚金属校徽，大家感觉可神气啦！每月还发一袋火车头牌牙粉，半块土肥皂，相当于6斤小米价格的生活补贴费，做零花用。饭食很简单，主食是高粱米，每顿有一个素菜，多是炒莲花白或豆芽，每半个月改善一次生活，吃白面馒头或大米饭，加一个洋葱炒猪肉。睡觉没有床，在地上铺上麦草，自带被褥。生活虽然艰苦，但大家的心情却很愉快，生气勃勃。

原定学习半年时间，由于全国革命形势发展迅猛，8月底就结业了。当时大家的心情非常矛盾，既留恋学校的学习生活，又盼望着能够尽快成为一名革命干部，要知道这个称号在当时的人们心目中是多么崇高哇！

通过这座大熔炉的锻炼，大家悟出这样一个道理：要真正能够做到为人民服务，就必须树立远大理想，要有坚强的毅力，这样才能够有所作为！

分配工作开始后，一些学员得知自己被分配到中华全国总工会而不高兴，想去艰苦地方锻炼。队部领导就对大家说，去全国总工会并不意味着要留在北平，而是经过培训后还要再一次分配，仍然有可能去艰苦地方，比如说大西北等地，这样大家的心情才平静下来。

此时，全国革命形势发展得非常快，国民党统治区许多地方已获得解放，回到了人民怀抱。中共七届二中全会决定，党的工作重点将由农村转向城市，要大力恢复和发展经济，并明确指出，在城市工作中必须全心全意依靠工人阶级；工会是工人阶级的群众组织，其地位十分重要，依靠工人阶级就必须充分发挥工会组织的作用。经过培训后从华大选调的 607 名学员，被派往各城市从事工会工作。

8 月末，我们得知被分配到祖国大西北的消息时十分高兴。全国总工会西北工作队由 51 名同志组成，张普洋为队长，我和王天禄为副队长，我分管组织工作，王天禄分管生活，我还担任队上的青年团支部书记。

9 月 3 日晨，同志们登上驰往太原的列车，踏上西行征程。当时，战火尚未完全熄灭，铁路虽经初步修复，但主要是为前方部队运送物资，客运多是临时列车。北平通往太原的列车，因有些地段遭受水灾，需要绕道山东省德州市，再转入石太线。9 月初的秋老虎还在发威，列车从石家庄启程，在广阔的原野上行驶一段时间后进入了山区。这时太阳高高升起，晨晖洒满大地，列车抵达著名的娘子关。大家眺望山峦中的要塞，它地势险峻，易守难攻，自古以来就是兵家必争之地。过了娘子关，列车在山峦中继续行驶，三晋的大山巍峨多姿，小溪沿山沟奔淌而下，河流中还有小舟航行，此情此景，真让我们这些生长在平原地区的人大开眼界。一路艰辛，终于到达终点站太原，我们换乘了一列为修复铁路运送枕木的列车，火车慢慢悠悠、摇摇晃晃地前进，生怕把谁摇晃下去。车快要到达灵石县时突然出了轨，所幸没有发生重大人身事故。司机告诉大家，短时间不可能修复被损坏的车辆和线路。这时天色已经渐渐黑了，这里是叫作南关的小车站，前不着村后不着店，而且当地解放不久，土匪和散兵游勇不少，不是久留之地，队部领导商量决定，连夜行军，翻过韩信岭赶往霍县。

月光下行军，樵风阵阵，凉爽宜人，大家奋力爬坡登山。我们都是平原出来的人，没有走过山路，越走越累，汗流浃背，口干舌燥，多想喝口水呀！有位同学突然喊道：这里有一大桶水！大家一拥而上，你一杯他一杯地舀个不停，喝够了，有人用手电筒一照，才发现是一个盛澄清石灰水的大铁桶。有位同学开玩笑说："不要怕，喝了这水保证不会再拉肚子啦！"逗得大家直笑。经过大半夜的艰难跋涉，凌晨4点左右我们到达霍县，队部租了一辆中型卡车赶往临汾，竟然坐下了51人，还连同行李，真是奇迹！本来我们同运输公司商量好，到临汾后要继续乘车前往风陵渡，这样渡过黄河就可以改乘火车前往西安。可是天公不作美，第二天早晨，大家高高兴兴地坐上汽车，只行驶了十多公里就下起雨来，公路是黄土路面，无法行车，只好返回原地待命。随后几天雨下个不停，大家心急如焚！临汾运输公司的领导和职工们对我们非常友好，他们把一处大房子让给我们住宿，还让我们上了灶，给炊事员添了不少麻烦。周末，工作队主动提出开个晚会，大家临时凑了几个节目，有独唱、乐器表演、大合唱等，还自编自演了独幕剧，深受欢迎。通过这次活动，我们和公司职工们的关系更加融洽了，他们给我们提供了很多方便。雨一直没有停下来，在临汾已停留了8天，不能再这样等下去了，大家决定冒雨徒步赶往风陵渡。为了轻装上阵，我们把一些沉重的东西都扔掉了。我扔得更多，因为还要背同学们的档案材料。

9月15日早晨队伍出发，运输公司的同志们聚集在院子里冒雨欢送，十分感人。这段路程主要是平川，有时也要行进在山间小径，大家爬陡坡，涉小溪，道路泥泞，鞋子脱落，一些人就光着脚走。大家的衣服总是湿漉漉的，行李也被雨淋湿，越走越重。路很滑，许多同学直跌跤，都成了泥人；不少人脚上磨起了血泡，一瘸一拐地随着队伍走，可是却没有人叫苦，更没有掉队的，队伍中依然是歌声阵阵。

雨一直下个不停，让管生活的副队长王天禄操了不少心。51个人住在哪儿是件麻烦事。借住学校的时候多，有一次住在一所破庙里，里边放着一口棺材，有没有尸体谁也不知道，大家太累了，也就什么都顾不上了，我干脆就睡在棺材上，一觉睡到了天亮。后来，我写了一首回忆往事的诗："一路雨淋淋，破庙阴森森。此境无所惧，欢快西行人。跋涉倍疲倦，湿衣裹寒身。棺盖做寝榻，醒来见曦晨。"

晋南大地算得上是富饶之地，自然条件较好，农作物长得绿油油的。行军路上向东望去，就是纵横南北的中条山，巍峨壮丽。抗日战争时期，这里曾经发生过著名的中条山战役。继续往前走就到了运城，不远的地方还有个盐湖，碧波荡漾，它被称为"中国死海"，历朝历代都十分重视对它的开发和保护。唐贞观年间，李世民亲临盐湖巡视；宋朝仁宗时，委派大文豪欧阳修出任河东置制，监管盐政；明清时期也先后修建了一些保护工程，并颁布了众多保护法令。

9月20日早晨，我们从运城出发，又走了4天后，走在前边的同志欢呼跳跃起来，高喊前边就是风陵渡了。这是大家翘首以待的目的地。下了一个大坡，就看见了波涛汹涌的黄河，有人兴奋地喊道："啊！母亲河，我们终于看到你了，以往从《黄河大合唱》歌曲里知道你的雄伟，而今亲眼看到了，真伟大！"不多时，王天禄雇到一只渡船，几名水手引导我们上了船。船工告诉大家，因为风大水急，船没有停靠在潼关码头上，却到了河南省界。大家下了船爬山坡前进，河中洪峰呼啸，我们抓住灌木往上爬，提心吊胆。大家相互关照，终于到了山顶。这时忽然有人喊道："看！那不是潼关吗！"大家随声眺望潼关城楼。来到潼关火车站乘车时，我的心情十分激动，这一望无际的关中平原，一片绿洲，富饶的八百里秦川真是名不虚传。

下午4时火车抵达西安，西安是世界四大古都之一，国民党统治时期又是全国八大特别市之一，在我脑海中应该是一座现代大城市。可是下了火车进入解放门，所看到的景象却出乎意料。解放路是一条石子路，街道两旁全是低矮的小门面房，大部分人家都没有电灯，更没有自来水。除东西南北四条大街和解放路之外，其余都是黄土路面。

这时候，全国人民正在欢欣鼓舞地迎接中华人民共和国的诞生。我们全国总工会西北工作队暂时保留原建制，集中精力准备庆祝活动。大家兴致勃勃，在华大学习时学会了许多革命歌曲，扭秧歌也很熟练，队内还有几名业余文艺工作者，就多次到西安大街上去表演，还深入到工厂演出自编的小型歌剧，深受欢迎。

从10月10日起，我们再次面临分配工作，有的同学被派往甘肃、青海、宁夏、新疆，留在陕西省的人最多，我被分配到西北总工会。去外省的同志们很快就要出发了，大家恋恋不舍。我们怀着惜别心情送走了一批批战友，尤其是当送别去新疆的同志们时，心情更为沉重，因为当时从西安到迪化（现乌鲁木齐）要走 20 多天，这一走不知道什么时候才能再见面！

时过境迁，沧桑巨变。经过全省人民的共同努力，特别是通过改革开放的洗礼，古城西安和全省的面貌发生了翻天覆地的变化，许多城镇变得整洁优美。可以想象，经过今后的建设，国家一定会发展得更加现代化，我们要为祖国的繁荣昌盛而振臂高呼！

张勃兴自述，由中国人民大学校友工作办公室根据作者提供的文章《欣忆在华大的学习生活》进行文字编辑。

李皓原

| 人物简介 |

　　李皓原，1948年毕业于华北联合大学政治学院经济系，从事和金融行业相关的工作长达半个多世纪。1983年任中国人民银行教育司司长，着手承办中国人民银行金融教育工作，建立了从初级银行学校，到金融专业专科、本科教育，直至研究生教育的层次完备的金融教育体系。1991年10月，中国人民银行成立中国金融教材工作委员会，李皓原担任副主任。

求学修身之路，与人大同行

我父亲很开明，他说我们家孩子有 9 个，让我出去奔前途。我父亲把我和一个姓高的同学一块儿送到关里来，后来家里没有给过我钱并且也没有人管我。1942 年我到了解放区，再后来到了张家口。然而 1946 年 9 月国民党军队进攻的时候我们就离开张家口了，过太行山到冀州，最后到解放区安定下来，并被分配到华北联合大学政治学院经济系学习。

当时的负责人还挺好的，在我困难的时候帮助过我。我在太行山上扎了脚，并且还因为脚气的缘故烂脚，不能走路了。后来领导帮我找了老乡，老乡派一头驴子送我过太行山。得感谢老百姓，那是我最难的时候。

那时候我只是个初中生，刚开始读书的时候，我们上的是预备班，一共有 40 人在学经济。给我们上课的是宋涛，助理是李光。

当时，华北联大就在河北束鹿，其中的教育系、经济系、文学系都在不同的村子里。不同系的都不在一起上课，虽然隔得远，但是每个村都有一个图书馆，还可以看书。这些书大都是私人的藏书。

那时候因为在解放区，会教书的人也不多，哲学是何干之在授课，经济学则是宋涛。

我们当时没有多少娱乐活动，生活和学习环境很艰苦，最普通的活动就是扭秧歌。我们吃饭都是用洗脸盆，如果要烧红烧肉的话，一个班共用一个洗脸盆，洗脸盆盛着红烧肉。不过一般情况下也吃不起红烧肉，那时候穷，能吃到肉就算很不错了，几个月都吃不到一次，平时的饭菜也就是青菜、土豆、黄瓜之类的。村里面就是学校，我们这些学生都住在老乡的家里。教室就在村里的院里头，老师就在院里头给我们讲课；有的时候下雨，我们就把桌子搬到大树下，这边扎一堆那边扎一堆，就这样听课。华北联大就在这样的条件下培养了像我们这样的一批学生。

砥砺前行之路，与人行同行

1946 年我在华北联大学习，同年，蒋介石发动内战。解放军坚决反击，于 1948 年解放东北全境，迅速向关内推进；平津解放在即，各项支前和随军准备工作都立即提前抓紧进行。

在这关键的时刻，包括我在内的一批联大学生被派往石家庄进行短暂培训，然后就被分配到刚成立的华北银行工作。当时经常来我这里的人中有一个是南汉宸的秘书，他是营口人。当时的华北银行在以董必武、南汉宸为正、副主任的华北财经办事处领导下统管华北解放区金融业务，筹资支前并为迎接平津及全国解放做准备。

实际上成立中央银行的准备工作在中央的关心和华北财办的直接领导下，早在 1947 年就开始了。1947 年 12 月董必武就向上面建议，新中国中央银行的名字叫中国人民银行，货币叫人民币，之后经中央同意，立即着手准备起来。首先成立以南汉宸为领导的中国人民银行筹备处，同时很快开始了人民币的设计和印制工作，人民币上的行名是董必武同志亲自写的。我当时只是一个"小鬼"，但是我能够感受到大伙儿的干劲和工作的紧张繁重。

在大政方针制定之后，筹备处和华北银行还需要对具体的政策和工作进行规划。我当时只是参与了招聘人才的工作，其他更为重要的是制定出接管国民党各银行金融机构和处置旧币的政策、措施以及进城后我们的银行体系、货币体系等。

中国人民银行的历史其实就是新中国金融的历史。那时候解放区都有银行，各区有各区的银行，但是规模不像现在那么大。1948 年快解放的时候，把所有银行整合了，剩下三家银行，到石家庄以后这三家银行就开始合并。中华人民共和国快成立的时候，所有银行合并完成，所以一进城统一都叫中国人民银行。严格来说，在 1948 年 12 月

1 日，由华北银行、北海银行、西北农民银行合并组成的中国人民银行正式宣告成立。

作为军管会金融处的一名工作人员，我参与了对国民党中央银行北平分行的接管工作。我参与的是对人员的审查、留用、组织学习和政策宣传等工作，当时还是一个宣传组组长。后来我也就一直在人民银行总行党委机关从事文秘工作，起草报告、简报等，也曾兼任团委书记，负责党委统战部工作多年。

1949 年至 1954 年，我在中国人民银行总行机关人事和党办工作，上面领导为照顾南行长，派单身的我住进北京东单裱褙胡同南行长居住的地方。南行长给我的一个印象就是好客。在南行长家里，星期天常常人来人往。有一次南行长与客人谈话时间很长，等客人走后，我上楼同南行长说："今天是星期天，您要多休息，注意身体。"南行长对我说道："这些老人饱经忧患，解放后希望我们建设得更好些，他们也有不解的事，我愿意多跟他们谈谈。"

后来总行让我带领 30 多人，下四川支援人民银行大三线印制基地的建设。我当时在东河印制公司党委工作，是东河党委的副书记兼政治部主任。那时候造纸造币都在旺苍县，旺苍县里面开了很多山洞，我们就在山洞里头造纸造币。这里早由贺晓初、翟诚、殷毅等精于银行印制工作的领导、专家，把厂房里的各项设备都基本准备好了：造纸的三条线引自法国，印钞的全套设备都是全国最好的，还有从德国引进的自备电厂一套，同时也在筹备建设污水处理厂……这些都为改革开放后的经济大发展做了货币供应的充分准备。

办学育人之路，与人民同行

改革开放后，要培养金融人才，才能支持中国跟世界接轨。在这样的背景下，人民银行建设教育、培养人才的工作是启动得很早的。行领导找我强调了培养金融人才的重要性，1982 年初，我被调去搞培训，担任五道口总行管理干部学院的院长，为培养高级金融人才努力工作。1983 年初我调任人民银行教育司任司长，和那些精通金融教育的同志一道为培养金融人才、建设金融院校工作。这期间，我们选拔有条件的中专升格为七所金融专科学校，又组建了一所大学，即中国金融学院，同时开办了三所管理干部学院。与此同时，基本专业和相关专业陆续建立。

其实在人民银行里面，教育司是最累的，需要管所有的学校。每个省都有银行学校，不仅有银行学校，有的省还有干校。我管的事就更多了，人民银行自己在北京成立了一个金融学院，之前叫"中国人民银行研究生部"，现在叫"清华五道口金融学院"（以下简称"五道口"）。

"五道口"刚开始创办时，工作条件非常艰苦，但我们还是克服了重重困难，保障了正常教学。条件虽差，但教学不仅正常进行，而且非常规范。我们成立了学位委员会，每个学生必须通过学位委员会的认定才能毕业。

"五道口"是中国金融专业教育领域的优秀示范案例。在办学指导思想上，重视国际金融前沿理论的学习以及分析，教材主要引进国外的，注重外语教学和实践教学，学生们理论和实践基础很深厚。在办学模式上，"五道口"也有自己的创新，我们没有固定的老师，采取外聘制。我们的老师大都是当时管理部门的各级领导、中国金融研究所的研究员、北大人大对国际金融比较熟悉的老师、外国专家等。"五道口"的各种措施确实为中国培养了急需的高级金融人才。现在五道口金融学院是全国顶尖的院校，为金融行业培养了一大批人才。

我一手操办的不仅仅是金融学院，还有干部学校。开始地方不办银行学校，所以地方都没有银行学校。全国的几十个银行学校，包括各省的干校，都是人民银行自己掏钱找人办起来，而且都是我那时候牵头搞起来的。后来中央有指示：部门不办学校，都下放给地方。所以我们办学的任务都交到地方。部门原本可以办教委，但是后来不准部门办教委，只允许做原本的业务，所以我们后来都把任务彻底下放给地方了。

那个时候没有基金会，我们就学着外国成立一个基金会，叫中国金融教育基金会。人民银行所属院校交给地方后，虽然有了较大的发展，但是还需要专业部门去帮助它们进行信息交流；基金会的目的，就是填补这个空白。基金会让学校有了一个教师交流、信息交流、学术交流等的平台。

开展金融教育需要好的教材，于是在我们的主持下还编撰了一批金融货币学科的书。人民银行有一个教材编审委员会，刘鸿儒是主任，我是副主任。不过那时候我们编教材很困难，请了很多老师，后来还请了一些专家来帮助我们，几年下来终于把中专、大专、本科这三个层次的教材搞齐了。

对于知识我们要注重，但是德行也不能缺少。我要求我们培养的人才必须德才兼备，光有才没有德对国家的危害更大。我们让学生知道为国家干事需要一丝不苟、一丝不贪的精神，而且这样的教育很有成效。

回头来看，从华北联合大学毕业到现在，我一直在和金融打交道，亲身经历了中国金融不断成长的历史。中国金融事业发展得很快，其速度、规模、作用和适应国际化的程度都是前所未有的。而且在金融教育这一事业发展中，我深深体会到办好教育对中国发展的重要性和必要性。我希望现在正在读书的学生能够在大学期间打下良好的功底，为中国的建设发展贡献自己的力量。

李皓原自述，本次采访时间为 2019 年 4 月 23 日，由中国人民大学校友工作办公室负责采访，由新闻学院 2017 级本科生张忠石进行录音整理和文字编辑。

采访 / 李宣谊　编辑 / 张忠石

胡忠贵

| 人物简介 |

　　胡忠贵，山西省定襄县人，1946 年生，研究员。1970 年毕业于中国人民大学财政金融专业，历任山西省煤炭厅办公室副主任，山西省政府办公厅综合处副处长、第一办公室副主任、办公室主任，山西省政府办公厅常务副主任，山西省政府改革与发展研究中心副主任、巡视员；兼任中国秘书学研究会理事、山西省行政管理学会副会长、山西省投资学会副会长；现任中国人民大学山西省吴玉章研究会会长。

我是山西省定襄县人，出生在灵山（五台山）脚下滹沱河畔，定襄、原平、五台三县交界处。按照传统的说法，这里可谓一块风水宝地，物华天宝，人杰地灵，从古到今孕育了很多豪杰英才。方圆十公里，涌现出了徐向前、薄一波、续范亭等许多近代名人。一方水土养一方人，这里民风淳朴，文脉厚重；这里人们的勤劳、善良、真诚、耿直，蔚然成风。我祖父、父亲都是老实巴交的贫苦农民，都以忠厚善良、耿直诚实而为人称道，这些无疑对我的一生有着很大的影响。

艰苦岁月，勤学苦读结缘人大

我在村里读了半年小学，因父亲在太原工作，于1953年来到省城太原，就读于太原矿山机器厂职工子弟学校，并在矿机中学上了三年初中。太原矿山机器厂当时是一机部重点企业，全国第一台出口采煤机就是这里生产的，鼎盛时期职工人数达到七八千人。位于太原东北部卧虎山下的矿机宿舍，是一个具有苏式建筑特色的社区，有医院、学校、托儿所、商店、体育场、俱乐部，就是一个完整的小社会。处于中心位置的俱乐部也是社区的政治文化中心。每年春节期间，俱乐部前都会张榜公布先进工作者和学习标兵，我父亲的名字、照片和事迹经常会出现在醒目的位置。父亲只读过几年书，后自学达到中学水平，是厂里的学习标兵。我为之骄傲，同时这也成为激励我努力学习的动力。所以，我的学习成绩一直还是不错的，每学期张榜公布成绩，经常名列前茅。1962年我初中毕业，作为学校的代表出席了太原市应届毕业生代表大会。当时正是国家困难时期，考高中比上大学还难，全校两个班，考进高中的只有5名同学，升学率非常低。我为自己能继续读书而庆幸。那时候真的说不上有什么远大理想，主要是父亲的影响，再就是荣誉感和好胜心。我自幼喜欢语文课，热爱文学，喜欢写作，作文经常被老师作为范文在班上宣读，中学时也有在报刊发表的。我就读的中小学名不见经传，但也出过阎维文、成方圆等著名歌唱家。当时我们学校有太原市的音乐示范班，我们上音乐课时，经常会有市里其他学校的音乐老师来听课。记得四年级的时候我就学会了简谱和五线谱，也曾多次在不同的场合登台演出。虽然我没有从事文艺工作，但从此便与音乐结缘，音乐成为我相伴一生的爱好，也为我人生的道路平添了不尽的欢乐。

1962年，我进入太原九中读高中。其间，我遇到了让我一生感激不尽的恩师——语文老师杨令丕。杨老师是从部队转业的文化教员，山西运城人，古汉语功底极其深厚，在他的指导下，我们的古文翻译水平提升很快。他为人古道热肠，每逢周末就在家为学生义务补课。更为重要的是，在那个年代，信息匮乏，我们根本不了解外面的世界，对大学的情况也知之甚少，是他一直给我介绍中国人民大学的辉煌，一直鼓励我报考中国人民大学，让我在朦胧之中有了对外面世界的渴望，也让我第一次了解了从战火中走来、始终奋进在时代前列、人文社会科学独树一帜的红色圣殿——中国人民大学。

高考的时候，文科考场就设在我们学校，所以我没有什么紧张情绪，就像平时测验一样，而且心底里也并没有觉得一定要考上大学。一方面，家里弟妹5个，我是老大，我希望能够早点工作，为家里分忧；另一方面，我高考结束以后觉得成绩也不是十分理想，所以也没有很在意考试结果，一考完就和一帮同学去参加勤工俭学劳动了。记得是去离市区十几公里的上兰村的一家工地挖土方，挖一方1元5角，一天差不多能挣2元钱。因为离家远，我和大部分同学都住在工地上，只有个别同学骑自行车回家。

录取结果出来之前，回家的同学经常会搞恶作剧，每天来到工地就会乱喊："某某同学你的录取通知书来啦！"喊多了，大家知道是开玩笑，也就习以为常不再信了。一天，一个回家的同学一来到工地又大声呼喊："胡忠贵，你的录取通知来了！"我一笑了之。这次那个同学认真了，反复告诉我这次是真的，我才将信将疑回了学校。1965年8月3日，这是我一生难忘的日子。校长和教导主任一脸兴奋，很隆重地把一份录取通知书交到我的手里，还说这是我们学校，也是全市的第一张录取通知书。那张录取通知书很普通，一张小小的白纸，短短的几行油印文字，盖着中国人民大学的图章，但在我手里却重似千斤。我真的被录取了，我考上了梦寐以求的中国人民大学，真是太高兴了，那种激动兴奋的心情久久难以平复。就这样，我获得了去首都北京、去中国人民大学学习的机会。后来老师告诉我，那年人大从山西共录取了 12 名学生，其中太原 2 名。除我之外，另一名是毕业于太钢中学的陈绿茵，我们考入同一个系，她是贸易专业，我是财政金融专业。

我是农民的孩子，穷苦人家出生，从来没想过能够进入人民大学、去伟大的首都北京读书，我真的很荣幸。感谢那个好时代，感恩党和国家的好政策，那种对毛主席和共产党的感激之情是永生难忘、难以言表的。去学校报到的时候，家人把我送到太原火车站，买了一张去北京的硬座。那也是我第一次出远门。

火红年代，人大五年受益终身

到北京下了火车，我一走出出站口，迎面就看到车站广场上醒目的人民大学的校旗，那一刻心中的自豪感油然而生。随后我就坐着校车到了学校，报到后住进位于学校大门附近的东风 1 楼。当时人大有 12 个系，西区 6 个系，东区 6 个系。西区是经济系、新闻系、档案系、历史系、国际政治系、语文系；东区是财贸系、工业经济系、农业经济系、计划统计系、法律系、哲学系。东风 1 楼是财贸系和工业经济系宿舍，东风 2 楼是农业经济系和计划统计系宿舍，东风 3 楼是法律系和哲学系宿舍。

那个时候粮食还是定量的，我记得大学生是每月 35 斤。那个时候风气好，大家互相谦让，互相帮助，真诚关心别人。女生一般报30 斤以内，像我这样个头较小的男生报 30 斤多点，这样平均下来，饭量大的农村同学就能定得高一些。除此之外，我们还可以申请助学金，农村来的同学基本上都享受全额助学金。全额助学金是每月 20元钱，除去 15 元左右的伙食费，还能剩下四五元零花钱，这点钱对当时的年轻大学生来说足够了。我享受的是半助学金，每月学校发10元，家里寄10元，生活上也足够用，因为从小养成节俭的习惯，甚至还会有结余。

对于我们那时候的校园，一个突出的感受就是风清气正、纯真美好，人与人之间是发自内心的团结友爱、真诚关怀。同学之间互相关心，互相帮助，真的是亲如兄弟姐妹，就像是一家人。比如星期天，男生去郊游，晚上回来会发现床单被褥被女生洗好放那里了。这不是因为个人间的关系，就是同学之间纯洁的互助友爱，大家都认为做了好事感觉踏实光荣。助人为乐的精神已经植入人们的骨髓，已经成为一种社会风尚。我还记得，我的一个农村同学，家庭条件十分艰苦，那年家里遭了水灾，班上同学就主动默默奉献爱心，一共凑了几十元钱、几十斤粮票给那位同学家里寄去，但并不写我们的名字，直到家里告知此事，他才知道是同学们的关心和帮助。类似这样的事情在我上学期间屡见不鲜。我们做这些并不是为了名利，纯粹是出于自发的朴素的同学情感。当时正值学习雷锋、王杰的热潮，整个学校，乃至整个社会都是这个风气。团结友爱蔚然成风，谁有了困难，大家就主动帮助他。那个年代，人人为我，我为人人，大家都能感受到集体的友爱、社会的温暖。

我们班的同学，大概一半来自城市，一半来自农村。我在高中已经是学生会副主席，一开始还有点优越感，但一看别人的履历，大都是学生会主席、团支部书记这样的学生领袖，不仅学习好，而且组织能力也很强。那个时候，人大选拔学生的标准非常严格，都是按照学生领袖、青年干部的标准来选拔，不仅要求学习成绩优秀，对政治条件、家庭出身也都有严格的要求。因为我喜欢文艺，歌唱得还不错，同学们便选我为文体委员。时隔不久，"一二·九"纪念晚会在人民大会堂举行，国务院总理周恩来亲临现场。一个班有一个参会名额，我得益于是文体委员，有幸成为我们班第一个进入人民大会堂参加盛会的同学。我因自己的文艺爱好而得到了这个机会，心中格外自豪和激动。

在校期间，最激动人心的时刻还要属每年的五一和国庆两大节日。在那个年代，每逢这两个节日，都会在天安门广场举行盛大的欢庆活动，白天是大会和游行，晚上是狂欢。我们每次都被安排在金水桥前面，人大北大清华等首都高校一字排开，一个学校一个圈子，醒目的校旗迎风招展。领袖们也会走下天安门城楼，来到群众中间，和我们一起唱歌、跳舞，亲自为合唱团队打拍子、做指挥，与群众打成一片。在我那个年纪，一个年轻学生能够见到党和国家的领袖，还能和他们一起联欢，真是心潮澎湃，感慨万千。

那是个火红的年代，那是个激动人心、让人难以忘怀的年代。如今我已年逾古稀，但每次想到那个场面，心里还是感到无比的激动和幸福。每次当我听到《雄伟的天安门》这首歌时，那个热烈的场面就会在脑海里浮现："雄伟的天安门，雄伟的广场，第一面五星红旗升起的地方，打从这面战旗在这里升起，中国人民的心中从此充满阳光……"

我至今还清楚地记得，当时我们 4 个同学住在东风 1 楼 1 层 119 房间，我的室友是刘福帮、陈兆民、蔡泽深。入学第二天，学校就开始组织新生参观北京的十大建筑。我们这些来自祖国各地的孩子走到哪里都觉得新鲜，到了天安门广场，心情格外激动，因为这里是祖国的标志，首都的象征。触景生情，我们心里更加由衷地感谢毛主席，感谢共产党，感谢祖国和人民给了我们到首都、到人大读书的宝贵机会。

20 世纪 60 年代的校园，没有多少高楼大厦，显得比较空旷。主要建筑就是办公楼、教学楼和后来建成的图书馆。没有大礼堂，开会一般就在办公楼旁边的文化广场。办公楼南侧有一棵大松树，这里是学校外出活动的集散地。当时的共同课，全校一个年级一起在八百人大教室上；专业课，就分开在人大办公楼南侧的教学楼上。两三年以后，人大建成位于办公楼北侧的图书馆，图书馆是人大当时最新最时尚的建筑。

五年大学生活，是我人生中最幸福的时光。在校期间我最喜欢的地方就是图书馆，星期天大都会待在那里。我们这种连书本都很少见到的贫苦人家的孩子，到了人大之后，看到那么丰富的藏书，就好像小牛犊进了青草地一样，贪婪而疯狂地享受着学习的快乐。

学习之外，一年一度的运动会最令我印象深刻，因为吴玉章老校长每年都要来学校参加运动会。吴老那个时候年事已高，已经不主持日常工作，主持工作的是郭影秋副校长。但吴老坚持每年来参加学校的运动会，因为他非常关心学生的健康，希望我们这些青年学生一定要锻炼好身体，为建设祖国做准备。主持工作的郭影秋同志，时任党委书记兼副校长，是一位新四军老干部，解放后曾任云南省省长，是我国第一个不当省长当校长的干部，曾任南京大学校长，后调人大，作为吴老的助手为人大的发展做出很大的贡献。

我还记得当时我们学校的副书记、副校长孙泱。孙泱副校长是在郭影秋副校长调任北京市委文教书记后主持人大工作的。1966年元旦，学校在东区食堂举办迎新晚会，零点的时候，孙泱副校长以"刚才钟声一响"开头，连续用七八个排比句，将新年联欢的氛围推向高潮，我当时一下子就被才华横溢的校长震撼了。

印象深刻的还有我们的老副校长崔耀先同志。崔耀先副校长也是一位老革命，他是学校下放江西时的主要校领导，为人大的返京复校做了大量艰苦细致的工作。90年代他曾应邀来山西参加过我们校友会纪念辛亥革命八十周年的活动，是一位和蔼可亲的好领导。

我们财贸系的系主任叫曾洪业，曾是新四军干部，解放后进入人大学习，毕业后留校工作。在1978年人大复校过程中，他亦曾联名上书，多方奔走。我们当时的代课老师有陈共、阎达五、黄达、王传纶、侯梦蟾、周升业、韩英杰等人，都是中国财政金融方面的翘楚和奠基人。我们那个时候每次上课前，老师都会给大家发几页讲义，把讲义收集起来简单整理一下，就是全国通用的教科书，所以说人大的财政金融专业是全国财政金融学科的工作母机。

我们这些学生最崇敬的，感情最深的，还是吴老。毛主席教育全党要像吴玉章一样一辈子做好事。我们这些学生，由衷地敬仰吴老的高尚情操和人格魅力，立志要像吴老那样一辈子做好事，做事业，做学问，一辈子勤勤恳恳为人民服务。

人大在那时就非常注重发扬我党优秀的学习传统——理论联系实际。学生在学校不仅要学知识、学理论，还要学军、学工、学农，不是单纯地闭门读书，还要去深入社会，了解工厂、农村和部队生活。当时，人大安排学生大一时抽出一定时间去工厂学工，半工半读；大二时学军，下连队和战士们一起训练生活；大三时学农，到农村和农民一起搞"四清"运动。人大独特的学风，使我们的学生能够与工人、农民和部队战士相了解、相结合，不会觉得自己高人一等，而是真正从感情上把自己当成人民群众的一员，用实际行动贯彻理论联系实际和密切联系群众的学风，和群众打成一片，让自己得到充分而全面的锻炼。

"文革"期间学校一度停课，我和高中同班同学申存良一起约了几位人大、北大同学，做过一次长途社会实践活动，从北京出发，徒步 500 公里穿越太行山直到太原。在这期间，我们在太行山上一个最贫困的小山村住了一周。那个时候太行山区的农村，真的很艰苦。我们与农民同吃同住同劳动，增加了对贫困农村的了解，增进了同农民群众的感情，真正感受到了农民的不容易，也亲身体会到农民那种善良和淳朴，那种吃苦耐劳、坚韧不拔的精神。到太原以后，我们又到太原钢铁公司跟班劳动，体验工人生活，并主动要求去最艰苦的岗位上锻炼。半个月的炉前工经历，每天面对炽热熔炉的高温和钢花四溅的炙烤，让我真正体会到汗流浃背和面红耳赤的艰辛。在几千度的高温面前，待几分钟就会浑身冒汗，而工人们每天要在岗位上奋战七八个小时，这让我们切身体会到了工人阶级那种不避艰险、无私忘我、英勇无畏的崇高精神。

那个火红的年代、热烈的场面、跳动的青春永远在脑海里回荡，那个年代的幸福无可比拟。能够在自己青年时期聆听全国顶尖大师授课，在优美的校园环境学习，能够经常见到党和国家领导人，幸福莫过于此。在人民大学的五年学习时光为我一生的工作生活奠定了扎实的基础。"实事求是"的校训，扎实的理论功底，理论联系实际、实事求是的作风以及永远忠诚于党的事业的坚定信念，让我终身受益。像吴老一样全心全意为人民服务、"做一辈子好事"成为我毕生的座右铭。

刻苦钻研，从"煤炭新兵"成长为"煤炭专家"

转眼就到毕业季，按照通常的分配方案，人大财政金融专业的毕业生大致去向应该是国家计委、国家经委、财政部、央行等中央直属机关，但是"文革"期间，毕业生分配方案发生了巨大的变化：所有毕业生都要面向基层，大城市一个不留。现在可能有人会质疑这种做法是否正确，但当时并不是这样的。我们的认识也很单纯，就是无条件地响应国家号召，服从组织分配，广大学生都是自己主动表态，要求到农村去，到边疆去，到祖国最需要的地方去，干部子弟也一视同仁，毫无例外。我的同学就有不少去新疆、青海、内蒙古工作的，也有不少去农村、农场、矿山、油田的。不论分配去哪儿，做什么工作，大家都坚决服从，毫无怨言，都会伏下身子，扎根基层，勤勤恳恳地做好本职工作。我本人也是这样。

我毕业后分配至山西省煤炭化工局工作，岗位是省煤管局北营仓库装卸工。我家在太原，但是我没有回家，而是直接去离家十几公里的北营报到上了班。这里有当时写的一首诗为证："毕业离校回太原，过门不入工装穿。旰食宵衣继新业，周日家告游子还。"在装卸工的岗位上，我扛过麻袋，跟过吊车，吃过苦，也经历过风险。有一次，在吊车装卸钢管的过程中，我不慎被成吨滑落的钢管压住小腿，当时就昏厥过去，但醒来后，奇迹般地发现竟然没有受重伤。整建团工作开始后，组织安排我参加整建团工作，后来又做政工干事、行政干事、仓库保管员、出纳、会计。两年时间里我做过七八个工种，都是书本上没有学过的陌生的工作，都得从头学起，都是在实践中边干边学锻炼出来的。

1972年，供销财务工作划归省煤管局机关，我同其他财务人员一起调回省煤管局供应处工作。1974年，物资管理科成立，同时挂省局节约挖潜办公室牌子，我任科长兼该办公室负责人。1975年，一次偶然的机会，党委宣传部部长发现我文笔不错，于是找供应处想调我去宣传部工作，我们处长不同意，两个部门为此争得不可开交。最后，官司打到局长那里。得知此事，局长表示：你们不用争了，把小胡调来我这里吧。我就这样阴差阳错地到了局长办公室，负责调研室和局长秘书工作，后来一步步成为调研室负责人、局办公室负责人。先后跟过两任局长，第一任是王丕成局长，不久就离休了；跟高亚材局长的时间比较长，从他继任局长，一直到我调离煤管局。在办公室工作的七八年时间，特别是跟高局长的这些年，使我得到了极大的锻炼。通过撰写工作安排、工作总结，我对全局情况更熟悉；陪局长去煤矿现场办公，搞调查研究，学到很多工作方法；同时，跟上级机关、上级领导的接触也变得越来越多，那个时候省委副书记、副省长参加煤炭工作会议的讲话稿多是我负责起草。通过和这些领导的近距离工作接触，我慢慢发现每个领导风格各不相同，也从不同的领导身上学到了不少东西。

山西是煤炭大省，省煤管局自然是省直厅局中规模最大、素质较高的管理部门。煤管局的干部素质整体上比较好，业务干部很单纯，很朴实，工作认真负责，风气也比较正。我的第一个处领导王瑞学，是位工农干部，虽然文化程度不高，但人非常好，对我关怀有加，处里政治学习等方面的事情，全让我负责，后来成立物资管理科，由我任科长。这时，我已经工作四年，具备了一定的管理能力。

一个文科大学毕业生进入煤炭这样一个陌生的行业，煤是怎样形成的，煤矿是什么样子，自己全然不知，和煤管局的多数干部相比，我就是个外行，一开始心里真的很虚。但我没有气馁，也没有放弃，我用几乎全部的业余时间自学了矿业基础理论、煤田地质等课程。在煤管局待了十四年，通过学习和工作实践，我逐渐蜕变成了一个真正的"煤炭人"，还出版了全国第一部煤炭发展史著作《山西煤炭工业简史》。有一次接待陪同分管煤炭工作的国务院副总理康世恩同志，在谈到煤田地质构造一类话题时聊得十分投机，他十分惊讶于我的煤炭知识储备，竟认定我是北京矿业学院毕业的学生，当得知我是人大毕业的文科生时非常惊讶。这也算是一次验证吧，说明我在煤炭知识方面过关了，得到了认可。我的理念就是这样，干一行，爱一行，学一行，力争成为行家里手。凡事要么不做，要做就下苦功夫、硬功夫，做到极致。后来别人在评论我时，常说我是个理想主义者、完美主义者，有赞扬的意思，可能也有一定的道理。

在煤炭系统工作期间，我先后赴潞安矿务局石圪节煤矿、王庄煤矿和西山矿务局官地煤矿等煤矿进行深入的蹲点调查研究，每次都有15～30天；先后写就了一系列推广煤矿典型经验的大型调查报告，有的由省煤管局党委转发全省推广，有的在《山西日报》和《中国煤炭报》报道，在全省和全国煤炭战线都引起了强烈的反响。这些煤矿后来都成为全省的先进典型和样板矿，石圪节煤矿更是成为全国工业战线的一面旗帜。

为了保证能源基地建设的顺利进行，1984年，省委、省政府决定进行煤炭立法，制定山西省煤炭开发管理地方法规，我作为省政府办公室负责人接受了这项任务，主持并带领起草班子，经过广泛深入的调查研究，顺利完成了这项重大的立法研究工作，形成了《山西省煤炭开发管理条例》。该条例对煤炭的审批、资源的管理、煤矿的生产、安全和建设等做出了明确的法律规定。该条例成为全国第一部地方性煤炭法规，在审议通过时受到省人大、省政府的一致好评，被誉为"山西立法史上最好的条例之一"。

1989年，由我撰写脚本的10集电视系列片《太阳石》在中央电视台播出，并荣获全国科教影视"科蕾奖"一等奖和全国优秀电视节目一等奖。

爱岗敬业，努力诠释实事求是的真谛

我牢记自己是一名共产党员，一切行动都服从组织安排。在我几十年的工作经历中，岗位几经变动，但只要组织上定了的事，我都坚决地服从、坚决地执行。不论是政务工作，还是决策咨询工作，我都一如既往坚持实事求是的作风，旗帜鲜明，坚持原则，勇于讲真话、办实事。我可以自豪地说，我用自己的一生诠释着实事求是的真谛，以我的实际行动践行了矢志不渝的初心和使命。

从省煤管局调到省政府，也是我从未想过的事。其实，到现在我也不知道自己是怎么被选调到省政府工作的。通常的说法是工作需要，你也比较适合。当时省里要搞能源基地，但省政府圈子里没有煤炭行业的干部，就最先想到我了。先是商调，我们领导没有同意，也没有告诉我这个事情。四个月后领导找我谈话，说上面发来了正式调令，从组织角度讲，这次我们不能拒绝了，你如果愿意去就去，如果不愿意去，那你自己去跟人家交涉。我当时有点懵，因为从来没想到过会发生这种事情，自己非常留恋煤管局这个单位，领导对我很好，在这里工作得非常开心。于是我打电话给省政府表示了难以胜任、希望他们重新考虑的意思。没想到有一天领导突然通知我说我的工作关系已经转走了，让我下午就去省政府报到。虽然自己有想法，但作为一名共产党员，我必须服从组织的决定。就这样，我于1983年来到了新组建的省政府办公厅综合处。综合处，主要为省长、副省长服务，对内就称为省长办公室，我主要就是负责王森浩省长身边的事情，负责给省长撰写讲话稿，协助省长处理一些日常事务，两年以后改任办公室主任。办公室是省政府的政务中心，负责省政府的会议管理、请示报告办理、文件起草、秘书、接待和总值班室等工作，可以说，这个岗位责任比较大，担子比较重。

我在办公室主任的岗位上干了四年，现在想想可以说那四年的经历对我的锻炼是最大的。我负责组织常务会议、党组会议、省长办公会等各种会议，负责所有省政府和办公厅文件的审核把关，协助处理各种请示报告，负责一些疑难问题的协调，参与突发事件的处置，以及中央和各省领导的接待，等等。工作面广，工作量大，工作难度也比较大，当然对我的锻炼也比较大。值得自豪的是，在我担任办公室主任和后来担任办公厅主持工作的常务副主任期间，工作上没有出现任何纰漏，得到了领导和群众的普遍认可，我为此而感到欣慰。

实事求是，是我们党的一贯要求，也是我们人大的校训，然而，

"实事求是"说起来容易，做起来却很难。特别是后来社会风气一度不好的时候，敢于讲真话、说实话的少了，说假话、会演戏的多了；敢于实事求是、坚持原则的少了，讲"灵活"、讲"变通"的多了。我工作这些年，对此有着切身的体会，深深地感觉到坚持实事求是真的很不容易，而且，有时候甚至是要付出代价的。尽管如此，但我初心不改，无怨无悔。父亲从小就教育我要勤勤恳恳做事，老老实实做人，忠诚于党的事业，全心全意为人民服务，做一辈子真诚的人、正直的人。人大的老书记、老校长也常嘱咐我们，不论怎样都要坚持实事求是，保持人大学子的底色，无愧于"人大学子"这个称号。我自认为我无愧于母校的培养，无愧于师长的教诲，一生堂堂正正、清清白白，始终在努力践行着实事求是的真谛。

在办公厅期间，除正常工作之外，我感觉比较有意义的有这么几件事。一件是我根据多年从事办公室工作的实践经验，组织研究编写了共35万字的《办公室工作》一书。该书全面系统地研究了文书、秘书、档案、信息、会议管理、调查研究、后勤管理等工作内容，以及现代化管理理论在行政管理中的应用等问题，成为政府办公厅系统培训教材，以及高等院校文科教材，先后再版十多次，发行5万余册。另一件是在1991年全省政府系统秘书长会议上，我做的关于实现行政管理工作程序化、规范化、制度化、科学化的报告和我们设计的省级政府决策支持系统建设实施方案，都得到了国务院办公厅的好评，并通过在山西召开的现场会议被推广。还有一件是1993年省委、省政府组织开展修路大会战，我担任省直机关义务修路总指挥部总指挥，组织省直机关100多个单位，上万名机关干部，动用100多辆大型机械设备，冒严寒，战酷暑，平山头，填壕沟，历时近半年时间，完成土石方30万立方米，提前基本完成太原东山过境高速公路的基础工程，而且妥善处理占地搬迁等群众问题，并实现安全生产无大小事故，受到省委、省政府的一致好评。组织推动如此巨大规模的会战，也使我的组织领导能力得到很大的锻炼和提高。

1995年，我离开办公厅，到省政府经济研究中心工作，虽然工作内容有所变化，但我依然牢记自己是一名共产党员，"在其位谋其政"，努力为山西的发展建言献策，贡献才智。随着对山西发展历史、发展方式、生产力布局研究的深入，我越来越意识到山西不挖煤不行，只挖煤更不行，所以在山西最早提出转变经济增长方式的课题。1996 年，我主持"转变山西经济增长方式研究"课题，形成了 10 万余字的研究报告，就发展战略的创新、经济结构的调整，以及日后转变经济增长方式的政策和措施等问题提出了自己的见解。这是山西较早研究转变经济增长方式的课题之一。

2004 年，我出版专著《知识经济论》。原人大财政金融学院院长安体富老师欣然为该书作序，对拙著给予很高的评价。同年，受省发展改革委委托，我完成山西生产力布局调整课题研究，对山西调整产业结构、实现生产力合理布局提出独到见解，引起多方关注。

在退休之后，我也没有闲着。一方面，我致力于对自幼喜爱的书法进行系统研究、推广。2018 年我的诗词书法专著《诗书咏百花》正式出版发行。我的书法理论专著《书法概论》的初稿已经完成，现在正在进行第三稿修改，意在把自身所学之书法知识和技巧传授给别人，让国学的传统得以延续，让正确的书法研习方法被更多人所了解。2018 年校友理事会上，我发起成立人大校友书法协会的倡议，得到了靳诺书记、杜鹏副校长等校领导和校友办周荣主任的大力支持，正是他们的大力支持使我校首届校友书法展得以成功举办，人大校友书法协会得以顺利成立。另一方面，我全身心地投入到校友工作中，努力组织广大校友为母校的发展、为山西的振兴做贡献，真诚地为步入社会的小校友创业和工作导航引路，看到他们的健康成长和不断进步就是我最大的快乐。毕业近五十年了，但我对人大的深情丝毫未减；担任校友会会长二十多年了，五年一次的校庆我从未缺席。2017 年母校八十周年华诞之际，我浮想联翩，心潮澎湃，一口气写就了一首《人大颂歌》，自己作词作曲，送给母校，以此表达一个古稀学子对母校的赤子深情。人大是我的生命，人大是我的灵魂，人大是我永远矗立的精神脊梁，人大是我勇往直前无穷的动力源泉。明年我还有个计划，2020 年是我们毕业五十周年，如果条件允许的话，我准备组织我班同学回母校开展一次纪念活动，追忆和分享五十年前那段美好时光。

回望自己的人生，有荣光，也有坎坷。如果说取得了一些成果的话，我认为主要得益于母校的培养和教诲，也来自自己初心在怀、使命在肩，始终用所有的热忱和精力在身体力行着人民大学的校训。实事求是，理论联系实际，忠诚于党的事业，做一个积极而正直的人，始终体现在我的学习、工作和生活当中。

随着"不忘初心、牢记使命"主题教育的开展，我们共产党创办的第一所大学——中国人民大学必将发挥越来越大的作用，母校的发展前途无限，一定能建设成为人民满意、世界一流的高等学府，重建丰功伟业，再铸往日辉煌。我对此充满信心！

我自己尽管年事已高，但依然坚定信念、勤恳奉献。目前，我正在做关于能源革命的讲座。日前，刚应邀发表了题为《能源革命开路先锋——山西的挑战与机遇》的文章，努力为山西通过能源革命实现经济振兴而鼓与呼，希望能够为我们的社会、国家奉献自己的一份力量。我也希望我们的年轻人大学子牢记党的宗旨和母校的校训，牢固树立起报效国家、为人民服务的理念，以社会栋梁、国民表率为目标，在各自的岗位上努力做好本职工作，为母校的发展，为家乡的建设，为祖国的伟大复兴做出自己应有的贡献！

胡忠贵自述，本次采访时间为 2019 年 11 月，由中国人民大学山西吴玉章研究会负责采访、录音整理和文字编辑。

采写 / 张祥雨　张焕森　樊思远

邵 强

| 人物简介 |

  邵强，1939 年 11 月出生，浙江温州人。1957 年考入北大中文系新闻专业，1958 年转入中国人民大学新闻系学习。1961 年毕业后赴新疆，曾任新疆人民广播电台台长、《新疆日报》副总编辑、新疆维吾尔自治区党委宣传部常务副部长等职。

  2020 年 3 月 15 日，因病于乌鲁木齐逝世，享年 80 岁。

结缘双校

我出生在温州的一个小业主家庭，算得上是小资本家出身。我在温州中学念书，在我的记忆里，老师们是那么亲切、那么随和。1951年温金公路通车，汽车从我家门口驶过，我兴奋不已，写了一首阶梯诗（当时称"马雅可夫斯基体"），表达自己感动的心情，想不到我的中学语文老师陈玮君在课堂上高声朗读这首诗，并大加赞赏。年轻人怎么经得起这么夸奖？我有点飘飘然了。打这以后，我喜欢上了语文、喜欢上了写作，到后来一发而不可收。初三时，陈老师调到温州师范学校，但仍时常到家里看我，送我一些学习用品和文学书。他看到我用的钢笔很破旧，写的字不好看，就给我买了一支"金星"笔。老师工资微薄，竟拿出几十元钱给我买这么名贵的笔，感动得我不知道说什么好。

1957年我从温州一中毕业，考入北京大学中文系新闻专业。当时在我的小脑瓜里，觉得记者这个职业特别浪漫，可以走南闯北，可以周游世界，哪个职业能与之相比呢？

1958年，北京大学新闻专业并入中国人民大学成立新闻系，我转入中国人民大学学习。那一届有120人，三个班是人大班，一个班是北大班，北大班只有30多个人，人大班有80多人。人大班大部分是调干生，北大班几乎都是高中生。

四年大学生活，我在北大一年，人大三年。新闻系是两个学校的资源合在一起创办的，老师的实力都非常强。在学校的这段时间，我受到了良好的基础教育，接触了很多大师。在人民大学我印象最深的是冯其庸老师，当时教我们古典文学。他不仅口才好，还写得一手好板书，深受同学们欢迎。那时候学校里面没有考试，考核方式是写一篇小论文。我写的是陶渊明的田园诗，他给了我一些肯定，他说你这个文章写得不错，你的书法也不错。很可惜后来没有机缘跟冯老师学书法，这是很遗憾的事情。当时甘惜分老师教我们新闻理论，方汉奇老师教我们新闻史。方汉奇先生有一个"计算机脑袋"，记忆力非常强，给我们讲课的时候是哪本书的第几页第几行都可以讲出来。我在北大、人大学习的几年得到很多老师的指点，这对我以后做学问和从事新闻工作都有很大帮助。

初到新疆

毕业之后，我主动要求到新疆来。早几年《人民文学》杂志发了作家碧野的一篇散文《天山景物记》，文中描绘的新疆风景很吸引人，很美，让我向往。毕业分配填写志愿时，我在志愿表上写下了两个字——"新疆"，后来如愿以偿。

1961年10月，我就是怀揣着这样的激情和梦想，告别首都北京，告别四年的大学生涯，来到这块土地上。1961年10月2日，刚过完国庆节，我即和两位同学一起启程，坐上西去新疆的列车。当年从北京到乌鲁木齐没有直达火车，需要在离乌鲁木齐80多公里的盐湖换乘汽车，才能到达乌鲁木齐。列车即将进入甘肃境内时，由于宝成铁路塌方，火车只得在宝鸡停下来。我们在宝鸡待了两天，住进了一家澡堂，这家澡堂白天供人洗澡，晚上才能住人，条件十分简陋。两天以后，铁路通车，我们重新坐上火车，到了盐湖。当天还没有去乌鲁木齐的汽车，晚上睡觉时，只好凑合盖一床被子，几个人在一个炕上和衣而睡，仅把脚丫子伸到被子底下，勉强过了一夜。第二天坐上汽车，一路颠簸，中午才到乌鲁木齐。我被分到新疆人民广播电台。

10月的乌鲁木齐已经漫天飞雪，滴水成冰，特别寒冷。新分来的大学生住的是窑洞，房子里没有暖气设备，要自己生煤炉取暖。主食以窝窝头为主，很少吃白面大米，蔬菜也仅有白菜、土豆和萝卜等"老三样"。我到单位以后，立刻投入了紧张的采访工作。新分来的大学生要到记者站锻炼一年，1962年春节一过，我就被分到塔城记者站工作。那时候新疆正在困难时期，去塔城的话就要搭伙，一个月大多是粗粮，没有几斤细粮，每人三两油，如果没有的话就没有办法搭伙了。

那个时候，出去采访，可没有今天这么好的条件，到外地采访必须自带行李、粮票，乘大卡车。去塔城记者站工作，我就把从北京带来的行李——两条被子、一条褥子和一箱书全部都带上了。由于北疆气候寒冷，还需要自备老羊皮袄、毡筒和皮手套，购买这三样东西要一百多块钱，而当时我的月工资只有六十多块，还要往老家寄一些。为了买这些东西，我只好向单位借钱，过了好几个月才还清。我在塔城住了一年，这一年里发生了"伊塔事件"。1962 年的 5 月份，塔城发生大规模外逃事件，六万边民非法越境前往苏联，因为当时整个国内生活困难，苏联那边宣传的条件好一点。大批农牧民离开边境地区后，新疆生产建设兵团开始进驻，称为"三代"（代耕、代牧、代管）。新疆生产建设兵团也自此时起开始进驻边境农庄和牧场从事生产活动，并随后在中苏边境建立了一个农场带，作为国防屏障。在塔城驻站，我和两位哈萨克族记者共住一室，烧炉子取暖。当地不用柴火和煤，而是用干羊粪、干牛粪。干牛粪不如干羊粪，干牛粪虽然点火快、烧得旺，但由于干草成分多，烧的时间短，到了下半夜就烧完了，冷空气钻到房子里，冻得脸盆子里的水都成了冰坨子。记者站只给发干牛粪，我们只好想办法向老乡要一些干羊粪，这才勉强度过一个个漫长的冬夜。当年 11 月底，当我身穿老羊皮袄，脚蹬毡筒，风尘仆仆地返回乌鲁木齐时，已经俨然是一个地地道道的"哈萨克"了。

记者生涯

采访过程中最困难的就是语言和交通。语言方面，就是自己不会维吾尔语，所以基本上都要带翻译。各个地方都配备了足够的翻译，记者自己去找。交通方面，新疆全区基本上都这样，下去要骑毛驴、骑马、骑骆驼，有些农村地区条件好一点，就坐马车，我一般骑马多一些，因为毛驴个小、不老实。我有一次在和田、墨玉县采访，借了一头公驴，它见到母驴就撒欢，好几次把我颠翻了。南疆农村净是土路，晴天一身土，人们戏称"洋灰路"，雨天一身泥，戏称"水泥路"，到农村采访，可困难了。北疆地区基本上要骑马，我的马术不行，也没有适合自己的马鞍子，有几次借人家的马鞍子，把屁股磨烂了，磨得血淋淋的。有时候外出采访回来晚了，由于人生地疏，天黑得辨别不清方向，还会迷路。1966 年上半年搞社教运动，我去昌吉回族自治州采访，回来晚了，天黑得看不清路，迷路后只好睡在路边的麦垛里。半夜冻醒，看见前面有亮光，以为是自己的驻地，就朝着亮光走过去，进去后被房子里的人盘问了半天，他们才相信我的身份。1963 年我到西北地区四十面红旗单位之一的南疆麦盖提县红旗公社采访，深入到农村，和农民同吃同住同劳动。新疆老乡很配合，维吾尔族群众都很纯朴，很热情，请你吃饭，请你吃肉，但是他们没有很具体的故事，讲不出来。我还接触了当地的农民画、刀郎舞，住了一个月，写出了系列报道《塔克拉玛干沙漠边缘的一面红旗》。1965 年我去南疆皮山县，采访当地农民不怕艰难，修筑渠道，硬是把昆仑山的雪水引下山来，浇灌干旱的农田，获得大面积丰收的事迹，写出了长篇通讯《戈壁滩上人造河》。这两篇通讯宣传了维吾尔族劳动人民战天斗地的英雄气概，在当时社会上反响很大，获得了好评。

克拉玛依油田，是我当记者时去得最多的地方。从 1955 年克拉玛依油田发现工业油流以后，经过建设者们的艰苦创业，短短几年就建成了新中国第一个大油田。1964 年当我第一次踏上这片热土时，就被克拉玛依这个被诗人艾青形容为"沙漠美人"的石油城所深深吸引。我深入油田采访，还与当年第一个石油勘探队队长、上海籍石油专家陆铭宝彻夜长谈，写下了录音通讯《克拉玛依之歌》。这篇通讯配上著名音乐人吕远谱曲的《克拉玛依之歌》，反映了油田从"没有草，没有水，鸟儿也不飞"的不毛之地蜕变成"繁荣之城""沙漠美人"的历程，后来在中国人民广播电台和中国国际广播电台多次重播，影响远播国内外。这以后，我又多次重返油田，记录了克拉玛依大开发、大发展的全过程。

从参加工作开始到 1986 年，十五年中，作为一名记者，我走遍了新疆的山山水水，从北疆的哈萨克草原到南疆的维吾尔农村，从昆仑山麓到额尔齐斯河谷，都走过。我每月要向新疆人民广播电台发回十多篇新闻稿件，十多年里，写下了数以千计的各类稿件。我想去讴歌新疆解放以后的巨大变化，讴歌各族人民用双手创造的幸福生活。

媒体七年

1986 年以后，我走上了新闻工作的领导岗位。从 1986 年到 1993 年，我先后出任新疆广播电视厅副总编（主持新疆人民广播电台工作）、《新疆日报》副总编。我不再是一个人在采访，而是要带领一班人采访。

从我主持新疆人民广播电台工作的那一刻起，到我调离广播电台的 1991 年止，前后五年。五年里，我在司马义·艾买提同志的支持下，更新了落后的"砖头"机，购进了一百台索尼采访机，为电台和一线记者配备了先进的设备，推进了新疆电台"带响"的报道工作。我在厅党组领导和支持下，在全疆各地州市建立了十多个记者站，架起了新疆电台和各地州市委联系的桥梁，丰富了电台节目，吸纳和培养了一批新闻人才。新疆是个多民族地区，我不仅管汉语广播，还要管维吾尔、哈萨克、蒙古、柯尔克孜四种语言广播，这无疑增加了工作难度，但我通过和同事们一起处理少数民族语言文字采访、编辑、翻译等事务，解决了遇到的种种问题。

1987 年党的十三大前夕，新疆电台播出的录音报道《自治区人大常委会审议政府机关作风》，严肃地批评了自治区人民政府机关的某些官僚主义作风，开了新闻舆论监督的先河。1989 年，我带领电台文艺部、技术部的同志从新疆电台多年录制的大量民族音乐中，精选出最优秀的民歌、创作歌曲和轻音乐，在中央人民广播电台重新录音制作了《丝路歌魂》《西域乐魂》等四盒立体声盒带。金秋 10 月，新疆电台联合中央电台、国家民委和自治区外办，在中央电台一号演播大厅举办新疆音乐鉴赏会，邀请首都文化界、新闻界和一些国家的驻华使节、外交官参加，将新疆音乐推向全国，推向世界。时任中宣部副部长、文化部代部长的贺敬之赞扬说：新疆的歌很美，是可以传之永久的，你们做了一件很有意义的事情。一位美洲驻华使馆官员说："西半球很多人只知道中国汉族的音乐，不太知道中国少数民族的音乐，更不知道中国少数民族音乐这么好，这么美，我要把这些音乐带回国内去，让他们听听来自地球那边的甜美动人的歌声！"

1991年10月，我转任《新疆日报》副总编，主管新闻。当时，全国新闻改革的浪潮汹涌澎湃，而地处边远的新疆，相对比较落后。我到任后，大力倡导解放思想，转变观念，深化新闻改革。在这方面主要做了三件事：一是扭转重思想教育轻信息传播的倾向，加大报纸的信息量，及时发布读者关注的政治、经济、文化、科技、社会等方面的新闻，特别是宏观性、决策性、动向性的新闻。二是扭转重本地新闻轻国内外新闻的倾向，重视和加强国内外新闻。开辟专版专栏，报道全国各地改革开放的新思路、新举措、新成果，同时精心选编国际新闻，开办国际副刊。三是开办周末版。为了活跃党报，我提议《新疆日报》推出周末版。周末版可读性强，内容丰富多彩，版面生动活泼，社会反响很好。

我担任电台、报社领导工作后，并没有停止采访写作活动。1987年8—10月间，我组织指导主动请缨的聂晶江、杨胜江、徐军峰三位年轻人，进行环绕塔克拉玛干沙漠的采访活动。塔克拉玛干沙漠人称"死亡之海"，自古人迹罕至，神秘莫测。居住在这个地方的维吾尔族群众，世代在这里耕耘放牧，过着半农半牧的生活。改革开放后，生活在这块土地上的人，在党的政策的感召下，转变观念，不仅经商，还办起了工业、运输业，展现了新时期少数民族崭新的精神风貌。经过充分准备，三位年轻人骑着摩托车，带着生活、医疗用品和相关资料，从乌鲁木齐出发，开始了环塔克拉玛干沙漠的采访活动。这次采访活动历时三个月，行程近七千公里，写出了几万字的以《来自大沙漠深处的报告》为总题目的系列报道。这些别具一格的特色报道，赢得了听众和业界的好评，获得了全国优秀广播节目奖。三位年轻人在艰苦的采访中得到了锻炼，后来先后走上了新闻单位的领导岗位。

1992年，在邓小平南方谈话精神的鼓舞下，全国春潮涌动，改革开放出现了新的高潮。和八个邻国接壤的新疆，也建立了十四个开放口岸。为了展示边境口岸的最新最全面的信息，我又一次组织记者围绕十四个边境口岸进行采访活动。这次采访活动，兵团汽改厂赞助了一辆越野车，有三名记者参加。我们走一路写一路，每次报道见报时都附上地图、标出地名，以《边疆万里行》为总标题，连续发了三个月。这些有关边境口岸发展的真实记录，让新疆各族人民具体了解到新疆改革开放的情况，受到了当时自治区领导的表扬。

回归本位

1993 年 10 月，我受命出任自治区党委宣传部副部长，主管全区的新闻舆论工作，还同时兼任中国记协理事、新疆记协主席。我深深感到自己肩上担子的沉重。新疆的对外宣传工作十分薄弱，一些内地的同志见到新疆的同事常常提出一些奇怪的问题："你们住什么房子？是住蒙古包吗？""你们怎么上班？是骑马吗？"可见对新疆的了解非常不够。我与外宣办的领导一起，采取两个办法向国内外展示新疆、宣传新疆。一个是调动中央媒体常驻记者的积极性。在我的倡导下，每年举办一次自治区主要领导与中央媒体记者的对话会，每年评选一次中央媒体宣传新疆报道奖。另一个是每年组织一次国内外主流媒体对新疆的集体采访活动。双管齐下，成效显著。

每年 5 月的民族团结教育月，我总是和部里的同事一道推出一两个民族团结的典型。在我任职的 7 年中，最突出的典型有两个，一个是赛尔江，一个是吴登云。赛尔江是富蕴县的哈萨克族民警，一次一个歹徒利用夜色掩护，进了县委书记的家，以引爆炸弹相威胁进行敲诈。赛尔江接到报警后，赶忙跑到书记家。丧心病狂的歹徒看到民警来了，知道逃跑无望，立刻引爆炸弹，与赛尔江同归于尽。英雄赛尔江用自己的生命保护了国家财产，保护了党的干部。吴登云是江苏人，扬州医学专科学校毕业后，来到帕米尔高原上的乌恰县人民医院，一干就是 36 年。36 年里，他为各民族群众献了超过 7 000 毫升的血，为烫伤的少数民族群众植了三次皮。了解到这些情况后，我或派人核实，或亲自去当地调查事迹，核实后，即一面向自治区领导汇报，一面与中央有关部门（公安部、卫生部）一起上报中宣部。1995年、1999年，我两次率先进典型事迹报告团到北京做报告。吴登云事迹报告团，除了在北京做了五场报告外，还分别到山东、江苏、上海等地做巡回报告。英雄民警赛尔江和白衣天使吴登云的先进事迹，在全疆和全国广泛传播以后，引起很大反响，不仅在全疆范围内掀起了学习先进事迹的高潮，而且促进了新疆各民族的团结，为稳定新疆、建设新疆起到了很好的推动作用。

我认为，记者应当回归本位，为天下苍生鼓与呼，要有社会责任感，有良知。我敬仰那些有专业精神的资深媒体人。"金杯银杯不如老百姓的口碑，金奖银奖不如老百姓的夸奖"，老百姓的评价，才是最重要的。

铮铮益友

我的同学里面有很多有成就的人，他们天资好，比我强，而且有很好的平台，他们帮助了我很多。

我在新疆广电厅当副总编兼电台台长的时候，新疆电视台的硬件设备比较差。那时候，第三届全国少数民族传统体育运动会在乌鲁木齐举行，要搞现场直播，我们没有透明的演播间，我就给时任中央电视台副台长的老同学杨伟光打电话，请求他支援。他立即用特快给我寄了两个透明的播音间，让我们能同步直播开幕式和精彩比赛。

那时候，我们新疆的新闻很少上中央电视台。新疆电视台的领导带着我的信向杨伟光请教——当时，他已经是中央电视台台长。经过他们仔细分析，终于找到了问题的症结：第一是我们技术指标不行，主要是设备问题，摄像机可以，但是编辑机落后，画面不清晰。第二是内容太零碎，宏观上要搞对选题，这个他们可以帮助我们。第三是缺乏沟通。电视台领导回来后，我们商量，一方面，每月制定发稿计划，抓大放小，精心选题；另一方面，改进设备，提高图像清晰度。这以后，央视《新闻联播》中新疆的新闻很快多了起来，新疆的美好形象得到了进一步展示。

维稳逸事

大家都知道，新疆是个多民族聚居的地方，维稳任务很重。我后来成了新疆维吾尔自治区党委宣传部常务副部长，负责新闻，也遇到了不少与维稳有关的故事。

举个例子，大家都知道被誉为"西部歌王"的王洛宾先生，是享誉国内外的著名音乐家。有一段时间，人们对他音乐上的成就褒贬不一。在这个大背景下，乌鲁木齐一家颇有影响的报纸的维文版，于1994年11月间，整版刊出了批判文章《声讨歌贼王洛宾》，在全区造成了恶劣影响。为了稳妥处理这一事件，我把乌鲁木齐市的负责同志、报纸的总编辑请到宣传部，一起分析讨论。大家取得的共识是：报纸刊登这样的文章，问题是严重的，教训是深刻的，必须做出严肃处理。后来有关负责人做了深刻检讨，这家报纸还举一反三，制定了严格的审查制度。后来查实，文章的作者是一所高等院校的教授，是"世维会"头目热比娅的丈夫，是个狂热的分裂主义分子，现移居美国。这样的例子还可以举出一些。有人批评"宣传部"是"不宣传部"。我认为说对了，宣传部就是要管两块：一块是管宣传，凡是应该让老百姓知道的一定要公开，把党和政府置于老百姓的监督之下；另一块是管不宣传，凡是错误的、有害的言论一定要管住，不能让它们利用我们的媒体公开传播，影响新疆的长治久安。事实证明，这样做是对的。

情归天山

我退休以前一直兼任新疆记协主席、中国记协常务理事。新疆的新闻干部很多没有学过新闻，当时新闻人才基本上都是内地来的，只能满足乌鲁木齐的需要。我们便与中国人民大学新闻系联手，办培训班。一期一期的培训，搞了很多期，总共培训了两千多人。

有人问过我，1961年与我一起分配到新疆的四名同学，从20世纪70年代开始陆续调离新疆，我为什么还如此执着地"坚守"？成千上万的温州知青，现已大部分返乡，我为什么"岿然不动"？实际上，这个问题也经常拷问着我。在那次采访吴登云时，他的一席话深深震撼了我。他说："在扬州，像我这样的医生多得很，有我没我是一样的；在乌恰，像我这样的医生只有一个，没有了我大不一样。"我想，新疆的新闻事业需要我，新疆各民族父老乡亲以无比宽阔的胸怀包容我，我没有理由弃他们而去，便毅然决然地留了下来。

在我的客厅里，挂着中国新闻界前辈、著名书法家邵华泽的一幅墨宝，上书四个大字——"春华秋实"。一生痴迷新闻的我，在新疆的新闻战线和宣传部门整整干了50年。我有11件作品获中国广播奖、中国新闻奖等国家级奖项；《新闻改革散论》《探索年代》《天山魂》《情弥天山》等著作先后问世；我主编的"新疆改革开放二十年""最美的还是我们的新疆"两套丛书也已经出版发行。

在半个世纪中，我将自己全部精力投入到工作中，无暇顾及在故乡生活的年迈老母，作为儿子我总有一种负疚的感觉。年龄大了，退休了，想起自己没有时间陪伴家庭，经常会流下泪来。我老母亲对我非常好，我觉得亏欠她。我退休以后曾经有一段时间回到了温州，在一个民办学校当新闻系主任。那时候我母亲90岁了，她病得很重。当时老屋拆迁，我母亲租了一个房子，我每个星期五晚上下课之后去看她，陪她过两天，星期天的晚上再赶到学校。后来那个房子又拆迁了，我又带她搬到学校的房子里去。

我母亲去世之后，新疆大学需要导师带研究生，让我回去，我给母亲送终以后就又回到了新疆。中间有几次温州市委想让我回到温州，负责一些刚刚兴起的电视媒体，宣传部部长也到我家来过。我有一些心动，但是没有走，也许，这就是所谓的"新疆情结"吧，我特别喜欢新疆，我非常适应这里的气候。回到新疆，意味着我再也吃不到我喜欢吃的家乡美食，整天吃的是抓饭、拉面和馕；意味着再也呼吸不到江南那湿润的空气，呼吸到的是大西北的风尘。但这一切，我都习惯了，适应了。

我已经在新疆工作 57 年了。新疆有一句话，"献了青春献终生，献了终生献子孙"，的确是这样的。去年新疆下了大雪，白雪皑皑，我写了一首诗："五十六年一瞬间，青丝褪尽两鬓秋。风霜雨雪等闲度，我与天上共白头。"说这些，近乎豪言壮语，但这确是我的心里话，不是大话、假话。我觉得这样的人生，有意义，有价值，我不后悔。

邵强自述，本次采访时间为 2019 年 1 月 10 日，由中国人民大学校友工作办公室负责采访、录音整理及文字编辑。

采访 / 孟繁颖　编辑 / 李宣谊　谭小凡

蒋含宇

| 人物简介 |

　　蒋含宇，男，1945年2月出生，湖南湘潭人。1963—1968年就读于中国人民大学国际政治系。高级政工师。曾任中国石化九江石化总厂党委委员兼组织部部长。1959年6月26日，毛泽东主席来到韶山学校视察，蒋含宇、彭淑清分别给毛主席戴红领巾、献鲜花，被称为"金童玉女"，毛主席鼓励蒋含宇和彭淑清，"要努力学习，争取做个好学生"。蒋含宇、彭淑清后因缘分走到一起，被人羡慕地称为"中国第一幸运伉俪"。

从走读到住校——我的小学阶段

我的家乡在湖南省湘潭市如意乡，这里属韶山市管辖，经行政区划调整，现已改称清溪镇。因是韶山市人，和伟人毛泽东主席同乡，我们感到无比光荣与自豪！

听父辈们介绍，我的祖父叫蒋汉勋，生有三子五女，父亲蒋一君排行老三。全家世代为农，在旧社会，受尽封建制度的剥削，祖父和祖母早早就过世了。由于生活窘迫，祖母去世时，带着一肚子蛔虫，惨不忍睹。父亲早年被迫外出谋生，母亲罗少媛年少时当了地主家童养媳。家中没有什么资产，1951年土改时，我们家分了地主的七间杂屋和十多亩土地，全家从杨林乡迁到后来的如意乡杨佳村庞家湾，这才开始了新的安定生活。

我于1945年2月出生，到1951年下半年到了上学年龄。当时家对面有个北岸小学，条件简陋，十几个班只有五六个老师。学校与家中间隔了一条河；最令人生畏的是一到下大雨，河水猛涨，土筑的桥往往只剩下一根独木，过河就成了一件难事。不少同学胆小，怕过河；也有的不慎掉到河中，命丧黄泉。后来，有家长护送的仍从独木桥跨过，更多的同学则只好往下游绕道，因下游有一座石桥，走过很安全，但耗时长，一些人常常因此而迟到，为了按时到校，这些同学至少要提前一个小时起床。

到我读小学三年级后，父亲从解放军四野部队复员了，大哥早于1949年在长沙参军，随着南下四野部队一直打到海南岛，后从陆军转到海军，我的学费主要由大哥帮助支付。因我上小学时左腿患病，一段时间行走不便，同时也为了找到更好的学校上学，1954年父亲把我托付给大姨父家照顾，我进了杨林乡瓦子坪高小住校读书，编入高小14班学习。瓦子坪高小是一所老学校，师资和教学设备条件都较好；住校让我学会了独立生活，自理能力有了很大提高。放寒暑假我就回到如意乡杨佳村庞家湾，帮助家里种菜、碾谷，干些农活。

六年的小学生活给我留下印象最深的有三件事。一是看到解放军南下，来到湖南。有一天，我看见一支部队走过，官兵们个个精神抖擞，肩上扛着步枪或冲锋枪，带着一袋干粮，不时唱着歌曲《歌唱祖国》等。看到亲人解放军，有的老乡上前送水送食物，但解放军都婉言谢绝。解放军军容风纪和与百姓的鱼水情深，给年轻的我们留下了一辈子难忘的印象。二是和大人们一起参加斗地主。为了动员乡亲们参加土改，组织和巩固新生政权，上级派来土改工作组，组织翻身农民清算地主阶级剥削罪行。村子里地坪上烧着一堆堆柴禾，被打倒的地主分子一个个低头站立，翻身农民上前清算他们的剥削罪行，我们小孩子也忙着添柴烧火。在共产党领导下贫苦农民真正翻身解放了，斗地主大涨了穷人们的志气。三是学生也动员起来参加扫盲运动。刚解放时，不识字的农民占到80%以上。政府号令大力扫除文盲，我们小学生也有任务，要帮助不识字的农民认字。我们有时在地里当小教员，用小黑板写上"人、田、地"等常用字，等大人们休息时就教他们认字、发音；有时还在路上挡住下地干活的大伯大婶，教他们认字，都是一些关于农具、农活和日常生活的常用字，大人们看的、认的次数多了，也就慢慢记住了。不少人说，小孩子当老师，我们也不当"睁眼瞎"了。大人们的夸奖，让我们也有成就感，同时也明白了，世界上最难的事，只要坚持做，也就不难了！

难忘的幸福时刻——从初中到高中

1957年我从瓦子坪高小毕业，经报考来到了韶山区韶山学校读初中。新中国成立初期，一穷二白，百废待兴。当时，一个乡还达不到建设一所中学的水平，为了让孩子得到更好的教育，父母让我报考了当时条件较好的韶山学校中学部。这所学校就建在离毛主席故居不远的张家山上，到 1957 年上半年已办起一所完全小学，初中部也开始对友邻乡村招生。我入校后被编入了中学部 4 班。那时刚刚招录了初中一、二两个年级，每年级只有两个班。

韶山学校办在毛主席家乡，有得天独厚的条件。学校十分重视革命传统教育，经常请当地的一些老赤卫队员、老共产党员来给师生做报告，讲传统，传作风。韶山在革命战争时代，涌现了以中共韶山特别支部五位烈士（人称"韶山五杰"）为代表的一大批革命志士，据统计，解放前共有 1 598 名烈士为革命事业献身。学校还十分重视劳动教育和艰苦奋斗精神教育。当年我们在学校读书时，师生们共同参加劳动，全校勤工俭学，做到了蔬菜自给有余。学校校风朴实，纪律严明，多次被评为湘潭市、湖南省和全国教育先进集体。

学校团队组织健全，活动丰富多彩。为了活跃学校生活，学校成立了文艺宣传队和多种课余活动小组；因为常有外宾来学校参观，学校还成立了一个迎宾团。学校认可我学习努力、思想要求上进，将我评为学校三好学生、红旗学生。上初中后的第二年即 1958 年，我被学校少先队推选为大队长，并且兼任了学校迎宾团小团长。

韶山学校绿化很好，校园内栽了许多树木、花草，生活安稳、朴素，同时又丰富多彩，给我们留下了难忘的记忆。其中最刻骨铭心也最幸福的是，伟大领袖毛主席曾于 1959 年 6 月 26 日来到学校视察，受学校推荐，我和 3 班的彭淑清同学一起代表韶山少年儿童向毛主席敬献了鲜花，并由我向主席敬献了红领巾。这是我一生中最幸福的时刻，也是一生中最大的光荣，每当回忆那不寻常的往事，心情总是难以平静，久久不能忘怀！

1959 年 6 月 25 日，毛主席视察大江南北，回到阔别 32 年的故乡。他老人家在家乡先后接见了干部、群众、师生 3 000 多人，召开了座谈会，进行了调查研究，还自费宴请了一批老党员、老赤卫队员和乡亲，并兴奋地赋诗《七律·到韶山》一首。

6 月 26 日一早，他老人家拜谒了父母坟墓，献上祝福，表达思念，而后来到韶山学校。当他老人家跨过儿童桥时，我和彭淑清同学上前向他老人家献上鲜花，早前紧张的心情完全被幸福的感觉代替了。主席接过鲜花，关切地询问我们："几岁了？"我们齐声回答："14岁。"主席又问我们："上几年级了？"我们又齐声回答："上初二了。"主席听了，高兴地抚摸着我们的头，勉励说："要努力学习，争取做个好学生！"主席的嘱咐，像暖流流遍全身。我们簇拥着主席，向欢迎的人群队伍走去，主席亲切地和站在大路两旁的师生一一握手。到了校门口，主席亲切问候站立在校门口的老师们："你们是学校的先生吧！"老师们齐声应答："是的，我们是学校的老师。"这时主席抬头望见自己于1953年为韶山学校题写的校名，沉思了一会儿，随后走进校园。主席沿着小学部的平房走到操场中间，学校辅导员赶忙搬来一把椅子，请主席坐下。学校领导向主席和陪同来的首长汇报了学校概况和办学情况，主席听后高兴地夸奖说："学校变化不小哇！"半个多小时后，主席来到中学部的阶梯旁，我按辅导员的嘱咐在此向主席敬献了红领巾。主席戴上红领巾，风趣地问我："你红领巾还要不要？"我答："送给您老人家了。"主席听了高兴地说："那我就带到北京去！"紧接着又说："我变年轻了，变成一个少先队员了！"主席的话逗得周围的人都笑了，摄影师侯波抓紧按下快门，拍下了那个难得的经典时刻。不久，主席从校园与招待所连接的小道走到招待所用早餐。主席的背影逐渐离我们远去，但他老人家的勉励永远铭刻在我们心中。

为了纪念这难忘的日子，韶山学校后来决定将6月26日这一天作为学校的校庆日。不久，我们也得到了主席和韶山学校师生在一起合影的照片，我们在照片的下方郑重地写下了"幸福的会见，巨大的鼓舞"10个大字。1960年我们进入韶山学校高中一年级1班学习。1961年，我被评为湘潭市社会主义建设积极分子，出席了湘潭市团代会。后因国家进入三年困难时期，学校教育布局进行调整，韶山学校高中部停办，我和彭淑清等部分同学又转到了湘潭市一中高中部（我分配在55班，彭淑清在57班），继续余下的两年学业。

到毛主席身边上大学——考进人民大学深造

1963 年，经过高考，我幸运地被中国人民大学录取，进入我喜爱的国际政治系深造。记得入学那年，因河北邢台等地遇到水灾，去北京的火车数量减少，我从家乡湘潭好不容易坐上去北京的慢车，经过两天多才到达北京，因时间过长，下车时双脚因久坐而发肿了，并且还未赶上人民大学开学典礼，算是一个不小的遗憾。

通过高考到毛主席身边——首都北京上大学，这是我的最大心愿。苍天不负有心人，经过个人努力，我终于凭实力考取了第一志愿（第一志愿学校和第一志愿专业），也没有辜负母校老师的期望。

一个农村孩子到了北京，眼界大开。首都的一切都是新鲜的。我不久就和同学在晚上到天安门广场看天安门城楼，仰望着城楼上的毛主席像，激动得流出了眼泪。看到周围的灯光，感到像是进了天宫，我暗暗下定决心好好学习，毕业后一定要努力报效祖国，绝不给韶山人民丢脸，一定要给毛主席他老人家争光！

在大学五年的学习里，头三年主要是学基础知识、打专业基础。学习生活紧张而又祥和。我上课专心听讲，课后认真温习，专心阅读马列主义原著，和同学们自由讨论。因我是湖南人，地方口音很重，当时个子也矮小，感到有一种无形的压力。人们常说乡音难改，怎么办呢？只有放下包袱，认真向同学请教。好在宿舍里有北京同学，他们常给我纠正不正确发音，慢慢地我发音向普通话靠近，到毕业时也可以说一口带点湖南口音的普通话了。为了增强体魄，我坚持长跑，每天起床后去操场上长跑、吊单杠，渐渐地身体也长高了，从班上的小个子也长到 1.68 米，算是一个不小的收获了。

大约在 1964 年，学校先后召开了团代会、学代会，经过推荐选举，我担任了人民大学校学生会的宣传委员。在学习之余我和其他委员一起，组织同学们开展课余阅读活动。我们还多次邀请学校的知名教授为同学们开办专业讲座，传授专业知识，拓展知识面；特别是遇到重大国内外事件时，我们会和校团委一起，邀请一些领导或教授开办形势教育课，剖析国内外发展大势，进行政策解读。这些都很受同学们欢迎！校团委军体委员王雪梅同学，是学校1963级财贸系的同学，在学校举办校运动会和北京市高校运动会时，我们俩常在一块儿配合工作。每次活动期间，我们负责搜集各系和各运动队的稿件、写稿件、搞广播宣传；那时条件差，搞宣传常要自己动手刻蜡版，推油印机出简报。我们游走在各系、各运动队之间，为他们互通"情报"，还及时与各高校联络，一天下来，忙忙碌碌，跑跑颠颠，经常工作到深夜。我们俩工作配合得默契、愉快，也成了好朋友。她大学毕业后被分配到山西太原市委党校工作，至今我们仍保持着微信联系。

社会实践，对人民大学的同学来讲十分必要，也是一门必修课。1965年我们下乡搞"四清"，去了海淀区苏家坨公社。我和农民"三同"，住在一张炕上，同吃同住同劳动，学习做群众工作。后来，我们又去河北省驻狼牙山地区部队下连当兵三个月，进行队列训练，练习使用枪械、投弹和游泳，皮肤晒黑了，但锻炼了意志，增强了纪律观念和国防观念，做到了思想和体质双提高。

近三年的学习生活很快就过去了。但遗憾的是后来发生了"文化大革命"，全校卷入运动之中，同学们有的迷茫，有的冲动，少数人后来甚至失去理性，陷入了混乱之中。由于派性干扰，学校发生了队伍分裂。我和同学们参加"大串联"，从学校出走，相继去了上海、湖南，后来又参加"抗大之路长征路"，去了新疆。我们爬天山、跨过冰达坂，坚持不坐当地政府派来的大巴，一直徒步走到塔里木农垦大学。后来，上级往学校派来了工人、解放军宣传队，学校内部纷争才逐渐平息……熬过了那段不平凡的经历，耽误了两年多的宝贵学习时光，1968年我们从学校毕业，踏上了新的人生旅程。现在回想起来，那段时光真令人扼腕，又令人叹息！

坚持"四个面向"——出关到辽宁农村锻炼

1968 年，毛主席发出了"知识青年到农村去"的号召，当时正值我们大学毕业。在党的教育下，我们有一个坚定不移的信念，作为一个大学毕业生，必须到基层去接受更多的磨炼。那时的口号就是：毕业分配"面向工厂、面向农村、面向边疆、面向基层"。当时，在北京石油学院就读的彭淑清，也同样面临毕业分配，她已决定去辽宁锦西石油五厂工作。在两年前我们已经明确了恋爱关系。学校工人、解放军宣传队了解到这个情况，为了照顾我们，批准了我也同时出关，去辽宁农村插队锻炼。于是 1968 年 12 月，我们两人同时分配到了辽宁。一个到工厂，一个到农村，同时出了山海关到了东北，又同时扎根到基层，算是真正的"四个面向"了。

后来，我被分配到了当时的辽宁省朝阳专区凌源县刀尔登公社插队落户，同去的还有全国十多个省市的几十名知识青年。我们和农民兄弟一起上工下地，头几天挑大粪，我因为来自农村，在家乡一次挑起过 20 块红砖，这点活不算什么，一天跑过一二十个来回也不算啥，农民兄弟夸我："你还真不像个知识分子，挑担子不比我们差！"我们知青点 10 多个人，大家在一起，轮着学习烧火做饭，这倒是难住了我，因我从未做过饭。北方的同学有的在家学习做过饭，我就虚心向他们学习，慢慢也能上手做个饭，初步学会了炒个菜。大家吃着自己做的饭菜，感到特别香！

在刀尔登公社插队 6 个多月后，县里抽调我到知识青年动员安置办公室工作。那时全县有几十个知青点，分散在十几个公社。因为凌源是山区，知青点之间有的要爬山过坳。为了摸清每个点的情况，我就徒步一个点一个点去摸，有时一个人走在大山里，心里还真有点害怕，七上八下打小鼓一样。我计划好时间，尽量白天走山路，傍晚走平道，力求赶在天黑前到一个点上。经过半年多的奔波，我终于走过了全县几乎所有的知青点。后来朝阳专区召开知识青年活学活用毛泽

473

东思想积极分子大会，我们还推荐 10 多名先进知青参加大会，介绍在农村艰苦锻炼的事迹，也受到了上级的表彰。

在动员安置办公室工作不到半年，我又被分配到了县革委宣传组，任职后不久即正式分配到了县教育局，先在教研室工作。县里教育教研工作是面对广大农村中小学，培训师资，编写乡土教材，研究教育教学方法等。县教研室里共有 10 多名教研员，其中多半是有经验的老教师。我们年轻人虚心向老同志学习，相处极为融洽。为了搞好农村教育普及，通过调查，我要求到一个叫上窝铺的村子搞调研，这个村子在山上，交通不便，住户分散，许多孩子都无法上学。我们就动员一个有文化的青年来当教师，因陋就简地利用两间草屋做教室，终于把 10 多名孩子组织起来，从一年级认字开始，将他们逐步培养到小学毕业。后来，这个小学被评为朝阳专区一面民办（村办）小学红旗。

凌源县山多地少，缺树少雨，群众生活比较困难。但这里民风朴实，老百姓对人热情。1971 年 1 月 17 日，我和远在锦西石油五厂工作的彭淑清在这里举办了一个简易的婚礼。那时没有新房，我们就利用一个老乡去广东部队探亲的时间空档，用她的房子当新房；也没有准备什么嫁妆，只添了一点床上用品，买了一个柳条箱；利用教研室的会议室举办了一个简易的婚礼，仅用 40 多元买了一点花生、水果招待大家，当日也未备饭。相反，当地老乡送给了我们两大缸东北风味的黏豆包，够我们吃两三个月。淑清从锦西坐 100 多公里火车赶来凌源，办完婚礼不到半个月就又急急忙忙赶回锦西上班了。

在凌源的知青生活是短暂的，但东北的高粱米哺育我们成长，回味幽长；山区的生活是清苦的，但凌源人民的深情却温暖着我们度过了人生最难忘的甜蜜岁月。20 世纪 70 年代，轰动全国的江汉油田大会战正如火如荼展开，国家动员石油老企业的员工报名志愿去江汉参加新厂建设，淑清响应号召，又报名去刚刚开发的江汉油田参加石油会战，我们刚组建的新家面临着国家新的召唤。

"八年奋进曲"——奔赴江汉参加石油大会战

1971年9月，辽宁锦西石油五厂，报名参加江汉油田会战的员工正整装待发。这时，淑清实际上已身怀六甲，等待她的是艰苦的会战生活。为了照顾她，我临时请假护送她去新单位报到。考虑到年内她即将临产，我又不在她身边，需要住在湖南老家的岳母去陪护，这样，我们就先赶回湖南韶山看望岳母，此前先去了我们老家看望母亲（淑清的婆婆）。不料由于一路奔波，劳顿过度，淑清早产了，怀孕七个月的大孩子出生了。因为当时毫无准备，弄了个措手不及，好在岳母是农村培训过并有接生证的接生婆，经她接生大孩子安然降生了。时间过得真快，40多天过去了，国家规定的产期很快就到了。考虑到会战的重要，这时淑清下了一个大决心，决定提前到江汉油田报到。她叫我提前返回凌源，她一个人带着岳母和孩子一老一小，毅然提前踏上了参加会战的征程。

当时，会战区条件非常简陋，许多会战人员人到了，住房还没有着落。淑清到江汉油田报到后，领导见她这个情况，照顾她先在招待所住下（实际上也就是一间简陋的板房）。领导为再次照顾她，用商量的口气对淑清说："这样吧，根据你的特殊情况，你带着老人、小孩还是先回老家去。我们为你照发工资，好不好哇？"淑清坚决拒绝了，她说："我们是响应号召来参加会战的，怎么能这样呢？组织上还是尽快安排我的工作吧！"领导看她这样坚决只好同意了她的请求。

因为会战队伍越来越庞大，后勤工作也很繁重，员工子女的教育也成了大问题。组织上考虑到淑清的具体情况，经研究，同意把我也调到会战前线来做教育工作，也解决我们的两地分居问题。于是1972年4月，我也被调到江汉油田16团分部（油田炼油厂分部，即现在的中石化荆门石化总厂的前身）。

会战初期，什么都是白手起家，加之队伍扩充得很快很猛，许多后勤条件一时跟不上，生活困难很多。当时住房要按先来后到排队分配，所谓住房也就是干打垒、芦苇棚，不久我们分到了只有两间小屋的芦苇棚。这种房子易着火，房间又是连着的，如果一家不慎失火就会烧掉一片。为了保住重要票证，我们常常把当时发的布票、粮票装在瓦罐里，埋在地下，以防房屋着火票证被烧毁。会战区初期都是黄泥路，一下雨就十分泥泞难走，每个人都穿着高筒雨靴。当时荆门会战区买粮买油还需爬山过坳去县城，往返就需两三个小时。早上买个菜买个鸡蛋，更是要早早起来，甚至要走上几里路到很远的农村才能买到。这些困难尽管很大，但都被我们一一克服了。

我调到油田后，分配在了分部教育科，主要筹建学校。当时指挥部几万人，上学子女也有几千人，我们连续奋战，先搭板房建教室，后来才逐步建成了砖瓦房。会战几年，共建成了两所中学、三所小学，还有两所农场小学、一所技工学校、一所党校。教师队伍也从几人、十几人，到后来发展到数百人。由于在教育工作中业绩突出，我多次被评为先进工作者，并于1974年7月1日光荣地加入了中国共产党，成为一名共产党员。

会战期间，基建工地的安全十分重要。因为该厂建在山沟里，一个山沟一个装置，山坡上是住房，山沟里建装置，打地基放炮时，爆炸现场的石块往往稍不慎就砸到住房上，甚至伤及员工和儿童。有一次，我在芦苇棚里，一块落石正砸中房顶直落下来，我当时正抬头，落石穿过房顶砸下来，刚好从我叉开的两腿中落下；如果当时我低头，石头砸中头部就会命丧归天了，多么危险啊！后来有的同事说："这是老天在保佑你！"

从1971年9月到1979年12月，我们在荆门会战区度过了人生中又一个不平凡的八年。后来国家调整炼油企业布局，1980年1月，我们又响应国家号召，报名参加了老厂支援江西老区建设新炼油厂的战斗。在荆门参加江汉油田会战的八年，是奋进的八年，是难忘的八年。

支援九江石化建设——到江西老区扎根

九江石化总厂（20 世纪 70 年代造厂时称为"九江炼油厂"），是江西省的一座大型石油化工基地，20 世纪 80 年代划给中国石化总公司，是位于长江中游的一颗石化明珠。

1980 年 1 月，国家决定从荆门炼油厂成建制地抽调 113 户支援江西石化基地建设。我们全家四口人，随调又来到了江西老区。淑清被分配到炼油厂设计院工作，我则仍从事教育工作。70 年代末 80 年代初，国家刚从"文化大革命"的浩劫中走出来，由于文化教育事业受破坏很严重，职工的"双补"（补授文化、技术知识）任务十分繁重。

我先分配在职教科从事职工教育工作，主要负责"双补"工作。1986 年厂里成立教育中心，把职教和普教合在一起统筹管理，我被任命为厂教育中心主任，兼任中心党总支副书记。不久中心办起了电视大学，我同时任电视大学站站长，电视大学后来又成为石油大学（华东）设在厂里的函授站。至此，教育中心辖子弟中学一所、小学三所、技工学校一所、职工学校一所、电视大学（函授大学）工作站一所，形成了从小学到大学的一条龙管理体系。

由于自党的十一届三中全会以后，全党工作重点转移，党中央把教育放在四化战略高度来抓，基层教育的前进方向更加明确，加之厂党政领导把教育列入重要议事日程，在全厂上下树立起"建厂建校同步走，生产教育一齐抓"的理念，全面改革的大气候推动了教育系统改革的深化。经过几年的努力，学校教学条件大为改善，校舍面积达到 13 506 平方米，教育日常经费增至每年 50 万元。教学设备设施上，学校不仅建起了阅览室、电教室、体操房、实验室、微机房，技工学校和职工学校还建有实习工厂，电工、电子、物化实验室和模拟操作室，图书阅览室藏书达到数万册，各类期刊数百种。建厂初期教师不足 60 人，经过几年的努力，师资队伍达到近 300 人。从 1978 年到 1988 年，仅建校 10 年，中小学毕业生就分别达到 1 500 余人，技校毕业生 300 余人，职工学校初、高中班毕业 500 余人，累计培训职工万余人次。师生中有多人多次获得省、市和中国石化总公司教育工作奖项，有 20 多名优秀教师光荣加入中国共产党。教育理论研究活动也十分活跃，教育中心有 9 份论著及论文先后荣获九江市、江西省、华东片区和中国石化总公司优秀奖。

1992 年我的工作岗位又有变动。总厂党委调我任总厂党委宣传部部长，兼任统战部部长。我和同志们一道，将电视台除新闻播出外的专题播出从一周一次先后增加到一周两次、三次，并创办了总厂厂报——《九江石化报》，从一周一报增加到一周两报、一周三报。我们大力加强通讯员和专职记者队伍建设，使两支队伍人数达到 50 余人。1996 年，我们和江西电影制片厂合作，创作了一部以九江石化创业职工为原型的电视剧《别让岁月改变你》，并且在中央电视台进行了首播。在党委领导下，总厂还成立思想政治工作研究会，秘书处就设在宣传部，研究会每年进行政工论文发布和评奖，前后有多篇论文获省、市和中国石化总公司优秀奖。部属精神文明办公室在党委领导下精心组织、推动全厂精神文明建设，组织开展了"九江石化企业精神大讨论"，形成独具特色的企业文化。总厂先后多次荣获"全国文明单位"称号。这些奖励极大鼓舞了全厂党员、干部和职工，使企业的竞争力大幅上升。

1997 年我的工作再一次变动，被总厂党委任命为总厂党委组织部部长。在随后召开的全厂第二次党代会上，我以高票当选总厂党委委员。在这个重要的岗位上，我首先侧重抓了党员干部的培养考察工作，曾经用了 8 个月的时间组织了 91 场基层干部的考察动员会和实地考察，个别谈话达数千人次。其次就是大力组织教育培训，大力引进高层次人才。经过群众评议、组织考核，大力提拔起用 46 名经过实践锻炼的优秀高校毕业生，充实基层领导班子和多个管理部门。经过多年的磨炼，目前这批干部大多成为分厂、总厂的领导骨干，并有多人被中国石化集团公司调到兄弟石化企业和总部管理部门担任要职。

从"中游"到"下游"——奉调到江西石油任职

中国石化集团公司是国有大型企业，目前营业收入位列世界500强前三位。企业架构分油田（上游）、炼油化工企业（中游）、销售公司（下游）三大板块。2000年1月，中国石化集团公司党组征得中共江西省委同意，调我到江西石油总公司担任党委副书记、纪委书记，因此我从中游企业来到了从事销售业务的下游企业。

1998年中国石化企业进行重组，原先属于地方政府管理的江西石油销售企业集中上划给中国石化集团公司统一管理，这是管理体制上的一次大调整。由于历史的原因，加上管理上不规范，技术手段比较落后，尤其油品价格上存在双轨制，当时地、市、县石油公司自由裁量权较大，管理上出现不少漏洞。反映在干部队伍管理上，纪律松弛，组织监督不到位，部分干部在经济上出现腐败现象，多名领导干部被"双规"，有7名中层处级干部因触犯法律先后被判刑追罪，群众反应强烈。怎么办呢？我看在眼里，急在心上。冷静下来，我想还是要在党委领导下，从抓政治教育入手，狠抓日常监管。首先，我们在机关管理人员中进行严格考核考评。按照"德、能、勤、绩"四个方面，发动群众评议打分，经过群众考评，将优秀的党员干部调整到关键领导岗位上来；如当时经考评后任命的省公司人力资源处处长（党委组织部部长），就是大家公认的、在考评中位列第一名的党员中层干部。随后，按党委安排，我又带领工作组下基层，到各直属单位逐一进行考核，根据考核结果实行优胜劣汰。其中有一个分公司的党委书记，经济和生活作风都存在严重问题，群众评议反映几乎没有优点。经过严格考核，在省公司党委人事任免讨论会上，我提出免去该同志党委书记职务的处理意见，得到参会多数成员的肯定。考核后不久，该书记就因经济犯罪被检察机关批捕。基层党员干部群众拍手称快，有的同志说："这是我们省公司干部考核后敢于追责处理的先例。"

其次就是抓教育培训。我们在省公司教育培训中心设立了省公司党校，加强对党员干部的培训。同时从长计议，大力引进优秀的高校毕业生，从2000年起，每年引进30名左右，并且在入司时就安排至少半个月培训，学政治，学管理，学习石化企业的优良传统，进行石油精神教育；分配到基层后，要求各单位实行以老带新，进行轮岗锻炼，为基层干部队伍准备新生力量。对已进入公司的大中学生，我们组织召开了青年知识分子成长座谈会，交流经验，树立榜样，学习先进，引领成长。自2002年起，还启动了全省"十佳青年"的评选工作，大力弘扬先锋正气。经过多年的实践考验，现在已有一批优秀的高校毕业生被充实到各基层单位担任管理和领导工作。

在精神文明建设方面，我们大力开展文明单位创建活动。在党的思想建设上，切实加强了舆论宣传力度，每年召开一次政工工作会议和一次政工工作理论研讨会，对《江西石油》刊物进行改版，将黑白印刷改进为彩色印刷，增强了刊物的可读性和可视性。

为了严格党的组织生活，我和党委工作部门的同志还深入到多个直属单位，严格按党章要求，主持召开基层党委换届选举工作，并且倡导和要求各级领导干部带头签订廉政建设责任书，把经济责任制和廉政责任制结合起来，做到两个任务一起下、两项责任同时扛，用党风廉政建设带动和促进经济责任制的落实。政工干部和纪检干部每年坚持学习培训至少一次，用政治轮训学习促进素质的提高和作风的转变。

为了充分发挥离退休人员的作用，我们一方面积极做好工作，保证他们的政治待遇和生活待遇，每年组织一次全省离退休人员休养活动；另一方面发挥他们的"传帮带"作用，有计划地安排他们为新进入公司的青年员工进行入门教育，开展"一对一、一帮一"结对帮扶活动。因为对教育的投入，就是对未来的投资，也是最有希望、最有远见的投资。

退休离岗不减志，书写人生又一春

2005 年，我正式从工作岗位上退休。为了晚年生活更丰富、更幸福，我在日记中写道："退休离岗不减志，书写人生又一春。"

退休了，有了更多的闲暇时间，在身体上、心理上进行些调整，是完全必要的。虽然退休了，但我仍是一名共产党员。作为共产党员，应该是生命不息，奋斗不止，人虽离岗了，但革命精神不能减，理想信念不能丢！

收藏是我的一个爱好、一种习惯。从 20 世纪 90 年代起，我和夫人注意收藏毛泽东同志的著作、传记、报刊、邮票、磁卡和字画，总共已达 20 000 余册（件）。为了宣传党的优良传统，宣传党的方针政策和毛泽东思想，我和夫人在全国自费举办个展和联展达 20 余次。我还将对收藏品按分类研究的成果，撰写成体会、论文，已出版文集 8 部，其中《阳光·鲜花和红领巾》一书 2003 年在江西人民出版社出版，《情系毛泽东》一书 2014 年在中央文献出版社出版，受到各界人士的欢迎。

2004 年我和几位楹联界的朋友发起成立了江西省楹联学会，学会自成立以来活动十分活跃，多次被江西省社联评为省先进学会。我积极参加活动，十多年来撰写了楹联 700 余副，出版了个人楹联专集《吟韵和声》一书，并参与编撰《江西对联集成》，这是一项巨大的非物质文化遗产工程，历时 10 年有余。2008 年北京奥运会期间，我参加奥运冠军题赠嵌名征联比赛，为我国奥运冠军每人撰写一副嵌名联，作品荣获了全国创作一等奖。

我和夫人还收集了中外数千枚邮票，其中有世界 40 多个国家和地区出版的毛泽东邮票数百枚。除了举办教育青少年的邮展外，我们还协助江西、福建的邮友编辑了《大爱暖千秋——一对红色伉俪的领袖情》，先后在江西、湖南湘潭和长沙以及福建参加了邮展。每年，我们都要和来自全国各地数以百计乃至千计、万计的青少年邮友进行交流，互通信件，传递友谊，传播社会正能量。有时我们也会感到累一点，但由于这些健康的文化活动，对社会做了贡献，尤其对青少年成长有益，我们心里依然充满了喜悦和快乐！

前进奋斗无穷期，老骥伏枥再扬鞭！新时代的长征路，新的诗和远方在招手，让我们一代又一代地接续努力，谱写新的华章。

蒋含宇自述，本次采访时间为 2019 年 11 月，由中国人民大学江西校友会负责采访、录音整理及文字编辑。

许景禹

| 人物简介 |

　　许景禹，长春人，高级经济师，俄语翻译。1964—1970 年就读于中国人民大学财贸系贸易经济专业。曾任吉林省辉南县物价局局长、吉林省物价局研究室主任、吉林省外办国际合作部主任、吉林国际经济技术合作公司苏联东欧部经理。

坎坷的前半生

1945 年，我出生在吉林省长春市农安县合隆乡杨家屯，父亲曾在"围困长春"时死里逃生。我 8 岁上小学，时常要一个人往返离家五里的合隆小学，那时候乱坟岗的"鬼火"和青纱帐的野狗，让我饱受惊吓。初中要到离家三十多里的开安镇念书，我是自己背着铺的草帘子和大行李走去的，那是"大跃进"时期，天天"深翻地"，我们学生们经常累得躺在翻出来的深沟里睡着。高中是在离家一百多里的县城（黄龙府）农安镇念的，正遭遇三年困难时期，根本吃不饱，我饿得曾经到地里找积雪下的苞米粒和黄豆粒吃……

我是从初中开始学习俄语的，因为喜欢加天赋，俄语成绩一直名列前茅。1964 年高考，我是本地文科状元，但因家庭出身缘故不能报考外语专业，后来被人大财贸系贸易经济专业录取。好不容易考上大学，学习两年后就爆发了"文化大革命"。学校课停了，我就自己学习，一有空闲，我就学习俄语。别人天天背《毛主席语录》，我就背俄语的语录。本应该 1969 年离校，因为"文革"耽误了一年才毕业，到 1970 年才分配。我走后不久学校竟解散了。那时候提倡"四个面向"（农村、边疆、基层、工矿），我被面向边疆分配到了吉林省边远的通化地区朝鲜族、满族人较多的辉南县。当时，辉南县条件非常艰苦，我自己总结有三个多：灰土多，矮人病多，毛驴车多。整个县城竟没有一条柏油路，车过人走尘土飞扬，雨雪季节更是泥泞不堪；患大骨节病（矮人病）的人多；县城没有汽车运输，多是小毛驴拉车。

我在基层的工作是百货商店的售货员，站在柜台卖布。同时也要接受"再教育"：我曾经修过河堤。县城是九河下梢，涨水就淹，所以年年要加高堤坝；每天用草袋子背土上河堤的劳累，使我联想到修长城的艰难。我曾经挖过山洞。当时"备战备荒"，我年轻力壮，被常年派在半山上"愚公移山"，风餐露宿。那时候每天还要学工、学农、学军，几乎常年要下乡支农，在冷水中插秧……一个接一个的运动，占用了很多宝贵的青春时光。

找对象难。那时知识分子是要下放改造的"臭老九"，没有姑娘愿意嫁的。我一直到33岁，才在山沟里的"三线厂"找到另一半。尽管思想爱好啥都不一样，也还是一起生活至今。

回家难。从辉南回老家，要先坐火车到梅河口换到长春的火车，再坐汽车到农安的小合隆，还要走五里路。为了给老父母带点钱买不到的东西——积攒的肉票和限量供应的大米白面，除了按月给家寄钱，还要把大部分钱花到节假日回家的路费上。

所幸十几年的努力也没有白费。一方面，我坚持学习俄语。在艰苦的条件下，我通读了一些俄文版的马恩列斯著作，还买了半导体收音机，抽空就听《俄罗斯之声》的俄语新闻。日积月累，既能够从俄语广播中了解国外的情况，又提高了听新闻的水平。另一方面，随着80年代知识分子地位的改变，我也由物价员到科长再一步一步地升职到局长，直到被调省物价局才离开了辉南这第二故乡。退休前仔细算起来，自己竟有一半的工作时间献给了辉南。科技才是生产力，那段砸烂学校让大家不能学习、打击知识分子的悲剧，决不能重演。

主张价格改革

我到了省物价局担任研究室主任。新中国成立以来，稳定物价始终是物价工作的总方针。现在的国人很难想象，当年实行单一的计划经济时，物价部门可谓位高权大，为了稳定物价，对物价的管理是多么严，可谓无所不管。

正因为管死了，限制了商品流通，市场上没有竞争，阻碍了生产。表面看物价是很稳定，价格很低，实际上是商品奇缺，有价无货，甚至连买个自行车、手表都要"走后门"才能搞到票。年人均13尺布票，月人均3两油，就是当年贫困生活最真实的写照。其中原因很多，我认为物价就是主要的原因之一。

那时"文革"刚结束，人们的认识还停留在"无产阶级文化大革命"的水平上，认为社会主义的优越性就是国营经济、计划经济。根据在基层物价部门工作多年的实践，我看到了物价管理的弊病，不断大胆地提出了自己的意见。我先后在各级多种刊物上发表了几十篇有关物价问题的文章。1981 年在国家级杂志《新观察》上发表《关于"西水东调"及尊重经济规律问题》，《人民日报》1981 年 8 月 30 日将此文编入内参，强调要尊重价值规律，根据市场需求的变化，适当进行调节，这样才有利于生产和人民生活。1988 年 5 月 25 日在《吉林日报》上发表了《谈谈利用价值规律和稳定物价的关系》，认为不能为稳定而稳定，而是要遵循经济规律，主张对物价管理必须要进行改革。我对物价"总方针"提出了质疑，在《价格与市场》1988 年第 4 期上公开提出"应该用'控制物价'代替'稳定物价'"。我认为：第一，稳定物价的定义不明确；第二，稳定物价在量上不好确定并与实际生活相矛盾；第三，稳定物价不利于实行改革和对外开放。控制物价的优势在于：第一，定义明确；第二，在数量界限上好掌握；第三，没有稳定物价把物价管死的弊病。所以我建议把物价总方针从稳定物价改为控制物价，还提出："从表面看，二者并没有什么原则区别。实际上作为物价的方针二者的内容、意义却很不一样，因而对价格改革所起的作用也不一样。""因此，用控制代替稳定，就绝不是'两字之差'，而是关系到价格改革的总方针和发展方向的大问题。如果继续宣传稳定物价，将给改革带来很大阻力；而宣传在改革时期对必然上升的物价适当控制，则能提高人们的心理承受能力和适应价格改革'阵痛'的思想觉悟，这无疑是有利于改革进行的。"特别是在《财贸经济》1982 年第 12 期上，我发表了《谈谈物价归口管理》。当时，要想支持多种经济成分、多条流通渠道、多种经营方式并存，就该下放物价管理权限，所以我提出：实行物价归口（放权）管理是管理商业和物价的一个好办法。我的这些文章都引起了广泛反响，得到了广泛支持。

随着社会发展，实行物价归口管理后，国家对物价管理的范围和权限逐渐缩小，物价局不那么吃香甚至"降格"了——1994 年，国家物价局被撤销，职能并入国家发展与改革委员会物价司。国家物价局没了，企业和大众却高兴了。

提出要放开物价

早在 80 年代，我就提出了要放开物价。如：《怎样看价格放开》——《吉林日报》1985 年 8 月 27 日，《变相涨价与价格放开毫无共同之处》——《吉林日报》1987 年 6 月 4 日，等等。身在物价局，不主张对物价严加管理，反倒呼吁放权放价，确实是另类得不可思议。所以当时无论是物价系统还是社会上，都没有人公开赞同。

在高度集中的计划经济体制下，绝大多数商品的定价权集中在国家手中，国家调价工作面宽、量大，很难使价格灵活变动，从而妨碍了市场机制功能的发挥。必须改革过分集中的价格管理体制，逐步缩小国家定价的范围，放开大部分商品和劳务价格，建立新的价格形成机制和运行机制。所以再也不能"一管就死"，尽早放开物价是完全必要的。

可是，在长时期实行单一的计划价格的国家，放开价格需要一定的条件和配套措施，同时还具有一定的风险。放开物价，一旦失去控制就会引起老百姓反感。确实，在放开价格过程中，还曾出现过一些问题。如 1985—1989 年，国家宏观环境比较紧张，放开价格的步子过快，一些商品价格放开后，缺乏有效的间接调控手段，价格水平剧烈波动，影响了经济的稳定；在实行生产资料价格双轨制时，由于计划价格和市场价格的差价过大，也造成过流通混乱。直到后来中央确认和提出市场经济后，打开了思想枷锁，放开物价才有了可能。

理论提出不易，实际进行更难。我国的经济体制改革和价格改革，是在有极其重大历史意义的 1978 年十一届三中全会后；价格放开，主要也是在 1979 年后进行。当时主要有两种形式：一是有指导地放开，即实行国家指导价，企业可以在国家规定的幅度内制定价格；二是完全放开，即实行市场调节价，企业可以根据成本及供求情况自主地决定价格。

1979—1984 年五年里，放开了三类农副产品和完成交售任务后的一、二类农副产品价格，分三批放开了全部小商品价格，部分工业品实行了浮动价格。

1985—1988 年，价格改革的重点转向改革价格管理体制，放开价格的步子才明显加快。这表现在：

第一，工业生产资料价格。1985 年国家规定，企业可据市场情况，自行决定部分产品出厂价格。从此，出现了价格双轨制。

第二，农产品价格。1985 年国家废除了几十年的农产品统购制度，除粮、棉、油实行合同收购，其他农产品收购价均放开。大中城市的肉类和大路蔬菜等农副产品的购销实行国家指导价，其他产品实行市场调节价。到后来，连"民以食为天"的粮价也放开了。

第三，工业消费品价格。1985 年才对缝纫机、国产手表、自行车、收音机、电风扇 5 种消费品价格放开，由企业自行定价。1986 年又放开了黑白电视机、电冰箱、洗衣机、收录机、棉纱等 7 种消费品价格。1988 年又放开了严加管制的 13 种名烟和 13 种名酒的价格。

第四，进出口商品价格。1984 年开始从按国内价格作价改为按进口成本加外贸代理手续费等费用和应纳税金作价。到 1990 年底，除中央外汇进口的粮食、化肥外，已全部实行外贸代理制。出口商品国内收购价，除粮食、石油外，多数执行国家指导价或市场调节价。

总之，从 1979 年起，经过 10 年的艰难改革，到 80 年代末，中国的价格机制和物价管理发生了明显变化，由改革前绝大部分商品实行国家统一定价转变为国家定价、国家指导价和市场调节价 3 种价格形式并存的新格局。到 1990 年底，社会商品零售总额中，国家定价占 30%，国家指导价占 25%，市场调节价已占 45%；农副产品收购总额中，国家定价占 31%，国家指导价占 27%，市场调节价占 42%；市场调节价格占比逐渐增大。随着生产的发展，指令性计划逐步减少，指导性计划和计划外的比重逐步扩大。到 1990 年底，主要工业生产资料按市场调节价销售的比重竟已超过 50%。特别是"入世"后，价格与世界接轨，这是个大趋势。

价格的逐步放开，使得价格体系扭曲状况缓解，价格结构趋向合理，从而促进了产业结构调整，现在人民的生活同改革开放前相比，可谓天上地下的差别了。现在人民生活水平大大提高了，老百姓的口袋里钱多了，中国的经济活力大大增强。

我时刻牢记自己是中国人民大学毕业的，可以说母校时刻鞭策我奋斗。作为一个普通物价工作者，在物价这一平凡岗位上，我虽然没有啥丰功伟绩，也总算用母校给的光，发出了相应的热，为改革开放做出了自己应做的努力。我担任省物价局研究室主任和在省报发表十几篇文章，对省内的物价改革也起了一定影响和作用。

致力两国合作　签订第一份中苏种菜合同

从省物价局调到省外办，我才有机会出国。第一次出国是到苏联滨海边疆区，看到招待我们代表团的高档菜竟是黄瓜和西红柿，才知道那里普遍没蔬菜吃。省农业厅厅长王凤生当即拍板，要为苏联种菜。吉林省派了500名菜农为乌苏里斯克市种500公顷蔬菜（甘蓝、西红柿和黄瓜），我作为代表团副团长兼翻译在合同上签了字，苏方是老干部列斯诺伊签的字。这是中国和苏联签的第一份种菜合同。结果是双赢：苏联滨海边疆区居民有菜吃了，中国劳务不但挣了钱，还能回国买免税的电视机和电冰箱等大件，双方皆大欢喜。这是吉林省也是中国第一次向苏联派出大量劳务，从此吉林省才开始大批外派劳务。现在，在俄罗斯各地几乎都有中国人在种菜，有些人还发了财。

80年代末期的苏联由于只发展军事和重工业，忽视关系国计民生的轻工业，计划经济又管得太死，所以商品奇缺，在衣食住行方面也存在诸多问题。

衣：针纺织品奇缺。一位苏联朋友结婚，我送了一套线衣裤，对方一下子给了我10个电动剃须刀以示感谢；不能占便宜，我只好又给了他们一些东西。一句俄语也不会说的朝鲜族老太太，背一袋袜子到市场，以几倍于进价的价格卖出，被一抢而光。那些用火车从中国南方发袜子到苏联卖的批发商，早早就成了百万富豪。

食：每天的主食就是黑面包（大列巴）；蔬菜的价格比肉还贵；水果的价格是鱼肉的几倍，中国人常吃的西瓜和香瓜，普通苏联人看都看不到。"用一车西瓜换一车化肥",这是中苏刚开始易货贸易时的真实写照。

住:我们住的乌苏里斯克市宾馆,条件非常差。那时几乎所有苏联宾馆都不供应喝的开水,商店里也没有保温瓶卖。后来我们就把长春保温瓶厂的保温瓶给苏联滨海边疆区发去一车,从那以后苏联宾馆才有热水瓶,人们才能随时喝上开水和热茶。

行:到苏联才知道啥叫"行路难"。由于地大,交通更难。原有的公路缺乏维修,中国人从任何口岸坐汽车回国,都会遭遇泥泞和颠簸。

苏联地大物博,可是不改革开放,除了军事,在各个方面,早已经远远地落后了。

1988—2014 年,我先后进出苏联及俄罗斯百余次。东至海边,在海参崴承包建筑工程,在纳霍德卡修筑建材厂;西至圣彼得堡搞贸易;北在零下 50 多摄氏度的雅库茨克,住在床下结冰的工棚里,搞原始森林勘探和木材采伐;南在荒凉的阿卡西砖厂烧砖。为了搞到国内急需的橡胶,我一个人带着炒面,走遍了俄罗斯所有的生产厂家,甚至独闯危险的车臣,最后在沃罗涅日才总算把合同签了下来。我几乎走遍了独联体国家。除了独联体国家,我还去过说俄语的波兰发货。

由于我词汇量大(以普通汽车为例,仅零部件就有上百种,都必须牢牢记住),所以从易货贸易到来料加工,从电子贸易到承包工程,从生活用品到中医中药,从菜豆种植到生产空心砖……我是都干过。即便是网上的高难翻译活,如疾病诊断、中医中药治疗、高精产品说明书等,我都可以完成。我在亿阳翻译公司做过首席翻译,在绥芬河俄语学院给学生上过俄语课,在第十四届中国哈尔滨国际经济贸易洽谈会给领导做过现场翻译……相比于走仕途,我更愿做一个自由的普通翻译。一方面是我喜欢自由,爱我平生所爱,另一方面是能把特长充分发挥利用,我也很满足。虽然在俄罗斯也遇到许多艰难困苦,我自己却感到心情愉快。因此,如果能够选择,一定要从事自己有特长和喜欢的工作,有兴趣才能持之以恒,并做出成绩来。

帮助吉林经济"走出去" 增进中俄人民的友谊

吉林省经济和国内沿海地区不可比，却要比俄罗斯边疆地区好得多。我们就把吉林市生产的华丹啤酒和长春卷烟厂的香烟用火车发到俄罗斯去，不仅为生产厂家打开了销路，还能换回国内需要的钢材、木材和化肥。吉林省建筑公司在滨海边疆区为俄罗斯搞建筑、延边州的缝纫厂为海参崴曙光缝纫厂加工 20 000 套学生服……都带动了吉林省外向型经济的发展。

在俄期间，除了学习俄罗斯文化、历史，我也向俄罗斯人宣传中国文化和先进的东西。很多小事，让俄罗斯人认识到中华民族是个伟大的民族，中国人民确实是勤劳和善良友好的。曾经有女房东看到我自己炒菜做饭，就感到很惊奇。我解释说中国真正男女平等，男人在家做饭看孩子是常事，她对此羡慕不已。曾经我在乌苏里斯克看到当地肉联厂把猪的头、蹄、下水都绞碎做成猪饲料了，就建议他们卖给中国劳务试试。他们亲眼看到中国人把猪头猪蹄细心地去毛加工，吃到加工后的猪头肉和红烧猪蹄，才不得不交口称赞。我们在纳霍德卡建厂的工人，每天早早起来到海边就可以捡回几大袋冲上岸的上等海鲜。在俄中国人多年来的努力和榜样作用，促进了民间交流，加强了俄罗斯人对中国和中国人的好感。

尽管中俄合作过程中也存在诸多困难，我还是坚信世界和历史总要前进。中俄两国加强合作，取长补短，发挥各自优势，一定会使两国人民的生活水平大大提高。

生命不息 努力不止

中国人民大学的学生，有自己的传统优点。这辈子我始终用人大人的高标准要求自己：首要的是廉洁奉公，为官不贪污腐化。我从而立之年当小官那天起，就提醒自己身为人大人，不能忘校训。我这一辈子从没搞过贪污贿赂，为升官发财的请客送礼也没有过。在做物价局局长时，调入的十几个工作人员都是懂物价专业的人，我没有收过一个人的钱或物。和俄罗斯的百万易货合同，对方相关工作人员要给我几十万元人民币的提成，我没要，我说我有工资，这是我的职责。我也不好色，不搞权色交易。在俄罗斯沃罗涅日，合作企业方为了感谢我对他们的帮助，竟然用汽车给我的宾馆房间送来一个年轻美女。我只好耐心解释：我是中共党员，我们有很严格的外事纪律，如果违纪，以后就不能再来俄罗斯进行合作了。这使她和她的领导都深受感动，认为中国合作伙伴值得信任；双方的合作更加成功，不仅签了长期合作合同，还不用先付款或交抵押金，就向中国发了5车皮橡胶。

我这一生一直在努力。老骥伏枥，奔腾不息。退休后，我的俄语还有用。我仍在网上帮助好友学习俄语，向他们传授学习俄语的经验和教训。在445人的吉林人大校友群里，不管校友们有什么困难和需求，特别是有关俄语的问题，我都能全力帮助解决。后来我又加入了俄语高翻群，和国内外俄语高手一起探讨。我利用闲暇时间翻译完《普希金爱情诗歌200首》，最近就要出版了。世界人民包括中俄人民都很喜欢普希金的诗作，通过学习和欣赏，一定会进一步促进中俄两国人民的交流和友谊。

人大精神坚持真理、不唯上、不唯书，有着独立自由之思想，追求真理之精神。我始终不忘自己是人大人，哪怕退休了，也不能只是养老和享受，思想追求也不能停止。生命不息，工作不已，多做力所能及之事，生命才会更有意义。退休后的16年，因为俄语，我还能为企业做翻译，为学习俄语的朋友效力，我没有虚度退休后的光阴，不会因余生碌碌无为而懊悔。

许景禹自述，本次采访时间为2019年4月20日，由中国人民大学校友工作办公室采访，由环境学院2018级本科生刘宇奇负责录音整理及文字编辑。

采写/孟繁颖 刘宇奇

图书在版编目（CIP）数据

　　与共和国共成长：中国人民大学校友口述史. 第二辑 / 中国人民大学校友工作办公室编写. -- 北京：中国人民大学出版社，2021.7
　　ISBN 978-7-300-29407-0

　　Ⅰ. ①与… Ⅱ. ①中… Ⅲ. ①中国人民大学－校史 Ⅳ. ① G649.281

　　中国版本图书馆 CIP 数据核字（2021）第 097529 号

与共和国共成长
——中国人民大学校友口述史（第二辑）
中国人民大学校友工作办公室　编写
Yu Gongheguo Gong Chengzhang

出版发行	中国人民大学出版社			
社　　址	北京中关村大街 31 号		**邮政编码**	100080
电　　话	010-62511242（总编室）		010-62511770（质管部）	
	010-82501766（邮购部）		010-62514148（门市部）	
	010-62515195（发行公司）		010-62515275（盗版举报）	
网　　址	http://www.crup.com.cn			
经　　销	新华书店			
印　　刷	涿州市星河印刷有限公司			
规　　格	170 mm×240 mm　16 开本		**版　　次**	2021 年 7 月第 1 版
印　　张	31.75		**印　　次**	2021 年 7 月第 1 次印刷
字　　数	442 000		**定　　价**	78.00 元